Internet-Marketing in lateinamerikanischen Exportunternehmen

Eine empirische Untersuchung der Auswirkungen der Internetnutzung in der Weinindustrie in Chile und der Kaffeeindustrie in Costa Rica

von

Bettina Merlin

Tectum Verlag
Marburg 2005

Merlin, Bettina:
Internet-Marketing in lateinamerikanischen Exportunternehmen.
Eine empirische Untersuchung der Auswirkungen der Internetnutzung in der
Weinindustrie in Chile und der Kaffeeindustrie in Costa Rica.
/ von Bettina Merlin
- Marburg : Tectum Verlag, 2005
Zugl.: Oldenburg, Univ. Diss. 2004
ISBN 978-3-8288-8791-6

Tectum Verlag
Marburg 2005

Vorwort

Kaum sind wir heimisch einem Lebenskreise
Und traulich eingewohnt, so droht Erschlaffen,
Nur wer bereit zu Aufbruch ist und Reise,
Mag lähmender Gewöhnung sich entraffen.

aus Stufen von Hermann Hesse

Die Promotion war noch einmal eine Möglichkeit sich lähmender Gewöhnung zu entraffen. Sie hat es mir ermöglicht, mich intensiv mit einem neuen Themenbereich zu beschäftigen, mich beruflich neu zu orientieren und eine Vielzahl interessanter Erfahrungen zu sammeln. Auf der „Reise" durch die Promotion haben mich zahlreiche Personen begleitet, denen ich an dieser Stelle recht herzlich danken möchte:

Mein ganz besonderer Dank gilt meinem Doktorvater Prof. Dr. Uwe Schneidewind. Mit seiner positiven Persönlichkeit hat er mich immer wieder motiviert und in meinem Vorhaben bestärkt. Die Treffen mit ihm waren sowohl fachlich als auch menschlich eine große Bereicherung. Apl. Prof. Priv.-Doz. Dr. Ulrich Scheele möchte ich für die Übernahme der Zweitkorrektur danken.

Weiterer Dank gilt den Mitarbeitern des Lehrstuhls für Produktion und Umwelt an der Universität Oldenburg und dort insbesondere Martin Müller. Er ist ein sehr zuverlässiger Ansprechpartner, der immer kompetent und geduldig weiter geholfen hat. Auch die Promotionsgruppe habe ich fachlich und menschlich sehr geschätzt. Bei den Doktorandentreffen habe ich interessante Hinweise und Tipps erhalten und viel Unterstützung erfahren.

Ohne die finanzielle Unterstützung des DAAD wären die Forschungsaufenthalte in Chile und Costa Rica und damit auch diese Arbeit nicht in der Form möglich gewesen. Nur durch den Aufenthalt vor Ort war es möglich, einen detaillierten Einblick in das Internet-Marketing in den Exportunternehmen zu erhalten und den Nutzen des Internet aufzuzeigen. Außerdem konnte ich während der Forschungsaufenthalte weitere, für meinen Werdegang wichtige Auslandserfahrung sammeln.

In diesem Zusammenhang möchte ich mich auch bei allen Unternehmensvertretern und Branchenexperten bedanken, die ich interviewen durfte und die mir oft auch noch darüber hinaus helfend zur Seite standen. Die Offenheit, mit der ich empfangen wurde, und die Unterstützung, die ich vor allem während der beiden Forschungsaufenthalte erfahren habe, gehen weit über das normale Maß hinaus.

Ganz besonderer Dank gilt meiner Familie: Markus für seine hervorragende konstruktive Kritik, viel Geduld und die seelisch-moralische Unterstützung. Meinen Eltern, die mich, wie schon während meines gesamten Werdeganges, auch während der Promotion bestmöglich unterstützt haben. Und nicht zuletzt auch Carla dafür, dass sie alles so problemlos mitgemacht und so lange still gehalten hat.

Auch meine Kollegen von Digitale Brücke e.V., insbesondere Andreas Stamm und Michael Schwemmle, haben mich immer wieder motiviert und mich durch konkrete Kontakte unterstützt.

Zu guter Letzt sind die Freunde nicht zu vergessen. Allen denen, die sich durch gute Worte, Motivation und manchmal ablenkendes Freizeitprogramm verdient gemacht haben, vielen Dank.

Bettina Merlin

Inhaltsverzeichnis

Abbildungsverzeichnis

Verzeichnis der Unternehmensfallstudien

Abkürzungsverzeichnis

CFC	Common Funds for Commodities
d.h.	das heißt
FOB	Free on Board
GWS	Global Wines and Spirits
ha	Hektar
hl	Hektoliter
i.A.	im Allgemeinen
ICA	International Coffee Agreement
ICO	International Coffee Organization
ITC	International Trade Center
ITU	International Telecommunication Union
kg	Kilogramm
l	Liter
lb	englisches Pfund (=0,453 kg)
m	Meter
O.I.V.	Office International de la Vigne et du Vin
PR	Public Relations
Procomer	Promotora del Comercio Exterior de Costa Rica
SCAA	Specialty Coffee Association of America
SMI	Supply managed inventory
u.a.	unter anderem
u.U.	unter Umständen
USD	US-Dollar
v.a.	vor allem
vgl.	vergleiche
WWT	World Wine Trade

1 Einleitung

1.1 Einführung und Problemstellung

Das Internet hat in den vergangenen Jahren eine explosionsartige Entwicklung erlebt. Keine andere Technologie zuvor hat sich derart schnell verbreitet wie das Internet. Dauerte es beim Telefon 75 Jahre bis weltweit 50 Mio. Nutzer Zugang hatten, beim Radio 38 Jahre und beim PC 16 Jahre, so waren es beim Internet nur 4 Jahre.[1] Auch über die 50 Mio. Nutzer hinaus hat sich Zahl der Internetanwender schnell weiterentwickelt. 1981 waren einige tausend Nutzer „online", 1999 waren es ca. 190 Mio., im Jahr 2000 ca. 390 Mio. und im Jahr 2002 ca. 620 Mio.[2] Das Internet erstreckt sich mittlerweile fast über die gesamte Welt. Nachdem 1990 20 Staaten an das Internet angeschlossen waren, hatten im Jahr 2003 209 Staaten Zugang.[3]

Ein Grund für die schnelle Ausbreitung des Internet liegt in den vielen kommerziellen Anwendungsmöglichkeiten des Internet, die unter dem Begriff E-Business (Electronic Business) subsumiert werden. Konkret meint E-Business die Unterstützung der unternehmensinternen oder -übergreifenden Wertschöpfungsstrukturen und -prozesse durch Computernetzwerke.[4] Da viele Computernetzwerke mittlerweile auf Internetstandard arbeiten, wird hier der Begriff E-Business auf die Nutzung des Internet beschränkt.

E-Business bietet die Möglichkeit, schnell und kostengünstig Geschäftskorrespondenz abzuwickeln, umfassende Informationen einzuholen, Unternehmen multimedial einer großen Öffentlichkeit zu präsentieren, Transaktionen mit Geschäftspartnern abzuwickeln usw.[5] Damit eröffnet es den Unternehmen Effizienzsteigerungs- und Kostensenkungspotenziale und ermöglicht die Erschließung neuer Geschäftsfelder, weshalb immer mehr Unternehmen das Internet zur Unterstützung ihrer Geschäftsprozesse einsetzen. Es wird geschätzt, dass ca. 40% des Internetverkehrs aus geschäftlichen Transaktionen beste-

---

[1] Vgl. ITU (1999), S. 4.

[2] Vgl. ITU (1999), S. 4; ITU (2001); ITU (2003b).

[3] Vgl. ITU (2003a), S. 5.

[4] Vgl. Wamser, C. (2001), S. 13.

[5] Vgl. Daly, R./Miller, R. (1998), S. 1.

hen.[6] 1998 sollen weltweit bereits 12 Mio. Unternehmenswebseiten existiert haben und die Anzahl der speziell gesicherten Webseiten, die vor allem von Unternehmen eingesetzt werden, ist von ca. 10.000 in 1997 auf ca. 185.000 im Jahr 2002 angestiegen.[7] Auch die Umsätze der über das Internet abgewickelten Geschäftstransaktionen sind seit der Existenz des Internet dauerhaft gestiegen und liegen Schätzungen zufolge 2003 zwischen 1,408 Mrd. US-Dollar und 3,878 Mrd. US-Dollar.[8]

Auch wenn mittlerweile über 200 Länder Anschluss an das Internet haben, so zeigt die genauere Analyse jedoch, dass der Zugang der Bevölkerung sehr ungleich verteilt ist. Ende 2002 hatten weniger als 10% der Weltbevölkerung Zugang zum Internet, und der Großteil davon ist in den Industrienationen angesiedelt. Lediglich 32% der Internetnutzer stammt aus Entwicklungs- und Schwellenländern, also jenen Ländern, deren Lebensstandard niedriger ist als in den Industrieländern und deren Bevölkerung einen Großteil der Weltbevölkerung ausmacht.[9] Auch bei den Geschäftstransaktionen zeigt sich diese Spaltung. Schätzungen schreiben 95% der Geschäftstransaktionen den Industrienationen und nur 5% der Transaktionen den Entwicklungs- und Schwellenländern zu. Afrika und Lateinamerika gemeinsam werden lediglich 1% der Transaktionen zugeschrieben.[10]

Vor diesem Hintergrund stellt sich die Frage, welche Auswirkungen sich daraus für die Gestaltung einer nachhaltigen Informationsgesellschaft ergeben, in der Gerechtigkeit zwischen den heute lebenden Menschen im Norden und Süden und auch den heutigen und zukünftigen Generationen herrschen soll.[11] Eindeutig fällt die Antwort bei nicht existierendem Internet-Zugang aus. Experten vertreten einhellig die Meinung, dass Länder ohne Zugang zum Inter-

---

[6] Vgl. IDC (2003), S. 1.

[7] Vgl. Singh, A.D. (1999), S. 5; UNCTAD (2003), S. 17.

[8] Vgl. UNCTAD (2003), S. 17.

[9] Vgl. UNCTAD (2003), S. 3; Hemmer, H.R. (2002), S. 5. Unter Schwellenländern versteht man diejenigen Länder, die bereits einen verhältnismäßig fortgeschrittenen Entwicklungsstand erreicht haben. Vgl. Hemmer, H.R. (2002), S. 45.

[10] Da vor allem in Entwicklungs- und Schwellenländern meist keine Statistiken zum E-Business vorliegen, kann der Anteil lediglich geschätzt werden. Vgl. UNCTAD (2003), S. 17.

[11] Vgl. Schneidewind, U. (2000), S. 15f.

net Gefahr laufen, in ihrer Entwicklung weiter zurückzufallen.[12] Schwieriger gestaltet sich die Beantwortung der Frage für die Länder, die prinzipiell Zugang zum Internet haben. Hier treffen zwei unterschiedliche Meinungen aufeinander. Die optimistische Gruppe vertritt die Meinung, das Internet ermögliche das Überspringen bestimmter Technologiestufen („Leapfroging") und eine aufholende Entwicklung dieser Länder.[13] Es wird vermutet, das Internet könne die Produktivität von Unternehmen in Entwicklungsländern steigern, was sich positiv auf deren Wettbewerbsfähigkeit und damit auf das gesamtwirtschaftliche Einkommen auswirken würde.[14] Diese Überlegungen basieren auf folgenden Annahmen: Zum einen wird unterstellt, das Internet senke die internationalen Markteintrittskosten und -risiken und verringere damit traditionelle Markteintrittsbarrieren. Zum anderen wird argumentiert, dass sich für Firmen in Industrieländern der Zugang zu Produzenten in Entwicklungsländern vereinfache und sie deswegen verstärkt mit diesen zusammen arbeiten werden. Als weiteres Argument wird angeführt, dass die Produzenten in Entwicklungsländern ihr Produktangebot einem wesentlich größeren Abnehmerkreis zugänglich machen können, was ihnen die Integration in globale Wertschöpfungsketten erleichtert. Außerdem wird erwartet, das Internet erleichtere den Zugang zu Informationen, wie z.B. Produktanforderungen in Industrieländern, wodurch die Produzenten zielgerichteter arbeiten könnten.[15] Vor allem für die kleinen und mittleren Unternehmen werden diese Chancen als besonders hoch und bedeutend eingeschätzt. Da diese einen Großteil der Wirtschaftsleistung in Entwicklungs- und Schwellenländern erwirtschaften, werden positive Auswirkungen auf deren Wirtschaftsleistung und Einkommen erwartet. [16]

Die andere Gruppe steht dieser positiven Sichtweise skeptisch gegenüber. Diese Experten erwarten eher eine Vergrößerung der Kluft zwischen Unternehmen aus Industrieländern und Unternehmen aus Entwicklungsländern, weil die Unternehmen aus Entwicklungsländern nicht in der Lage seien, die Chancen des Internet zu nutzen. Das Hauptargument dieser Gruppe ist, ein

---

[12] Vgl. UNCTAD (2003), S. 34; Tregurtha, N./Vink, N. (2002), S. 12.

[13] Vgl. Paré, D. (2001), S. 3.

[14] Vgl. UNCTAD (2002), S. 9.

[15] Vgl. Moodley, S. (2001), S. 3; Singh, A.D. (1999), S. 5; Goldstein, A./O`Connor, D. (2000), S. 10; Paré, D. (2001), S. 3.

[16] Vgl. OECD (1998), S. 5.

3

Internetzugang sei eine notwendige, aber keine hinreichende Bedingung für die Entwicklung von E-Business.[17] Nach Ansicht dieser Gruppe müssen noch zahlreiche andere Voraussetzungen erfüllt sein, damit die Unternehmen Nutzen aus dem Internet ziehen können. So benötigen die Unternehmen ausreichend Know-How, um den anfänglichen Kontakt und das Mehr an Informationen in Transaktionen umzuwandeln und Kunden im Ausland adäquat zu bedienen. Außerdem wird, vor allem in Anbetracht der hohen Investitionen, die einige Unternehmen in Industrienationen aufbringen, bezweifelt, dass sich Unternehmen in Entwicklungsländern ein Internetengagement überhaupt leisten können. Wo ein Internetengagement möglich ist, wird bezweifelt, dass der Nutzen die Kosten aufwiegt. Weiterhin wird in Frage gestellt, ob die Unternehmen in diesen Ländern in der Lage sind, dem technischen Fortschritt stand zu halten. Es wird also angezweifelt, dass die Unternehmen in Entwicklungs- und Schwellenländern in der Lage sind, die potenziellen Vorteile des Internet tatsächlich umzusetzen.[18]

Die Ursache für diese weit differierenden Meinungen liegt darin begründet, dass bisher nur wenige Studien zu den Auswirkungen des E-Business auf Unternehmen in Entwicklungs- und Schwellenländern vorliegen. Der Beweis des tatsächlichen Nutzens existiert bisher nur vereinzelt und ist von eher beispielhaftem Charakter. Die Mehrzahl der Publikationen zum Thema befasst sich mit den gesamtwirtschaftlichen Voraussetzungen oder Auswirkungen des E-Business.[19] Weit verbreitet sind auch statistische Erhebungen zur Verbreitung des Internet in den einzelnen Ländern, in denen Angaben zu Anzahl der Telefon- und Internetanschlüsse, der Nutzer und Computer usw. gemacht werden.[20] Auf Unternehmensebene liegen bisher hauptsächlich Untersuchungen in Industrienationen vor.[21] Für Entwicklungs- und Schwellenländer werden

---

[17] Vgl. UNCTAD (2003), S. 2.

[18] Vgl. Goldstein, A./O`Connor, D. (2000), S. 13; Paré, D. (2001), S. 2; Moodley, S. (2001), S. 2.

[19] Vgl. zu gesamtwirtschaftlichen Untersuchungen: z.B. Singh, A.D. (1999); Goldstein, A./O`Connor, D. (2000); UNCTAD (2001b); UNCTAD (2002); UNCTAD (2003); Kuwayama, M. (2001); OECD (1999).

[20] Vgl. z.B. McConnell International (2001); Barua, A./Whinston, A. (2001).

[21] Vgl. zu Untersuchungen in Industrieländern: Kurbel, K./Teuteberg, F. (1997); Beck, A.; Köppen, R. (1998); Kurbel, K./Teuteberg, F. (1999); Poon, S./Swatman, P.M.C. (1997a); Poon, S./Swatman, P.M.C. (1998); Bennett, R. (1997); Poon, S./Swatman,

entweder Erfolgsbeispiele von einzelnen Unternehmen oder die E-Businessaktivitäten in einem gesamten Land sektor-unspezifisch beschrieben.[22] Systematische, sektorspezifische Forschung liegt nur für wenige, vereinzelte Sektoren vor. In diesen Studien werden die Nutzeffekte dann auf aggregierter Ebene präsentiert, ohne die Wirtschaftlichkeit, also das Verhältnis von Kosten zu Nutzen, zu berücksichtigen.[23]

1.2 Ziele, Eingrenzung und Fragestellung

Die hier vorgestellte Arbeit soll dazu beitragen, die oben beschriebene Erkenntnislücke zu schließen. Es soll deutlich werden, welche der beiden Einschätzungen eher den Tatsachen entspricht, und ob und unter welchen Voraussetzungen Unternehmen in Entwicklungs- und Schwellenländern in der Lage sind, die potenziellen Chancen des E-Business zu nutzen. Die Beantwortung dieser Frage ist vor allem für die Gestaltung der Entwicklungszusammenarbeit von Bedeutung. Um Maßnahmen bedürfnisgerecht zu gestalten und Mittelverschwendung zu vermeiden, ist ein detaillierter Einblick in die Auswirkungen des Internet, dessen Nutzungsmöglichkeiten und Hindernisse notwendig. Nur auf Basis solcher Erkenntnisse können die Maßnahmen Erfolg versprechend an den Bedürfnissen der Unternehmen ausgerichtet werden.

Um im Rahmen einer Dissertation eine konkrete Antwort auf obige Frage geben zu können und empirisch valide Aussagen zu erhalten, ist eine weitere Eingrenzung der Untersuchung notwendig: Eine erste Eingrenzung der Fragestellung erfolgt durch die Einschränkung auf Exportunternehmen und deren internationale Vermarktungsaktivitäten, also das internationale Internet-Marketing. Beim Export werden Güter außerhalb des Landes verkauft, in dem sie hergestellt werden. Dabei ist zu unterscheiden zwischen indirekten Exporten, bei denen im Zielland Absatzmittler (Exportagenturen, Exportkooperationen) zwischengeschaltet werden, und direkten Exporten, bei denen das Un-

---

P.M.C. (1997b); OECD (1998); bei Untersuchungen aus Industrieländern wurden hauptsächlich Studien zu kleinen und mittleren Unternehmen herangezogen, um eine gewisse Vergleichbarkeit zu den Unternehmen in Entwicklungsländern herzustellen.

[22] Vgl. Zu Einzelbeispielen: Mintz, S./Lawrence, T. (2002); Suriadinata, Y.S.A. (2001); UNCTAD (2001a) ; Lake, S. (2000).

[23] Vgl. zu Entwicklungsländer, aber aggregiert: UNCTAD (2002); Moodley, S. (2001); Kuwayama, M. (2001); Tregurtha, N./Vink, N. (2002); Daly, R./Miller, R. (1998).

ternehmen seine Produkte ohne Einschaltung von Absatzmittlern im Ausland selbst verkauft.[24]

Die Fokussierung auf Exportunternehmen erfolgt, weil das Marketing eines der Hauptanwendungsgebiete im Rahmen des E-Business ist und aufgrund der weltweiten Verbreitung des Internet insbesondere in der internationalen Vermarktung große Nutzeffekte erwartet werden.[25] Dies gilt auch für Unternehmen in Entwicklungs- und Schwellenländern. Diese haben oftmals Schwierigkeiten beim internationalen Verkauf ihrer Produkte, da sie nur über wenig Informationen zu den verschiedenen Märkten und deren Chancen verfügen und ihre finanziellen Mittel für die Gestaltung der Auslandsaktivitäten, insbesondere für den Aufbau einer Vertriebsstruktur, begrenzt sind.[26] Speziell bei diesen Problemen verspricht man sich Abhilfe bzw. Erleichterung durch das Internet. Außerdem wird mit den Exporten ein für Entwicklungs- und Schwellenländer wichtiger Wirtschaftszweig untersucht. Mit Exporten werden Devisen erwirtschaftet, die zur Bezahlung von Importen und zur Tilgung von Auslandsschulden notwendig sind und erheblich zur wirtschaftlichen Entwicklung dieser Länder beitragen können. Positive Auswirkungen auf die Exportunternehmen hätten also entsprechend große Auswirkungen auf die wirtschaftliche Entwicklung dieser Länder.

Als zweite Eingrenzung wird eine sektorspezifische Herangehensweise gewählt, d.h. es werden die Auswirkungen des Internet-Marketing in ausgewählten, unterschiedlich strukturierten Branchen untersucht. Der Grund dafür ist, dass sich Branchen in Art der Produktion, den Produktcharakteristika, der Anzahl der Beteiligten auf Anbieter- und Nachfragerseite usw. unterscheiden, was Auswirkungen auf das internationale Marketing und damit auch auf das Internet-Marketing hat. Diesen Unterschieden muss in der Untersuchung Rechnung getragen werden.

Auf Basis dieser Eingrenzungen ergibt sich folgende Forschungsfrage, die in dieser Arbeit beantwortet werden soll:

---

[24] Bei direkten Exporten unterscheidet man weiterhin ob das exportierende Unternehmen Direktinvestitionen im Ausland durchführt (Aufbau von Repräsentanzbüros, Vertriebsniederlassungen) oder nicht (Verkauf an die Endkunden oder Importeure).Vgl. Perlitz, M. (2000), S. 208ff; Berndt, R.; Fantapié Altobelli, C.; Sander, M. (1999), S. 127ff; Backhaus, K.; Büschken, J.; Voeth, M. (2003), S. 175ff.

[25] Vgl. Kurbel, K./Teuteberg, F. (1997), S. 9.

[26] Vgl. Goldstein, A./O`Connor, D. (2000), S. 6.

Welche Auswirkungen hat internationales Internet-Marketing auf Exportunternehmen ausgewählter Branchen in Entwicklungs- und Schwellenländern?

Zur Beantwortung der Hauptforschungsfrage müssen einige detailliertere Forschungsfragen beantwortet werden. So handelt es sich beim Internet-Marketing nicht um ein geschlossenes Konzept; stattdessen stehen in den einzelnen Bereichen des Marketing-Mix (operationale Ausgestaltung des Marketing) unterschiedliche Anwendungen zur Verfügung. Insbesondere im Hinblick auf die Gestaltung der zukünftigen Entwicklungszusammenarbeit muss in der Arbeit untersucht werden, welche der Anwendungen im internationalen Exportmarketing eingesetzt werden. Dafür ist zunächst darzustellen, welche Anwendungen überhaupt zur Verfügung stehen:

- *Welche Anwendungen existieren im internationalen Internet-Marketing?*

Daraufhin ist zu erfassen, welche der möglichen Anwendungen die Unternehmen tatsächlich nutzen:

- *Von welchen der Anwendungen machen die Unternehmen in den Untersuchungsbranchen Gebrauch?*

Wichtig sind in diesem Zusammenhang auch die Gründe für die Nutzung/Nichtnutzung einzelner Anwendungen. Sie können Hinweise auf Vorteile/Hindernisse bei einzelnen Anwendungen liefern.

- *Was sind die Gründe für das beobachtbare Nutzungsverhalten? Aus welchen Gründen kommen bestimmte Anwendungen nicht zum Einsatz?*

Zentral für die Beantwortung der Forschungsfrage ist selbstverständlich die Erfassung der Auswirkungen der zum Einsatz kommenden Anwendungen. Entscheidend ist dabei auch die Frage der Wirtschaftlichkeit. Für jede Anwendung sind die mit ihr verbundenen Nutzeffekte und Kosten zu erfassen und gegenüber zu stellen. Nur wenn die anfallenden Nutzeffekte die Kosten des Interneteinsatzes übersteigen, macht der Einsatz der Internet-Anwendungen Sinn. In diesem Zusammenhang ist es auch wichtig zu ermitteln, welche Voraussetzungen für die Realisierung der Nutzeffekte gegeben sein müssen.

- *Welche Auswirkungen haben die eingesetzten Anwendungen? Welche Kosten und Nutzen sind mit dem Einsatz der Anwendung verbunden?*
- *Sind die Anwendungen wirtschaftlich einsetzbar?*
- *Welche Voraussetzungen müssen für diese Wirkungen erfüllt sein?*

Um den Gesamteinfluss des Internet-Marketing richtig einschätzen zu können, ist es darüber hinaus wichtig, die Auswirkungen in den Gesamtkontext des internationalen Marketing einzuordnen:

- *Welche Bedeutung haben die Internetanwendungen für das internationale Marketing bzw. den internationalen Markterfolg?*

Mit der Beantwortung dieser Fragen wird ein umfassendes Bild über Nutzung, Auswirkungen und Bedeutung des internationalen Internet-Marketing in Exportunternehmen in Entwicklungs- und Schwellenländern entstehen. Darüber hinaus werden Hindernisse erfasst, die bei der Gestaltung der zukünftigen Entwicklungszusammenarbeit berücksichtigt werden müssen.

1.3 Methodik

Zur Beantwortung der Forschungsfragen wird die empirische Sozialforschung herangezogen. Empirische Sozialforschung ist die systematische Erfassung und Deutung sozialer Tatbestände mit dem Ziel, gesicherte Erkenntnisse über die Wirklichkeit abzuleiten und die Unübersichtlichkeit komplexer Vorgänge durch Reduktion zumindest teilweise zu beheben.[27] Es werden also die mit den menschlichen Sinnesorganen wahrnehmbaren (empirisch) sozialen Tatbestände anhand von Regeln (systematisch) erfasst und gedeutet. Zu den sozialen Tatbeständen gehören beispielsweise beobachtbares menschliches Verhalten, von Menschen geschaffene Gegenstände und Informationen über Erfahrungen.[28] Im Folgenden wird die konkrete Ausgestaltung der Untersuchung vorgestellt.

1.3.1 Qualitativer Forschungsansatz

In der empirischen Sozialforschung stehen zwei grundlegend unterschiedliche Ansätze zur Verfügung: der quantitative und der qualitative Forschungsansatz. Beim quantitativen Forschungsansatz werden auf der Basis bestehender Erkenntnisse Hypothesen über die Eigenschaften der tatsächlichen Welt und über die darin bestehenden Gesetzmäßigkeiten aufgestellt. Diese Hypothesen bestimmen den Untersuchungsausschnitt, in dem mit einem standardisierten Verfahren empirische Daten erhoben und ausgewertet werden. Anschließend werden die Untersuchungsergebnisse mit den vorher aufgestellten Hypothe-

---

[27] Vgl. Atteslander, P. (2000), S. 14; Kromrey, H. (1998), S. 21.

[28] Vgl. Atteslander, P. (2000), S. 14ff.

sen verglichen. Stimmen Hypothesen und Untersuchungsergebnisse überein, gelten die Hypothesen als empirisch bewährt.[29]

Während der quantitative Forschungsansatz stark standardisiert und regelgeleitet vorgeht, ist der qualitative Ansatz vom Prinzip der Offenheit geleitet. Der Forscher soll ohne vorgefasste Meinungen offen in die Datenerhebung gehen und bei der Auswertung den inhaltlichen Reichtum der individuellen Antworten berücksichtigen, um dann anhand von Interpretationen beobachtbare Wirklichkeitselemente zu verstehen und zu deuten. In der qualitativen Forschung werden deshalb nicht vorab aufgestellte Hypothesen bestätigt oder falsifiziert, sondern auf Basis der erhobenen Daten und den daraus abgeleiteten Interpretationen Hypothesen aufgestellt. Damit kommt qualitative Forschung immer dann zum Einsatz, wenn wissenschaftliches Neuland betreten wird und das Aufdecken neuer Hypothesen bzw. Theorien im Zentrum steht. Qualitative Forschung bereitet das Feld für quantitative Forschung.[30]

In Abschnitt 1 und 2 dieses Kapitels ist bereits deutlich geworden, dass es sich bei dieser Arbeit um ein neu zu erschließendes Forschungsfeld handelt. Bisher existieren kaum empirische Untersuchungen zu den Auswirkungen des E-Business auf Exportunternehmen in Entwicklungs- und Schwellenländern. Vor allem Untersuchungen, welche die Auswirkungen einzelner Anwendungen sichtbar machen, liegen bisher nicht vor. Aus diesem Grund wurde für diese Untersuchung der qualitative Forschungsansatz gewählt. Ziel der Untersuchung ist es, dieses neue Forschungsfeld zu erkunden, Auswirkungen, Einflussvariablen, Hindernisse und Beziehungen zwischen diesen aufzudecken und erste Hinweise für die Gestaltung künftiger internationaler Entwicklungszusammenarbeit zu geben. Damit wird das Feld für weitergehende quantitative Untersuchungen bereitet.

1.3.2 Fallstudien als optimales Forschungsdesign

Wie in der quantitativen Forschung stehen dem Forscher auch in der qualitativen Forschung zahlreiche verschiedene Forschungsdesigns zur Verfügung.[31]

---

[29] Vgl. Kromrey, H. (1998), S. 28f.

[30] Vgl. Kromrey, H. (1998), S. 30f; Bortz, J./Döring, N. (1995), S. 271f; Atteslander, P. (2000), S. 58f.

[31] Unter einem Forschungsdesign (Untersuchungsplan) versteht man die grundsätzliche Untersuchungsanlage, also Untersuchungsziel und -ablauf. Vgl. Mayring, P. (1999), S. 27.

So eignen sich beispielsweise Experimente, Dokumentenanalyse, Feldforschung, Handlungsforschung und Fallstudien für die qualitative Forschung.[32] Jedes Forschungsdesign hat spezielle Vor- und Nachteile und sein Einsatz ist unter anderem von der Art der Forschungsfrage, der Kontrolle des Forschers über die Situation und dem Zeithorizont der Untersuchung (gegenwärtig vs. historisch) abhängig.[33]

Für die hier vorgestellte Untersuchung wurde ein Fallstudiendesign gewählt. Unter einer Fallstudie versteht man eine empirische Untersuchung, die ein aktuelles Phänomen in seinem Alltagskontext untersucht. Fallstudien werden vor allem dann eingesetzt, wenn der Kontext des Phänomens von Bedeutung ist und der Forscher wenig Einfluss auf den Untersuchungsgegenstand hat.[34] Damit sind Fallstudien für die hier vorgestellte Untersuchung sehr gut geeignet. Bei den Auswirkungen des Internet-Marketing in Exportunternehmen handelt es sich um ein aktuelles Phänomen, bei dem auch der Kontext, also die Unternehmensumwelt von Bedeutung ist und worauf der Forscher keinen Einfluss hat.

Außerdem vereinen Fallstudien noch zahlreiche andere Vorteile auf sich, die für eine adäquate Beantwortung der Forschungsfragen von Bedeutung sind. Zum Einen sind sie für die Erschließung neuer Forschungsgebiete und die Entwicklung neuer Theorien (exploratory Case Studies), wie es Ziel dieser Untersuchung ist, hervorragend geeignet.[35] Zum Anderen handelt es sich um ein sehr flexibles Forschungsinstrument, in dem verschiedenste Erhebungsmethoden (z.B. Interviews, Dokumentenanalyse, direkte Beobachtung), verschiedenste Unterlagen und sowohl quantitative als auch qualitative Daten integriert werden können.[36] Außerdem können während des Forschungsprozesses problemlos neue Erkenntnisse aufgenommen und die Umgebungsbedingungen integriert werden. Damit liefern Fallstudien bei entsprechender Ausgestaltung derart umfangreichen Untersuchungsstoff, dass die Realität mit einem Detaillierungsgrad untersucht werden kann, der mit kaum einem anderen Instrument erreichbar wäre.[37] Die auf Basis von Fallstudienforschung abgeleiteten Theorien sind mit hoher

---

[32] Vgl. Mayring, P. (1999), S. 27ff.

[33] Vgl. Yin, R.K. (1994), S.1.

[34] Vgl. Yin, R.K. (1981), S. 59.

[35] Vgl. Eisenhardt, K. (1989), S. 532.

[36] Vgl. Yin, R.K. (1994), S. 8 und 58; Eisenhardt, K. (1989), S. 535.

[37] Vgl. Galliers, R.D. (1991), S. 334; Freichel, S. (1992), S. 206.

geleiteten Theorien sind mit hoher Wahrscheinlichkeit neu und empirisch valide und können relativ einfach überprüft werden.[38] Außerdem hat Fallstudienforschung durch die Nähe zu realen Problemstellungen eine hohe Relevanz.[39]

Auch bei der Wahl des grundlegenden Forschungsdesigns bieten Fallstudien eine hohe Flexibilität. Der Forscher kann zwischen vier verschiedenen Fallstudiendesigns wählen, die sich aus der Kombination von jeweils zwei Gestaltungsweisen ergeben. Zum Einen kann der Forscher entweder eine Einzelfallstudie oder eine Mehrfach-Fallstudie durchführen. Bei einer Einzelfallstudie wird ein einzelner kritischer oder besonderer Fall herausgegriffen und an diesem eine bestehende Theorie entwickelt, erweitert oder überprüft. Dabei kann das Problem aufkommen, dass der zu untersuchende Fall nicht die erwarteten Eigenschaften aufweist und sich die Untersuchung nicht durchführen lässt. Bei Mehrfach-Fallstudien ist diese Gefahr geringer, weil mehrere unterschiedliche Fälle untersucht werden. Außerdem sind die Erkenntnisse aus Mehrfach-Fallstudien meist auch leichter zu verallgemeinern. Die Nachteile von Mehrfach-Fallstudien sind, dass mit diesem Design ganz spezielle Fälle per definitionem nicht untersucht werden können und dass Mehrfachfallstudien wesentlich aufwändiger sein können als Einzelfallstudien.[40]

Die zweite Wahlmöglichkeit des Forschers besteht zwischen einem ganzheitlichen und einem eingebetteten Design. Beim ganzheitlichen Design untersucht der Forscher eine einzelne, in sich geschlossene Untersuchungseinheit. Existieren hingegen innerhalb einer Fallstudie mehrere für die Forschung relevante Untersuchungseinheiten, so wird das eingebettete Design gewählt. Dies ist beispielsweise der Fall, wenn ein Programm untersucht werden soll, das sich aus einzelnen Projekten zusammensetzt.[41] Abbildung 1 verdeutlicht die vier unterschiedlichen Fallstudiendesigns.

---

[38] Vgl. Eisenhardt, K. (1989), S. 532ff.

[39] Bei Fallstudien stehen die Erfassung, Analyse und Darstellung typischer Praxisprobleme im Vordergrund. Ziel ist es, reale Phänomene aus unterschiedlichen Perspektiven wirklichkeitsnah zu reflektieren und neue Theorien aufzudecken. Vgl. Gassmann, O. (1999), S. 11.

[40] Vgl. Yin, R.K. (1994), S. 38ff.

[41] Vgl. Yin, R.K. (1994), S. 41ff.

	Einzel-Fallstudie	Mehrfach-Fallstudie
ganzheitlich (eine geschlossene Untersuchungs-einheit)		
eingebettet (mehrere Untersuchungs-einheiten)		

Quelle: Cosmos Corporation, vgl. Yin , R.K. (1994), S. 39.

Abbildung 1: Varianten Fallstudiendesign

Für die hier vorgestellte Untersuchung lag die Verwendung eines eingebette-ten Mehrfallstudiendesign nahe. In Abschnitt 1.1 ist bereits deutlich gewor-den, dass auf dem Gebiet der E-Business-Forschung in Entwicklungs- und Schwellenländern insbesondere sektorspezifische Untersuchungen notwendig sind. Deswegen wurden Branchen als Fallstudieneinheit ausgewählt. Da bei Mehrfachfallstudien die einzelnen Fälle miteinander verglichen werden kön-nen (Cross-Case-Analyse) und damit die Untersuchungsergebnisse besser verallgemeinert werden können, wurden zwei Fallstudien, also zwei konkrete Untersuchungsbranchen ausgewählt. Um in den beiden Fallstudien die Aus-wirkungen des Internet-Marketing ableiten zu können, war es notwendig, als Untereinheiten die Unternehmen der Branche in die Analyse zu integrieren. Dementsprechend wurde ein eingebettetes Design gewählt. Das konkrete Vorgehen bei der Auswahl der Fallstudien und der eingebetteten Untereinhei-ten wird im nächsten Abschnitt vorgestellt.

1.3.3 Auswahl der Fallstudien

Im Gegensatz zur quantitativen Forschung, in der die Untersuchungsobjekte anhand von statistischen Kriterien ausgewählt werden, bestehen in der quali-tativen Forschung mehr Freiheiten. Da keine Repräsentativität der For-schungsergebnisse erreicht werden soll bzw. kann, obliegt die Auswahl der Untersuchungsobjekte dem Forscher. Dies gilt auch für die Auswahl der Fall-studien. Diese sollen nicht anhand von statistischen Kriterien sondern auf Ba-sis von theoretischen Überlegungen ausgewählt werden, da die Auswahl die Generalisierbarkeit der Ergebnisse maßgeblich beeinflusst. Insbesondere bei Mehrfachfallstudien sollen gezielt solche Fälle gewählt werden, an denen sich typische Eigenschaften und Gemeinsamkeiten zeigen lassen und die für die Beantwortung der Forschungsfrage von besonderer Relevanz sind. Dazu können entweder bewusst ähnliche Fälle oder besonders kontrastierende Fälle herangezogen werden. Bei kontrastierenden Fällen muss eine grundlegende Vergleichbarkeit dennoch gewährleistet sein.[42]

Um der Forderung nach Relevanz der Forschung gerecht zu werden, wurden zwei Branchen aus dem Agrarbereich ausgewählt: der Weinexport in Chile und der Kaffeeexport in Costa Rica. Die Wahl fiel auf zwei Agrarbranchen, weil der Agrarbereich in vielen Entwicklungs- und Schwellenländern immer noch ein sehr wichtiger Wirtschaftsbereich ist. In vielen Ländern ist ein Großteil der Bevölkerung im Agrarsektor beschäftigt, und die Agrarexporte machen häufig den Hauptteil der Gesamtexporteinnahmen aus. Von einer Verbesserung der Exportfähigkeiten würden also entsprechend viele Länder in hohem Ausmaß profitieren, weshalb die Untersuchung gerade in diesem Bereich hohe Relevanz hat.[43] Außerdem wird in vielen Publikationen die Meinung vertreten, internationales Internet-Marketing verspreche gerade im Agrarbereich hohe Nutzeffekte, da es Informationsflüsse unterstützt und die industrielle Koordination erleichtert.[44] Der Grund für die Wahl von zwei Branchen aus zwei verschiedenen Ländern ist, dass so auch der Einfluss von Unterschieden in den landesspezifischen Voraussetzungen, z.B. bei der Infrastruktur deutlich gemacht werden kann.

Die Auswahl von Chile und Costa Rica liegt darin begründet, dass beide Länder bereits in einem fortgeschrittenen Entwicklungsstadium (Schwellenländer) sind und das Internet auch Unternehmen zur Verfügung steht. Dies ist notwendig, um die Auswirkungen des Internet-Marketing überhaupt zeigen zu können. Wenn auch die Internetverbreitung in Chile höher ist als in Costa Rica, so wird in beiden Ländern die „E-Readiness", also die bestehende Infrastruktur für E-Business, im Vergleich zu anderen 51 in einer Studie untersuchten Entwicklungs- und Schwellenländern relativ hoch eingeschätzt. Vor allem Chile wird in allen fünf untersuchten Kategorien als fortschrittlich und vorbildlich erwähnt.[45] Dies zeigt sich auch an den Nutzerzahlen. In beiden

---

[42] Vgl. Yin, R.K. (1994), S. 45ff; Eisenhardt, K. (1989), S. 537.

[43] Vgl. UNCTAD (2003), S. 154.

[44] Vgl. Tregurtha, N./Vink, N. (2002), S. 1.

[45] Die fünf Kategorien sind „Connectivity", E-Leadership, Information Security, Human Capital und E-Business Climate. Vgl. McConnell International (2001).

Ländern haben so viele Personen Zugang zum Internet wie nur in wenigen anderen Ländern. So hatten im Jahr 2002 in Chile 3,5 Mio. Personen Zugang zum Internet und in Costa Rica immerhin 800.000 Personen.[46] In Bezug auf die Einwohnerzahl wird die hohe Internetverbreitung noch deutlicher. 2002 hatten, bezogen auf 10.000 Einwohner, in Chile 2.375 Personen und in Costa Rica 1.930 Personen Zugang zum Internet. Damit ist die Internetverbreitung in Chile und Costa Rica höher als im gesamten Afrika und auch höher als in vielen Ländern Lateinamerikas und Asiens. Ein entsprechendes Bild zeigt sich auch bei der Computerverbreitung. In Chile verfügten 2002 100 Einwohner über 11,93 Computer, in Costa Rica sogar über 19,72 Computer.[47]

Bei der Auswahl der Branchen fiel die Wahl auf die Kaffeeindustrie, weil diese für Entwicklungs- und Schwellenländer eine hohe Bedeutung hat. Kaffee wird fast ausschließlich in Entwicklungs- und Schwellenländern produziert und zum Großteil in Industrieländern weiterverarbeitet und konsumiert (80%), und spiegelt damit die Nord-Süd-Teilung wider. Außerdem hat Kaffee für viele Länder einen hohen Stellenwert, da der Kaffeeexport einen Großteil ihrer Gesamtexporte ausmacht und damit eine der wichtigsten Devisenquellen darstellt. Darüber hinaus wird die Kaffeeindustrie in einigen wenigen, im Vergleich zu anderen Agrarbranchen jedoch zahlreichen, E-Businessstudien als Beispiel verwendet, so dass eine gewisse Vergleichbarkeit der Ergebnisse gewährleistet ist.[48]

Die Weinindustrie hingegen ist gänzlich anders strukturiert. Die chilenischen Weinexporteure konkurrieren hauptsächlich mit Produzenten aus Industrienationen, allen voran Frankreich, Italien und Spanien, woraus sich völlig andere Marktstrukturen ergeben. Für eine Untersuchung der Auswirkungen des Internet-Marketing ist die Weinindustrie besonders geeignet, weil sie im Vergleich zu vielen anderen Sektoren des Agrarmarktes bereits über eine fortgeschrittene Internetnutzung verfügt und deswegen als Beispiel für die anderen Bereiche dienen kann.[49] Außerdem sind die Strukturen der Weinindustrie für eine Untersuchung der Internetauswirkungen hervorragend geeignet: Erstens ist Wein ein hoch differenziertes Produkt, das über verschiedenste Vertriebs-

---

[46] In den vorangegangenen Jahren war die Verbreitung natürlich geringer, im Vergleich zu anderen Entwicklungsländern jedoch trotzdem verhältnismäßig hoch.

[47] Vgl. ITU (2003b).

[48] Vgl. UNCTAD (2003), S. 156f.

[49] Vgl. Stricker, S./Bernert, A. (2001), S. 1.

kanäle vertrieben wird. Zweitens sind auf dem Weinmarkt sowohl große als auch kleine Unternehmen tätig und der Wettbewerb auf den Hauptexportmärkten ist intensiv. [50]

Damit entsprechen die beiden Fallstudien den oben gestellten Anforderungen an eine sinnvolle, theoretische Auswahl. Beide Branchen und vor allem der Agrarbereich, auf den die Forschungsergebnisse primär zu übertragen sind, haben in Entwicklungs- und Schwellenländern große Bedeutung. Die Forschungsergebnisse sind damit von hoher Relevanz. In Bezug auf die Generalisierbarkeit der Ergebnisse weisen die beiden Fallstudien ausreichend Gemeinsamkeiten auf, um eine Vergleichbarkeit der Untersuchungsergebnisse zu gewährleisten. Gleichzeitig bestehen aber auch signifikante Unterschiede zwischen den Branchen, so dass vielfältige Rückschlüsse möglich sind. Dabei kann insbesondere die Untersuchung im Weinmarkt interessante Hinweise für den Kaffeeexport liefern, und so eventuell Auswege aus der Kaffeekrise aufzeigen.

Da es sich bei dem ausgewählten Untersuchungsdesign um eingebettete Mehrfachfallstudien handelt, mussten neben den Fallstudien an sich auch die Untereinheiten, in diesem Fall also die zu untersuchenden Exportunternehmen ausgewählt werden. Auch hierbei sollte der Forscher die Auswahl theoriegeleitet, d.h. entsprechend den Anforderungen der Untersuchung vornehmen.[51] Dem wurde in der vorliegenden Untersuchung Rechnung getragen. Ziel der Untersuchung ist es, den maximalen Erfolgsbeitrag des Internet-Marketing aufzuzeigen. Dementsprechend wurden, basierend auf der Annahme, dass die erfolgreichsten Unternehmen der Branche das Internet am ehesten einsetzen, in jeder Branche die Best-Practice-Unternehmen ausgewählt. Dabei wurden verschiedene Kriterien für Best-Practice-Unternehmen zugrunde gelegt. Zum Einen wurden die Unternehmen mit den höchsten Exportumsätzen und Exportmengen befragt. Die Identifikation dieser Unternehmen erfolgte auf Basis von offiziellen Exportstatistiken. Da anhand dieses Kriteriums lediglich die größten Unternehmen in die Untersuchung eingeflossen wären, vom Internet-Einsatz jedoch vor allem bei kleinen Unternehmen große Vorteile zu erwarten sind, wurden darüber hinaus die Unternehmen mit dem besten internationalen Marketing einbezogen. Die Identifikation dieser Unternehmen erfolgte in In-

---

[50] Vgl. Müller, R.A.E./Stricker, S. (2000), S. 1 und Stricker, S./Müller, R.A.E./Sumner, D.A. (2001), S. 179.

[51] Vgl. Yin, R.K. (1994), S. 41f.

terviews mit Exportmanagern und Branchenexperten. Diese wurden über Unternehmen befragt, die für besonders gutes und erfolgreiches Marketing bekannt sind. Anhand von Interviews wurden auch die Unternehmen mit den qualitativ höchsten Produkten identifiziert. Diese wurden in die Untersuchung mit einbezogen, damit auch die Auswirkungen auf Hersteller qualitativ hoher Produkte betrachtet werden können. Darüber hinaus wurden die Unternehmen mit der intensivsten Internet-Nutzung auf Basis einer Webseitenanalyse ausgewählt. Unternehmen, deren Webseiten über das allgemeine Niveau hinaus gehen, die also bestimmte besondere Elemente wie beispielsweise Extranets, Online-Shops oder Befragungen enthalten, wurden explizit in die Untersuchung mit einbezogen. Durch diesen Mix an Best-Practice-Unternehmen konnte der maximale Erfolgsbeitrag des Internet-Marketing in beiden Fallstudien und damit auch in begrenztem Maße für andere Agrarexportunternehmen in Entwicklungs- und Schwellenländern identifiziert werden.

Abbildung 2 zeigt die beiden Fallstudien im Überblick.

	Fallstudie Weinindustrie Chile	Fallstudie Kaffeindustrie Costa Rica
Basisdaten des Landes		
Geografische Lage	Südamerika	Mittelamerika
Einwohner (in Tausend)	15.589	4.200
Größe (qkm)	756.626	51.060
Hauptstadt	Santiago de Chile	San José
Internetinformationen		
Einwohner mit Zugang zum Internet (2002)	3,5 Mio.	800.000
Internetverbreitung je 10.000 Einwohner (2002)	2.375	1.930
Computerverbreitung je 100 Einwohner (2002)	11,93	20
E-Readiness, Kriterium Connectivity	Verbesserungen notwendig	Verbesserungen notwendig
E-Readiness, Kriterium E-Leadership	gute Voraussetzungen	Verbesserungen notwendig
E-Readiness, Kriterium Information Security	Verbesserungen notwendig	grundlegende Verbesserungen notwendig
E-Readiness, Kriterium Human Capital	Verbesserungen notwendig	gute Voraussetzungen
E-Readiness, Kriterium E-Business Climate	Verbesserungen notwendig	Verbesserungen notwendig
Brancheninformationen		
Anzahl Exportunternehmen	ca. 120	56
Produktcharakteristika	Hoch differenziert, viele unterschiedliche Sorten, Qualitätsstufen usw.	Meist einheitlich als Rohstoff gehandelt
Auswahlkriterien für Fallstudien	Fortgeschrittene Internetnutzung	Hohe Bedeutung für Produktionsländer
	Hoch differenziertes Produkt	Produktion fast ausschließlich in ESL
	Intensiver Wettbewerb	Großer Anteil an Gesamtexporten in Produktionsländern
	Verschiedenste Arten von Unternehmen auf Weinmarkt tätig	Studien zum Vergleich vorhanden
Auswahlkriterien Untersuchungsunternehmen	höchste Exporte, bestes internationales Marketing, beste Produktqualität, beste Webseiten	höchste Exporte, bestes internationales Marketing, beste Produktqualität, beste Webseiten

Quellen: ECLAC (2003), S. 173; N.N. (1998), Sp 129 und Sp 148; McConnell International (2001), S. 13.

Abbildung 2: Vergleich der beiden Fallstudien

1.3.4 Gütekriterien

Um die Qualität der Forschungsergebnisse empirischer Sozialforschung sicherzustellen, wurden Maßstäbe und Verfahren entwickelt, mit denen die Forschungsergebnisse überprüft werden können. Lediglich Untersuchungsergebnisse, die der Prüfung dieser Gütekriterien stand halten, gelten als wissenschaftlich anerkannt. Entsprechend sollten sie bereits bei der Gestaltung und Durchführung der Untersuchung berücksichtigt werden.

In der Regel werden die Kriterien Validität und Reabilität zugrunde gelegt. Anhand des Kriteriums der Validität soll überprüft werden, ob in der Untersuchung auch tatsächlich das erfasst wurde, was erfasst werden sollte.[52] Mit dem Kriterium der Reabilität wird die Zuverlässigkeit der Forschung gemessen, es wird also überprüft, ob auch andere Forscher unter gleichen Bedingungen zu den gleichen Ergebnisse kommen würden.[53]

Da diese Gütekriterien primär für die Anwendung in der quantitativen Forschung entwickelt wurden, sind sie für die Anwendung in der qualitativen Forschung nur bedingt geeignet. Aufgrund der unterschiedlichen Denkweise, Zielsetzung und Vorgehensweise in beiden Forschungsansätzen, können die Gütekriterien nicht einfach aus der quantitativen Forschung übernommen werden. Vor allem bei dem Kriterium der Reabilität bestehen große Schwierigkeiten. Da qualitative Untersuchungen die Einzigartigkeit von Situationen und deren Kontexte hervorheben, macht die Forderung nach Wiederholbarkeit der Forschung wenig Sinn.[54]

Aus diesem Grund wurden in der qualitativen Forschung eigene Gütekriterien entwickelt. So nennt beispielsweise Mayring sechs allgemeingültige Gütekriterien qualitativer Forschung[55]:

- **Verfahrensdokumentation:** Da qualitative Forschungsmethoden meist speziell für den Untersuchungsgegenstand entwickelt werden, müssen die Verfahren, mit denen diese Ergebnisse erzielt wurden, genauestens dokumentiert werden. Dazu sind Vorverständnis, Zusammenstellung des Instrumentariums, Durchführung und Auswertung der Datenerhebung genauestens darzustellen. Nur so ist die Nachvollziehbarkeit der wissenschaftlichen Ergebnisse zu gewährleisten.

- **Argumentative Interpretationsabsicherung:** Interpretationen sind ein wesentlicher Bestandteil qualitativer Forschung und nicht beweisbar. Deshalb sind alle Interpretationen logisch konsistent aus den empirischen Daten abzuleiten und argumentativ zu begründen. Logische Brüche sind zu erklären. Für alle Interpretationen ist das Vorverständnis offen zu legen.

- **Regelgeleitetheit:** Um unsystematisches Vorgehen zu vermeiden, bedarf auch die qualitative Forschung bestimmter Verfahrensregeln. Die Analyse-

---

[52] Vgl. Yin, R.K. (1994), S. 115.

[53] Vgl. Bortz, J./Döring, N. (1995), S. 302.

[54] Vgl. Bortz, J./Döring, N. (1995), S. 302.

[55] Vgl. Mayring, P. (1999), S. 119ff.

schritte sind vorher festzulegen und, soweit es die Untersuchungsergebnisse zulassen, auch einzuhalten.

- **Nähe zum Gegenstand:** Der Untersuchungsgegenstand soll möglichst wirklichkeitsnah erfasst werden, die Forschung soll möglichst nahe an der Alltagswelt der beforschten Subjekte anknüpfen. Das wird erreicht indem der Forscher ins „Feld" geht.

- **Kommunikative Validierung:** Die Gültigkeit der Ergebnisse soll dadurch geprüft werden, dass sie den Befragten nochmals vorgelegt und mit ihnen diskutiert werden. Wenn diese die Ergebnisse bestätigen, ist das ein wichtiges Kriterium zur Absicherung der Ergebnisse.

- **Triangulation:** Um die Qualität der Forschung zu erhöhen, sollten unterschiedliche Instrumente herangezogen werden. Das können verschiedene Datenquellen, Interpreten, Theorieansätze und Methoden sein. Es soll versucht werden, für die Fragestellung unterschiedliche Lösungswege zu entwickeln und deren Ergebnisse zu vergleichen. Dadurch können Schwächen einzelner Lösungswege ausgeglichen und ein realistisches Bild entworfen werden.

Neben diesen allgemeingültigen Kriterien qualitativer Forschung wurden auch methodenspezifische Verfahren entwickelt.[56] Für die Fallstudienforschung hat Yin Gütekriterien definiert. In enger Anlehnung an die Gütekriterien quantitativer Forschung hat er für die Fallstudienforschung die Gütekriterien Aufbau- bzw. Konstruktvalidität, externe Validität, interne Validität und Reabilität definiert. Auch wenn sich diese Kriterien auf den ersten Blick erheblich von den oben erläuterten allgemeingültigen Kriterien qualitativer Forschung unterscheiden, zeigt sich bei näherer Betrachtung, dass oftmals die gleichen Anforderungen an die Forschung gestellt werden.

Mit dem Kriterium der Aufbau- oder Konstruktvalidität fordert Yin, dass die für das Untersuchungsobjekt angemessenen Datenquellen und Messverfahren verwendet werden und die Aussagen gültig sind. Konstruktvalidität kann durch drei verschiedene Vorgehensweisen erzielt werden. Zum Einen kann der Forscher vor allem während der Datenerhebung verschiedene Beweisquellen heranziehen. Zum Anderen kann er eine nachvollziehbare Beweiskette ableiten oder die Forschungsergebnisse mit den Beforschten diskutieren. Dieses Kriterium entspricht also einer Kombination der Gütekriterien argumenta-

---

[56] Vgl. Mayring, P. (1999), S. 117f.

tiver Interpretationsabsicherung, Triangulation und kommunikativer Validierung bei den allgemeingültigen Kriterien.[57]

Mit der internen Validität soll die Konsistenz kausaler Beziehungen überprüft werden. Dies ist jedoch nur für theorietestende Fallstudien von Relevanz, weshalb hier nicht weiter darauf eingegangen werden soll.[58]

Das Kriterium der externen Validität beschäftigt sich mit der Frage, inwiefern die Ergebnisse von Fallstudien über die Grenzen der Fallstudien hinaus verallgemeinerbar sind. Eine Verallgemeinerbarkeit von Fallstudienergebnissen wird häufig angezweifelt, weil Fallstudien keine repräsentativen Stichproben einer Grundgesamtheit darstellen und damit auch die Resultate nicht statistisch repräsentativ sind. Dies ist jedoch auch nicht Ziel von Fallstudien. Mit der Fallstudienforschung wird vielmehr auf analytische Repräsentativität in Bezug auf die zugrundeliegenden Hypothesen abgezielt. Der Fallstudienforscher versucht, die Ergebnisse der Fallstudie zu einer breiteren Theorie weiterzuentwickeln. Erzielt werden kann die Generalisierbarkeit durch eine Replikationslogik in Mehrfachfallstudien, also die entsprechende Auswahl der Fallstudien. Damit entspricht dieses Kriterium der Forderung nach Triangulation, hier jedoch bezogen auf die Untersuchungsobjekte.[59]

Auch wenn nach Ansicht vieler qualitativer Forscher Reabilität in der qualitativen Forschung kein sinnvolles Kriterium darstellt, fordert Yin dennoch, dass der Forschungsprozess so dokumentiert werden sollte, dass andere Forscher ihn gegebenenfalls nachvollziehen können. Dazu schlägt Yin die Pflege eines Fallstudienprotokolls und einer Fallstudiendatenbank vor und entspricht damit der Forderung nach Verfahrensdokumentation bei Mayring.[60]

Die spezifischen Gütekriterien der Fallstudienforschung stimmen also weitestgehend mit den allgemeinen Kriterien für qualitative Forschung überein. Wichtig ist, dass die Gütekriterien während des gesamten Forschungsprozesses beachtet und eingehalten werden. Wie die Einhaltung der Gütekriterien in dieser Untersuchung erfolgte, wird im folgenden Abschnitt mit der Vorstellung der konkreten Ausgestaltung der Untersuchung konkretisiert.

---

[57] Vgl. Yin, R.K. (1994), S. 34f.

[58] Vgl. Yin, R.K. (1994), S. 35.

[59] Vgl. Yin, R.K. (1994), S. 35f.

[60] Vgl. Yin, R.K. (1994), S. 36f.

1.3.5 Ausgestaltung der Untersuchung

Um die Untersuchung auch für andere Forscher nachvollziehbar zu machen und eine Einschätzung der Forschungsergebnisse zu ermöglichen, wird an dieser Stelle die genaue Vorgehensweise bei der Untersuchung vorgestellt. Untersuchungsdesign und -ablauf orientierten sich weitestgehend an den Gütekriterien und den Schritten zur Durchführung theoriebildender Fallstudien nach Eisenhardt:[61]

Nachdem auf Basis eines umfangreichen Literaturstudiums zu den Themenkomplexen Digital Divide[62] und E-Business die Forschungsfragen und das Forschungsdesign festgelegt waren, wurde ein detaillierter Untersuchungsplan aufgestellt. Aus den vielfältigen Datenerhebungs- und Auswertungsmethoden wurden diejenigen ausgewählt, deren Kombination eine bestmögliche Beantwortung der Forschungsfragen erlaubte: Im Zentrum der Erhebung standen Interviews mit Geschäftsführern, Export- und Marketingmanagern der Exportunternehmen beider Branchen. In diesen Interviews wurden das Internetnutzungsverhalten im internationalen Marketing, dessen Kosten und Nutzen, die eventuell aufgetretenen Hindernisse und dessen Bedeutung für das internationale Marketing erfragt. Branchenexperten wurden zu den erfolgreichsten Unternehmen und zur Internetnutzung in der Branche und deren Auswirkungen befragt.

In der empirischen Sozialforschung stehen ganz unterschiedliche Interviewmethoden zur Verfügung. Der Forscher kann zwischen narrativen Interviews, in denen der Befragte frei zu einem Thema erzählt, auf der einen und standardisierten Interviews, in denen der Befragte lediglich auf konkrete Fragen antwortet, auf der anderen Seite wählen. Eine Zwischenform sind teilstrukturierte oder Leitfadeninterviews, in denen dem Interview ein Gesprächsleitfaden mit vorab formulierten Fragen zugrunde liegt. Dieser Fragebogen lässt die Reihenfolge der Interviews offen, hilft die Interviews zu strukturieren und erleichtert die spätere Auswertung, lässt aber Freiraum, im Gespräch sich ergebende Themen aufzunehmen und weiterzuverfolgen. Bei Bedarf kann der

---

[61] Vgl. Eisenhardt, K. (1989), S. 533ff.

[62] Unter dem Begriff „Digital Divide" versteht man die digitale Teilung der Welt in diejenigen, die Zugang zu modernen Informations- und Kommunikationstechnologien wie beispielsweise dem Internet haben, und diejenigen, die aus verschiedensten Gründen von der Nutzung ausgeschlossen bzw. in der Nutzung beeinträchtigt sind.

Leitfaden auch während der Datenerhebung um neue Fragen/Aspekte erweitert werden.[63]

In dieser Untersuchung wurde auf Leitfadeninterviews zurückgegriffen, da diese eine zielgerichtete Befragung der Interviewpartner ermöglichen, gleichzeitig aber die notwendige Offenheit bieten, neue Aspekte in das Gespräch zu integrieren und interessante Themen zu vertiefen. Dadurch war eine umfassende und gleichzeitig detaillierte Datenerhebung gewährleistet. Der Interviewleitfaden wurde auf Basis eines intensiven Literaturstudiums zu den Themen internationales Marketing, Internet-Marketing und Wirtschaftlichkeitsanalyse entwickelt (siehe Anhang I). Darüber hinaus wurde den Interviews mit Unternehmensvertretern eine ebenfalls auf dieser theoretischen Basis entwickelte Matrix (siehe Abschnitt 3.4.1) zugrundegelegt, in der die zum Einsatz kommenden Internetanwendungen und die entstehenden Nutzeffekte abgetragen wurden. Diese Matrix erleichterte den Vergleich der Interviews und half, die wichtigsten Internetanwendung und deren Nutzeffekte zu identifizieren. Die Hindernisse und sonstigen Informationen zur Internetnutzung wurden rein verbal erfragt.

Insgesamt wurden im Rahmen dieser Untersuchung im Zeitraum von Januar 2002 bis Juli 2003 89 Interviews geführt, davon 57 in der Weinbranche und 32 in der Kaffeebranche. Dabei wurden 73 Vertreter von 57 Exportunternehmen[64] und 16 Branchenexperten befragt. Auch hier lag der Schwerpunkt mit 34 untersuchten Unternehmen wieder auf der Weinbranche. Der Grund dafür ist, dass in der Weinindustrie zwei Interviewreihen durchgeführt wurden. Die erste Interviewreihe, die der Einarbeitung in das Thema diente und in der hauptsächlich die Internetnutzung erfragt wurde, fand auf der ProWein 2002 (internationale Weinmesse) statt. Dort wurden 16 Interviews geführt. Die Interviews gaben einen ersten Einblick in die Internetnutzung im Rahmen des Exportmarketing und die Ergebnisse flossen auch in die Gestaltung des Interviewleitfadens ein.[65]

Der Hauptteil der Datenerfassung fand während zwei Forschungsaufenthalten in Chile (Oktober/November 2002) und in Costa Rica (Juni/Juli 2003) statt. Während dieser Aufenthalte wurde ein Großteil der Interviews durchgeführt. Die Interviews wurden immer wieder von Analysephasen unterbrochen, so

---

[63] Vgl. Atteslander, P. (2000), S. 154f; Bortz, J./Döring, N. (1995), S. 289.

[64] Teilweise wurden in einem Unternehmen mehrere Vertreter befragt.

[65] Für die Liste der geführten Interviews siehe Anhang III und Anhang VI.

dass sich Datenerhebung und Datenanalyse überschnitten und in den nachfolgenden Interviews die Ergebnisse der vorangegangenen berücksichtigt werden konnten. Damit beeinflussten die Interviewergebnisse teilweise die angesprochenen Fragen und auch die Auswahl der Interviewpartner.[66] Außerdem war es auf diese Weise möglich, die Interviewergebnisse mit den Interviewten zu besprechen und Unklarheiten auszuräumen.

Darüber hinaus dienten die Forschungsaufenthalte zur systematischen Dokumentsuche. In beiden Ländern wurden lokale Bibliotheken besucht, um zusätzliche Informationen über die Branchen bzw. Unternehmen zu erhalten, die in dieser Form in Deutschland nicht erhältlich sind. Zwischen den beiden Forschungsaufenthalten wurden die Ergebnisse der Erhebung in der Weinbranche ausgewertet. Die Erfahrungen und Ergebnisse flossen in die Erhebung in der Kaffeeindustrie ein und vereinfachten und verbesserten den Forschungsprozess.[67]

Neben den Interviews wurden weitere Erhebungen durchgeführt: So wurden in beiden Branchen die Unternehmenswebseiten auf ihre Funktionalitäten hin analysiert. Die Ergebnisse dieser Analyse waren ergänzende Grundlage für die Auswahl der Interviewunternehmen (siehe Abschnitt 1.3.3) und vervollständigten das Bild der Internetnutzung in den beiden Branchen. Die Webseitenanalysen wurden vor und während der Forschungsaufenthalte durchgeführt. Insgesamt wurden 137 Webseiten analysiert. Ein weiteres Datenelement wurde auf Basis der Visitenkarten der befragten Unternehmensvertreter erhoben. Die Visitenkarten wurden auf Angaben zur URL und E-Mail-Adresse hin untersucht. Damit konnten Hinweise auf die Bedeutung des Internet-Marketing gewonnen werden. Abbildung 3 zeigt die einzelnen Forschungsbestandteile noch einmal im Überblick.

---

[66] Vgl. auch Eisenhardt, K. (1989), S. 539.

[67] Für detailliertere Informationen zu den Erhebungen in den beiden Branchen siehe Abschnitt 4.1 und 5.1.

	Fallstudie Weinindustrie Chile	Fallstudie Kaffeindustrie Costa Rica
Forschungsinformationen		
Zeitraum des Forschungsaufenthaltes	Oktober/November 2002	Juni/Juli 2003
Zahl der Interviews	57	32
Zahl der untersuchten Exportunternehmen	34	23
Anzahl der analysierten Webseiten	77	60

Abbildung 3: Übersicht empirisches Vorgehen

Entsprechend der verschiedenen Erhebungsmethoden wurden auch verschiedene Auswertungsmethoden verwendet. Die Interviews wurden nach der Methode der qualitativen Inhaltsanalyse von Mayring ausgewertet.[68] Dazu wurden in einem ersten Schritt die inhaltlich relevanten Teile der auf Mini-Disc aufgezeichneten Interviews transkripiert. Die Transkription erfolgte auf deutsch, lediglich Aussagen, die als wörtliche Zitate in die Arbeit einfließen sollten, wurden in der Interviewsprache erfasst. Außerdem wurden die Interviews in Einzelaussagen zerlegt, die in sich geschlossene Aussagen zu einem bestimmten Themengebiet darstellen. Im zweiten Schritt wurden die Einzelaussagen in ein Kategorienschema eingeordnet, das auf Basis der theoretischen Vorkenntnisse entwickelt und während der verschiedenen Analysedurchläufe anhand des erhobenen Materials weiter verfeinert wurde.[69] Dadurch wurden auch die Unterschiede zwischen den beiden Fallstudien berücksichtigt, wobei allerdings bis auf kleinere Abweichungen für beide Märkte das gleiche Kategorienschema zugrunde gelegt wurde (z.B. Internetauktion im Kaffeemarkt).

Das verwendete Kategorienschema besteht aus drei Ebenen. Auf der ersten Ebene wurden die Einzelaussagen den Themenbereichen Informationen zum Weltmarkt („Weltmarkt"), Informationen zur jeweiligen Branche („Branchen-informationen"), Informationen zum allgemeinen Exportmarketing („Export-arbeit") und Informationen zum Internet-Marketing („Internet-Marketing") zugeordnet. Da die beiden Kategorien zum Marketing nach wie vor sehr umfassend waren, wurden sie weiter unterteilt. Dazu wurden die Bereiche des operativen Marketing (Marktforschung, Distributionspolitik, Preispolitik usw.) herangezogen. Grundlage für die Abgrenzung der einzelnen Kategorien

---

[68] Vgl. Mayring, P. (1999), S. 91ff; Lamnek, S. (1989), S. 193ff.

[69] Vgl. Bortz, J./Döring, N. (1995), S. 305.

waren die in Kapitel 2 vorgestellten Beschreibungen der einzelnen Bereiche. Im Themenbereich Internet-Marketing wurden weiterhin die Kategorien Kosten, Hindernisse und Erfolgsfaktoren der Internetnutzung und Aussagen zum Gesamtnutzen hinzugefügt, da in den Bereichen des operativen Marketing lediglich die Internetnutzung und deren Nutzeffekte erfasst wurden. Aufgrund der Vielzahl der Aussagen zur Internetnutzung und deren Nutzeffekten, wurde im Themenbereich Internet-Marketing eine dritte Ebene eingeführt. Dort wurden die Kategorien des operativen Marketing nach Einzelanwendungen (z.b. Extranet, Online-Shop usw.) weiter unterteilt. Lediglich im Bereich der Marktforschung erfolgte die Unterteilung nicht anhand einzelner Anwendungen sondern in die Bereiche Primär- und Sekundärforschung. Grundlage für die Abgrenzung der einzelnen Kategorien der dritten Ebene waren ebenfalls die in Kapitel 2 vorgenommenen Definitionen/Beschreibungen der einzelnen Bereiche bzw. Anwendungen. Für eine übersichtliche Darstellung des Kategorienschemas siehe Anhang II.

Das hier vorgestellte Kategorienschema erlaubte die vollständige, erschöpfende und gleichzeitig überschneidungsfreie Zuordnung der Einzelaussagen. Durch die Erfassung der Einzelaussagen in einer Excel-Tabelle konnte während der verschiedenen Analysedurchgänge die Zuordnung zu einzelnen Kategorien einfach überarbeitet werden. Außerdem war es möglich, einzelne Kategorien bzw. Kategorienkombinationen herauszufiltern, was die Auswertung des umfangreichen Interviewmaterials erheblich erleichterte.

Die Webseitenanalyse und die Visitenkarten wurden anhand von Häufigkeitsanalysen ausgewertet. Bei der Webseitenanalyse wurden die Webseiten der Unternehmen auf Inhalte, Gestaltung, Aktualität und weiterführende Anwendungen (z.B. Möglichkeit zur Bestellung eines Newsletters, nicht zugänglicher Bereich als Hinweis auf ein Extranet) analysiert. Für die einzelnen Bestandteile wurde dann die Häufigkeit bestimmter Bewertungen bzw. deren generelles Vorhandensein (vorhanden ja/nein) erfasst. Bei der Visitenkartenanalyse wurde ausgezählt, auf wie vielen Visitenkarten der Unternehmensvertreter die URL der Webseite und die E-Mailadresse vermerkt sind. Da auch bei diesen Analysen die verschiedenen Anwendungen zugrunde gelegt wurden, konnten die Ergebnisse aller drei Teiluntersuchungen optimal aggregiert werden. Die Orientierung der Auswertung an einzelnen Anwendungen spiegelt sich auch in der Gliederung der Kapitel 4, 5 und 6 wider.

Die Auswertung der erhobenen Daten erfolgte zunächst für beide Fallstudien getrennt. Für beide Fallstudien wurden die wichtigsten und interessantesten

Internetanwendungen, deren Kosten und Nutzen und die Haupthindernisse identifiziert. Dabei wurden auch von der Mehrheit abweichende Meinungen berücksichtigt. Die Ergebnisse dieser Intra-Fall-Analyse wurden deutschsprachigen Branchenvertretern mit Bitte um Kommentierung zugesandt. Erst nach Abschluss dieser Qualitätssicherung wurden die Ergebnisse der beiden Fallstudien im Rahmen einer Cross-Case Analyse gegenübergestellt. Auf Basis des weitestgehend einheitlichen Kategorienschemas wurden die beiden Fallstudien auf Gemeinsamkeiten und Unterschiede hin untersucht und daraus Hypothesen abgeleitet. Diese wurden an der bestehenden (widersprüchlichen oder übereinstimmenden) Literatur gespiegelt und daran weiter verfeinert. Ergebnis der Untersuchung ist eine Theorie zu den Auswirkungen des Internet-Marketing auf Exportunternehmen in Entwicklungs- und Schwellenländern.

Aus obigen Ausführungen wird bereits deutlich, dass bei dieser Arbeit die Gütekriterien qualitativer Forschung eingehalten wurden. Die obige Darstellung und auch die Ausführungen in den Abschnitten 3.1 und 4.1 (konkretes Vorgehen in den einzelnen Branchen) und den Anhängen III und VI (Interviewlisten) dienen der ausführlichen Verfahrensdokumentation. Anhand dieser Beschreibungen kann das Vorgehen bei dieser Untersuchung detailliert nachvollzogen werden. Das Kriterium der Regelgeleitetheit ist erfüllt, da während der Untersuchung der vorab aufgestellte Untersuchungsplan und die methodenspezifischen Verfahrensregeln bis auf kleine Abweichungen eingehalten wurden. Die Absicherung der Interpretationen ist sichergestellt, da die in der Arbeit vorgenommenen Interpretationen logisch konsistent aus den empirischen Daten abgeleitet und anhand der bestehenden Literatur überprüft wurden. Die Nähe zum Gegenstand wurde durch die beiden Forschungsaufenthalte in Chile und Costa Rica gewährleistet. Während der Aufenthalte wurde eine erste kommunikative Validierung durchgeführt, indem die Interviewergebnisse mit den Interviewpartnern abgeglichen und damit Verständnisschwierigkeiten ausgeräumt wurden. Außerdem wurden auch wichtige Kontakte für die spätere kommunikative Validierung der Gesamtergebnisse geknüpft. Dazu wurden die Ergebnisse der beiden Fallstudien verschiedenen deutschsprachigen Branchenexperten zur Verfügung gestellt und diese um Kommentierung gebeten. Aufgrund der bereits während der Erfassung durchgeführten Rücksprache ergaben sich bei diesem Prüfungsschritt allerdings nur wenig Änderungen, die dann in die Darstellung der Untersuchungsergebnisse eingeflossen sind. Dem Kriterium der Triangulation wurde entsprochen, indem sowohl unterschiedliche Datenquellen (Dokumente, Interviews, Webseiten, Visitenkarten) als auch Methoden (quantitative und qualitative Methoden) zum Einsatz kamen. Durch die Gesamtheit dieser Maßnahmen entspricht die Arbeit den Gütekriterien der qualitativen Forschung. Damit ist davon auszugehen, dass es sich bei dieser Arbeit um ein realistisches Bild der Internetnutzung in den beiden Untersuchungsbranchen, deren Auswirkungen und Wirtschaftlichkeit und den bestehenden Hindernissen handelt, das auch für die Ausgestaltung der weiteren Entwicklungszusammenarbeit von Bedeutung ist und dazu herangezogen werden sollte.

Dabei muss jedoch angemerkt werden, dass aufgrund des gewählten Forschungsansatzes die Ergebnisse der Studie nur begrenzt verallgemeinerbar sind. Da Fallstudienforschung exemplarisch vorgeht und nicht auf einer statistisch ausgewählten Grundgesamtheit basiert, sind die Ergebnisse nicht repräsentativ. Anhand von Fallstudien lässt sich lediglich eine analytische Generalisierung erreichen, d.h. die Ergebnisse von Fallstudienforschung sind Hypothesen und Theorien zur Fragestellung. Dementsprechend handelt es sich bei den in den Kapiteln 4, 5, 6 und 7 abgeleiteten Interpretationen um Hypothesen zu den Auswirkungen der Internetnutzung, die nur begrenzt auf andere Unternehmen bzw. Märkte übertragbar sind. Trotz dieser Einschränkung konnte mit der Untersuchung ein wichtiger Beitrag zur Erforschung der Auswirkungen des Internet auf Unternehmen in Entwicklungs- und Schwellenländern geleistet werden. Grundlegende Zusammenhänge werden aufgezeigt und liefern die Grundlage für vertiefende quantitative Forschung.

Aus der Perspektive der Digital-Divide-Diskussion können die Untersuchungsergebnisse allerdings nur zum Teil zufrieden stellen. Aufgrund der notwendigen Fokussierung auf eine betriebswirtschaftliche Fragestellung, die einen einzelnen Funktionsbereich in Unternehmen zweier spezifischer Branchen in zwei ganz konkreten Ländern betrachtet, kann nur ein Baustein zur Beantwortung der Frage nach dem Digital Divide geliefert werden. Außerdem macht die Arbeit deutlich, welche Vielzahl empirischer Arbeiten noch notwendig ist, um irgendwann zu übergeordneten und aggregierten Aussagen zu kommen.

1.4 Aufbau der Arbeit

Der Aufbau der Arbeit spiegelt weitestgehend den Gang der Forschung wider. Zu Beginn werden die theoretischen Grundlagen erläutert. Dazu werden im zweiten Kapitel die Grundlagen des internationalen Internet-Marketing beschrieben. Zu Beginn des Kapitels werden die Funktionsweise des Internet und dessen wichtigste Anwendungen vorgestellt. Darauf aufbauend werden anhand des Marketing-Mixes die verschiedenen Internetanwendungen im Internet-Marketing dargestellt. Im letzten Abschnitt des Kapitels wird gezeigt, welche Konsequenzen sich aus dem internationalen Einsatz für das Internet-Marketing ergeben.

In Kapitel 3 dieser Arbeit wird das grundlegende Modell zur Erfassung der Auswirkungen des Interneteinsatzes entwickelt. Dazu werden zuerst die Grundlagen zu Wirtschaftlichkeitsüberprüfung und einige Verfahren präsentiert. Daraufhin erfolgt die Definition der Anforderungen an das in dieser Arbeit verwendete Wirkungsmodell. Der 4-Ebenen-Ansatz von Schumann entspricht weitestgehend diesen Anforderungen, weshalb er im dritten Abschnitt des Kapitels vorgestellt wird. Das Kapitel endet mit der Darstellung der konkreten Ausgestaltung des in dieser Untersuchung verwendeten Wirkungsmodells.

Mit Kapitel 4 beginnt der empirische Teil der Arbeit. Es gibt die Ergebnisse der ersten Fallstudie in der Weinindustrie wieder. Dazu wird zu Beginn die methodische Vorgehensweise bei der Erhebung erläutert. Zur besseren Einschätzung der Bedeutung der Internetinstrumente und deren Anwendbarkeit werden dann die Struktur des Weltmarktes für Wein und der chilenischen Weinindustrie aufgezeigt und daraus die grundlegende Vorgehensweise im Exportmarketing abgeleitet. Anschließend werden die zur Anwendung kommenden Internetinstrumente in den einzelnen Bereichen des Marketing-Mix, deren Auswirkungen und die Hindernisse bei der Internetnutzung dargestellt. Das Kapitel schließt mit einer Wirtschaftlichkeitsbetrachtung der Internetanwendungen.

Kapitel 5, in dem die Ergebnisse der Kaffeefallstudie dargestellt werden, orientiert sich an der Struktur von Kapitel 4, so dass die Ergebnisse der beiden Fallstudien für den Leser leichter vergleichbar sind.

Die Cross-Case-Analyse, bei der die beiden Fallstudien verglichen werden, wird in Kapitel 6 beschrieben. Das Kapitel beginnt mit einer Gegenüberstellung der beiden Weltmärkte, der Branchenstruktur und dem generellen Exportmarketing beider Industrien. Die Ergebnisse dieses Vergleiches sind die Grundlage für die Ableitung der Hypothesen zur Internetnutzung. Gemeinsamkeiten und Unterschiede in der Internetnutzung der beiden Branchen werden im zweiten Teil des Kapitels dargestellt. werden die Ergebnisse der Vergleiche zusammengeführt und die letztendlichen Hypothesen zu den Auswirkungen und Hindernissen des Internet-Marketing präsentiert.

Die Arbeit endet in Kapitel 7 mit einem abschließenden Fazit, in dem die Ergebnisse des Vergleichs beider Fallstudien zusammengefasst und zu Antworten auf die Forschungsfragen verdichtet werden. Den Abschluss der Arbeit bildet ein Ausblick auf die weitere Forschung in diesem Themenbereich.

2 Internet-Marketing

Grundlage der Untersuchung ist die Kenntnis der verschiedenen Anwendungen des Internet-Marketing. Diese ist Voraussetzung für Einschätzung des Nutzungsverhaltens und Darstellung der Auswirkungen. In diesem Kapitel werden, basierend auf den Grundlagen zu Internet-Marketing und zur Funktionsweise des Internet, die verschiedenen Anwendungen vorgestellt und die Besonderheiten der internationalen Nutzung herausgearbeitet.

Abbildung 4 zeigt exemplarisch Inhalt und Aufbau des Kapitels.

Bereich des operativen Marketing	Anwendungsgebiet	Mögliche Internet-Anwendungen im jeweiligen Anwendungsgebiet	Besonderheiten des internationalen Einsatzes
MARKT-FORSCHUNG	Sekundärforschung	Informationsquellen: o Online-Datenbanken, o Publikationen, o Webseiten von Konkurrenten/Kunden, o ...	o gesteigerter Informationsbedarf (z.B. Internetverbreitung) o ...
	Primärforschung	o Online-Befragung, o Online-Beobachtung, o	o nur in Ländern mit hoher Internetverbreitung sinnvoll, o ...
DISTRI-BUTIONS-POLITIK	Distribution ...	o Online-Shop, o Marktplatz (Schwarzes Brett, Börse), o ...	o zusätzliche Kriterien bei Länderauswahl zu beachten, o ...
KOMMUNI-KATIONS-POLITIK	Werbung	o Webseite, o Banner/Button, o Newsletter, o ...	Entscheidung Standardisierung vs. Differenzierung notwendig...
	Verkaufsförderung ...	o Gewinnspiele, o Werbegeschenke, o ...	
PRODUKT-POLITIK	-	o Virtuelle Produktpräsentation, o Online-Varianten, o ...	Standardisierung vs. Differenzierung ...

Abbildung 4: Exemplarischer Inhalt und Aufbau des Kapitels

2.1 Grundlagen

Vor der Vorstellung der einzelnen Internetanwendungen werden zunächst die Grundlagen erläutert. Dazu wird in Abschnitt 2.1.1 erläutert, was detailliert unter Internet-Marketing zu verstehen ist, und in Abschnitt 2.1.2 die Funktionsweise des Internet und dessen Dienste dargestellt.

2.1.1 Internet-Marketing

In Kapitel 1 wurde die Untersuchung auf die Auswirkungen des internationalen Internet-Marketing eingegrenzt ohne im Detail zu klären, was genau unter
Internet-Marketing zu verstehen ist. Dies soll nun nachgeholt werden. Dazu
ist zuerst die Erläuterung des Begriffs Marketing notwendig. Unter Marketing
versteht man „die Planung, Koordination und Kontrolle aller auf die aktuellen
und potenziellen Märkte ausgerichteten Unternehmensaktivitäten".[70] Dabei
wird zwischen zwei verschiedenen Aufgabenfeldern unterschieden: dem strategischen und dem operativen Marketing, wobei sich allerdings beide Aufga-
benfelder gegenseitig bedingen.[71] Im Rahmen des strategischen Marketing
wird ausgehend von Unternehmensstrategie und -zielen die Marketingstrategie abgeleitet. Dafür wird in einem ersten Schritt eine umfassende Situations-
analyse durchgeführt, in der die gegenwärtige und zukünftige Situation der
globalen Unternehmensumwelt, des Marktes und des Unternehmens selbst
analysiert wird.[72] Aufbauend auf der Kenntnis der aktuellen Unternehmenssituation werden die Marketingziele festgelegt und die Marketingstrategie entwickelt.[73] In der Marketingstrategie wird vorgegeben, auf welchen Märkten
das Unternehmen tätig bleibt/wird (z.B. Eintritt in neue Märkte, Aufgabe bis-
heriger Tätigkeitsbereiche), welche grundsätzliche Strategie verfolgt wird
(z.b. Kostenführerschaft, Preisführerschaft), wann das Unternehmen in den
verschiedenen Märkten tätig wird (z.B. früher oder später Markteintritt) und
welches Leistungsangebot offeriert wird. Die Marketing-Strategie zeigt das
grundsätzliche Vorgehen, wie die Marketing-Ziele des Unternehmens erreicht
werden sollen und ist auf lange Zeiträume ausgerichtet.[74]

Weiterhin bildet die Marketing-Strategie den Rahmen für das operative Marketing, innerhalb dessen der konkrete Einsatz der Marketinginstrumente[75] geplant und umgesetzt wird. Die Marketinginstrumente sind Gestaltungsmittel
durch deren systematischen Einsatz die Marketingstrategie umgesetzt und die
Marketingziele erreicht werden sollen. Die Gesamtheit der zur Verfügung

---

[70] Vgl. Meffert, H. (2000), S. 9.

[71] Vgl. Nieschnlag, R./Dichtl, E./Hörschgen, H. (2002), S. 19.

[72] Vgl. Homburg, C./Krohmer, H. (2003), S. 13.

[73] Vgl. Nieschnlag, R./Dichtl, E./Hörschgen, H. (2002), S. 19.

[74] Vgl. Kuß, A. (2003), S. 19f; Ergenzinger, R./Thommen, J-P. (2001), S. 31ff.

[75] Marketing-Instrumente sind Gestaltungsmittel, um Marketingziele zu erreichen und Strategien umzusetzen. Vgl. Ergenzinger, R./Thommen, J-P. (2001), S. 35.

stehenden absatzpolitischen Instrumente wird dabei als Marketing-Mix bezeichnet. Er besteht aus vier Komponenten, den sogenannten 4 P`s, denen die
einzelnen Instrumente zugeordnet werden: Die Distributions- („Place"),
Kommunikations- („Promotion"), Preis- („Price"), und Produktpolitik („Product"). [76] Um aus der Vielzahl der Instrumente den für die Realisierung der
Marketing-Strategie richtigen Mix zusammen zu stellen, werden auch hier
Informationen über die Märkte, Konkurrenten und das Unternehmensumfeld
benötigt. [77] Damit nimmt die Marktforschung, in der diese und die für die Si-
tuationsanalyse notwendigen Informationen erhoben werden, eine Schlüssel-
stellung innerhalb des Marketing ein und ist sowohl Bestandteil des operativen als auch des strategischen Marketing. [78] Abbildung 5 zeigt die verschiedenen Bestandteile des Marketing noch einmal im Überblick. [79]

---

[76] Vgl. Homburg, C./Krohmer, H. (2003), S. 13f.

[77] Vgl. Nieschlag, R./Dichtl, E./Hörschgen, H. (2002), S. 20.

[78] Vgl. Kuß, A. (2003), S. 15.

[79] In einigen Lehrbüchern zum Marketing wird der Marketing-Prozess noch um einen Kon-
trollschritt am Ende des Prozesses erweitert. Vgl. dazu z.B. Meffert (2000), S. 14. Da die
Marketing-Kontrolle in dieser Arbeit jedoch keine Rolle spielt, wurde auf eine detailliertere Darstellung verzichtet.

```
┌─────────────────────────────────────────────────┐
│                   Marketing                      │
│  ┌───────────────────────────────────────────┐  │
│  │           Strategisches Marketing          │  │
│  │   ┌───────────────────────────────────┐   │  │
│  │   │        Situationsanalyse          │   │  │
│  │   └───────────────────────────────────┘   │  │
│  │                   ⬇                       │  │
│  │   ┌───────────────────────────────────┐   │  │
│  │   │         Marktingziele             │   │  │
│  │   └───────────────────────────────────┘   │  │
│  │                   ⬇                       │  │
│  │   ┌───────────────────────────────────┐   │  │
│  │   │        Marktingstrategie          │   │  │
│  │   └───────────────────────────────────┘   │  │
│  └───────────────────────────────────────────┘  │
│            ⬇                    ⬇               │
│  ┌───────────────────────────────────────────┐  │
│  │           Operatives Marketing             │  │
│  │   ┌───────────────────────────────────┐   │  │
│  │   │         Marketing-Mix             │   │  │
│  │   ├─────────────────┬─────────────────┤   │  │
│  │   │      Place      │    Promotion     │   │  │
│  │   │  Distributions- │  Kommunikations- │   │  │
│  │   │     politik     │     politik       │   │  │
│  │   ├─────────────────┼─────────────────┤   │  │
│  │   │     Product     │     Price         │   │  │
│  │   │    Produkt-     │     Preis-        │   │  │
│  │   │    politik      │     politik        │   │  │
│  │   └─────────────────┴─────────────────┘   │  │
│  │            ⬆                ⬆            │  │
│  │   ┌───────────────────────────────────┐   │  │
│  │   │         Marktforschung            │   │  │
│  │   └───────────────────────────────────┘   │  │
│  └───────────────────────────────────────────┘  │
└─────────────────────────────────────────────────┘
```

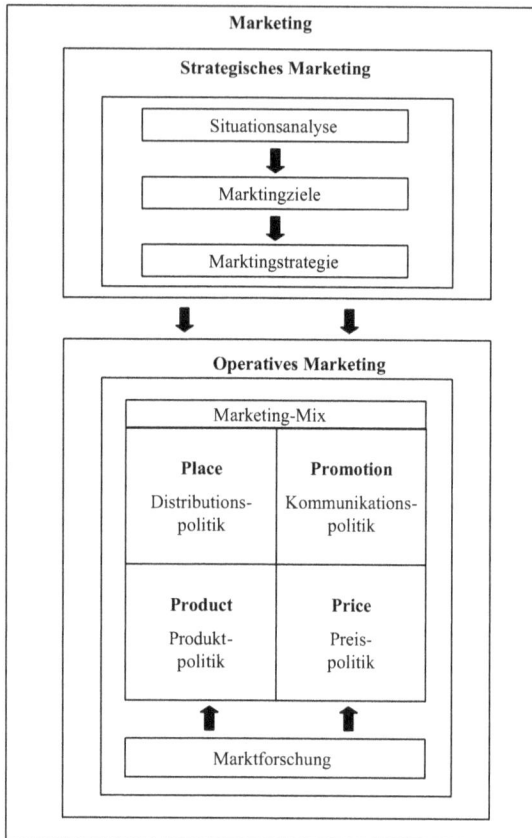

Abbildung 5: Aufbau des operativen Marketing

Unter Internet-Marketing versteht man die systematische Nutzung der Internet-Dienste für die Zwecke (Ziele) des Marketing, also die Ausgestaltung von Marketing-Mix und Marktforschung unter zu Hilfenahme des Internet.[80] Das Internet stellt in den verschiedenen Bereichen des Marketing-Mixes und der Marktforschung verschiedene Instrumente zur Verfügung, die ergänzend oder alternativ zu den klassischen Marketing-Instrumenten eingesetzt werden können. Damit ist Internet-Marketing hauptsächlich dem Bereich des operativen Marketing zuzuordnen (im strategischen Marketing kommt das Internet ledig-

---

[80] Vgl. Fritz, W. (2001b), S. 4.

lich in der Marktforschung zum Einsatz) und wird deshalb in dieser Arbeit ausschließlich im Rahmen des operativen Marketing betrachtet.

Im Zusammenhang mit Internet-Marketing werden auch häufig die Begriffe Multimedia-Marketing und Online-Marketing verwendet. Unter Online-Marketing versteht man die Gesamtheit aller Maßnahmen, die mit dem Internet und/oder den kommerziellen Online-Diensten, die über eigene Netze verfügen, geplant und realisiert werden.[81] Da die kommerziellen Online-Dienste, in Deutschland z.b. T-Online und AOL, ihren Nutzern einen Internetzugang anbieten und mittlerweile auch auf Internettechnologie arbeiten, werden in dieser Arbeit die Begriffe synonym verwendet. Der Begriff Multimedia-Marketing ist noch weiter gefasst, weil er zusätzlich die Nutzung sämtlicher elektronischer Medien wie z.b. CD-ROM und Kiosk-Systeme einschließt.[82] Die Nutzung derartiger Medien wird in dieser Arbeit jedoch nicht betrachtet.

Bevor die Internetanwendungen in den einzelnen Bereichen des operativen Marketing vorgestellt werden, folgt zunächst eine Erläuterung der Funktionsweise des Internet.

2.1.2 Das Internet

Das Internet ist ein globaler Verbund von Computernetzwerken, die auf Basis des TCP/IP-Standards (Transmission Control Protocol/Internet Protocol[83]) Daten austauschen, wodurch eine weltweit standardisierte, plattformunabhängige Kommunikation möglich ist. Die Architektur des Internet beruht auf dem Client-Server-Prinzip, was bedeutet, dass ein Server (Computer als „Dienstleister") einen Dienst bereit stellt, der von einem Client („Kunden") genutzt wird.[84] Die Datenübertragung erfolgt paketweise, d.h. die zu versendende Nachricht wird in einzelne Pakete aufgeteilt, über unterschiedliche Übertragungswege versandt und beim Empfänger wieder zusammengesetzt. Dadurch ist der Aufbau einer direkten physikalischen Verbindung zwischen Sender und Empfänger nicht erforderlich. Die Aufgabe des TCP ist dabei die Zerlegung und Nummerierung der zu übertragenen Daten in einzelne Pakete.

---

[81] Vgl. Fritz, W. (2001b), S. 4.

[82] Vgl. Fritz, W. (2001b), S. 5.

[83] Ein Protokoll (Protocol) ist ein Satz von Vereinbarungen, der festlegt, wie Daten von einem Programm zum anderen übertragen werden. Vgl. Alpar, P. (1998), S. 25.

[84] Vgl. Alpar, P. (1998), S. 23.

Das Internet Protocol versieht die Pakete mit Adressinformationen und regelt den Weg der Datenpakete durch die einzelnen Netzwerke.[85]

Um eine korrekte Datenübertragung sicher zu stellen, ist jeder an das Netz angeschlossene Computer mit einer eindeutigen, einzig ihm zugeordneten IP-Adresse ausgestattet. Diese Adressen sind nach einem standardisierten, hierarchischen System aufgebaut, in dem über- und untergeordnete Netze wie beim Aufbau von Telefonnummern (Landeskennzahl, Ortskennzahl, Teilnehmernummer, eventl. Durchwahl) unterschieden werden. Die IP-Adressen bestehen aus Zahlenkombinationen denen man mit Hilfe des Domain Name Systems Buchstabenkombinationen zugeordnet hat, um sie für den Nutzer leichter verwendbar zu machen. Jeder Rechner gehört einer Domain an, die mit anderen Domains einer höherrangigen Domain zugeordnet sind. So entsteht eine Verkettung von der Rechnerkennung bis zur höchsten Hierarchieebene, die als Top-Level-Domain bezeichnet wird. Die Top-Level-Domain ist am rechten Ende einer Domain-Adresse angeordnet. Die ursprünglichen Top-Level-Domains waren u.a. „.gov" für Government, „.edu" für Education, „.com" für Commerce. Mit der Ausbreitung des Internet über die Grenzen der USA hinweg wurden Länderkennungen vergeben, z.B. „.de" für Deutschland, „.at" für Österreich.[86]

Für einen Internetzugang wird ein Computer mit Hilfe eines Modems über das öffentliche Telefonnetz oder (selten) über ein Kabelfernseh- oder Stromnetz mit einem Internet Service Provider (ISP)[87] verbunden. Beim Zugang über Telefonleitungen stehen verschiedene Technologien zur Verfügung, die sich hauptsächlich durch die Datenübertragungsrate unterscheiden, wobei eine höhere Rate Voraussetzung für eine effiziente Internetnutzung und die Nutzung komplizierterer Technologien ist: analoge Verbindung (Übertragungsrate: 28,8 Kbit/s bis 56 Kbit/s), ISDN (Integrated Services Digital Network, 64 Kbit/s), DSL (Digital Subscriber Line, 2Mbit/s) und GSM. Eine weitere Möglichkeit der Internetverbindung, auf die hauptsächlich Unternehmen, verein-

---

[85] Vgl. Preißner, A. (2001), S. 38f; Hermanns, A./Gampenrieder, A. (2002), S. 73; Heinzmann, P. (2002), S. 43.

[86] Vgl. Alpar, P. (1998), S. 27ff.

[87] Internet Service Provider ermöglichen den Nutzern den Zugang zum Internet. Sie sind die Mittler zwischen den Network Service Providern, welche die großen Strecken überbrücken, und den Nutzern (Unternehmen, Privatleute). ISP legen die Kosten der Nutzung fest. Vgl. Preißner, A. (2001), S. 44.

zelt jedoch auch Privatanwender zurückgreifen, sind fixe Verbindungen, d.h. Standleitungen, die fest angemietet werden.[88]

Auf Basis des TCP/IP-Standards werden eine Vielzahl von Diensten und Anwendungen betrieben. Die bedeutendsten sind E-Mail und das World Wide Web (WWW). Das World Wide Web ist ein Hypertext-Informationssystem, in dem Informationen in Hypertext Markup Language-Seiten (HTML-Seiten) auf Web-Servern abgelegt sind. Diese Seiten werden Websites oder Webseiten genannt. Auf einer Webseite können Texte, Grafiken, Audio- und Videosequenzen und auch Programme qualitativ hochwertig präsentiert werden.[89] Außerdem können Webseiten als Schnittstelle für andere Dienste und Protokolle des Internet dienen. Anhand von Hypertextlinks (markierte Wörter) können die Webseiten verknüpft („verlinkt") werden. Die Kommunikation im WWW erfolgt anhand des Hypertext Transfer Protocol (http) über Browser-Programme (z.B. Internet Explorer, Netscape Navigator). Die Browser-Programme fragen die Webseiten ab, interpretieren sie und stellen sie auf dem Bildschirm des Benutzers dar.[90]

Die Identifikation von Webseiten erfolgt mit Hilfe sogenannter URLs (Uniform Resource Locator), einem einheitlichen Adressierungsschema der verschiedenen Internetressourcen (gilt auch für die anderen Internet-Protokolle und ihre Dienste). Eine URL ist folgendermaßen aufgebaut: Zuerst erfolgt die Angabe des Kommunikationsprotokolls (z.B. http), dann die Domain- bzw. IP-Adresse des Webservers. Danach folgen Pfadinformationen, Filenamen oder ähnliches. Hier beispielhaft der Aufbau einer URL: http://www.uni-oldenburg.de/produktion/177.shtml.[91] Eine Webseite bezeichnet das gesamte System einer im Internet angewählten Adresse (URL). Die bei Anwahl eines Servers zuerst dargestellte Seite wird Homepage genannt.[92]

Aufgrund der vielfältigen Anwendungsmöglichkeiten und vor allem der grafischen Präsentationsmöglichkeiten ist, ähnlich wie die Nutzerzahlen, die Anzahl der Webseiten in den vergangenen Jahren stark angestiegen. Dadurch wurde die Übersichtlichkeit des Netzes erheblich eingeschränkt. Aus diesem

---

[88] Vgl. Heinzmann, P. (2002), S. 51f; Hermanns, A./Gampenrieder, A. (2002), S. 75; Preißner, A. (2001), S. 47ff.

[89] Vgl. Hermanns, A./Gampenrieder, A. (2002), S. 73; Heinzmann, P. (2002), S. 44.

[90] Vgl. Fritz, W. (2001a), S. 37f.

[91] Vgl. Fritz, W. (2001a), S. 38f.

[92] Vgl. Heinzmann, P. (2002), S. 55.

Grund werden Such- und Katalogisierdienste immer wichtiger. Diese Dienste (nicht zu verwechseln mit den technischen Diensten des Internet) bieten Indizes über Web-Seiten an und erleichtern damit die Orientierung. Unterschieden werden drei Arten von Diensten: Kataloge, Suchmaschinen und Meta-Suchmaschinen. Bei den Katalogen (z.b. Yahoo) werden von Autoren Beschreibungen über Webseiten angefertigt, die dann für den Aufbau eines thematisch geordneten, hierarchisch gegliederten Kataloges verwendet werden. Die Suchenden können entweder den Katalog durchforsten oder nach Stichworten suchen. Bei Suchmaschinen (z.b. Google) werden die Webseiten von Programmen besucht und deren Titel und Inhalte in einen Index bzw. eine Datenbank übertragen. In dieser Volltext-Datenbank kann nach Stichworten gesucht werden. Dabei bieten die verschiedenen Suchmaschinen unterschiedliche Such- und Einschränkungsmöglichkeiten. Nachteil von beiden Instrumenten ist ihre Unvollständigkeit. Es gelingt ihnen nicht, das gesamte Netz abzubilden, d.h. es gibt immer Webseiten, die nicht mit aufgenommen sind. Aus diesem Grund macht der Einsatz von Meta-Suchmaschinen Sinn. Die übergreifenden Meta-Suchmaschinen senden die Suchbegriffe an mehrere Suchmaschinen und fragen somit einen größeren Bereich des WWW ab.[93]

E-Mail zählt ebenfalls zu den Basisdiensten des Internet und dient zum Austausch elektronischer Briefe über Computernetzwerke. Die Informationsübertragung erfolgt dabei wesentlich schneller als bei der regulären Briefpost. Innerhalb weniger Minuten kann eine E-Mail an jeden beliebigen Rechner in der Welt versendet werden. Zur Bearbeitung von E-Mails stehen verschiedene Programme, wie z.B. Outlook, Outlook Express, Lotus Notes zur Verfügung. Diese Programme bieten verschiedene Editier- und Bearbeitungsmöglichkeiten an, welche die Arbeit mit E-Mails erheblich erleichtern. So sind Mehrfachadressierung, Kopien an andere Adressaten oder Kopien an Adressaten, welche bei den Empfängern nicht in der Adressatenliste auftauchen, möglich. Weiterhin erlauben die Programme die Sammlung von Adressen und Adresslisten und die Ablage und Speicherung der Mails in Ordnern. Anhand von „Anhängen" („Attachments") können einer E-Mail beliebige Dateien wie z.B. Texte, Fotos und ausführbare Programme angehängt und mit versendet werden. Manuelle Weiterleitung, automatische Rückantwort, automatische Weiterleitungen und Filterung sind weitere Fähigkeiten dieser Programme. Prob-

---

[93] Vgl. Heinzmann, P. (2002), S. 68f.

lematisch an E-Mail ist allerdings die Gefahr des Empfangs von Viren und von Adress- und Inhaltsfälschungen.[94]

Neben der Möglichkeit E-Mails an Personen zu versenden, besteht auch die Möglichkeit, E-Mails an Rechner zu senden. Diese Rechner reagieren auf bestimmte Schlüsselwörter in der Betreffzeile oder im Text und führen daraufhin Befehle aus. Auf diese Art und Weise ist es beispielsweise möglich, sich automatisiert in E-Mail-Verteiler, sogenannte Listserver einzuschreiben. Listserver sind Server, die Listen mit E-Mail-Adressen von Personen verwalten, die sich für bestimmte Themen interessieren. Eine an eine solche Verteilliste adressierte E-Mail wird automatisch an alle auf der Liste stehenden Personen weitergeleitet.[95]

Neben E-Mail und WWW werden im Internet noch eine Vielzahl weiterer Dienste betrieben. Dazu gehören unter anderem FTP (File Transfer Protocol), Gopher, Telnet, Usenet, Internet Phone und Internet Relay Chat. Im Internet-Marketing sind neben E-Mail und WWW vor allem das FTP, das Usenet und das Internet Relay Chat von Bedeutung.[96] Deswegen werden im Folgenden lediglich diese Dienste näher erläutert.[97]

Das File Transfer Protocol dient dazu, Daten und Programme zwischen Computern im Netz auszutauschen. Via FTP können Daten auf einen FTP-Server überspielt werden (Upload). Sie werden in Verzeichnissen gespeichert und können von anderen Nutzern abgerufen und auf ihre Computer übertragen werden (Download).[98]

Das Usenet bietet Diskussionsforen, sogenannte Newsgroups, im Netz. Es handelt sich um elektronische Pinnwände, an die jedermann beliebige Meldungen „anheften" kann. Durch erneutes „Anheften" einer Nachricht kann auf jede Meldung reagiert werden, so dass sich oftmals ausführliche Diskussionen entwickeln. Im Grunde entspricht der News-Dienst E-Mail-Verteilerlisten (siehe oben), nur dass die Meldungen nicht direkt an alle Interessierten verschickt werden, sondern an News-Server, die dann ein virtuelles Anschlag-

---

[94] Vgl. Heinzmann, P. (2002), S. 59ff.

[95] Vgl. Heinzmann, P. (2002), S. 61f.

[96] Vgl. Fritz, W. (2001b), S. 4.

[97] Für eine Erläuterung der weiteren Internet-Dienste siehe Heinzmann, P. (2002), S. 59ff; Alpar, P. (1998), S.57ff; Fritz, W. (2001a), S. 34ff.

[98] Vgl. Fritz, W. (2001a), S. 40f.

brett bilden. Eine Vielzahl von News-Servern verbreiten neue Nachrichten innerhalb von Stunden auf der gesamten Welt. Interessierte können das Anschlagbrett regelmäßig besuchen, neue Artikel lesen und eigene Artikel hinzufügen. Um in der Menge der Meldungen eine gewisse Übersichtlichkeit zu bewahren, werden die Meldungen in hierarchisch aufgebaute Gruppen eingeteilt. Entsprechend der Einsehbarkeit kann man die Gruppen in lokale (z.b. nur Firmen), regionale (z.b. nur Europa) und länderspezifische (z.b. nur die Schweiz) Pinnwände unterteilen. Beispiele für Newsgroups sind: Computerbereich (comp), Freizeit (rec), Soziales (soc), Alternative (alt), Gemischtes (misc).[99]

Das Internet Relay Chat ist im Gegensatz zu den bisher genannten Diensten ein synchroner Dienst, d.h. es erlaubt eine zeitgleiche Kommunikation zwischen Internet-Nutzern.[100] Die bekannteste Anwendung sind Chat-Programme, bei denen sich zwei oder mehrere Gesprächspartner online austauschen können. Anbieter solcher Programme sind bekannte Online-Dienste wie Hotmail und Yahoo. Neben der Übertragung von schriftlichen Informationen bietet die Mehrzahl der Online-Dienste mittlerweile auch die Möglichkeit, sich persönlich zu unterhalten. Dies entspricht dann einem Telefonat, wobei die Kosten v.a. im internationalen Bereich wesentlich geringer sind, da nur lokale Telefonkosten und die Gebühren des Internet Service Providers anfallen. Allerdings benötigt man für eine gut verständliche Kommunikation eine schnelle Verbindung mit hoher Übertragungsrate. Neben der schriftlichen und akustischen Kommunikation sind mit bestimmten Endgeräten darüber hinaus auch Video-Konferenzen möglich.[101]

2.2 Internetanwendungen im Marketing

Wie bereits oben erwähnt, bieten die verschiedenen Dienste des Internet eine Vielzahl von Anwendungsmöglichkeiten im operativen Marketing. Hauptanwendungsfelder sind die Bereiche Marktforschung, Kommunikations- und Distributionspolitik.[102] In diesen Bereichen bietet das Internet zahlreiche Instrumente. In der Produkt- und Preispolitik hingegen bietet das Internet nur

---

[99] Vgl. Heinzmann, P. (2002), S. 62f.

[100] Vgl. Fritz, W. (2001b), S. 4.

[101] Vgl. Heinzmann, P. (2002), S. 44f.

[102] Vgl. Fantapié Altobelli, C./Sander, M. (2001), S. 70.

wenige direkte Anwendungsmöglichkeiten, vielmehr hat der Einsatz des Internet in den erstgenannten Bereichen oft Auswirkungen auf diese Bereiche.

Im Folgenden werden die aktuell verfügbaren Internetanwendungen in den Bereichen Marktforschung, Kommunikations- und Distributionspolitik vorgestellt, um darauf aufbauend die Zusammenhänge zwischen Internetnutzung und Preis- und Produktpolitik aufzuzeigen.

2.2.1 Internetanwendungen in der Marktforschung

Die Marktforschung dient der Beschaffung von Informationen über die aktuellen und potenziellen Absatzmärkte des Unternehmens und die Absatzmöglichkeiten der Produkte. Sie fundiert somit die Entscheidungen innerhalb des Marketing-Mixes. Je nach Art der Durchführung unterscheidet man in der Marktforschung zwischen der Primär- und der Sekundärforschung. In der Sekundärforschung werden bereits bestehende Daten/Informationen beschafft, zusammengestellt, ausgewertet und auf die Unternehmenssituation angewendet. Da diese bereits bestehenden Informationen häufig nicht ausreichen oder nicht ausreichend unternehmensspezifisch sind, führen einige Unternehmen zusätzlich Primärforschung durch. Sie erheben also selbst originäre Daten wodurch die Informationen wesentlich spezieller und zielgerichteter auf die aktuelle Situation des Unternehmens ausgerichtet sind.[103]

Das Internet ist eine nahezu grenzenlose Informationsquelle und ein effizientes Kommunikationsmedium. Deswegen liegt es nahe, das Internet zur Informationsbeschaffung im Rahmen der Marktforschung einzusetzen. Es kann sowohl die Primär- als auch die Sekundärforschung unterstützen.[104] Im Folgenden werden die unterschiedlichen Anwendungen in beiden Bereichen dargestellt.

2.2.1.1 Internetanwendungen in der Sekundärforschung

Das Internet ist ein riesiger Informationspool, der an sieben Tagen der Woche rund um die Uhr zur Verfügung steht. Der Großteil der Informationen ist kostenlos oder gegen eine geringe Nutzungsgebühr verfügbar. Die wichtigste Informationsquelle sind Online-Datenbanken. In diesen werden große Mengen von Daten gesammelt, überwacht, gespeichert und verwaltet. Sie sind über das Internet entsprechend den speziellen Bedürfnissen des Nutzers abrufbar.

---

[103] Vgl. Meffert, H. (2000), S. 145.

[104] Vgl. Dann, S./Dann, S. (2001), S. 381; Quelch, J.A./Klein, L.R. (1996), S. 69.

Im Gegensatz zu Datenbanken mit festem Berichtsstand, die zum Beispiel auf Datenträgern wie CD-ROMs gespeichert sind, ist bei Online-Datenbanken eine regelmäßige Aktualisierung möglich, so dass dem Nutzer immer die aktuellste Version zur Verfügung steht.[105]

Online-Datenbanken werden von verschiedensten Betreibern angeboten. Dazu gehören professionelle Informationsdienste wie Genios, amtliche bzw. halbamtliche Institutionen wie z.b. statistische Ämter, die Ministerien und die Industrie- und Handelskammern und internationale Organisationen, wie OECD, WTO (World Trade Organisation) oder ITC (International Trade Center).[106]

Darüber hinaus finden sich im Internet noch zahlreiche andere Informationsquellen. So können Publikationen von Universitäten und anderen wissenschaftlichen Einrichtungen oder Studien von professionellen Marktforschungsinstituten (z.b. Forrester, Gartner Group) eine interessante Informationsquelle darstellen. Viele Medienunternehmen bieten Archive mit Artikeln und sonstigen Informationen an. Meinungsplattformen/-portale, auf denen Kunden ihre Erfahrungen mit den Produkten austauschen, sind gute Quellen für Informationen über Kunden. Detaillierte Informationen über die Branche liefern die Webseiten der Konkurrenz, der Kunden und von Branchenverzeichnissen wie z.B. die gelben Seiten. Die Suche nach solchen Informationen erleichtern die in Abschnitt 2.1.2 vorgestellten Webkataloge und Suchmaschinen.[107]

Auch wenn das Internet eine umfassende und kostengünstige Informationsquelle ist, und die Erhebung von Sekundärdaten im Internet am Anfang jeder Marktforschung stehen sollte, stößt die Online-Sekundärforschung dennoch an Grenzen. Aufgrund der Informationsfülle im Internet ist vor allem die Qualität der verfügbaren Informationen zu überprüfen. Außerdem können sich bei Daten aus verschiedenen Quellen Probleme hinsichtlich des Detaillierungsgrades und der Vergleichbarkeit ergeben. Ein weiteres Problem ist, dass die Daten nicht unternehmensspezifisch sind und deswegen bei konkreten Entscheidungsproblemen oft keine verlässliche Grundlage bieten können. Aus diesem Grund greifen viele Unternehmen zusätzlich auf Primärforschung zurück.[108]

---

[105] Vgl. Fritz, W. (2001a), S. 104.

[106] Vgl. Fantapié Altobelli, C./Sander, M. (2001), S. 72.

[107] Vgl. Fritz, W. (2001a), S. 104.

[108] Vgl. Berekoven, L.; Eckert, W.; Ellenrieder, P. 1999, S. 45f; Fritz, W. (2001a), S. 104f.

2.2.1.2 Internetanwendungen in der Primärforschung

Ziel der Primärforschung ist, in Bezug auf aktuelle Probleme spezifische Forschung durchzuführen, d.h. konkret auf das Forschungsproblem abgestimmtes Datenmaterial zu erheben. Die Instrumente der Datenerhebung sind Befragungen, Beobachtungen, Experimente und Panels, die auch mittels des Internet ausgeführt werden können.[109]

2.2.1.2.1 Internet-Befragungen

Für die Durchführung von Internet-Befragungen können E-Mail, das WWW und das Usenet in Anspruch genommen werden. Bei einer Befragung per E-Mail (Electronic Mail Survey) wird ein elektronischer Fragebogen in eine E-Mail integriert und an ausgewählte Empfänger versandt. Die Vorteile dieser Vorgehensweise liegen in den kurzen Zustellzeiten und in der großen geographischen (globale) Reichweite, die kostengünstig erreicht werden kann. Problematisch ist dagegen die Ziehung von Stichproben, da E-Mail-Adressverzeichnisse unvollständig sind und die Zahl der E-Mail Nutzer nicht vollständig abdecken. Außerdem treten bei E-Mail-Befragungen die gleichen Probleme bezüglich Identität von Ziel- und Auskunftsperson und geringem Fragebogenrücklauf auf wie bei postalischen Befragungen. Ein weiteres Problem in den meisten Ländern ist das Verbot des unaufgeforderten Versendens von E-Mails (Spaming).[110]

Bei einer Befragung im Usenet wird der Fragebogen in ausgewählten Newsgroups veröffentlicht oder dort auf die Befragung hingewiesen, was eine zielgruppenspezifische Forschung ermöglicht. Allerdings lassen nur wenige Newsgroups solche Befragungen zu und das Stichprobenproblem ist noch größer als bei E-Mail Befragungen. Meist sind die Rücklaufquoten nicht bestimmbar, da der Forschende nicht weiß, wie viele Personen den Aufruf zur Teilnahme gesehen haben.[111]

Bei Befragungen im WWW werden die Fragebögen auf Webseiten eingerichtet. Diese Befragungen sind sehr beliebt, da die Fragebögen besonders benutzerfreundlich und attraktiv gestaltet werden können. So besteht die Möglichkeit, zusätzliches Bildmaterial zu verwenden und irrelevante Fragen dyna-

---

[109] Vgl. Fritz, W. (2001a), S. 97f.

[110] Vgl. Fritz, W. (2001a), S. 98.

[111] Vgl. Fritz, W. (2001a), S. 98f.

misch auszublenden. WWW-Befragungen bieten ähnliche Vorteile wie bei E-Mail- und Newsgroup-Befragungen. Darüber hinaus werden Probleme der Netiquette (Verhaltens- und Höflichkeitsregeln im Internet) und des nicht-rechtmäßigen Versands von E-Mails umgangen. Nachteilig ist auch bei WWW-Befragungen die mangelnde Repräsentativität. Bisher sind nicht alle Bevölkerungsgruppen gleichmäßig im Internet vertreten, was zu einer Verzerrung der Ergebnisse führen kann und die Übertragung der Untersuchungsergebnisse auf die Offline-Welt schwierig macht.[112] Ein weiterer Nachteil ist, dass die Ziehung einer Zufallsstichprobe in der Regel nicht möglich ist, da die Internet-Nutzer, die auf den Fragebogen aufmerksam werden, selbst entscheiden, ob sie ihn beantworten oder nicht, die Stichprobe also selbstselektierend ist. Weiterhin erfolgt der Rücklauf meist langsamer als bei E-Mail Befragungen und in vielen Fällen ist es erforderlich, die Befragung in anderen Medien zu bewerben, was die Kosten wieder erhöht.[113] Problematisch ist bei allen drei Befragungsarten, dass die Teilnahme für den Befragten mit Kosten verbunden ist, da er die Internetgebühren tragen muss.[114]

Trotz der beschriebenen Nachteile können Online-Befragungen durchaus Sinn machen, v.a. wenn es sich um geschlossene Benutzergruppen handelt. So kann ein Unternehmen beispielsweise mit einer WWW-Befragung die Nutzer seiner Webseite oder die eigenen Mitarbeiter ansprechen und damit wertvolle Informationen erhalten.[115]

2.2.1.2.2 Online-Beobachtung

Online-Beobachtung zielt hauptsächlich auf das Nutzerverhalten im WWW, z.B. das Such- und Bestellverhalten von Kunden. Diese Informationen können Anbietern im WWW wichtige Hinweise zur Optimierung ihrer Webseite geben. So kann beispielsweise die Anzahl der abgebrochenen Bestellvorgänge verringert werden, wenn gewisse Hindernisse in der Benutzerführung ausgeschaltet werden.

Die Hauptinstrumente der Online-Beobachtung sind Logfile-Analysen und Cookies. Logfiles entstehen, wenn ein Nutzer einen Server im Internet anwählt. Der Server registriert dann u.a. den Host-/Domain-Namen des anfra-

---

[112] Vgl. Dann, S./Dann, S. (2001), S. 397.

[113] Vgl. Fritz, W. (2001a), S. 98f.

[114] Vgl. Fantapié Altobelli, C./Sander, M. (2001), S. 73.

[115] Vgl. Fritz, W. (2001a), S. 100.

genden Rechners, die Namen der abgerufenen Dateien und Datum und Uhrzeit der Anfrage. Das Protokoll dieser Besuche wird Logfile genannt. Aus diesen Daten werden dann Kennziffern wie Page Views, Visits usw. errechnet.[116] Problematisch ist die Verwendung dieser Logfile-Analysen, wenn die Nutzer mit Zwischenspeichern, z.b. Proxy-Servern oder dem Cache arbeiten, da in diesem Fall die am häufigsten angeforderten Seiten zwischengespeichert und vom Zwischenspeicher aus aufgerufen werden. Da in den Logfiles aber nur direkte Zugriffe registriert werden, werden dort zu wenig Zugriffe ausgewiesen. Eine korrekte Erfassung des Nutzerverhaltens ist in einem solchen Fall nur auf dem Rechner des Nutzers möglich, was jedoch das Aufspielen besonderer Software und damit ein Einverständnis des Nutzers voraussetzt.[117] Ein weiteres Problem der Logfile-Analysen ist, dass die Nutzer nicht eindeutig identifiziert werden können, da hierzu weitere Informationen des Service-Providers notwendig wären, deren Weitergabe aufwändig und in einigen Ländern verboten ist.

Mit Hilfe von Cookies kann diesem Problem zumindest teilweise entgegen gewirkt werden. Cookies sind kleine Dateien, die der Web-Server auf der Festplatte des Nutzers ablegt und bei einem erneuten Aufruf des Angebotes abfragt. Damit ist eine spätere Identifizierung des Nutzers jederzeit wieder möglich und es können detailliertere Nutzungsprofile erstellt werden. Allerdings kann mit Cookies nicht unbedingt das Nutzungsverhalten einzelner Personen nachgehalten werden, da nur der Rechner identifiziert wird und nicht der Benutzer. Außerdem bestehen datenschutzrechtliche Bedenken gegen den Einsatz von Cookies.[118]

Eine Möglichkeit, das tatsächliche Nutzungsverhalten einzelner Personen zu erfassen, ist die Verwendung von Logins. In diesem Fall ist die Nutzung bestimmter Bereiche der Webseiten registrierten Benutzern vorenthalten, die sich über Login und Passwort identifizieren müssen. Damit ist weitestgehend das Verfolgen des Verhaltens einzelner Personen sicher gestellt. Darüber hinaus können bei der Registrierung zusätzliche Merkmale erfasst werden. Prob-

---

[116] Vgl. Herrmann, C./Sulzmaier, S. (2001), S. 52f. Für eine ausführliche Darstellung der Kennziffern vgl. auch Gardon, O.W. (2000), S. 229f; Stolpmann, M. (2001), S. 276ff.

[117] Vgl. Fritz, W. (2001a), S. 101.

[118] Vgl. Fantapié Altobelli, C./Sander, M. (2001), S. 74.

lematisch an dieser Vorgehensweise ist allerdings, dass eine Registrierung viele Internetnutzer abschrecken könnte.[119]

An der Schnittstelle zur Sekundärforschung liegt die Beobachtung von Webseiten, Chatrooms und Newsgroups. In diesem Fall nutzen die Anbieter die erhöhte Transparenz im Internet für ihre Zwecke, indem sie z. B. regelmäßig die Webseiten der Wettbewerber oder von vor- oder nachgelagerten Wertschöpfungsstufen (z.B. Handel) analysieren. Es existieren sogar Software-Programme, die automatisch auf neu überarbeitete Seiten hinweisen. Durch die Beobachtung von themenspezifischen Chatrooms und Newsgroups können die Unternehmen wertvolle Informationen über ihre Kunden gewinnen. Dabei ist sowohl teilnehmende als auch nicht-teilnehmende Beobachtung möglich.[120]

2.2.1.2.3 Online-Experimente und Online-Panel

Online-Experimente sind die Übertragung von Feld-/Laborexperimenten ins Internet. Die Versuchspersonen nehmen mit ihrem Computer über Internet Kontakt zum Laborcomputer auf und erhalten so das Experimentalmaterial. Während die Versuchsperson sich das Material betrachtet, zeichnet der Laborcomputer jede Reaktion wie z.B. Mausklicks, Bewegungen und Verweildauer der Versuchsperson auf. Auf diese Art und Weise können z.B. Werbemitteltests und virtuelle Produkttests (z.B. in der Softwareentwicklung) durchgeführt werden. Auch Testmärkte können im Internet aufgebaut werden. Anhand von Software kann eine Einkaufsstätte reproduziert werden, welche die Versuchsperson virtuell besucht, dabei die Produkte betrachtet und bei Interesse kauft. Auch hier registriert der Laborcomputer Verweildauer, Anzahl der gekauften Produkte und Reihenfolge der gekauften Produkte.[121] Die Vorteile von Online-Experimenten sind die geringen Durchführungskosten, die große geografische Reichweite und die raum- und zeit-unabhängige Durchführung. Problematisch ist die mangelnde Repräsentativität solcher Untersuchungen und die Selbstselektion der Teilnehmer.[122]

---

[119] Alle oben beschriebenen Verfahren können auch zur Werbeerfolgskontrolle eingesetzt werden. Siehe Abschnitt 2.2.2.1.1.

[120] Vgl. Fritz, W. (2001a), S. 100ff.

[121] Vgl. Fritz, W. (2001a), S. 103.

[122] Vgl. Fantapié Altobelli, C./Sander, M. (2001), S. 75.

Diesen Problemen wird versucht mit Online-Panel entgegen zu wirken. Online-Panel sind regelmäßige Befragungen bzw. Beobachtungen einer zuvor ausgewählten Gruppe von Internet-Nutzern.[123] Um die Nutzer zur Teilnahme zu bewegen, werden Anreize wie Gewinne oder verminderte Internetnutzungsgebühren angeboten. Durch die Beschränkung auf eine bestimmte Nutzergruppe sollen die Repräsentativitätsprobleme überwunden werden. Dies gelingt jedoch nur eingeschränkt, da sich die Zusammensetzung der Internetnutzer regelmäßig ändert und die Panel damit ständig angepasst werden müssen. Hauptanwendungsgebiet von Online-Panels sind die Online-Werbeforschung (z.b. Test von Bannern) und die Online-Nutzungsforschung (siehe unter Online-Beobachtung).[124]

Zusammenfassend ist festzustellen, dass die Online-Primärforschung zwar mit einigen Nachteilen behaftet ist, das Internet aufgrund seiner günstigen Verfügbarkeit die Durchführung von Primärforschung für einige Unternehmen aber erst ermöglicht.[125]

2.2.2 Internetanwendungen in der Distributionspolitik

Die Distributionspolitik umfasst alle Entscheidungen und Handlungen, welche die Übermittlung der Leistungen vom Hersteller zum Endkunden betreffen. Zu den zentralen Entscheidungstatbeständen der Distributionspolitik gehören die Ausgestaltung der Absatzkanäle und des logistischen Systems. Mit Absatzkanälen bezeichnet man dabei die rechtlichen, ökonomischen und kommunikativ-sozialen Beziehungen aller am Distributionsprozess beteiligten Personen bzw. Institutionen. Das logistische System umfasst die physische Übermittlung der Leistung und den damit zusammenhängenden Informationsfluss.[126] Im Folgenden werden die Internetanwendungen im Bereich der Distributionspolitik vorgestellt.

2.2.2.1 Einführung zum E-Commerce

Aufgrund der multimedialen und interaktiven Funktionen des Internet ist die Distributionspolitik eines der Haupteinsatzgebiete im Rahmen des Internet-Marketing: Es kann als Absatzkanal und im Fall von virtuellen Produkten

---

[123] Vgl. Fritz, W. (2001a), S. 103.

[124] Vgl. Fantapié Altobelli, C./Sander, M. (2001), S. 75.

[125] Vgl. Dann, S./Dann, S. (2001), S. 397.

[126] Vgl. Meffert, H. (2000), S. 600.

auch als logistisches System genutzt werden. Diese Form der Internetnutzung wird als E-Commerce bezeichnet, wobei E-Commerce konkret „die digitale Anbahnung, Aushandlung und/oder Abwicklung von Transaktionen zwischen Wirtschaftssubjekten"[127] bezeichnet. In dieser Arbeit erfolgt analog zum E-Business auch beim E-Commerce eine Beschränkung auf die Nutzung des Internet als elektronisches Medium. Dabei stellt sich die Frage nach dem Unterschied zwischen Internet-Marketing und E-Commerce. Während Internet-Marketing die Nutzung des Internet aus Imagegründen und zu Zwecken der Öffentlichkeitsarbeit mit einschließt, zielt E-Commerce lediglich auf die Anbahnung und Abwicklung von Transaktionen. Damit ist Internet-Marketing der umfassendere Begriff und E-Commerce ein Teil des Internet-Marketing.[128]

Im E-Commerce werden verschiedene Arten von Transaktionen unterschieden. Die Abgrenzung erfolgt auf Basis der auf Anbieter- und Nachfragerseite tätigen Handelspartner. Potenziell Handeltreibende sind Unternehmen (Business), Konsumenten (Consumer) oder staatliche Institutionen (Administration). Aus der Kombination der Beteiligten ergibt sich die in Abbildung 6 gezeigte Neun-Feld-Matrix, welche die verschiedenen Arten des E-Commerce wiedergibt. [129]

Da diese Arbeit auf den Einsatz des Internet im Rahmen der internationalen Geschäftstätigkeit von Unternehmen fokussiert, sind von den neun Teilmärkten lediglich die drei Teilmärkte interessant, in denen die Unternehmen als Anbieter auftreten. Deswegen werden im Folgenden auch nur diese Teilmärkte näher betrachtet.[130]

Business-to-Business (B2B) beschreibt den Handel zwischen Unternehmen, also z.B. zwischen Hersteller und Handel, wobei beide Parteien sowohl als Anbieter als auch als Nachfrager auftreten können. B2B E-Commerce ist der umsatzstärkste aller Teilmärkte.[131]

---

[127] Vgl. Clement, M.; Peters, K.; Preis, F.J. (1999), S. 49.

[128] Vgl. Fritz, W. (2001b), S. 5f.

[129] Vgl. Hermanns, A./Sauter, F. (1999), S. 23.

[130] Für eine Darstellung der anderen Bereiche z.b. Gardon, O.W. (2000), S. 15ff; Hermanns, A./Sauter, F. (1999) S. 23.

[131] Vgl. Helmke, S./Übel, M. (2002), S. 211; Hermanns, A./Gampenrieder, A. (2002), S. 81f.

Business-to-Consumer (B2C) umfasst den Handel zwischen Herstellern/Händlern und privaten Konsumenten/Endverbrauchern. Verkäufer können sowohl Hersteller als auch Händler sein. B2C E-Commerce ist der zweitgrößte Teilmarkt.[132]

		Nachfrager der Leistung		
		Consumer	Business	Administration
Anbieter der Leistung	Consumer	Consumer to Consumer z.B. Internet-Kleinanzeigenmarkt	Consumer to Business z.B. Anfrage zur Abgabe eines Produktangebots (Reverse Auction)	Consumer to Administration z.B. Steuerabwicklung von Privatpersonen (Einkommensteuer)
	Business	Business to Consumer z.B. Angebote in Internet-Shopping-Malls	Business to Business z.B. Geschäfte zwischen Zulieferern und Unternehmen	Business to Administration z.B. Steuerabwicklung von Unternehmen (Umsatzsteuer)
	Administration	Administration to Consumer z.B. Abwicklung von Unterstützungsleistungen (Sozialhilfe)	Administration to Business z.B. Beschaffungsmaßnahmen öffentlicher Institutionen im Internet	Administration to Administration z.B. Transaktionen zwischen öffentlichen Institutionen im In- und Ausland

Quelle: Hermanns, A./Sauter, F. (1999), S. 23.

Abbildung 6: Markt- und Transaktionsbereiche des E-Commerce

Business-to-Administration (B2A) ist der Handel zwischen Unternehmen und staatlichen Institutionen, also z.b. die Teilnahme an Ausschreibungen. Von den drei betrachteten Märkten ist dies mit Abstand der kleinste Teilmarkt, zum Einen weil staatliche Institutionen per se wenig Handel betreiben und zum Anderen, weil die Nutzung moderner Informations- und Kommunikationstechnologien in vielen staatlichen Institutionen noch wenig ausgeprägt ist.[133]

---

[132] Vgl. Helmke, S./Übel, M. (2002), S. 210f; Hermanns, A./Gampenrieder, A. (2002), S. 83f.

[133] Vgl. Hermanns, A./Gampenrieder, A. (2002), S. 86.

49

2.2.2.2 E-Commerce-Anwendungen

Das Internet bietet viele verschiedene Möglichkeiten zur Ausgestaltung von E-Commerce. Im Folgenden sollen die verschiedenen E-Commerce Anwendungen mit ihren Einsatzfeldern vorgestellt werden.

Eine Anwendung, die unter anderem auch der Distributionspolitik zugeordnet werden kann ist **E-Mail**. Mit E-Mail werden v.a. die kommunikativ-sozialen Beziehungen im Absatzkanal gepflegt. Darüber hinaus werden manchmal auch Bestellungen über E-Mail abgewickelt.

Online-Shops (Web-Shops, Internet-Shops) kommen sowohl im B2B als auch im B2C-Bereich zum Einsatz, auch wenn sie im Bereich B2C von größerer Bedeutung sind. Sie sind aktuell die verbreitetste, weil einfachste Vertriebsform im Rahmen des E-Commerce. Bei einem Online-Shop integriert der Anbieter eine Transaktionsanwendung (Shop-Software) in seine Webseite und bietet seinen Kunden damit die Möglichkeit, die Produkte auf der unternehmenseigenen Webseite zu bestellen.[134] Grundlegende Shopfunktionalitäten sind in der Regel ein Online-Katalog zur Produktpräsentation, ein elektronischer Warenkorb zum Einkauf der Waren, und Bestell- und Bezahlfunktionalitäten zur Abwicklung der Transaktion. Darüber hinaus können dem Kunden noch Zusatzfunktionalitäten wie z.b. Suchfunktionen und die Verwaltung von Kundenprofilen zur Verfügung gestellt werden.[135] Handelt es sich nicht um virtuelle Produkte, die über das Internet versendet werden können, so muss zusätzlich die Warenbereitstellung gelöst werden. Im Prinzip funktioniert der Verkauf über Online-Shops wie der Versandhandel, nur dass ein anderes Medium zur Bestellannahme verwendet wird. Allerdings sind die Präsentationsmöglichkeiten im E-Commerce wesentlich besser und der Kundenservice kann über E-Mail oder FAQs effizienter und effektiver abgewickelt werden.[136]

Wie in der realen Welt können auch im E-Commerce verschiedene Shops unter einem „Dach" zusammengefasst werden. In diesem Fall spricht man von einer **Electronic Mall** (virtuelle Mall, elektronisches Einkaufszentrum). Electronic Malls bündeln das Angebot mehrerer unabhängiger Shops unter einer einheitlichen URL, wobei auch konkurrierende Angebote in einer Mall zu

---

[134] Vgl. Wamser, C. (2001), S. 141f.

[135] Vgl. Manninger, M. (2001), S. 33ff.

[136] Vgl. Helmke, S./Übel, M. (2002), S. 213.

finden sind. Die Ausgestaltung der Malls ist unterschiedlich. Sie reicht von einer einfachen Linksammlung der angeschlossenen Shops bis zu einer vollintegrierten Mall, bei der alle Shops eine einheitliche Benutzerführung haben und Bestell-, Liefer- und Zahlungsfunktionen gemeinsam nutzen. Darüber hinaus können Zusatzfunktionen wie Suchmaschinen, automatisierte Preisvergleiche und zielgruppenorientierte Kommunikationsanwendungen angeboten werden. Unabhängig von der Ausgestaltung liegt die Leistung einer Mall aber primär in der Anbahnung von Transaktionen. Aufgabe des Mall-Betreibers ist die Vermarktung und die Entwicklung eines attraktiven Finanzierungsmodells, so dass die Mall schnell ausreichend Käufer und Verkäufer anzieht. Die Vereinbarung und Abwicklung der Transaktionen liegt in der Verantwortung der Shop-Anbieter. Deswegen werden Handelsmechanismen wie beispielsweise Auktionen nur zu Werbezwecken durchgeführt. Bei den Electronic Malls unterscheidet man zwischen General-Interest-Malls, die ihren Kunden ein breites Sortiment anbieten, Special-Interest-Malls, die auf die Interessen einer speziellen Zielgruppe ausgerichtet sind, und Regio-Malls, die sich auf eine bestimmte Region spezialisieren.[137]

Ähnlich konstruiert wie Electronic Malls jedoch eher im Bereich B2B angesiedelt sind **virtuelle Marktplätze**. Dies sind Websites, „auf denen mehrere Anbieter von Waren und Dienstleistungen und mehrere Nachfrager nach diesen Produkten zusammen kommen und Handelstransaktionen abwickeln können"[138]. Das Grundanliegen von virtuellen Marktplätzen ist, mit Hilfe des Internet auf intransparenten Märkten Prozessvereinfachungen im Ein- bzw. Verkauf der handeltreibenden Unternehmen zu erzielen.[139] Je nach technischer Ausstattung des Marktplatzes können diese Transaktionen teilweise oder komplett über den Marktplatz abgewickelt werden. Im Gegensatz zu Electronic Malls nutzen die Anbieter auf Marktplätzen einheitlich den Marktauftritt des Marktplatzbetreibers, eine Untergliederung in einzelne Shops entfällt.

Anbieter der Webseite ist der Marktplatzbetreiber. Dies können unabhängige, branchenfremde Unternehmen (Start-Ups, Banken, Softwareentwickler) oder

---

[137] Vgl. Wamser, C. (2001), S. 140f; Helmke, S./Übel, M. (2002), S. 213.

[138] Vgl. Berlecon Research (1999), S. 2. Wenn auch häufig synonym verwendet, so sind virtuelle Marktplätze von virtuellen Märkten abzugrenzen, die lediglich eine Übertragung des Marktes allgemein in die virtuelle Umwelt meinen.

[139] Vgl. Preißner, A. (2001), S. 153.

Industrieunternehmen einer Branche sein, die sich zusammenschließen. Als Intermediär stellt der Marktplatzbetreiber die Plattform für Informationsaustausch und Transaktionsabwicklung zur Verfügung und erhält dafür Einnahmen (variable und/oder fixe Nutzungsgebühren, Provisionen). Zentrale Aufgabe des Marktplatzbetreibers ist die Werbung von Transaktionspartnern und die Vermittlung von Transaktionen zwischen ihnen. Außerdem legt er Teilnahmebedingungen und Handelsmechanismen fest und definiert damit die relevante Marktumwelt.[140] Im allgemeinen hat der Marktplatzbetreiber lediglich eine vermittelnde Rolle, er wird nicht Eigentümer der gehandelten Waren.[141] Abbildung 7 zeigt das Verhältnis von Anbietern, Nachfragern und Marktplatzbetreibern.[142]

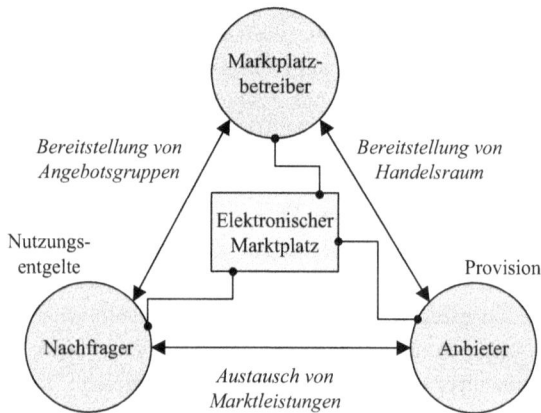

Quelle: Kollmann, T. (1999), S. 217.

Abbildung 7: Verhältnis Marktteilnehmer

Bezüglich Leistungsumfang und Ausgestaltung unterscheiden sich die Marktplätze teilweise erheblich. Für Transaktionsanbahnung/Vertragsgestaltung, Kommunikation und Service existieren verschiedene Module, welche die Marktplatzbetreiber beliebig kombinieren können. Im Bereich Transaktionsanbahnung besteht z.B. die Möglichkeit einer Kaufausschreibung, bei welcher

---

[140] Vgl. Wamser, C. (2001), S 135f.

[141] Vgl. Weber, S. (2000), S. 34.

[142] Vgl. Kollmann,T. (1999), S. 217.

der Käufer seinen Bedarf spezifiziert und zur Abgabe von Angeboten auffordert. Beantwortet wird die Kaufausschreibung durch die Angebotsabgabe der Verkäufer. Darüber hinaus kann auch ein Modul für Festpreisangebote von Seiten der Verkäufer angeboten werden. Weitere Transaktionsanwendungen sind Verkaufs- und Einkaufsauktionen[143]. Auktionen sind Verfahren zur Preisbildung, bei denen entweder der Käufer mit dem höchsten Gebot den Zuschlag erhält (Verkaufsauktionen) oder der Lieferant mit dem günstigsten Preis ausgewählt wird (Einkaufsauktion, Reverse Auction).[144] Einige Marktplätze bieten eine Katalogsoftware an, in welche die Anbieter ihr Sortiment einpflegen können. Außerdem besteht die Möglichkeit, einen Zugang zu firmeneigenen Katalogen zu schaffen. Besonders für kleine und mittlere Unternehmen kann eine Nachfragebündelung interessant sein. Bei dauerhaften Lieferbeziehungen zwischen zwei Unternehmen bieten manche Marktplätze die Möglichkeit, Bestellung und Fakturierung über den Marktplatz zu abzuwickeln.[145]

Im Bereich der Kommunikationsanwendungen bieten die meisten Marktplätze aktuelle Brancheninformationen. Teilweise offerieren sie auch die Erstellung von Marktanalysen. Der Absicherung der Transaktionen dient die Bereitstellung von Unternehmensninformationen wie Bonität, Haftungsverhältnisse, Größe usw. Dem Bereich der Werbung zuzuordnen sind Anwendungen wie Bannerschaltung für die Mitgliedsunternehmen auf der Marktplatzseite und die Durchführung von Mailingaktionen im Auftrag der Kunden. Diskussionsforen dienen dem Meinungsaustausch und bieten die Möglichkeit, Fragen zu fachlichen Themen zu stellen.[146]

Einige Marktplatzbetreiber arbeiten mit Speditionen zusammen und bieten die Organisation des Transportes als zusätzliche Serviceleistung an. Zur Absicherung der Transaktion dienen Treuhandkontos und Factoring, bei welcher der

---

[143] Je nach Art der Zuschlagserteilung lassen sich verschiedene Arten von Auktionen (z.B. englische Auktion, holländische Auktion) unterscheiden. Vgl. dazu Preißner, A. (2001), S. 165.

[144] Auktionen werden nicht nur auf Marktplätzen eingesetzt. Sie können auch in Electronic Malls oder Online-Shops zum Einsatz kommen. Auch im B2C und im C2C-Bereich kommen Auktionen häufig zum Einsatz.

[145] Vgl. Preißner, A. (2001), S. 163ff.

[146] Vgl. Preißner, A. (2001), S. 167f.

Marktplatz die Forderung des Verkäufers an einen Factor vermittelt, der diese gegen einen Abschlag begleicht und das Inkasso beim Kunden übernimmt.[147]

In der Praxis haben sich eine Vielzahl verschiedenartiger Marktplätze herausgebildet. Generell wird unterschieden zwischen **offenen und geschlossenen Marktplätzen**. Offene Marktplätze stehen prinzipiell allen interessierten Nutzern offen, welche die Teilnahmebedingungen akzeptieren. Geschlossene Marktplätze hingegen beschränken den Teilnehmerkreis auf Basis von regionalen, personen- oder institutionsbezogenen Kriterien.[148]

In Abhängigkeit der Branchenausrichtung kann zwischen **horizontalen und vertikalen Marktplätzen** unterschieden werden. Auf vertikalen Marktplätzen findet eine Spezialisierung auf bestimmte Branchen statt, d.h. es werden Zulieferer und Abnehmer einer bestimmten Branche zusammengeführt. Auf horizontalen Marktplätzen werden Produkte gehandelt, die von möglichst vielen Branchen in gleicher Art und in großem Umfang benötigt werden. Dabei handelt es sich i.a. um sogenannte MRO-Güter (Maintenance, Repair, Operating), also Güter die der Aufrecherhaltung der Geschäftstätigkeit dienen (Arbeitskleidung, Bürobedarf usw.).[149]

Eine weitere Unterscheidungsmöglichkeit von Marktplätzen beruht auf der Ausrichtung an den Interessen von Anbietern oder Nachfragern. Es lässt sich zwischen **neutralen, anbieterbezogenen und nachfragerbezogenen Marktplätzen** unterscheiden. Neutrale Marktplätze begünstigen keine der beiden Seiten. Beide Marktseiten sollen im Transaktionsprozess gleichermaßen unterstützt werden. Anbieterbezogene Marktplätze dagegen versuchen die Umsatzpotenziale der Anbieter zu maximieren. Ein Instrument dafür sind Auktionen. Nachfragerbezogene Marktplätze fokussieren auf die Interessen der Nachfrager indem sie z.B. Mechanismen zur Nachfragebündelung anbieten.[150]

Darüber hinaus existieren noch einige Sonderformen von Marktplätzen: **Schwarze Bretter** sind die einfachste Form von Marktplätzen. Hierbei handelt es ich um Webseiten, auf denen Unternehmen konkrete Kauf- oder Verkaufswünsche kundtun und damit Transaktionen anbahnen können. Bei den

---

[147] Vgl. Preißner, A. (2001), S. 169.

[148] Vgl. Weber, S. (2000), S. 35.

[149] Vgl. Helmke, S./Übel, M. (2002), S. 216.

[150] Vgl. Wamser, C. (2001), S. 138f; Preißner, A. (2001), S. 155f.

angebotenen oder gesuchten Gütern/Dienstleistungen handelt es sich häufig um gebrauchte Ware oder um Ausschreibungen mit speziellen Anforderungen. Der Marktplatzbetreiber erleichtert das Zusammenkommen von Käufern und Verkäufern durch die Systematisierung der „Aushänge" oder durch das Angebot von Benachrichtigungsdiensten. Die eigentliche Kauftransaktion findet unabhängig vom Marktplatzbetreiber zwischen Käufer und Verkäufer statt. Damit befinden sich schwarze Bretter am Übergang von Portalen, die rein informationsorientiert sind (Verweis auf die Unternehmenswebseite ohne konkreten Transaktionswunsch), zu Marktplätzen, die zusätzlich eine Transaktionsorientierung aufweisen.[151]

Eine weitere Sonderform sind **Börsen**. Bei Börsen (Exchangesysteme) wird das Zusammenfinden von Käufer und Verkäufer vom Marktplatzbetreiber gesteuert, er übernimmt die Rolle des Zwischenhändlers und wird Eigentümer der Ware. Käufer und Verkäufer lernen sich nicht kennen. In einem solchen Fall müssen die Waren bestimmten Standardisierungsanforderungen genügen, so dass sie einfach handelbar sind. Interessant sind Börsen v.a. im Rohstoffbereich.[152]

Eine weitere E-Commerce-Anwendung, die nahezu ausschließlich im B2B-Bereich angesiedelt ist, sind **Extranets**. Extranets basieren auf der Funktionsweise von Intranets. Ein Intranet ist ein auf Internet-Technologien basierendes, durch Firewalls (Sicherheits-Gateways) vom Internet abgetrenntes internes Unternehmensnetzwerk.[153] Der Zugriff vom Internet auf die internen Rechner wird unterbunden oder streng kontrolliert. Wird ein Intranet auf vertrauenswürdige Partner wie Kunden und Lieferanten ausgedehnt, spricht man von einem Extranet. Es umfasst Teile der Netze der Partner und halböffentliche Bereiche der Firma. Der Zugang zum Extranet wird i.d.R. durch Verschlüsselungs- bzw. Authentifizierungstechnologien sowie digitale Signaturen geschützt und im einfachsten Fall über einen Benutzernamen und ein Passwort gesteuert.[154]

Aufgrund des hohen Sicherheitsstandards eignen sich Extranets besonders gut zur Abwicklung von Transaktionen zwischen langfristigen Geschäftspartnern. Unternehmen können ihren Kunden Bestellfunktionen, Lagerverwaltung, au-

---

[151] Vgl. Berlecon Research (1999), S. 11.

[152] Vgl. Berlecon Research (1999), S. 13f; Helmke, S./Übel, M. (2002), S. 217.

[153] Vgl. Heinzmann, P. (2002), S. 52f; Weber, S. (2000), S. 28.

[154] Vgl. Weber, S. (2000), S. 29f.

tomatische Rechnungsabwicklung usw. anbieten. Außerdem können die Unternehmen (vertrauliche) Dokumente zum Download bereitstellen oder das Rechnungswesen mit dem des Kunden integrieren. Durch die Verschlüsselungstechniken erlauben Extranets eine personengenaue Zuordnung, so dass dieselben Dienstleistungen mehreren Unternehmen angeboten werden können, ohne dass diese die Daten des jeweils anderen Unternehmens einsehen könnten. Extranets bieten die Möglichkeit, die Qualität der Kunden-/Lieferantenbeziehungen zu verbessern und die Transaktionsabwicklung effizienter zu gestalten.[155]

Die im B2A-Bereich am häufigsten verwendete Form des E-Commerce sind **Online-Ausschreibungen.** Der Nachfrager, in diesem Fall eine staatliche Institution, veröffentlicht einen bestimmten Bedarf und fordert interessierte Anbieter auf, Angebote abzugeben. Die Angebote sind einmalig und geheim (im Gegensatz zur Auktion). Der Anbieter mit dem günstigsten Angebot erhält den Zuschlag.[156]

2.2.3 Internetanwendungen in der Kommunikationspolitik

Die Kommunikationspolitik hat die aktive Gestaltung der auf die Absatz- und Beschaffungsmärkte und das gesellschaftliche Umfeld gerichteten Informationen zum Gegenstand.[157] Die Kommunikationspolitik unterteilt sich in die Bereiche Werbung, Verkaufsförderung, Public Relations (Öffentlichkeitsarbeit), Sponsoring, Event-Marketing, Messen und Ausstellungen sowie Product Placement.[158] Für all diese Bereiche kommt der Einsatz des Internet in Frage.[159] Darüber hinaus ist nur im Internet die Einrichtung virtueller Communities möglich. Die jeweiligen Internetanwendungen der einzelnen Bereiche werden im Folgenden vorgestellt.

---

[155] Vgl. Weber, S. (2000), S. 29f.

[156] Vgl. Gardon, O.W. (2000), S. 16.

[157] Vgl. Zentes, J. (2001), S. 279f. Diese Auffassung von Kommunikationspolitik entspricht der weiteren Begriffsfassung und steht in Übereinstimmung mit weiteren Quellen. Vgl. Meffert, H. (2000), S. 684; Gardon, O.W. (2000), S. 213.

[158] Vgl. Meffert, H. (2000), S. 684f; Fritz, W. (2001a), S. 142; Gardon, O.W. (2000), S. 217.

[159] Vgl. Gardon, O.W. (2000), S. 217.

2.2.3.1 Werbung

Werbung ist die zielorientierte Information und Beeinflussung von Personen mit Hilfe bestimmter Werbemittel.[160] Sie tritt in zwei Formen auf: der Media-Werbung, d.h. der Werbung in Massenmedien, und der Direkt-Werbung, welche sich unmittelbar an die Zielpersonen richtet.[161] In beiden Bereichen hat das Internet zahlreiche neue Werbemittel, also Ausdrucksmittel, in denen Werbebotschaften gebündelt und dargestellt werden, hervorgebracht.[162]

2.2.3.1.1 Media-Werbung

Webseite

Das meist genutzte Internet-Werbemittel im Bereich der Mediawerbung ist die Webseite. Viele Unternehmen bauen eine eigene Webseite auf, in der sie das Unternehmen und seine Produkte bewerben. Allerdings ist Werbung meist nicht der alleinige Zweck einer Website. Viele Unternehmen nutzen die Webseite zusätzlich für die Öffentlichkeitsarbeit oder als Vertriebskanal (E-Commerce). Darüber hinaus kann jede Website prinzipiell auch als Werbeträger für die Werbung anderer Unternehmen dienen.[163]

Mögliche Inhalte einer „werbenden" Unternehmens-Website sind Unternehmens- und Produktinformationen, Online-Dienstleistungen (z.B. Frequently Asked Questions, Online-Schulungen, Diskussionsforen), Kontaktinformationen und -möglichkeiten (E-Mail, Feedback-Formular), Unterhaltungsangebote (Gewinnspiele, Archive) und/oder Zusatzinformationen rund um die Produkte oder die Branche.[164]

Da im Internet mittlerweile eine unübersichtliche Zahl an Webseiten präsentiert wird, ist es wichtig, dass Unternehmen aktiv auf ihr Online-Angebot aufmerksam machen, d.h. Web-Site-Promotion betreiben.[165] An erster Stelle steht dabei die Auswahl der geeigneten URL(s). Die URL sollte selbsterklärend und einprägsam sein, damit den Kunden das Auffinden der Webseite erleichtert wird. Am geeignetsten ist die Verwendung des Firmen- oder Mar-

---

[160] Vgl Nieschlag, R./Dichtl, E./Hörschgen, H. (2002), S. 989.

[161] Vgl. Meffert, H. (2000), S. 684f.

[162] Vgl. Gabler (1988), Sp. 2657.

[163] Vgl. Fritz, W. (2001a), S. 143.

[164] Vgl. Fantapié Altobelli, C./Sander, M. (2001), S. 76f.

[165] Vgl. Gardon, O.W. (2000), S. 222.

kennamens in Verbindung mit der Länderkennzeichnung des Heimatlandes. Bei international tätigen Unternehmen kann auch das Kürzel „.com" (für commercial) verwendet werden. Ist die gewünschte URL bereits vergeben, sollte auf naheliegende Namen/Abkürzungen ausgewichen werden. Außerdem sollten auch mögliche Abwandlungen des „richtigen" Domain-Namens reserviert werden, um eine Fehlleitung der Kunden zu vermeiden.[166]

Eine andere Möglichkeit zur Bekanntmachung der eigenen Website ist das Einschreiben bei nationalen und internationalen Suchmaschinen und Webkatalogen. Auch Werbebanner und Button (siehe unten) können auf den Internetauftritt aufmerksam machen und interessierte Personen dorthin leiten. Ein weiterer wichtiger Bestandteil der Web-Site-Promotion sind Maßnahmen der Cross-Media-Kommunikation. Die URL kann im Rahmen der klassischen Werbung z.b. in Printmedien, im Fernsehen und im Hörfunk bekannt gemacht werden.[167] Die Platzierung der URL in Briefbögen, Unternehmensbroschüren und Visitenkarten sowie auf Produkten und Verpackungen sind weitere Maßnahmen zur Steigerung des Bekanntheitsgrades des Internetauftrittes, ebenso ein Linktausch mit anderen (befreundeten) Unternehmen.[168]

Banner und Button

Nach Webseiten sind Banner und Button die wichtigsten Werbemittel im Internet. Beide übernehmen die Funktion „elektronischer Anzeigen", dienen aber auch als Wegweiser zur unternehmenseigenen Webseite (siehe oben).[169] Ein Button ist eine kleinere Werbefläche in der Mitte oder am Rand fremder Webseiten, die nur den Namen des Unternehmens oder des Produktes enthält.[170] Banner dagegen sind etwas größere, grafisch gestaltete Werbeflächen auf einer Bildschirmseite, die vom eigentlichen Inhalt der Seite abgetrennt sind. Sind Banner und Button mit einem Hyperlink hinterlegt, so werden sie „aktiv" genannt und man kann durch sie mit einem Mausklick auf die Website des Werbetreibenden gelangen.[171] Normalerweise sind Banner nicht fest mit der tragenden Webseite verbunden, d.h. die Zusammenstellung kann variiert

---

[166] Vgl. Fritz, W. (2001a), S. 130f.

[167] Vgl. Fritz, W. (2001a), S. 148f.

[168] Vgl. Gardon, O.W. (2000), S. 222f; Meffert, H./Böing, C. (2001), S. 464.

[169] Vgl. Kotler, P./Bliemel, F. (2001), S. 1241; Meffert, H. (2000), S. 936.

[170] Vgl. Fritz, W. (2001a), S. 144.

[171] Vgl. Bachem, C./Fölsch, F./Goldhammer, K. (2002), S. 655.

werden.[172] Die verbreitetsten Online-Werbeträger für Banner und Button sind vor allem die Webseiten von bekannten Portalen, Internet Service Providern und Suchmaschinen, die Angebote der Zeitschriftenverlage und Newsgroups.[173]

Für die Gestaltung von Bannern gibt es keine festgeschriebenen Richtlinien. Dennoch haben sich in der Werbewirtschaft Standards bezüglich Fläche (in Pixel gemessen) und maximalem Datenvolumen (in Kilobyte gemessen) herausgebildet, was auch Grundvoraussetzung für die Austauschbarkeit der Banner auf den Trägerseiten ist.[174] Eine Festlegung des maximalen Datenvolumens (abhängig von Fläche und Funktionsumfang) ist notwendig, da die Banner i.d.R. von einem separaten Webserver (AdServer) des Vermarkters auf die angeforderte Seite gespielt werden und zu große Dateien den Seitenaufbau in die Länge ziehen. Die maximale Größe von Bannerdateien ist auf 20 Kilobyte beschränkt.[175]

Auch wenn die Größenbeschränkungen die Bannergestaltung einschränken, wurden in der Vergangenheit immer wieder neue Arten von Bannern entwickelt. Sie bieten teilweise einen erheblichen Funktionsumfang. Zu den wichtigsten Bannerformaten zählen:[176]

- **statische Banner**: enthalten festgefügte textliche und grafische Informationen.

- **animierte Banner**: zeigen mehrere statische Bildelemente hintereinander, so dass der Eindruck eines Films entsteht.

- **HTML-Banner**: enthalten eine Reihe von HTML-Befehlen, was die Integration von Auswahlmöglichkeiten (z.B. Pull-Down-Menüs) möglich macht.

- **Rich-Media (Multimedia-) Banner**: können kurze Videos und 3-D-Welten präsentieren.

---

[172] Vgl. Preißner, A. (2001), S. 291.

[173] Vgl. Herrmann, C./Sulzmaier, S. (2001), S. 51.

[174] Vgl. Bachem, C./Fölsch, F./Goldhammer, K. (2002), S. 655.

[175] Vgl. Preißner, A. (2001), S. 291.

[176] Vgl. Preißner, A. (2001), S. 293ff; Fritz, W. (2001a), S. 143ff; Bachem, C./Fölsch, F./Goldhammer, K. (2002), S. 655ff; Gardon, O.W. (2000), S. 225ff.

- **Nanosites**: sind komplett funktionsfähige Websites in Bannerformat. Der Nutzer kann die angebotenen Funktionalitäten nutzen, ohne den Werbeträger verlassen zu müssen, z.b. kann er von einer Nanosite aus einen Bestellvorgang abwickeln.

- **Transactive Banner**: haben den Charakter von Datenbanken, Nutzer können im Banner Informationen zu Produkten und Dienstleistungen abfragen, ohne den Werbeträger verlassen zu müssen.

- **Pop-Ups**: sind eigene Web-Fenster mit Werbung, die sich beim Aufrufen oder Verlassen eines Werbeträgers automatisch öffnen und in den Vordergrund legen. Sie sind deutlich größer als die eigentlichen Banner, im Funktionsumfang allerdings vergleichbar. Sie gehören zur Unterbrecherwerbung, die die Aufmerksamkeit des Nutzers erzwingen, da sie zwangsläufig eine Reaktion erfordern.

- **Intersitials**: sind meist bildschirmfüllende Seiten, die der Nutzer nicht verändern (wegklicken) kann. Intersitials werden meist als Gegenleistung für einen kostenlosen Internet-Zugang eingesetzt.

- **Microsites**: sind Webseiten, die während einer Kampagne zwischen das Werbemittel und die Webseite des Werbetreibenden geschaltet werden.

Darüber hinaus gibt es noch zahlreiche, weniger verbreitete Bannerformate.[177]

Wegen Größe und Komplexität des Internet besteht die Gefahr, dass die Werbung ungesehen bleibt. Eine zielgenaue Steuerung der Werbemittel ist deshalb unbedingt notwendig. An erster Stelle steht dabei die Auswahl des Werbeträgers. Es sollten solche gewählt werden, die von der Zielgruppe häufig besucht werden. Wenn keine solche Webseite existiert dann kann ein „Targeting" durchgeführt werden. Dabei werden auf Basis von Logfiles, Cookies oder Logins diejenigen Besucher einer Webseite herausgefiltert, die der Zielgruppendefinition entsprechen und nur diesen wird die Werbung präsentiert. Auswahlkriterien sind z.B. Herkunftsland/-region, Klickverhalten, Personenmerkmale (bei Cookies und Anmeldeverfahren) oder die Tageszeit.[178]

Eine andere, besonders zielgerichtete Form der Bannerwerbung ist das Keyword-Advertising. Werbeträger sind in diesem Fall Suchmaschinen, die gegen Entgelt die Kopplung von Bannerwerbung oder Textanzeigen (siehe unten) mit bestimmten Suchbegriffen ermöglichen. Gibt ein Nutzer einen der defi-

---

[177] Vgl. dazu v.a. Bachem, C./Fölsch, F./Goldhammer, K. (2002), S. 659ff.

[178] Vgl. Preißner, A. (2001), S. 298.

nierten Begriffe im Suchfeld ein (z.B. „Goldbarren"), wird das Banner oder die Textanzeige des entsprechenden Anbieters (z.B. von Banken) eingeblendet. Darüber hinaus besteht bei manchen Suchmaschinen auch die Möglichkeit, eine hohe Platzierung in den Suchergebnissen (Nennung am Anfang der Ergebnisliste) zu erkaufen.[179]

Auch die Beteiligung an Partner- oder Affiliate-Programmen bzw. Werbenetzwerken kann die Werbeeffizienz steigern. Die werbetreibenden Unternehmen stellen ihre Button oder Banner auf Plattformen, die meist thematisch sortiert sind. Betreiber von Werbeträgern können sich die Banner und Button herunterladen, auf ihrer Seite präsentieren und erhalten für jeden Klick oder jeden Kauf eine vorher festgelegte Prämie. Eine etwas einfachere Form ist die Kooperationswerbung, bei der werbetreibende Unternehmen ihre Banner tauschen und gegenseitig auf ihren Webseiten präsentieren.[180]

Zur Erfolgskontrolle der Banner und Button werden die gleichen Verfahren und Kennziffern wie bei der Online-Beobachtung eingesetzt (siehe Abschnitt 2.2.1.2).

Sonstige Werbeformen

Neben den oben beschriebenen Werbeformen gibt es auch noch die Möglichkeit der redaktionellen Werbung, bei der die Werbung so präsentiert wird, dass der Nutzer sie nicht sofort als Werbung erkennt. Ein Instrument sind z.B. **Textlinks**, bei denen ein einfacher Text unterstützt durch einen Hyperlink zum Angebot des Werbetreibenden führt. Textlinks werden meist in oder neben redaktionellen Linklisten platziert und dienen der Generierung von Verkehr auf der Webseite. **Wasserzeichen** (meist das Logo) werden abgeschwächt im Hintergrund der Werbeträgerseite angezeigt, so dass der Eindruck entsteht, die Inhalte wären vom Werbetreibenden erstellt worden. Tatsächliche redaktionelle Arbeit wird beim „**Branded Content**" erstellt. Hier gestaltet der Werbetreibende erkennbar einen abgegrenzten Bereich der Werbeträgerseite und verknüpft diese Inhalte mit dem Unternehmenslogo.[181]

---

[179] Vgl. Werner, A. (2003), S. 46; Fritz, W. (2001a), S. 146.

[180] Vgl. Fritz, W. (2001a), S. 147.

[181] Vgl. Bachem, C./Fölsch, F./Goldhammer, K. (2002), S. 663.

2.2.3.1.2 Direktwerbung

Die Direktwerbung zielt auf die persönliche Kontaktierung von Personen. Dies ist entweder durch die direkte Ansprache anhand von Telefonanrufen oder Werbebriefen oder durch Massenwerbung mit individueller Rückantwortmöglichkeit möglich.[182] Das Internet erhöht die Möglichkeiten der Direktwerbung erheblich, da sich aufgrund seiner Interaktivität die individuellen Ansprachemöglichkeiten deutlich erweitern.

Ein häufig genutztes Medium für die direkte Kundenansprache im Internet ist E-Mail. Wie in Abschnitt 2.1.2 beschrieben, bieten E-Mail Programme die Möglichkeit, denselben Inhalt ohne Zusatzkosten an eine Vielzahl von Personen zu versenden und sind damit ein geeignetes Medium für die Direktwerbung. Allerdings unterliegt Werbung via E-Mail rechtlichen Beschränkungen. So ist das unaufgeforderte Versenden von werbenden E-Mails (Spamming) in vielen Ländern verboten und bei den meisten Internetnutzern verpönt.[183] Die Zusendung von Werbe-Mails ist nur dann erlaubt, wenn eine eindeutige Einwilligung des Beworbenen (Permission Marketing) vorliegt, welche allerdings für reine Werbe-Mails selten erteilt wird. Deswegen bieten immer mehr Unternehmen Newsletter an. Dies sind „E-Mails, die in mehr oder weniger standardisierter Form an mehr oder weniger viele Empfänger verschickt werden"[184]. Im Gegensatz zu rein werbenden E-Mails enthalten Newsletter sachliche Informationen, in die dann die Werbebotschaften eingefügt werden (wobei der Übergang von sachlichen Informationen zur Werbung fließend ist). In einem Newsletter können eigene Werbebotschaften oder –gegen Entgelt- die von anderen Unternehmen untergebracht werden. Vorteilhaft ist das Erreichen einer wesentlich höheren Aufmerksamkeit beim Leser und dessen direkte Reaktionsmöglichkeit anhand von Links. Außerdem können HTML-E-Mails wie Webseiten aufgemacht und dadurch ansprechend gestaltet werden. Abonnenten für den Newsletter finden Unternehmen auf der eigenen Homepage, bei neutralen Informationsseiten (Portale), in Newsletterverzeichnissen und durch Werbung auf Webseiten mit Branchenbezug.[185]

---

[182] Vgl. Fritz, W./von der Oelsnitz, D. (2001), S. 190f.

[183] Vgl. Herrmann, C./Sulzmaier, S. (2001), S. 51.

[184] Vgl. Preißner, A. (2001), S. 299.

[185] Vgl. Preißner, A. (2001), S. 299ff. B2B bezeichnet die Geschäftsbeziehung zwischen Unternehmen. Siehe dazu Abschnitt 2.2.3.1.

Eine weitere sehr direkte Werbeform sind elektronische Dialoge. Diese gehen i.a. vom Kunden bzw. Nutzer der Webseite aus, indem er sich mit einer Anfrage (via E-Mail oder über Kontaktformulare auf der Webseite) an den Werbetreibenden wendet. Werden solche Anfragen schnell und kompetent beantwortet, kann dies einen hohen Werbeeffekt für das Unternehmen haben und zu einer vielversprechenden Kundenbeziehung führen.[186]

2.2.3.2 Verkaufsförderung

Ziel der Verkaufsförderung ist es, durch zusätzliche, kurzfristig wirksame Aktionen den Absatz der Produkte zu fördern.[187] Die Verkaufsförderung kann auf die Verbraucher, die Mitarbeiter oder den Handel zielen und teilweise auch mit Einsatz des Internet durchgeführt werden. Beispielsweise können Verkäufer- bzw. Produktschulungen und Verkäuferwettbewerbe mittels Internet angekündigt oder durchgeführt werden.

Bei den verbrauchergerichteten Maßnahmen wird zwischen Preis-Promotions und Nicht-Preis-Promotions unterschieden. Zu den Preis-Promotions zählen z.B. Coupons, die beim Kauf zu Preisnachlässen führen oder Multipacks, bei denen man bei Kauf einer bestimmten Menge ein oder zwei Produkte zusätzlich erhält. Derartige Preis-Promotions lassen sich natürlich auch mit Hilfe des Internet oder bei E-Commerce Angeboten durchführen. Dabei sollte allerdings beachtet werden, dass aufgrund der erhöhten Markttransparenz im Internet die Gefahr von Preiskämpfen besteht.

Zu den Nicht-Preis-Promotions zählen Warenproben, Gewinnspiele, Preisausschreiben und Werbegeschenke. Diese lassen sich bedenkenlos auch im Internet einsetzen. So können beispielsweise besonders hohe Bestellungen in einem Online-Shop mit einem Werbegeschenk „belohnt" werden. Oder anhand von Preisausschreiben werden Kunden für die eigene Webseite interessiert und auf neue Produkte aufmerksam gemacht.[188]

2.2.3.3 Öffentlichkeitsarbeit

Öffentlichkeitsarbeit oder Public Relations (PR) hat die Aufgabe, in der Öffentlichkeit Vertrauen in das Unternehmen zu schaffen.[189] Das Internet ist für

---

[186] Vgl. Gardon, O.W. (2000), S. 228.

[187] Vgl. Nieschlag, R./Dichtl, E./Hörschgen, H. (2002), S. 992ff.

[188] Vgl. Fritz, W. (2001a), S. 151; Fantapié Altobelli, C./Sander, M. (2001), S. 87.

[189] Vgl. Nieschlag, R./Dichtl, E./Hörschgen, H. (2002), S. 994.

die Durchführung von Öffentlichkeitsarbeit besonders geeignet. Auf ihrer Webseite können Unternehmen Geschäftsberichte, Pressemitteilungen, aktuelle Unternehmensinformationen, Umweltberichte, Publikationen und ähnliche Dokumente veröffentlichen. Außerdem können die diversen Dialogmöglichkeiten (z.b. E-Mail-Dialog, Newsletter, Chatrooms) über Werbemaßnahmen hinaus auch zur Öffentlichkeitsarbeit eingesetzt werden.[190] So können im Internet beispielsweise Gesprächsrunden mit Unternehmensvertretern durchgeführt werden. Mit Autorespondern (Programme, die E-Mails automatisch beantworten) oder einer Seite mit Frequently Asked Questions können Unternehmen auf regelmäßig wiederkehrende Fragen reagieren und gleichzeitig Beantwortungszeit einsparen. Große Unternehmen übertragen mittlerweile auch die Hauptversammlung im Internet.[191]

2.2.3.4 Sponsoring

Unter Sponsoring versteht man die Bereitstellung von Geld, Sachmitteln oder Dienstleistungen durch Unternehmen (Sponsoren) für Personen bzw. Organisationen im sportlichen, kulturellen, Medien- oder sozialen Bereich (Gesponserte). Die Gesponserten müssen dabei eine definierte Gegenleistung erbringen, die an den kommunikationspolitischen Zielen der Sponsoren ausgerichtet ist.[192]

Online-Sponsoring ist eine neue Form des Sponsoring und findet zunehmend Verbreitung. Die gebräuchlichste Variante ist ein Hinweis auf die Sponsoren auf der Webseite des Leistungsempfängers im Sinne von „sponsored by...". In diesem Falle wird das Logo des Sponsors auf der Webseite des Gesponserten präsentiert und ist gleichzeitig mit einem Hyperlink hinterlegt, der auf die Webseite des Sponsors führt. Darüber hinaus gibt es noch das Content-Sponsoring, bei dem redaktionelle Beiträge des Sponsors von der Webseite des Gesponserten abgerufen werden können.[193] Auch in diesem Fall werden Name und Logo des Sponsors auf der Webseite präsentiert und erlauben im Gegensatz zum traditionellen Sponsoring die direkte Kontaktaufnahme mit dem Sponsor.

---

[190] Vgl. Fantapié Altobelli, C./Sander, M. (2001), S. 87.

[191] Vgl. Fritz, W. (2001a), S. 151f.

[192] Vgl. Bruhn, M. (1995), Sp. 2342.

[193] Vgl. Fantapié Altobelli, C./Sander, M. (2001), S. 88.

Aufgrund dieser Banner-ähnlichen Präsentation sind die Grenzen zwischen Bannerwerbung und Sponsoring allerdings fließend und oftmals ist für den Nutzer nicht erkennbar, um welche Art der Kommunikation es sich handelt. Eine Möglichkeit zur Unterscheidung liegt darin, dass Sponsoren-Logos oder Banner dauerhaft auf der Webseite zu finden sind. Sie sind längerfristig an den Gesponserten gebunden und werden nicht nach Erreichen einer bestimmten Anzahl von Kontakten ausgeblendet.[194]

2.2.3.5 Product Placement, Events, Messen und Ausstellungen

Product Placement ist die bewusste Platzierung von Produkten bzw. Markenartikeln als reale Requisiten in der Handlung eines Spielfilms oder einer Fernsehsendung gegen Entgelt.[195] Dies ist auch im Internet möglich. Analog können beispielsweise Produkte eines Herstellers auf der Webseite eines anderen Anbieters oder in einem Video für das Internet platziert werden.[196] Die Bedeutung dieser Werbeform ist allerdings noch sehr gering.

Gleiches gilt für das Internet-Event-Marketing. Event-Marketing ist die Inszenierung von Ereignissen mit hohem Erlebnis- oder Unterhaltungswert im Rahmen der Kommunikationspolitik.[197] Da die Erlebnisintensität des Internet jedoch noch beschränkt ist, hat Internet-Event-Marketing bisher nur eine untergeordnete Bedeutung. Prinzipiell sind jedoch auch Events im Internet, wie z.B. Chats mit Stars oder Konzertübertragungen denkbar. Intensiveren Einsatz erfährt das Internet in der Vorbereitung, Begleitung und Nachbereitung von Live-Events. Im Internet können Programme präsentiert, Erlebnisberichte, Ergebnislisten, Fotos oder Filmmaterial von Events veröffentlicht werden.[198]

Messen und Ausstellungen sind zeitlich befristete, meist regelmäßig stattfindende Marktveranstaltungen.[199] Sie haben die Funktion, Unternehmen bei Kontaktanbahnung, -ausbau und -pflege zu unterstützen und bieten die Möglichkeit, neue Produkte zu präsentieren und sich über aktuelle Marktentwicklungen zu informieren. Während Ausstellungen die breite Öffentlichkeit ansprechen, richten sich

---

[194] Vgl. Bachem, C./Fölsch, F./Goldhammer, K. (2002), S. 664f; Fritz, W. (2001a), S. 152f.

[195] Vgl. Silberer, G. (1989), S. 266.

[196] Vgl. Fritz, W. (2001a) S. 154.

[197] Vgl. Fritz, W./von der Oelsnitz, D. (2001), S. 201.

[198] Vgl. Fantapié Altobelli, C./Sander, M. (2001), S. 88.

[199] Vgl. Strothmann, M. (1995), Sp. 1890.

Messen an das Fachpublikum. Im Internet gibt es verschiedene Arten von Messen. Bei den virtuellen Messen/Ausstellungen unterscheidet man zwischen temporären, zeitlich begrenzten und dauerhaften (ganzjährigen) Veranstaltungen. Außerdem unterscheidet man zwischen Begleitveranstaltungen, die reale Ereignisse begleiten und Substitutionsveranstaltungen, die als Ersatz für traditionelle Veranstaltungen dienen. Bei Begleitveranstaltungen gehören die Bereitstellung von Veranstaltungskalendern, Gesprächsterminierung, Belegplänen usw. zum Funktionsumfang.

Die Vorteile von virtuellen Messen/Ausstellungen sind die zeitliche und örtliche Ungebundenheit und die erheblichen Kosten- und Logistikersparnisse gegenüber realen Veranstaltungen. Nachteilig ist dagegen der wesentlich niedrigere Erlebnischarakter. Außerdem erlauben virtuelle Messen keine echten persönlichen Kontakte, welche aber gerade bei Messebesuchen im Vordergrund stehen.

2.2.3.6 Virtuelle Communities

Ein völlig neuer Bereich der Kommunikationspolitik, welcher erst aus der Entwicklung des Internet-Marketing entstanden ist, sind Aufbau und Pflege von virtuellen Communities. Als virtuelle Community bezeichnet man Gemeinschaften von Internet-Nutzern, die sich im Internet – per E-Mail, Chat oder Newsgroup- aus gemeinsamem Interesse über ein spezielles Thema austauschen.[200] Ein Großteil der virtuellen Communities im Internet haben privaten Charakter, es gibt jedoch auch kommerzielle virtuelle Communities. Dazu gehören anbieterinitiierte Communities, welche die Kundenloyalität und – bindung steigern sollen und auch zu Marktforschungs- und Werbezwecken genutzt werden können. Eine attraktive Community kann darüber hinaus neue Interessenten ansprechen und damit zur Neukundengewinnung beitragen. Zum Aufbau einer derartigen Community eignen sich Mini-Chatrooms, Diskussionsforen und virtuelle Meinungsplattformen auf der unternehmenseigenen Webseite. Auch der Aufbau eines Kundenclubs[201] oder die Verbindung zu einem bestehenden, traditionellen Club tragen zur Bildung einer virtuellen Community bei. Die Attraktivität der Community sollte auf jeden Fall immer wieder durch besondere Ereignisse, wie z.B. Chats mit besonderen Persön-

---

[200] Vgl. Fritz, W. (2001a), S. 155.

[201] Virtuelle Communities unterscheiden sich von regulären Kundenclubs dadurch, dass bei ihnen der Informationsaustausch im Vordergrund steht. Vgl. Preißner, A. (2001), S. 173.

lichkeiten, hoch gehalten werden. Der Aufbau einer funktionierenden, lebenden Community kann erhebliche Ressourcen erfordern, weshalb Aufwand und Nutzen genau gegeneinander abgewogen werden sollten.[202]

2.2.4 Preis- und Produktpolitik im Internet-Marketing

Die Produktpolitik umfasst alle Entscheidungstatbestände, die sich auf die marktgerechte Gestaltung aller vom Unternehmen im Absatzmarkt angebotenen Leistungen bezieht.[203] Damit umfasst sie Entscheidungen bezüglich Produktgestaltung, Sortiment, Diversifikation, Produkttiefe und -breite.[204]

Die Preispolitik umfasst alle Entscheidungen über die Gestaltung des Preises und die Bedingungen und Möglichkeiten der Entgeltentrichtung für die im Absatzmarkt angebotene Leistung.[205] Dazu gehören auch die Festlegung von Rabatten und von Lieferungs- und Kreditierungsbedingungen.[206]

Beiden Bereichen des Marketing-Mixes kommt im Rahmen des Internet-Marketing eine eher untergeordnete Rolle zu, da nur wenige konkrete Anwendungen zur Verfügung stehen und diese meist nur im Rahmen eines E-Commerce-Angebotes sinnvoll einsetzbar sind. Außerdem bestehen bei manchen Anwendungen Abgrenzungsprobleme zu den anderen Bereichen des Marketing-Mix. So wurden in dieser Arbeit detaillierte Produktdarstellungsmöglichkeiten auf der Webseite (Möglichkeit zur ausführlicheren Beschreibung und Darstellung der Produkte auf der Webseite) und Kontakt-Formulare, die manchmal als Anwendungen der Produktpolitik vorgestellt werden, der Kommunikationspolitik zugeordnet.[207]

Stattdessen überwiegen in der Preis- und Produktpolitik die Auswirkungen des Interneteinsatzes in den anderen Teilgebieten des operativen Marketing, z.B. in der Marktforschung. So können Unternehmen im Rahmen der Marktforschung Diskussionsforen oder Anfragen und Reklamationen auf der Web-

---

[202] Vgl. Fritz, W. (2001a), S. 155ff. Neben dem Aufbau einer eigenen Community besteht natürlich auch die Möglichkeit, bereits bestehende Communities zu Marktforschungs-, Werbe- und Öffentlichkeitsarbeitszwecken zu nutzen.

[203] Vgl. Meffert, H. (2000), S. 327.

[204] Vgl. Gardon, O.W. (2000), S. 213.

[205] Vgl. Fritz, W. (2001b), S. 11.

[206] Vgl. Meffert, H. (2000), S. 482.

[207] Vgl. Meffert, H. (2000), S. 933.

seite analysieren und daraus wertvolle Hinweise für Produktverbesserungen gewinnen. Oder Kunden können durch die Aufforderung, sich ihr Wunschprodukt zu gestalten, direkt am Produktentwicklungsprozess beteiligt werden.[208] Ebenso können die Analyse von E-Commerce Shops anderer Anbieter oder die Durchführung von Auktionen zur Preisfindung bei Neuprodukten Hinweise für die eigene Preis- und Konditionengestaltung liefern.

Zu den wenigen konkreten Internetanwendungen im Bereich Produktpolitik zählt die Möglichkeit, den Kunden beim Auffinden des für ihn besten Produktes zu unterstützen. Bei dieser Anwendung, die v.a. im E-Commerce zum Einsatz kommt, werden den Kunden mit Hilfe von Cookies und auf Basis von Logfile- und Kundenanalysen für sie interessante Produkte präsentiert. Teilweise werden die individuellen Daten auch mit den Daten „ähnlicher" Kunden abgeglichen und dann genau jene Produkte angeboten, welche die ähnlichen Kunden gekauft haben.[209]

Weitere E-Commerce-Anwendungen sind die Bereitstellung von Online-Varianten bestehender Produkte und das Angebot individualisierter Produkte. Bei der Online-Differenzierung wird im Internet ein ähnliches, jedoch nicht vollständig identisches Produkt angeboten (z.B. Onlinevarianten der Printmedien). Bei der Individualisierung der Produkte erhält der Kunde die Möglichkeit, sich das gewünschte Produkt aus einzelnen Modulen selbst zusammen zu stellen (z.B. Dell Computer).[210]

Außerdem kann ein Produkt um eine Vielzahl von im Internet bereit gestellten Sekundärdienstleistungen ergänzt werden. Dazu gehören z.B. Online-Kundenschulungen und Planungssoftware, mit der sich der Kunde das Produkt zusammenstellen kann (z.B. beim Küchenkauf).[211]

In großen Unternehmen können Internettechnologien weiterhin zur Unterstützung des Produktentwicklungsprozesses eingesetzt werden, weil diese die Einbindung dezentraler Unternehmenseinheiten in den Innovationsprozess ermöglichen. Technologische Plattform sind die Intranets der Unternehmen, in denen die Kommunikationsprozesse ablaufen.[212]

---

[208] Vgl. Bliemel, F./Fassot, G. (2002), S. 680.

[209] Vgl. Bliemel, F./Fassot, G. (2002), S. 681.

[210] Vgl. Conrady, R. (2002), S. 27f.

[211] Vgl. Bliemel, F./Fassot, G. (2002), S. 681ff.

[212] Vgl. Conrady, R. (2002), S. 18f.

In der Preispolitik kommen Internetanwendungen nur im Rahmen von E-Commerce zum Einsatz. In diesem Fall ist die Preispolitik jedoch von großer Bedeutung, weil die Markttransparenz im Internet groß ist und die Bezahlung über das Internet aufgrund von Sicherheitsbebdenken immer noch ein Hinderungsgrund für viele Online-Käufe darstellt.[213] Zentrale Aufgabe der Preispolitik ist daher neben der Festlegung der Zahlungsbedingungen auch die technische Gestaltung der Bezahlmöglichkeiten.[214]

Eine konkrete Internetanwendung im Rahmen der Preispolitik sind Auktionen. Wie bereits in Abschnitt 2.2.3.2 beschrieben, sind Auktionen ein Preisfindungsmechanismus, bei dem die Zahlungsbereitschaft der Kunden letztendlich den Preis festlegt. Integriert ein Unternehmen Online-Auktionen in sein Produktangebot, so kann es die maximale Zahlungsbereitschaft des Kunden abschöpfen.[215]

Andere Preisstrategien im E-Commerce sind „Follow-the-Free" und verschiedene Preisdifferenzierungsmethoden. Beim „Follow-the-Free" werden Teile des Produktes (z.B. eine erste Softwareversion) kostenlos abgegeben, um schnell einen hohen Marktanteil zu erzielen. Im Anschluss daran werden die anderen Produktbestandteile (z.B. Softwareupdates) an den Kundenstamm verkauft und damit die notwendigen Erlöse generiert. Diese Strategie eignet sich allerdings nur für digitale Güter, die über das Internet vertrieben werden und deren Vervielfältigungskosten gering sind.[216]

Zu den Preisdifferenzierungsmethoden zählt beispielsweise eine kombinierte Preis- und Produktdifferenzierung. Ein Unternehmen kann seinen Kunden die Möglichkeit geben, verschiedene Versionen eines im Grunde gleichen Produktes zu beziehen. Für diese Versionen können dann unterschiedlich hohe Zahlungsbereitschaften abgeschöpft werden. Auch eine mengenmäßige Preisdifferenzierung ist möglich, indem bei Abnahme großer Mengen günstigere Preise gewährt werden. Eine besonders ausgefeilte Art der Preisdifferenzierung basiert auf der Analyse des Nutzungsverhalten des Kunden. Davon wird

---

[213] Vgl. Fritz, W. (2001a), S. 133.

[214] Vgl. Gardon, O.W. (2000), S. 216. Zu den unterschiedlichen Bezahlmöglichkeiten im Internet vgl. Fritz, W. (2001a), S. 140ff.

[215] Vgl. Fritz, W. (2001a), S. 139f.

[216] Vgl. Fritz, W. (2001a), S. 135ff.

auf die Vorlieben des Kunden geschlossen und ein gezieltes Angebot unter-breitet.[217]

2.3 Die internationale Dimension

Aufgrund der weltweiten Verbreitung des Internet wird vielfach davon ausge-gangen, jede Marketingaktivität im Internet sei gleichzeitig internationales Marketing. Dies ist jedoch nicht der Fall. Auch wenn im internationalen In-ternet-Marketing prinzipiell die gleichen Internet-Anwendungen zum Einsatz kommen, bedarf tatsächliches internationales Internet-Marketing besonderer, geplanter Maßnahmen wie z.b. das Einschreiben in internationale Suchma-schinen oder den Aufbau einer mehrsprachigen Webseite. Entscheidend für internationales Internet-Marketing ist die Zielsetzung der Marketing-Maßnahmen im Internet, nicht das Vorhandensein eines internationalen Net-zes.[218] Im Folgenden sollen die Besonderheiten des internationalen Marketing und des internationalen Internet-Marketing vorgestellt werden.

2.3.1 Internationales Marketing

Internationales Marketing ist die „Analyse, Planung, Durchführung, Koordi-nation und Kontrolle marktbezogener Unternehmensaktivitäten bei einer Ge-schäftstätigkeit in mehr als einem Land".[219] Gegenüber dem rein nationalen Marketing zeichnet sich das internationale Marketing durch erheblich höhere Komplexität aus, da die Unternehmen mit differierenden und fremden Unter-nehmensumwelten konfrontiert werden. Dies bringt ein höheres Maß an Un-gewissheit mit sich, die Geschäftsrisiken steigen, es werden mehr Informatio-nen benötigt und die einzelnen Marketingaktivitäten müssen besser koordi-niert werden.[220]

Darüber hinaus erfordert der internationale Markteintritt Entscheidungen, die im nationalen Marketing unbekannt sind. Eine grundlegende Entscheidung ist z.b. die Auswahl der zu bearbeitenden Ländermärkte. Ziel ist es, besonders erfolgversprechende Länder auszuwählen. Nach der Festlegung der Zielmärk-te muss die Art des Markteintrittes bestimmt werden. Es kann zwischen ver-schiedenen Markteintrittsformen gewählt werden, die sich bezüglich Kapital-

---

[217] Vgl. Fritz, W. (2001a), S. 136f.

[218] Vgl. Wissmeier, U.K. (2002), S. 402f; Dann, S./Dann, S. (2001), S. 370.

[219] Vgl. Meffert, H. (2000), S. 1231.

[220] Vgl. Meffert, H. (2000), S. 1230f; Wissmeier, U.K. (2002), S. 402.

einsatz, Kontrollmöglichkeiten, Ausmaß der Kooperation mit anderen Unternehmen und institutioneller Ansiedelung unterscheiden. Zu den wichtigsten Markteintrittsformen zählen: Export, Lizenzvergabe, Franchising, Vertragsfertigung, Vertriebsniederlassungen, eigene Tochtergesellschaften und Joint-Ventures.[221] Weiterhin muss die Frage des zeitlichen Markteintritts (Timingstrategie) geklärt werden: Es ist festzulegen, ob alle zu bearbeitenden Märkte gleichzeitig (Sprinklerstrategie) oder nacheinander (Wasserfallstrategie) erschlossen werden sollen. Bei gleichzeitiger Erschließung aller Märkte werden die Risiken der Internationalisierung auf eine Vielzahl von Märkten verteilt. Bei der Wasserfallstrategie hingegen wird die Gefahr eines länderübergreifenden Flops minimiert.[222]

Auf Basis dieser drei grundlegenden Entscheidungen sind konkrete Marketing-Maßnahmen für die einzelnen Länder zu planen und durchzuführen. Eine zentrale Frage in diesem Zusammenhang ist, inwiefern Prozesse und Inhalte des Marketing-Mixes länderübergreifend standardisiert bzw. differenziert werden sollen. Vorteil der Standardisierung ist die Einsparung von Kosten, wohingegen bei einer Differenzierung länderspezifische Besonderheiten besser berücksichtigt werden können.[223] Die Änderungen in den einzelnen Bereichen des internationalen Marketing-Mix werden im folgenden Abschnitt erläutert.

2.3.2 Internationales Internet-Marketing

Die in Abschnitt 2.2 beschriebenen Internet-Anwendungen können prinzipiell auch im internationalen Marketing eingesetzt werden. Allerdings sind einige Anpassungen vorzunehmen bzw. besondere Anforderungen zu berücksichtigen. Im folgenden werden die Besonderheiten des internationalen Marketing-Mixes und der internationalen Internet-Anwendungen insbesondere für Exportunternehmen, auf die diese Arbeit fokussiert, vorgestellt.

---

[221] Wie in Kapitel 1 bereits beschrieben, werden in dieser Arbeit werden lediglich Exportunternehmen betrachtet.

[222] Vgl. Meffert, H. (2000), S. 1236ff. Für weiterführende Informationen zur Auswahl der Ländermärkte, zu den verschiedenen Markteintrittsformen und den Vor- und Nachteilen der verschiedenen Timingstrategien siehe Berndt, R.; Fantapié Altobelli, C.; Sander, M. (1999), S. 127ff; Backhaus, K.; Büschken, J.; Voeth, M. (2003), S. 124ff.

[223] Vgl. Meffert, H. (2000), S. 1244f.

2.3.2.1 Internationale Internet-Marktforschung

Wie oben bereits deutlich geworden ist, haben die Unternehmen in einem internationalen Umfeld erhöhten Informationsbedarf. Grund dafür ist die Heterogenität der globalen Umwelt. Für jeden einzelnen Ländermarkt müssen relevante volkswirtschaftliche und marktbezogene Daten erhoben und analysiert werden. Soll darüber hinaus verstärkt Internet-Marketing, v.a. E-Commerce betrieben werden, müssen zusätzlich Informationen zur Telekommunikationsinfrastruktur (z.b. Anzahl der Telefonlinien pro 100 Einwohner), zu den digitalen Fähigkeiten der Einwohner (z.b. Anzahl der Computer je Einwohner) und zu den Online-Ressourcen im Land erhoben werden.[224]

Internationale Marktforschung gestaltet sich allerdings oftmals problematisch, da sekundärstatistische Daten nicht verfügbar bzw. unzureichend sind und sich Probleme bezüglich der Vergleichbarkeit und Äquivalenz der erhobenen Daten ergeben. Der Einsatz von Primärforschung ist oft sehr kostenintensiv, da eine länderübergreifende Koordination der Forschungsaktivitäten, v.a. die Abstimmung des Erhebungsinstrumentariums erforderlich ist.

Durch die Verwendung des Internet können einige der oben genannten Probleme vermindert bzw. beseitigt werden. Viele der im internationalen Marketing zusätzlich benötigten Informationen können im Internet recherchiert werden, da dort mehr, andere und z.t. bessere Datenquellen zur Verfügung stehen.[225] Im internationalen Umfeld sind besonders die Webseiten großer, internationaler Organisationen (WTO, OECD), staatlicher Informationsdienste (statistische Ämter) oder von diplomatischen Botschaften interessant. Allerdings gelten auch im internationalen Umfeld die in Abschnitt 2.2.1 genannten Einschränkungen der Internet-Sekundärforschung. So ist besonders im internationalen Bereich auf eine hohe Verlässlichkeit der Datenquellen zu achten. Weiterhin werden die Probleme der Vergleichbarkeit und Äquivalenz der erhobenen Daten durch die Einbeziehung einer höheren Anzahl von Quellen noch verstärkt.

Auch in der internationalen Primärforschung kann das Internet erhebliche Erleichterungen bieten. Alle in Abschnitt 2.2.1.2 genannten Instrumente können im internationalen Umfeld eingesetzt werden, wobei aber häufig sprachliche und andere Anpassungen notwendig werden. Der Vorteil des Interneteinsatzes

---

[224] Vgl. Kotler, P./Bliemel, F. (2001), S. 622.

[225] Vgl. Dann, S./Dann, S. (2001), S. 381ff.

ist, dass Informationen von geografisch entfernten und verteilten Personen schneller und kostengünstiger zu erhalten sind. Die Erstellung von zwischenkulturellen Studien wird erleichtert.[226] Begrenzt ist Online-Primärforschung allerdings auf Länder mit hoher Internet-Verbreitung, da nur in diesen eine gewisse, eingeschränkte Repräsentativität erreicht werden kann.[227] Bei geringer Internetverbreitung erbringt Primärforschung nur nutzbare Daten, wenn die Zielgruppe zu den Internetnutzern gehört.

2.3.2.2 Internationale Internet-Distributionspolitik

Die Hauptentscheidung im Rahmen der internationalen Distributionspolitik ist die Festlegung der Absatzwege in den Abnehmerländern. Deren Auswahl wird von der weiter oben angesprochenen Wahl der Markteintrittsform und der Wahl der Absatzlogistik vorbestimmt. Unternehmen können wählen zwischen direkten Distributionswegen, wie eigene Tochtergesellschaften im Ausland, oder indirekten Distributionswegen, wie die Lieferung an selbständige Handelsunternehmen oder Importeure. Die Entscheidung für einen Absatzweg hängt hauptsächlich von der Zielsetzung des internationalen Marketing ab, wobei hier v.a. nicht-monetäre Ziele eine Rolle spielen. Zu diesen zählen u.a. die Möglichkeiten zur Einflussnahme auf das Marktgeschehen, auf die Informationsgewinnung und auf die Kundenkontakte. Darüber hinaus hängt die Wahl der Absatzwege auch von den Produkten bzw. Dienstleistungen, den bestehenden Absatzwegen im Ausland und deren Kosten, den klimatischen Bedingungen, den rechtlichen Besonderheiten und den Transportmedien ab.[228] Innerhalb des Absatzweges müssen die konkreten Absatzmittler festgelegt werden. Diese Wahl wird hauptsächlich von der Art des Produktes beeinflusst. Zur Auswahl stehen Handelsvertreter, Handelshäuser, Verkaufsniederlassungen, Importeure, Groß- und Einzelhändler usw.[229]

Als Absatzkanal können prinzipiell alle in Abschnitt 2.2.3 vorgestellten Anwendungen auch im internationalen Handel eingesetzt/genutzt werden. Dabei kann das Internet als alleiniger Absatzkanal oder als Ergänzung zu konventionellen Absatzkanälen zum Einsatz kommen. E-Commerce ist somit eine weitere Markteintrittsform im internationalen Handel. Es ermöglicht einen sehr

---

[226] Vgl. Dann, S./Dann, S. (2001), S. 405.

[227] Zu Repräsentativitätsproblemen siehe Abschnitt 2.2.1.2.

[228] Vgl. Perlitz, M. (2000), S. 348ff.

[229] Vgl. Perlitz, M. (2000), S. 351f.

günstigen internationalen Markteintritt, da geringere Investitionen als bei einem konventionellen Markteintritt erforderlich sind.[230] Theoretisch ist allein mit dem Aufbau eines Online-Shops oder einer Beteiligung an Marktplätzen und Electronic Malls eine weltweite Distribution möglich.

In der Realität jedoch unterliegt auch internationaler E-Commerce gewissen Beschränkungen. So ist eine weltweite Distribution nur im Falle von digitalen Produkten möglich, die auch über das Internet versendet werden können. Im Falle von physischen Produkten muss zusätzlich zum Absatzkanal eine Warenlogistik aufgebaut werden, was eine globale Bearbeitung des Weltmarktes unmöglich macht.[231] Statt dessen müssen die zu bearbeitenden Ländermärkte ausgewählt und in diesen nacheinander eine entsprechende Logistik aufgebaut werden (Wasserfallstrategie).[232]

Weiterhin müssen im internationalen E-Commerce auch kulturelle Einschränkungen beachtet werden.[233] Für den Aufbau eines Online-Shops gelten die selben Regeln wie für die Gestaltung einer Webseite. Zusätzlich müssen technische Details wie z.B. Zahlungsmöglichkeiten und Lieferbedingungen den lokalen Präferenzen/Gewohnheiten angepasst werden. Nicht zu vernachlässigen sind außerdem emotionale Vorbehalte gegen den Internethandel. Immer noch stehen viele Menschen dem E-Commerce skeptisch gegenüber. Oft ist es nicht möglich, die gesamte Transaktion über das Internet abzuwickeln. Vor allem im B2B-Bereich werden die Kunden neue Produkte persönlich testen wollen, bevor sie sie kaufen.[234]

Neben den kulturellen Besonderheiten müssen im internationalen E-Commerce auch rechtliche Einschränkungen beachtet werden. So gelten in verschiedenen Ländern unterschiedliche Gesetze bezüglich Kaufverträgen, Konsumentenschutz, Ausweispflichten bestimmter Inhaltsstoffe usw., die bei einem Internetangebot zu berücksichtigen sind. Um rechtliche Schwierigkeiten zu vermeiden, müssen diese Gesetze auch beim E-Commerce beachtet

---

[230] Vgl. Fritz, W. (2002), S. 145; Dann, S./Dann, S. (2001), S. 382ff.

[231] Dies trifft v.a. auf B2C-Märkte zu, in denen die Waren an eine Vielzahl von Einzelkunden verteilt werden müssen. Vgl. Wissmeier, U.K. (2002), S. 410.

[232] Vgl. Fritz, W. (2002), S. 141.

[233] Vgl. Kotler, P./Bliemel, F. (2001), S. 622f.

[234] Vgl. Kotler, P./Bliemel, F. (2001), S. 623.

werden.[235] Neben produkt-, vertriebs- und angebotstechnischen Gründen ist dies ein weiterer Grund, das E-Commerce-Angebot auf eine Auswahl bestimmter Länder zu beschränken und die Reichweite zu limitieren.[236]

2.3.2.3 Internationale Internet-Kommunikationspolitik

Die internationale Kommunikationspolitik hat zum Ziel, Meinungen, Einstellungen und Verhalten der Unternehmensumwelt in den einzelnen Ländermärkten im Sinne der Unternehmensziele zu beeinflussen. Die Besonderheiten internationaler Kommunikationspolitik ergeben sich aus den sprachlichen und kulturellen (Geschmack, Verhaltensweisen), ökonomischen, gesetzlichen und medientechnischen Gegebenheiten der Länder.[237]

In der internationalen Kommunikationspolitik kommt die oben angesprochene Entscheidung zwischen Standardisierung und Differenzierung zum Tragen. Ein Unternehmen kann die Kommunikationspolitik länderübergreifend vereinheitlichen (Standardisierung) oder länderspezifisch (Differenzierung) ausgestalten. Bei der Standardisierung wird unter bewusster Inkaufnahme national suboptimaler Strategien eine weltweit/international einheitliche Strategie verfolgt. Dabei wird angenommen, dass sich die verschiedenen Ländermärkte sich im Zuge der Globalisierung immer stärker annähern und die Kostenvorteile einer einheitlichen Strategie die Nachteile aufgrund mangelnder Differenzierung aufwiegen. Bei der Differenzierung dagegen werden die Unterschiede zwischen den einzelnen Märkten wesentlich höher gewichtet, was eine bedarfsgerechte Anpassung an die verschiedenen Ländermärkte und ihre unterschiedlichen Zielgruppen ermöglicht und einen länderübergreifenden Flop einer Kampagne verhindert. Eine Mischform zwischen beiden oben genannten Alternativen ist die Dachkampagnenstrategie. Darin werden ein Zentralthema oder zentrale Kommunikationselemente festgelegt, die in den verschiedenen Ländern dann mit länderspezifischen Komponenten kombiniert werden.[238]

Die Entscheidung für eine der drei Strategien hat auch Auswirkungen auf das internationale Online-Marketing. So kann das Hauptinstrument der Online-Kommunikationspolitik, die Webseite des Unternehmens, entweder eine glo-

---

[235] Vgl. Fässler, L. (2002), S. 192; Quelch, J.A./Klein, L.R. (1996), S. 61.

[236] Vgl. Dann, S./Dann, S. (2001), S. 370.

[237] Vgl. Perlitz, M. (2000), S. 330.

[238] Vgl. Perlitz, M. (2000), S. 331.

bal einheitliche (dann meist englische) Webseite sein oder entsprechend der Ländermärkte sprachlich und inhaltlich angepasst werden. Bei einer Differenzierungsstrategie ist der Ausgangspunkt in der Regel eine englischsprachige Webseite, die je nach den bearbeiteten Weltregionen um zusätzliche Sprachen ergänzt wird. Auch die Top-Level-Domain kann entsprechend gewählt werden. Je nach verfolgter Strategie können entweder nationale (.de oder .at) oder internationale Top-Level-Domains (.com oder .biz) genutzt werden.[239] Einen Hinweis darauf, welches die vorteilhaftere Strategie ist, kann das Geschäftsfeld geben, in dem das Unternehmen tätig ist. So sind kulturelle Unterschiede im B2C-Bereich von größerer Bedeutung als im B2B-Bereich, in dem der internationale Handel per se meist einheitlich auf englisch abgewickelt wird. Im B2C-Bereich ist eine Differenzierung der Webseiten in vielen Fällen notwendiger als im B2B-Bereich.[240]

Auch bezüglich der inhaltlichen Gestaltung der Webseiten sollten einige Regeln beachtet werden: Wählt ein Unternehmen länderspezifische Webauftritte, so sollten diese international das gleiche Layout haben, um den Kunden nicht zu verwirren, wenn er einmal auf die Seite eines anderen Landes gelangt.[241] Außerdem sollte bei Übersetzungen immer darauf geachtet werden, dass die Sprache gut verständlich und fehlerfrei ist. Bei einer standardisierten Webseite muss darauf geachtet werden, dass die Webseite keine gestalterischen und inhaltlichen Elemente enthält, die Nutzer in bestimmten Ländern abschrecken bzw. provozieren könnten. Wichtig bei der technischen Gestaltung der Webseiten ist die Berücksichtigung der technischen Infrastruktur der Nutzer, da die Ladezeiten und damit die Kosten für den Nutzer ansteigen, je aufwändiger die Seite gestaltet ist.[242] Auch bei der Website-Promotion ergeben sich Änderungen im Vergleich zum rein nationalen Auftritt. Im internationalen Online-Marketing sollte die Webseite bei internationalen und den jeweils nationalen Suchmaschinen eingeschrieben werden.

Die obigen Ausführungen zur Websitegestaltung gelten analog für die Gestaltung der anderen Bereiche der Kommunikationspolitik. So sollten international differenzierte Werbung, Öffentlichkeitsarbeit, Verkaufsförderung und differenziertes Sponsoring sprachlich einwandfrei auf den jeweils relevanten na-

---

[239] Vgl. Fritz, W. (2002), S. 141.

[240] Vgl. Wissmeier, U.K. (2002), S. 410.

[241] Vgl. Quelch, J.A./Klein, L.R. (1996), S. 70.

[242] Vgl. Kotler, P./Bliemel, F. (2001), S. 623; Quelch, J.A./Klein, L.R. (1996), S. 72.

tionalen Werbeträgern präsentiert werden. Bei der Verkaufsförderung (v.a. bei Preispromotions) sollten darüber hinaus mögliche negative Rückkopplungen aufgrund der gestiegenen Markttransparenz beachtet werden. Bei einer standardisierten Politik muss darauf geachtet werden, dass keine Aktivitäten in den Zielländern negative Reaktionen hervorruft. Als Werbeträger/Gesponserte bieten sich in diesem Fall die Webseiten großer internationaler Organisationen oder Veröffentlichungen an. Bezüglich der technischen Gestaltung (v.a. von Bannerwerbung) sollten sowohl bei standardisierter wie auch bei differenzierter Politik selbstverständlich die technischen Voraussetzungen aller Nutzer berücksichtigt werden. Aufbau und Pflege internationaler virtueller Communities sind sehr aufwändig, weshalb Aufwand und Nutzen gut gegeneinander abgewogen werden sollten.

2.3.2.4 Preis- und Produktpolitik im internationalen Internet-Marketing

Auch im Rahmen der internationalen Preis- und Produktpolitik geht es prinzipiell um die Entscheidung zwischen Standardisierung und Differenzierung. Die Unternehmen müssen entscheiden, ob die Produkte in allen Ländern standardisiert zum gleichen Preis (bis auf Wechselkursschwankungen) oder jeweils unterschiedlich, an die Länderbedürfnisse angepasst, angeboten werden sollen. Neben marketingtechnischen (v.a. kulturellen) Überlegungen fließen auch rechtliche Bestimmungen in diese Entscheidung ein. So können länderspezifische Gesetze national unterschiedliche Preisstrategien oder die Anpassung der Produktverpackung notwendig machen.[243]

Im Rahmen des internationalen E-Commerce ergeben sich bei der Preis- und Produktpolitik kaum Besonderheiten gegenüber rein nationalen Anwendungen. Die Unterstützung des Kunden bei der Identifizierung des optimalen Produktes kann auch im internationalen Umfeld den Absatz fördern. Verfolgt ein Unternehmen eine Differenzierungsstrategie, so bieten die Möglichkeiten des Angebots von Online-Varianten, individualisierten Produkten und differenzierten Sekundärdienstleistungen gute Voraussetzungen für eine länderspezifische Anpassung der Produkte.

In der internationalen Preispolitik muss bei einer Differenzierungsstrategie hauptsächlich die gestiegene Markttransparenz beachtet werden. Internationale Preisunterschiede können zu Image-Problemen führen, was allerdings durch eine mengen- und produktgestaltungsabhängige Preisdifferenzierung

---

[243] Vgl. Perlitz, M. (2000), S. 302ff.

oder durch die entsprechende Gestaltung der Extranets vermieden werden kann.[244] Darüber hinaus können internationale Preisunterschiede auch durch Unterschiede bei Zöllen, Importbeschränkungen, Transportkosten usw. erklärt werden. Wichtig bei der internationalen Preisgestaltung ist weiterhin die Beachtung nationaler Vorschriften. So können bestimmte Formen der Rabattgewährung oder Preisdifferenzierung in einigen Ländern verboten sein. Bei der Auswahl der Bezahlmöglichkeiten und Lieferbedingungen sollten nationale Gewohnheiten und Präferenzen berücksichtigt werden, um Hindernisse beim Online-Kauf zu vermeiden.

2.3.2.5 Zusammenfassung zum internationalen Online-Marketing

Die obigen Ausführungen machen deutlich, dass das Internet ein neues Handlungsfeld des internationalen Marketing ist und das Potenzial hat, langwährende Probleme der internationalen Marktbearbeitung, wie z.b. hohe Kosten, Informationsbeschaffung und Marktzugang zu verkleinern bzw. zu lösen.[245] Der individuelle Zugang zu einzelnen Zielgruppen erleichtert die internationale Differenzierung. Deswegen sollte das Internet-Marketing zum festen Bestandteil des internationalen Marketing werden.[246] Gewisse Probleme des internationalen Handels, wie kulturelle Schwierigkeiten, Zölle und Importbeschränkungen, bleiben jedoch trotz Internet bestehen, weshalb aus nationalen Unternehmen nicht plötzlich international tätige Unternehmen werden.[247] Weiterhin erschwert die gestiegene Markttransparenz eine Fokussierung auf einzelne Länder und die Gefahr der Verpuffung von Maßnahmen erhöht sich.[248]

Folgende Übersichtstabelle fasst die Internet-Marketinganwendungen in den verschiedenen Bereichen und die Besonderheiten des internationalen Einsatzes zusammen.

---

[244] Vgl. Dann, S./Dann, S. (2001), S. 377.

[245] Vgl. Samiee, S. (1998), S. 413; Wissmeier, U.K. (2002), S. 402.

[246] Vgl. Wissmeier, U.K. (2002), S. 417; Dann, S./Dann, S. (2001), S. 382.

[247] Vgl. Dann, S./Dann, S. (2001), S. 371.

[248] Vgl. Wissmeier, U.K. (2002), S. 402.

Bereich des operativen Marketing	Anwendungs- gebiet	Mögliche Internet- Anwendungen im jeweiligen Anwendungsgebiet	Besonderheiten des internationalen Einsatzes
MARKT- FORSCHUNG	Sekundärforschung	Informationsquellen: o Online-Datenbanken, o Publikationen, o Archive, o Meinungsportale, o Webseiten von Konkurren- ten/Kunden, o Branchenverzeichnisse; Unterstützungsanwendungen: o Suchmaschinen und Webkata- loge	o gesteigerter Informationsbedarf (z.B. Internetverbreitung), o Verlässlichkeit der Datenquel- len prüfen, o Vergleichbarkeit der Daten eingeschränkt
	Primärforschung	o Online-Befragung, o Online-Beobachtung, o Online-Experiment, o Online-Panel	o nur in Ländern mit hoher In- ternetverbeitung sinnvoll, o nationale Anpassungen (z.B. Sprache) notwendig
DISTRI- BUTIONS- POLITIK	Distribution	o E-Mail o Online-Shop, o Electronic Mall, o Marktplatz (Schwarzes Brett, Börse), o Extranet, o Online-Ausschreibung	o weltweite Distribution nur bei virtuellen Produkten möglich, o zusätzliche Kriterien bei Län- derauswahl zu beachten, o Beachtung kultureller und rechtlicher Unterschiede not- wendig,
	Logistik	o Distribution via Internet bei virtuellen Produkten (Soft- ware)	o evtl. bewusste geografische Beschränkung des Angebotes notwendig

Bereich des operativen Marketing	Anwendungs-gebiet	Mögliche Internet-Anwendungen im jeweiligen Anwendungsgebiet	Besonderheiten des internationalen Einsatzes
KOMMUNI-KATIONS-POLITIK	Werbung	o Webseite, o Banner/Button, o Targeting, o Keyword-Advertising, o Partner Programme, o Textlinks/Branded Content/ Wasserzeichen, o E-Mail, o Newsletter, o E-Dialog	Entscheidung Standardisierung vs. Differenzierung notwendig - bei Standardisierung: o englische Webseite, o internationale Top-Level-Domain, o Provokation für ein Zielland vermeiden; - bei Differenzierung: o mehrsprachige Webseiten,
	Verkaufsförderung	o Internet-Schulungen, o Wettbewerbe, o Coupons, o Multipacks (bei Online-Shops), o Warenproben, o Gewinnspiele, o Werbegeschenke	o gute Übersetzung, o einheitliches Layout, o negative Rückkopplung wg. Markttransparenz beachten; Politikunabhängig: o Nutzung von internationalen
	Öffentlichkeitsarbeit	o Webseite, o E-Mail, o E-Dialog, o Chats, o Newsletter, o virtuelle Hauptversammlungen, o Autoresponder, o FAQs	und nationalen Webkatalogen, Suchmaschinen, Werbeträgern, Sponsorpartnern, o Berücksichtigung techn. Infra-struktur in Nutzerländern, o Aufbau virtueller Communities schwierig
	Sponsoring	o Banner/Button, o Content-Sponsoring	
	Product Placement	o Webseiten, o Internet-Videos	
	Events	o Event-Unterstützung, o Online-Events (z.B. Chats, Konzertübertragungen)	
	Messen + Ausstel-lungen	o Messebegleitung, o virtuelle Messen	
	Virtuelle Communities	o E-Mail, o Chat, o Newsgroups	
PRODUKT-POLITIK	-	o virtuelle Produktpräsentation, o Online-Varianten, o Produktindividualisierung, o virtuelle Sekundärdienstleis-tungen, o verteilte Produktentwicklung	Standardisierung vs. Differenzie-rung - Differenzierung: o spezielle Differenzierungs-möglichkeiten, o einheitliches Layout notwen-dig,
PREIS-POLITIK	-	o virtuelle Bezahlverfahren, o Zahlungsbedingungen, o Auktionen, o Follow-the-free, o Preisdifferenzierungs-methoden	o Berücksichtigung gestiegener Markttransparenz, Politikunabhängig: o Beachtung nationaler Vor-schriften und kultureller Be-sonderheiten /Gewohnheiten

Abbildung 8:   Anwendungen im Internet-Marketing

3 Wirkungsmodell

Um die Auswirkungen der verschiedenen Anwendungen des Internet-Marketing auf die Unternehmen in den beiden Untersuchungsbranchen abschätzen zu können, muss ein Modell[249] entwickelt werden, das die Erfassung der Auswirkungen ermöglicht und Kriterien für deren Beurteilung bereitstellt. Ein solches Modell wird in diesem Kapitel erarbeitet.

3.1 Grundlagen

Bei der Verwendung neuer Technologien müssen privatwirtschaftliche Unternehmen die Wirtschaftlichkeit der Anwendungen berücksichtigen. Unter Wirtschaftlichkeit versteht man das Verhältnis von Leistungen zu Kosten (Ertrag/Aufwand, Output/Input).[250] Nur wenn die Leistungen (der Nutzen, die Nutzeffekte) langfristig die Kosten übersteigen, ist der Einsatz einer neuen Technologie im Unternehmen wirtschaftlich und trägt zum Unternehmenserfolg bei.[251]

Zur Beurteilung der Wirtschaftlichkeit müssen alle im Nutzungszeitraum anfallenden Kosten und Nutzeffekte erfasst und gegenübergestellt werden.[252] Auf der Kostenseite sind dazu die Startkosten bei der Inbetriebnahme und die laufenden Kosten während der Nutzung zu berücksichtigen. Die Kosten sind relativ leicht zu erfassen, da sich die Kosten der Anwendungen meist einfach abgrenzen lassen, Unternehmen in der Regel über eine Kostenrechnung verfügen und Kosten per se in monetären Einheiten gemessen werden.[253] Die Erfassung des Nutzens hingegen gestaltet sich schwieriger, da die direkten Nutzeffekte im allgemeinen weitere, indirekte Nutzeffekte im Unternehmen verursachen, deren Potenzial durchaus größer sein kann als das der direk-

---

[249] Unter einem Modell wird hier ein Instrument verstanden, das die Erfassung und Bewertung der Auswirkungen des Internet-Marketing unterstützt. Damit gehört das hier entwickelte Wirkungsmodell zur Gruppe der Beschreibungsmodelle. Anhand von Beschreibungsmodellen werden reale Objekte deskriptiv erfasst und ökonomische Vorgänge selektiv abgebildet. Vgl. Gabler (1988), Sp. 433ff; Dresbach (1999), S. 73.

[250] Vgl. Gerdes, H.J. (1992), S. 49; Schumann, M. (1992b), S. 161; Gaßner, P. (1994), S. 40; Horváth, P. (1988), S. 2.

[251] Vgl. Rengelshausen, O. (2000), S. 114; Gerdes, H.J. (1992), S. 49.

[252] Vgl. Schumann, M./Linß, H. (1993), S. 70.

[253] Vgl. Schumann, M. (1992b), S. 162.

ten.[254] Für die Erfassung dieser indirekten Nutzeffekte muss verstanden werden, welche Veränderungen die neue Technologie im Unternehmen hervorruft.[255] Darüber hinaus müssen auch nutzenschmälernde, negative Auswirkungen, wie z.b. Motivationsschwierigkeiten bei Mitarbeitern, berücksichtigt werden. Diese negativen Auswirkungen werden auf der Nutzenseite erfasst, da es sich nicht um Kosten sondern um Nutzen schmälernde Effekte handelt. Im Allgemeinen werden diese Effekte nicht gesondert ausgewiesen, sondern direkt bei der Bewertung des Nutzens beachtet und zum Abzug gebracht. Bei der Bewertung der Effekte ist zwischen monetären Nutzeffekten (z.b. Kosteneinsparungen), nicht-monetär quantitativen (z.b. Produktivitätssteigerungen) und qualitativen Nutzeffekten (z.b. Steigerung der Kundenzufriedenheit) zu unterscheiden.[256] Während die nicht-monetär quantitativen Nutzeffekte anhand von Kostensätzen meist noch relativ einfach in monetäre Werte überführt werden können, ist die Monetarisierung von qualitativen Effekten nur anhand von Näherungskonzepten möglich, wenn eine funktionale Beziehung zwischen dem Nutzen und den Kosten- bzw. Erlösgrößen existiert.[257] Die verbleibenden Nutzeffekte sind nicht monetarisierbar, sollten jedoch dennoch bei einer Wirtschaftlichkeitsbetrachtung berücksichtigt werden.[258]

Unterscheidungs-kriterium	Arten von Nutzeffekten		
Richtung der Wirkung	positive => nutzensteigernde Wirkungen	negative => nutzenschmälernde Wirkungen, jedoch keine Kosten	
Art der Wirkung	direkte => Nutzeffekte, die direkt am Einsatzort der neuen Technologie anfallen	indirekte => Nutzeffekte, die in vorangehenden/ nachfolgenden Tätigkeiten/Prozessen auftreten	
Bewertbarkeit	monetäre => Nutzeffekte, die per se in monetären Einheiten vorliegen	nicht-monetär quantitative => Nutzeffekte, die anhand von Kostensätzen in monetäre Größen überführt werden können	qualitative => nur teilweise Monetarisierung anhand von Näherungskonzepten möglich wenn funktionale Beziehung zw. Nutzen und Kosten- bzw. Erlösgrößen vorhanden

Abbildung 9: Arten von Nutzeffekten

---

[254] Vgl. Retter, G. (1996), S. 101.

[255] Vgl. Kurnia, S./Swatman, P.M.C. (1998), S. 49.

[256] Vgl. Biberschick, D./Weise, G. (1991), S. 67.

[257] Vgl. Wörner, G. (1997), S. 57.

[258] Vgl. Schulz, H. (1991), S. 73.

In der Betriebswirtschaftslehre wurde eine Vielzahl von Methoden zur Wirtschaftlichkeitsbeurteilung entwickelt, die sich bezüglich Umfang, Ausgestaltung und Fokussierung teilweise erheblich voneinander unterscheiden. Speziell für die Bewertung des Einsatzes von Informations- und Kommunikationstechnologien in Unternehmen wurden eigene Verfahren entwickelt. Zu diesen zählen u.a. die Time-Saving-Time-Salary Methode von Sassone/Schwartz, das Vier-Ebenen-Modell von Picot/Reichwald und die FAOR Kosten-Nutzen-Analyse. Das Verfahren von Sassone/Schwartz zielt darauf ab, die durch die Einführung von Büroanwendungen hervorgerufenen Produktivitätszuwächse zu monetarisieren und zu bewerten.[259] Mit dem Vier-Ebenen-Modell von Picot/Reichwald sollen die Auswirkungen von Schreibdiensten auf das gesamte Unternehmen und seine Umwelt abgebildet und alle direkten und indirekten Kosten und Nutzen erfasst werden.[260] Die FAOR-Kosten-Nutzen-Analyse analysiert quantitative und qualitative Kosten und Nutzen von Bürosystemen auf Basis von Prozessketten. Anhand der Schwachstellen in den Prozessketten wird das Anwendungspotenzial verschiedener Technologien aufgezeigt.[261]

Andere Methoden fokussieren auf die strategischen Wirkungen neuer Technologien. Dazu zählen beispielsweise das IS-Praxis-Modell von IBM, das Nolan, Norton & Company-Modell und das Modell von Porter und Millar. Das IS-Praxis-Modell identifiziert kritische Erfolgsfaktoren und Unternehmensprozesse und nutzt diese bei der Auswahl zwischen verschiedenen Systemen.[262] Das Modell von Nolan, Norton&Company wurde entwickelt, um ein festgelegtes Budget auf verschiedene Anwendungen zu verteilen. Die Investitionsentscheidung wird anhand der strategischen Wichtigkeit einzelner Investitionsbereiche vorgenommen.[263] Porter und Millar analysieren in ihrem Modell die strategische Bedeutung von Informationssystemen, indem sie die Auswirkungen der neuen Technologien auf das Unternehmen und sein Markt-Umfeld aufzeigen.[264]

---

[259] Vgl. Sassone, P.G./Schwarz, P.A. (1986); Sassone, P.G. (1986).

[260] Vgl. Picot, A., A./Reichwald, R. (1987), S. 105ff.

[261] Vgl. Schäfer G./Wolfram G. (1987), S. 56f; Schäfer G./Wolfram G. (1986), S. 237.

[262] Vgl. Nagel, K. (1990), S. 100ff.

[263] Vgl. Schumann, M. (1992a), S. 242ff.

[264] Vgl. Porter M.E./Millar, V.E. (1985), S. 149ff; Porter, M.E./Millar, V.E. (1986), S. 26ff.

Eher auf der operativen Ebene angesiedelt sind die Verfahren der statischen und dynamischen Investitionsrechnung. Diese Methoden dienen der Bewertung der finanziellen Auswirkungen einer Investition, d.h. sie stellen monetäre Größen (Kosten und Ertrag) gegenüber und leiten auf Basis dieses Vergleiches Empfehlungen ab.[265] Bei den statischen Verfahren (Kostenvergleichs-, Gewinnvergleichs-, Rentabilitäts- und Amortisationsrechnung) werden Unterschiede bei Ein- bzw. Auszahlungen im Zeitablauf nicht berücksichtigt (einperiodisches Vorgehen). Da jedoch in der Regel bei Investitionen die Ein- und Auszahlungen während der Nutzungsdauer schwanken, werden häufig die dynamischen Verfahren (Kapitalwert-, Annuitäten-, interner Zinsfuß-Methode) verwendet, die diese Schwankungen während des gesamten Nutzungszeitraumes erfassen und anhand von Diskontierungsfaktoren berücksichtigen.[266] Gemeinsam ist diesen Verfahren allerdings, dass sie für die Beurteilung detaillierte Ein- und Auszahlungsströme benötigen. Wie bereits oben erläutert, lassen sich nicht alle Nutzeffekte in monetären Werten ausdrücken. Deshalb bleiben diese in den Verfahren der klassischen Investitionsrechnung unberücksichtigt.[267]

Besonderen Wert auf die Erfassung der qualitativen Wirkungen legen Verfahren wie die Nutzwertanalyse und die Argumentenbilanz. Beide Verfahren verzichten auf eine Quantifzierung der Wirkungen. Bei der Nutzwertanalyse werden verschiedene Investitions-Alternativen anhand eines Scoring-Modells bewertet. Auf Basis der unternehmerischen Zielsetzungen werden Auswahlkriterien abgeleitet und für jede Alternative der Grad der Zielerreichung festgelegt. Zusammen mit der Gewichtung ergibt sich für jede Alternative ein Gesamtzielerreichungsgrad, der Basis für den Vergleich der Alternativen ist.[268] Bei der Argumentenbilanz werden die positiven und negativen Auswirkungen der Investition wie in einer Bilanz in zwei nebeneinanderstehende Spalten geschrieben. Die Länge der Darstellung spiegelt die Zahl der Nutzeffekte wider und ist Entscheidungskriterium. Um den unterschiedlichen Wert verschiedener Wirkungen zu berücksichtigen, können besonders wichtige Wirkungen

---

[265] Vgl. Schumann, M./Linß, H. (1993), S. 79.

[266] Vgl. Schumann, M. (1992a), S. 150.

[267] Vgl. Niemeier, J. (1988), S. 22; Niemeier, J./Lenhart, H. (1990), S. 110.

[268] Vgl. Zangemeister, C. (1970), S. 55ff.

breiter dargestellt werden. Auf diese Weise kann eine Gewichtung vorgenommen werden.[269]

Aus obigen Ausführungen ist deutlich geworden, dass eine Vielzahl unterschiedlichster Methoden der Wirtschaftlichkeitsbeurteilung existiert.[270] Gemeinsam ist allen Verfahren, dass sie prinzipiell zu zwei Zwecken eingesetzt werden können: Entweder zur Vorbereitung/Unterstützung einer Investitionsentscheidung oder zur Überprüfung der Wirtschaftlichkeit bereits bestehender Anwendungen.[271] Ansonsten unterscheiden sie sich jedoch erheblich: Einige Verfahren sind eher auf die Auswahl zwischen verschiedenen Alternativen angelegt, andere dienen hauptsächlich der Bewertung von Einzeltechnologien. Wieder andere Verfahren beurteilen eher die strategischen Auswirkungen, während weitere sich auf die operativen Auswirkungen fokussieren. Analyseziel, Anwendungszweck (z.B. Auswahlentscheidung oder alleinige Wirtschaftlichkeitsbeurteilung) und Technologie beeinflussen die Wahl des geeigneten Verfahrens. Aus diesem Grund werden im folgenden Abschnitt zunächst die Anforderungen an das Wirkungsmodell zur Erfassung und Bewertung der Auswirkungen des Internet-Marketing beschrieben.

3.2 Anforderungen an das Wirkungsmodell

Das im Rahmen dieser Arbeit zu verwendende Modell bzw. Verfahren zur Erfassung der Wirkungen des Interneteinsatzes im Exportmarketing muss einer Vielzahl von Anforderungen gerecht werden. Es muss für die Überprüfung der Wirtschaftlichkeit bereits bestehender Anwendungen geeignet sein und alle Phasen der Wirtschaftlichkeitsbetrachtung –von der Erfassung über die Bewertung und Darstellung bis zur Beurteilung der Wirtschaftlichkeit – unterstützen. Außerdem muss es zur Forschungsmethodik passen und die Besonderheiten der Internettechnologie und ihren Anwendungskontext in Entwicklungs- und Schwellenländern berücksichtigen. Aus diesen generellen

---

[269] Vgl. Schumann, M. (1992), S. 157f.

[270] Die hier vorgestellten Modelle stellen nur eine beispielhafte Auswahl der in der Literatur verfügbaren Verfahren dar. Für zusätzliche Verfahren siehe: Retter, G. (1996), S. 25ff, Wörner, G. (1997), Riedel, H. (1989), S. 32ff, Linß, H. (1995), S. 52ff, Schumann, M. (1992a), S. 148ff. Verschiedene Sytematisierungsansätze der Verfahren werden vorgestellt bei Schumann, M. (1992a), S. 150ff.

[271] Vgl. Schumann, M. (1992), S. 157.

Kriterien ergeben sich detaillierte Anforderungen, welche im Folgenden vorgestellt werden.

3.2.1 Anforderungen im Rahmen der Erfassung

Auch wenn einige der weiter oben vorgestellten Verfahren zur Wirtschaftlichkeitsanalyse lediglich die Beurteilung der Wirtschaftlichkeit ermöglichen (v.a. die Verfahren der statischen und dynamischen Investitionsrechnung), darf nicht vergessen werden, dass der Beurteilung immer eine umfassende Erfassung der relevanten Effekte und Wirkungen voraus gehen muss. Die Problematik von Wirtschaftlichkeitsverfahren liegt nicht im Rechenverfahren oder der Beurteilung, sondern in der Beschaffung und Aufbereitung der relevanten Informationen.[272] Dementsprechend kommt der Wirkungserfassung in dieser Arbeit eine hohe Bedeutung zu.

Eine der Grundanforderungen an das Wirkungsmodell betrifft die umfassende Erfassung aller Wirkungen. Das verwendete Wirkungsmodell soll sicher stellen, dass alle im Zusammenhang mit dem Interneteinsatz im Marketing verbundenen Wirkungen, und zwar sowohl auf Kosten- wie auch auf Nutzenseite, vollständig ermittelt werden. Dabei ist vor allem auf die umfassende Ermittlung der Nutzeffekte zu achten, da sich diese schwieriger gestaltet als die Erfassung der Kosten. Diese Schwierigkeiten ergeben sich nicht zuletzt durch die spezifischen Eigenschaften des Internet. Das Internet hat funktionsübergreifende Wirkung, weshalb eine Vielzahl indirekter Nutzeffekte auftreten. Diese leisten einen wesentlichen Beitrag zum Gesamtnutzen und dürfen auf keinen Fall vernachlässigt werden. Außerdem kann der Interneteinsatz Veränderungen in der Aufbau- und Ablauforganisation hervorrufen; auch diese Nutzeffekte sind ganzheitlich zu erfassen.[273] Eine weitere Besonderheit des Internet ist, dass es die organisationsübergreifende Zusammenarbeit mit anderen Unternehmen erleichtert und auch zur Anbahnung neuer Geschäftskontakte verwendet werden kann.[274] Somit spielen sowohl kundenbezogene als auch wettbewerbsrelevante Wirkungen eine wichtige Rolle, wodurch wiederum eine Vielzahl unterschiedlicher nicht-monetärer Nutzeffekte entstehen.[275] Ein weiterer zu berücksichtigender Aspekt ergibt sich aus dem bisher relativ kur-

---

[272] Vgl. Horváth, P. (1988), S. 9, Niemeier, J./Lenhart, H. (1990), S. 109.

[273] Vgl. Linß, H. (1995), S. 47f.

[274] Vgl. Poon, S./Swatman, P.M.C. (1997a), S. 883.

[275] Vgl. Kurbel, K./Teuteberg, F. (1999), S. 125.

zen Bestehen des Internets. Aufgrund dessen kann unterstellt werden, dass sich einige der Unternehmen über eine Vielzahl der verschiedenen Nutzeffekte noch gar nicht bewusst sind. Außerdem sind selbst dort, wo quantitativ grundsätzlich messbare Effekte existieren, Zahlen oft nicht zu erhalten, weil Unternehmen sie nicht erheben oder nicht preisgeben wollen.

Aus den oben beschriebenen Besonderheiten des Internet ergeben sich folgende Anforderungen an das Wirkungsmodell: Es sollte alle im Zusammenhang mit der Internetnutzung anfallenden Kosten und Nutzen erfassen. Auf der Kostenseite sollte es, soweit abgrenzbar, die Kosten verschiedener Anwendungen getrennt erfassen. Auf der Nutzenseite muss das Modell gewährleisten, dass sowohl alle Nutzeffekte auf den verschiedenen Ebenen des Unternehmens (Arbeitsplatz, Bereichsebene, zwischenbetriebliche Ebene), wie auch die Auswirkungen der organisatorischen Veränderungen aufgenommen werden. Darüber hinaus muss es darauf ausgelegt sein, die Vielzahl der qualitativen und nicht-monetären, einmaligen und langfristigen, sowohl positiven wie negativen Nutzeffekte in die Analyse zu integrieren. In Bezug auf die Neuheit des Instrumentes Internet muss das verwendete Wirkungsmodell die Unternehmensvertreter bei der Benennung der Wirkungen unterstützen. Insgesamt muss das Wirkungsmodell daher alternative Wege gehen und gleichzeitig berücksichtigen, dass die Messbarmachung qualitativer und indirekter Wirkungen (die in Feldern wie der Werbe- oder Personalwirkungsforschung ganze Dissertationen füllt) nicht der zentrale Gegenstand der Untersuchung ist.

3.2.2 Anforderungen an die Bewertung und Darstellung der Wirkungen

Wie bereits oben erwähnt, liegen die Kostengrößen der Internetanwendungen bereits in monetären Einheiten vor und bedürfen deswegen keiner weiteren Bewertung. Lediglich bei der Abgrenzung der Kosten der einzelnen Anwendungen können Schwierigkeiten auftreten. So kann eine Webseite gleichzeitig mehreren Zwecken, z.B. der Verbesserung der Lieferantenbeziehung und der Öffentlichkeitsarbeit dienen, was die Aufteilung und Abgrenzung der Kosten der einzelnen Anwendung erschwert. Das Wirkungsmodell muss eine Lösung dieser Problematik bereitstellen, die auch die gewählte Forschungsmethodik berücksichtigt.

Auf der Nutzenseite ist die Bewertung schwieriger, da die Nutzeffekte des Interneteinsatzes äußerst vielschichtig und oftmals nicht direkt monetär bewertbar sind. Ein Großteil der monetären Aussagen muss, sofern überhaupt möglich, auf indirektem Weg hergeleitet werden.[276] Da die Nutzeffekte im Rahmen der Untersuchung soweit wie möglich monetarisiert werden sollen, muss das Wirkungsmodell bei der Bewertung der Wirkungen unterstützen.

Wie bei den Kosten müssen auch hierbei die Begrenzungen der Forschungsmethodik berücksichtigt werden. Diese ergeben sich aus der Wahl von eingebetteten Fallstudien und Interviews als Haupterhebungsmethode. Durch das eingebettete Design werden im Rahmen jeder Fallstudie in mehreren Unternehmen Interviews durchgeführt. Dies hat zur Folge, dass die Möglichkeiten zur Bewertung der Nutzeffekte und zur Abgrenzung der Kosten einzelner Anwendungen in jedem Unternehmen begrenzt sind. Es ist nicht möglich, in den Unternehmen detailliert alle Effekte durch eigene Erhebungen zu quantifizieren. Vielmehr muss weitestgehend auf die Aussagen der Interviewpartner vertraut werden. Dabei ist jedoch die Neuartigkeit des Internet als Instrument zu beachten, weshalb bei der Monetarisierung bzw. Abgrenzung Unterstützung gegeben werden muss. Das Wirkungsmodell sollte also so gestaltet sein, dass es einfache Quantifzierungs- bzw. Monetarisierungswege und Abgrenzungsregeln zur Verfügung stellt, die im Rahmen der Interviews unterstützend eingesetzt werden können.

Aufgrund der angesprochenen Schwierigkeiten bei der Monetarisierung müssen neben den monetären Nutzeffekten bei der abschließenden Bewertung eine Vielzahl qualitativer Nutzeffekte berücksichtigt werden. Für diese Nutzeffekte muss das Wirkungsmodell eine übersichtliche und einfach nachvollziehbare Darstellungsweise bereitstellen. Dabei sollen auch Abhängigkeiten und Zusammenhänge zwischen den einzelnen Nutzeffekten deutlich und Überschneidungen bzw. Doppelnennungen vermieden werden.

Da im Rahmen dieser Untersuchung neben den Ergebnissen der Einzelunternehmen die potenziellen Auswirkungen des Interneteinsatzes innerhalb einer Branche ermittelt werden sollen, ist weiterhin darauf zu achten, dass die Nutzeffekte der einzelnen Unternehmen einfach zu einem branchenweiten, exemplarischen Ergebnis aggregiert werden können.[277] Dies erleichtert auch die branchenübergreifende Analyse und die Ableitung der Hypothesen.

---

[276] Vgl. Kurbel, K./Teuteberg, F. (1999), S. 117.

[277] Im Rahmen der branchenweiten Aggregation der Einzelergebnisse ist klar zu stellen, dass es sich um die „künstliche" Aggregation von Einzelergebnissen handelt und dass es

3.2.3 Anforderungen an die Beurteilung der Wirkungen

Um eine Aussage über die Wirtschaftlichkeit der Anwendungen treffen zu können, müssen die identifizierten Nutzen und Kosten einander gegenüber gestellt werden. Im Idealfall liegen alle Wirkungen in monetären Werten vor, so dass ein einfacher Vergleich möglich ist. In diesem Fall könnten beispielsweise die Verfahren der dynamischen Investitionsrechnung angewendet und die Gesamtwirkung des Interneteinsatzes einfach errechnet werden.

Damit ist im Rahmen dieser Untersuchung jedoch nicht zu rechnen. Vielmehr kann eine Vielzahl der Nutzeffekte des Interneteinsatzes nicht monetarisiert werden. Unter diesen Voraussetzungen muss das Wirkungsmodell eine Möglichkeit bieten, die vorhandenen monetären Größen zu kumulieren und die qualitativen Nutzeffekte in die Schlussfolgerungen einfließen zu lassen. Aus diesen Informationen muss mit Hilfe des Modells eine klare Entscheidung für oder gegen den Einsatz des Internet im Unternehmen abgeleitet werden können.

3.3 Der Ebenenansatz von Schumann

Ein Wirtschaftlichkeitsverfahren, das den oben genannten Anforderungen weitestgehend entspricht, ist der Ebenenansatz von Schumann. Es handelt sich dabei um einen Analyserahmen, mit dem die Auswirkungen von Informations- und Kommunikationstechnologien für einzelne betroffene Unternehmensebenen analysiert werden können. Im Rahmen des Konzeptes werden für die einzelnen Ebenen jeweils unterschiedliche, der Ebene angepasste Erfassungs- und Bewertungsverfahren vorgeschlagen.[278] Im Folgenden wird das 4-Ebenenkonzept als Analyserahmen und daran anschließend die verschiedenen Erfassungs- und Bewertungsverfahren vorgestellt.

3.3.1 Das 4-Ebenen-Modell von Schumann

Das 4-Ebenen-Modell von Schumann unterscheidet vier Unternehmensebenen auf denen der Einsatz von Informations- und Kommunikationstechnologien Wirkungen entfalten kann: Auf der Ebene des Arbeitsplatzes, auf der Bereichs-/Abteilungsebene, auf der Gesamtunternehmensebene und bei zwi-

---

wahrscheinlich nicht möglich ist, dass ein Unternehmen alle Wirkungen gleichzeitig erzielt.

[278] Vgl. Schumann, M./Mertens, P. (1990a), S. 65.

schenbetrieblichen Anwendungen zusätzlich noch auf der zwischenbetrieblichen Ebene.[279] Diese vier Ebenen werden bei der Erfassung der Auswirkungen des Technologieeinsatzes zugrunde gelegt und anhand von verschiedenen Ansätzen systematisch auf Wirkungen untersucht.[280] Die vier Ebenen definieren sich folgendermaßen[281]:

- Ebene 1: Arbeitsplatzebene

  Auf der Arbeitsplatzebene wird untersucht, wie sich der Technologieeinsatz auf einen isolierten Einsatzbereich, wie z.b. einen Arbeitsplatz auswirkt. Es soll deutlich werden, wie sich Einzeltätigkeiten durch den Einsatz der neuen Technologien verändern. Ein Beispiel dafür ist die Einsparung von Arbeitszeit durch die Verwendung von E-Mail anstatt von Fax. Die eingesparte Arbeitszeit kann für andere, eventuell höherwertigere Tätigkeiten verwendet werden.

- Ebene 2: Gruppen-, Bereichs- oder Abteilungsebene

  Durch die Veränderungen von Einzeltätigkeiten können Veränderungen in vorangehenden, nachfolgenden oder benachbarten Vorgängen und Abläufen (Prozessen) hervorgerufen werden. Diese mittelbaren, indirekten Wirkungen der neuen Technologie auf die Funktionsbereiche werden auf der zweiten Hierarchiestufe erfasst. Ein Beispiel für einen indirekten Nutzeffekt auf Bereichsebene ist die Beschleunigung und Verbesserung von Entscheidungen durch eine wegen des Internet verbesserte Informationsbasis.

- Ebene 3: Unternehmensebene

  Auf der Unternehmensebene wird der Nutzen des neuen Technologieeinsatzes für das Gesamtunternehmen, sowohl auf der Beschaffungs- als auch auf der Absatzseite, und dessen Umwelt abgebildet. Die Nutzeffekte sind oft qualitativer Art und beinhalten auch Aussagen über zukünftige Markt-

---

[279] Das 4-Ebenen-Modell von Schumann, M. ist nicht mit dem 4-Ebenen-Modell von Picot, A./Reichwald, R. zu verwechseln. Bei Picot, A./Reichwald, R. werden auf oberster Ebene (vierte Ebene) die Auswirkungen auf die Unternehmensumwelt erfasst. Diese Auswirkungen sind bei dieser Untersuchung eher gering einzuschätzen, wohingegen die Auswirkungen auf zwischenbetrieblicher Ebene bei der Internetnutzung eine hohe Bedeutung haben.

[280] Vgl. Schumann, M./Linß, H. (1993), S. 85.

[281] Vgl. Schumann, M. (1992a), S. 166 und Schumann, M./Mertens, P. (1990b), S. 59.

entwicklungen. Ein Beispiel ist eine verbesserte Marktposition durch eine Verkürzung der Lieferzeit.

• Ebene 4: Zwischenbetriebliche Ebene/Kooperationsebene

Diese Ebene kommt nur bei Vorhandensein von zwischenbetrieblichen Vorgängen zur Anwendung, d.h. wenn das Unternehmen die neue Technologie zur Vernetzung mit Kunden oder Lieferanten verwendet. Deswegen spricht man auch von der Kooperationsebene. Da Anwendungen des Internet-Marketing größtenteils unternehmensübergreifend orientiert sind, ist die zwischenbetriebliche Ebene fest in die Analyse zu integrieren.

Auf der Kooperationsebene werden Effekte erfasst, die der Technologieeinsatz bei zwischenbetrieblichen Vorgängen hervorruft. Dazu zählen insbesondere Wettbewerbseffekte, bei denen jedoch auch der Einfluss von anderen Wettbewerbskräften auf dem Markt berücksichtigt werden muss, die zusätzliche Rückwirkungen auf die eigene Position haben. So können bestimmte Anwendungen keinen Wettbewerbsvorteil bieten, sondern notwendig sein, um gegenüber der Konkurrenz nicht in Rückstand zu geraten.[282] Die Ursachen von zwischenbetrieblichen Nutzeffekten sind beispielsweise eine engere Kundenbindung oder die Verbesserung der Verhandlungsposition, sollten durch den Technologieeinsatz positive Effekte beim Kunden auftreten. Eventuell können Preiserhöhungen durchgesetzt werden oder die Systemnutzung kann in Rechnung gestellt werden. Im Zusammenhang mit dem Internet-Marketing kann beispielsweise der Aufbau eines Extranet derartige Nutzeffekte erzeugen.

Auf jeder der oben beschriebenen Ebenen lässt sich getrennt eine Wirkungsanalyse durchführen. Dafür werden die betroffenen Unternehmensbereiche in einzelne Funktionsbereiche unterteilt, für die dann die notwendigen Daten (Input und Output, Personal- und Sachmittelbedarf, Kosten, Kostenreduzierungen) unter funktionalen, prozessorientierten und strukturellen Aspekten erfasst und die Wirkungen aufgezeigt werden. Die Ergebnisse der einzelnen Bereiche werden anschließend von der Arbeitsplatzebene ausgehend zum Gesamtergebnis aggregiert.[283] Bezüglich der Kosten sind zwei Vorgehensweisen möglich: Je nach Komplexität des Kostenanfalls können sie ebenfalls auf Ba-

---

[282] Vgl. Schumann, M. (1992b), S. 165f.

[283] Vgl. Schumann, M./Mertens, P. (1990b), S. 59.

sis der Unternehmensebenen oder direkt für das Gesamtunternehmen abgeleitet werden.[284]

Ebene	Verfahren zur Wirkungserfassung und -bewertung
Arbeitsplatzebene	Einfache Kosten-Nutzen-Analyse
	Analyse von Zeiteinsparungen
	Hedonistisches Verfahren
Bereichs- bzw. Abteilungsebene	Prozessorientiertes Vorgehen
	Analyse von Nutzeffektketten
Unternehmensebene	Auswirkungen von Kenngrößen
	Analyse von Nutzeffektketten
Zwischenbetriebliche bzw. Kooperationsebene	Analyse von Nutzeffektketten

Quelle: Schumann, M./Linß, H. (1993), S. 86.

Abbildung 10: Verfahren zur Erhebung von Wirkungen

Der Vorteil des Ebenenansatzes bei der Wirkungserfassung besteht in der vollständigen und systematischen Aufnahme sowohl der direkten als auch der indirekten Nutzeffekte auf allen Unternehmensebenen.[285] Zur weiteren Erleichterung insbesondere der Nutzeffekt-Erfassung, werden im Rahmen des Ebenenansatzes für die einzelnen Ebenen verschiedene Verfahren vorgeschlagen, die Erfassungs- und Bewertungsansätze integrieren (vgl. Abbildung 10).

Der Ebenenansatz ist also ein Rahmenkonzept, das sowohl die Wirkungserhebung als auch eine darauf aufbauende Wirkungsbewertung und -darstellung unterstützt. Durch die Verwendung verschiedener Verfahren auf den unterschiedlichen Ebenen können die verschiedenen Arten der Nutzeffekte individuell bewertet werden.[286]

3.3.2 Erfassungs- und Bewertungsverfahren im Ebenenansatz

Der Ebenenansatz nennt sechs verschiedene Erfassungs- und Bewertungsverfahren, die auf den unterschiedlichen Ebenen zum Einsatz kommen können.

---

[284] Zu den unterschiedlichen Vorgehensweisen bezüglich der Kostenerfassung vgl. Schumann, M./Linß, H. (1993), S. 77ff ;Schumann, M./Mertens, P. (1990b), S. 59.

[285] Vgl. Schumann, M./Linß, H. (1993), S. 79.

[286] Vgl. Schumann, M./Linß, H. (1993), S. 79f.

Der Großteil der Verfahren fokussiert dabei auf die Erfassung der Nutzeffekte. Die Kosten der Anwendungen werden lediglich bei der einfachen Kosten-Nutzen-Analyse konkret mit einbezogen. Die einzelnen Verfahren werden in den folgenden Abschnitten vorgestellt.

3.3.2.1 Einfache Kosten-Nutzen-Analyse

Bei der einfachen Kosten-Nutzen-Analyse werden die laufenden Kosten einer neuen Anwendung den durch die Anwendung hervorgerufenen Einsparungen gegenübergestellt. Im Rahmen der Erfassung werden allerdings nur die direkten Effekte und monetarisierbaren Wirkungen berücksichtigt. Indirekte Wirkungen, qualitative Nutzeffekte und Integrationswirkungen (durch die Verknüpfung der Anwendung mit anderen Anwendungen) bleiben unberücksichtigt.[287] Deswegen ist die einfache Kosten-Nutzen-Analyse nur für die Analyse von Wirkungen auf isolierte Einsatzbereiche, z.B. einen Arbeitsplatz, geeignet. Es können lediglich Veränderungen von Einzeltätigkeiten aufgezeigt und analysiert werden.

3.3.2.2 Analyse von Zeiteinsparungen

Einer der Hauptgründe für die Einführung neuer Informations- und Kommunikations-Technologien liegt in der Erwartung von Arbeitsproduktivitätssteigerungen, also von Zeiteinsparungen an einzelnen Arbeitsplätzen.

Ein Modell zur Analyse der Zeiteinsparungen ist das Time-Savings-Times-Salary Verfahren von Sassone.[288] Dabei werden die Zeit-Einsparungen abgeschätzt, die durch neue Anwendungen bei einzelnen Tätigkeiten auftreten. Konkret werden folgende Schritte vorgenommen: Zu Beginn der Analyse werden die Mitarbeiter zu Mitarbeitergruppen (z.B. Fachkräfte, Führungskräfte) zusammengefasst. Für jede dieser Gruppen werden Aufgabenklassen und deren Zeitanteile identifiziert. Im Anschluss daran werden die Arbeitsinhalte ermittelt, die durch die neue Technologie unterstützt werden können und das dadurch entstehende Einsparpotenzial abgeschätzt. Am Ende der Analyse werden die Einsparpotenziale bei den Arbeitsinhalten für die einzelnen Mitarbeitergruppen addiert und die Gesamteinsparungen anhand der Personalkosten bewertet und somit monetarisiert.[289] Diesem Nutzeffekt sind dann die

---

[287] Vgl. Schumann, M. (1992a), S.170.

[288] Vgl. Stickel, E. (1992), S. 746.

[289] Vgl. Schumann, M./Linß, H. (1993), S. 81f.

Kosten der Anwendung gegenüber zu stellen, wobei allerdings zu beachten ist, dass das Modell von eventuell notwendigen Anlernzeiten abstrahiert und damit Verzögerungen im Arbeitsablauf unberücksichtigt lässt.[290] Abbildung 11 zeigt den Ablauf des Time-Saving-Time-Salary-Verfahrens noch einmal im Überblick.

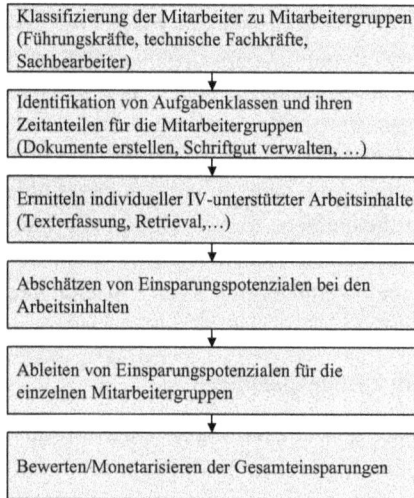

```
┌─────────────────────────────────────────────────┐
│ Klassifizierung der Mitarbeiter zu Mitarbeitergruppen │
│ (Führungskräfte, technische Fachkräfte,          │
│ Sachbearbeiter)                                  │
└─────────────────────────────────────────────────┘
                        ↓
┌─────────────────────────────────────────────────┐
│ Identifikation von Aufgabenklassen und ihren     │
│ Zeitanteilen für die Mitarbeitergruppen          │
│ (Dokumente erstellen, Schriftgut verwalten, ...) │
└─────────────────────────────────────────────────┘
                        ↓
┌─────────────────────────────────────────────────┐
│ Ermitteln individueller IV-unterstützter Arbeitsinhalte │
│ (Texterfassung, Retrieval,...)                   │
└─────────────────────────────────────────────────┘
                        ↓
┌─────────────────────────────────────────────────┐
│ Abschätzen von Einsparungspotenzialen bei den    │
│ Arbeitsinhalten                                  │
└─────────────────────────────────────────────────┘
                        ↓
┌─────────────────────────────────────────────────┐
│ Ableiten von Einsparungspotenzialen für die      │
│ einzelnen Mitarbeitergruppen                     │
└─────────────────────────────────────────────────┘
                        ↓
┌─────────────────────────────────────────────────┐
│ Bewerten/Monetarisieren der Gesamteinsparungen   │
└─────────────────────────────────────────────────┘
```

Quelle: Schumann, M./Linß, H. (1993), S. 82.

Abbildung 11: Time-Saving-Time-Salary-Verfahren

3.3.2.3 Hedonistisches Verfahren

Neben dem Vernachlässigen von Anlernzeiten ist das Nichterfassen von Veränderungen innerhalb von Tätigkeitsprofilen ein weiterer Nachteil der Time-Saving-Time-Salary Methode ist. Beispielsweise ist denkbar, dass die eingesparte Zeit für höherwertigere Aufgaben verwendet wird. Diese qualitativen Veränderungen am einzelnen Arbeitsplatz werden beim sogenannten „Hedonistischen Verfahren" berücksichtigt.

Das Vorgehen beim hedonistischen Verfahren ähnelt dem der Time-Saving Time-Salary Methode. Zu Beginn der Analyse werden die Mitarbeiter bestimmten Arbeitsplatztypen zugeordnet, für welche die typischen Arbeitsinhalte, deren Zeitbedarf und das Einsparpotenzial abgeschätzt werden. Der Un-

---

[290] Vgl. Schumann, M. (1992a), S. 179f.

terschied besteht lediglich in der Bewertung der Zeiteinsparungen. Während bei der Time-Saving Time-Salary Methode die Zeiteinsparungen mit den Personalkosten bewertet werden, ermittelt das hedonistische Verfahren Knappheitspreise für die einzelnen Aufgabenarten. Grundlegende Annahme für die Bewertung anhand von Knappheitspreisen ist, dass Zeit für höherwertige Aufgaben eine knappe Ressource ist. Steht mehr Zeit für höherwertige Aufgaben zur Verfügung, sinken deren Knappheitspreise. Bewertet man das Aufgabenspektrum der Mitarbeiter vor und nach der Einführung der neuen Technologie mit den Knappheitspreisen, so werden die realisierbaren Nutzenpotenziale deutlich.[291]

3.3.2.4 Prozessorientiertes Vorgehen

Auf der Bereichs- und Abteilungsebene werden die Auswirkungen auf arbeitsplatzübergreifende Tätigkeitsketten untersucht. Dabei kommt unter anderem das prozessorientierte Vorgehen zum Einsatz, bei dem relevante Prozesse[292], die sich durch die Technologieeinführung verändern, untersucht werden. Dazu werden die Prozessketten vor und nach Einführung der neuen Technologie gegenüber gestellt und anhand von Zeit- und Mengengerüsten miteinander verglichen, wodurch Wirkungszusammenhänge und Ablaufstrukturveränderungen sichtbar gemacht werden.[293]

Im Detail läuft das prozessorientierte Vorgehen folgendermaßen ab: Zu Beginn der Analyse werden die relevanten Einzelprozesse, in denen Nutzeffekte auftreten, identifiziert, abgegrenzt und die dazu gehörigen Daten (v.a. Zeit- und Mengenangaben) zusammengestellt. Um den Aufwand der Prozessanalyse gering zu halten, sollte auf bereits existierende Daten zurück gegriffen werden. Liegen solche Daten nicht vor, so werden die Arbeitsabläufe von relevanten Prozessen beobachtet und deren Vorgänge stichprobenartig ausgewertet.

---

[291] Vgl. Schumann, M./Linß, H. (1993), S. 82f. Zum Vorgehen bei der Ermittlung von Knappheitspreisen vgl. Schumann, M. (1992a), S. 187f; Sassone, G.P. (1986a); Sassone, G.P. (1986b).

[292] Ein Prozess stellt den zeitlichen Ablauf aufeinander folgender Vorgänge dar. Ein Vorgang ist dabei eine in sich abgeschlossene Tätigkeit mit einem Teilergebnis. Dieses Teilergebnis wird von den nachgelagerten Vorgängen des Prozesses benötigt. Vgl. Retter, G. (1996), S. 106.

[293] Vgl. Schumann, M. (1992b), S. 170; Retter, G. (1996), S. 91f.

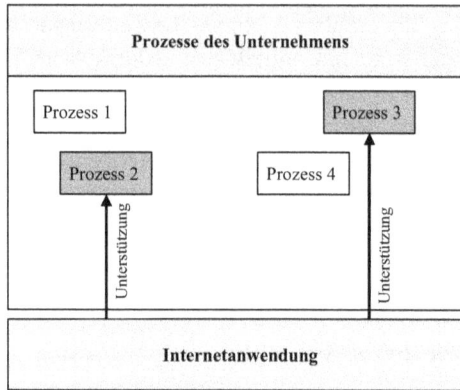

Quelle: in Anlehnung an Retter, G. (1996), S. 105.

Abbildung 12: Identifikation der relevanten Prozesse

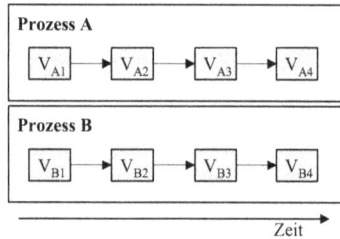

Legende:
V_{Ai} =   Vorgang i des Prozesses A
——▶   Teilergebnis

Quelle: Retter, G. (1996), S. 106.

Abbildung 13: Darstellung von Prozessketten

Aufbauend auf den bestehenden Prozessen werden die Veränderungen analysiert, die durch die neue Technologie hervorgerufen werden. Abhängig vom Umfang der Veränderungen können diese entweder in der bestehenden Tätigkeitsfolge deutlich gemacht werden oder es müssen neue Prozessketten aufgestellt werden. Entstehen gänzlich neue Prozesse, so müssen diese den alten Prozessen gegenübergestellt und mit diesen verglichen werden. Beim Vergleich der Prozesse vor und nach Einführung der Technologie können vier

Arten von Veränderungen festgestellt werden. Es wird unterschieden zwischen:[294]

• Tätigkeiten mit veränderten Ablaufzeiten oder veränderten Ausbringungsmengen,

• wegfallenden Tätigkeiten,

• neu hinzukommenden Tätigkeiten und

• unveränderten Tätigkeiten.

Für die Analyse der Wirtschaftlichkeit sind lediglich die ersten drei Kategorien relevant, für die dann sowohl die hervorgerufenen Einsparungen als auch der zusätzliche Aufwand zu bestimmen sind. Als Maßgröße können z.b. zeitliche Veränderungen dienen, die dann am Ende der Analyse mit Kostensätzen monetarisiert werden.[295] Abbildung 14 stellt den Ablauf der Prozessanalyse schematisch dar.

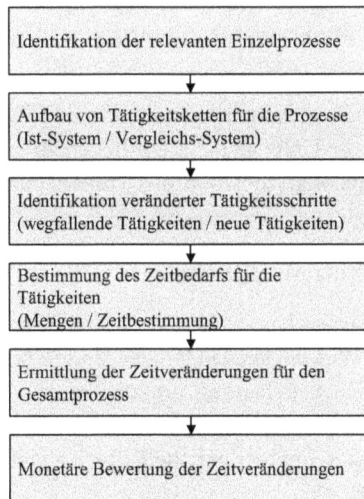

Quelle: in Anlehnung an Schumann , M. (1992), S. 199.

Abbildung 14: Vorgehensweise Prozessanalyse

---

[294] Vgl. Schumann, M. (1992a), S. 203.

[295] Vgl. Schumann, M. (1992a), S. 198ff.

97

Für Prozessanalysen, die im Rahmen der Wirtschaftlichkeitsbeurteilung von Investitionsprojekten durchgeführt werden, wird zusätzlich die Durchführung einer Szenarioanalyse bei der Abschätzung der zeitlichen/mengenmäßigen Veränderungen vorgeschlagen. Auf eine solche Analyse kann im Rahmen dieser Untersuchung verzichtet werden, da bereits vorliegende Wirkungen erfasst werden sollen. Eine Reduktion der Unsicherheit durch Sensitivitäts-analysen ist in dieser Untersuchung nicht notwendig.[296]

3.3.2.5 Auswirkungen von Kenngrößen

Wettbewerbswirkungen auf Unternehmensebene können beurteilt werden, indem Kenngrößen auf ihre Veränderung durch die neue Technologie hin un-tersucht werden. Dabei müssen die Kenngrößen Beziehungen zu den Beschaf-fungs- und Absatzmärkten des Unternehmens haben, wie z.b. die Auftrags-durchlaufzeit oder Produktqualität. Geeignete Kennzahlen lassen sich bei-spielsweise aus den kritischen Erfolgsfaktoren der Unternehmen ableiten. In einem zweiten Schritt wird von der Veränderung der Kenngrößen auf die Veränderung von z.B. Marktanteil oder Umsatz des Unternehmens geschlos-sen.

Der Vorteil der Analyse von Kenngrößen liegt in der Möglichkeit das Verhal-ten der Konkurrenz in die Untersuchung einfließen zu lassen. Außerdem wird untersucht, wie sich die Marktposition des Unternehmens entwickelt, wenn die neue Technologie nicht eingesetzt wird.[297]

3.3.2.6 Analyse von Nutzeffektketten

Ein an die Prozesskettenanalyse angelehntes Verfahren ist die Analyse von Nutzeffektketten oder Wirkungsketten.[298] Der Vorteil bei letzterem Verfahren besteht in der zusätzlichen Erfassung prozessübergreifender Effekte.[299] Da-durch können anhand der Wirkungsketten bereichsübergreifende, unterneh-mensweite und sogar zwischenbetriebliche Effekte abgebildet werden.[300]

---

[296] Vgl. Schumann, M. (1992a), S. 199.

[297] Vgl. Schumann, M./Linß, H. (1993), S. 83ff.

[298] Die Begriffe Nutzeffektketten und Wirkungsketten werden in dieser Arbeit synonym verwendet. In Nutzeffektketten werden lediglich die Nutzeffekte dargestellt. Die Kosten der Anwendungen werden getrennt erfasst.

[299] Vgl. Linß, H. (1995), S. 54.

[300] Vgl. Schumann, M./Linß, H. (1993), S. 83.

Primäre Aufgabe von Wirkungsketten ist es, die Nutzeffekte vollständig und strukturiert zu erfassen und abzubilden. Wirkungsketten beschreiben sowohl direkte als auch indirekte Nutzeffekte und zeigen Ursache-Wirkungsbeziehungen bzw. Abhängigkeiten zwischen diesen auf.[301] Die abgebildeten Effekte können sowohl quantitativer als auch qualitativer Art sein. In einem zweiten Schritt kann eine Quantifizierung der Nutzeffekte vorgenommen werden, welche durch die übersichtliche Darstellung in Wirkungsketten erleichtert wird.

Um Wirkungsketten zu modellieren, muss zuerst der Ort der direkten Wirkung der neuen Technologie ausgemacht werden. Dazu werden der Einsatzort der neuen Technologie untersucht und die sich verändernden Tätigkeiten identifiziert. Da Informations- und Kommunikationstechnologien die Abläufe innerhalb eines Unternehmens unterstützen, kann die Lokalisierung der direkten Effekte erleichtert werden, indem die betroffenen Abläufe anhand der Prozesskettendarstellung verdeutlicht werden. In der Prozesskettendarstellung werden, wie in Abschnitt 3.3.2.4 beschrieben, die Abläufe in einzelne Tätigkeitsfolgen zerlegt. Auf Basis der Tätigkeitsfolgen können die direkten Effekte der neuen Anwendung genau lokalisiert werden.

Ausgehend von den direkten Nutzeffekten werden die Wirkungsketten abgeleitet. Dazu müssen die Wirkungen der direkten Nutzeffekte verfolgt werden, wobei verschiedene Wirkungsrichtungen zu unterscheiden sind. Einerseits können durch den direkten Effekt Wirkungen innerhalb desselben Prozesses und zwar bei nachfolgenden oder bei vorangehenden Tätigkeiten auftreten. Ein Beispiel dafür ist, wenn durch den Interneteinsatz qualitativ bessere Informationen vorliegen, so dass die darauf basierenden Entscheidungen schneller getroffen werden können.[302]

Darüber hinaus kann sich ein direkter Effekt aber auch auf andere Prozesse innerhalb des Unternehmens auswirken. Dies erfolgt meist bei benachbarten Prozessen innerhalb einer Organisationseinheit. Um diese Nutzeffekte zu erfassen, wird die Prozesskettendarstellung um die Organisationseinheiten und benachbarte Prozesse erweitert und daran die Auswirkungen des direkten Effekts auf andere Prozesse sichtbar gemacht. Zur Erfassung der zwischenbetrieblichen Effekte wird die Prozesskettendarstellung darüber hinaus um zwi-

---

[301] Vgl. Schumann, M./Mertens, P. (1990a), S. 65f.

[302] Die hier erfassten Effekte entsprechen den Tätigkeiten mit veränderten Zeiten oder Mengen beim prozessorientierten Vorgehen.

schenbetriebliche Abläufe erweitert. Ein Beispiel für einen indirekten Effekt in einem anderen Prozess sind Zeiteinsparungen durch den Einsatz des Internet in der Marktforschung. Wird diese Zeit für andere Tätigkeiten verwendet, entsteht in dem anderen Prozess ein indirekter Effekt.

Eine weitere Übertragung der Wirkungen kann mit dem Informationsfluss im Unternehmen erfolgen. Das Vorgehen der Erfassung dieser Wirkungen entspricht dem innerhalb von Prozessen, weshalb an dieser Stellen nicht detailliert darauf eingegangen wird.[303]

Unabhängig von der Art der Übertragung werden alle direkten und indirekten Nutzeffekte einer Anwendung in einer Wirkungskette zusammengefasst, um eine vollständige und übersichtliche Darstellung der Wirkungen zu erhalten. In Kombination mit der 4-Ebenen-Darstellung werden so auch hierarchische Beziehungen zwischen den einzelnen Effekten deutlich.[304] Darauf aufbauend können die Nutzeffekte in einem zweiten Schritt teilweise quantifiziert werden. Dazu werden die qualitativen Nutzeffekte schrittweise über indirekte Einflussgrößen mit Mengen- oder Wertansätzen versehen.[305]

3.3.3 Eignung des 4-Ebenenansatzes

In Kapitel 3.2 wurden Anforderungen an das im Rahmen dieser Arbeit zu verwendende Wirkungsmodell definiert. Nachdem in den vorangegangenen Abschnitten das 4-Ebenen-Modell von Schumann vorgestellt wurde, wird im Folgenden hier jetzt die Eignung des Modells für den Einsatz in dieser Untersuchung überprüft.

3.3.3.1 Eignung für die Erfassung der Wirkungen

Die Hauptanforderung an das Wirkungsmodell ist die umfassende und vollständige Erfassung aller relevanten Wirkungen des Interneteinsatzes. Diese Anforderung wird von dem 4-Ebenen-Modell von Schumann erfüllt. Aufgrund der ebenenorientierten Betrachtung des Unternehmens und der Kombination der verschiedenen Erfassungs- und Bewertungsverfahren ist sicher gestellt, dass alle Wirkungen, und zwar sowohl auf Kosten- wie auch auf Nutzenseite erfasst werden. Auch die indirekten Nutzeffekte (Analyse von Wirkungsketten), die qualitativen Nutzeffekte und die Veränderungen in der Auf-

---

[303] Vgl. Retter, G. (1996), S. 98ff.

[304] Vgl. Linß, H. (1995), S.38.

[305] Vgl. Schumann, M./Linß, H. (1993), S. 83; Kurbel, K./Teuteberg, F. (1999), S. 117.

bau- und Ablauforganisation (prozessorientiertes Vorgehen) können mit diesem Modell einfach berücksichtigt werden. Durch die Integration der vierten Ebene werden auch die zwischenbetrieblichen Auswirkungen erfasst, die durch den Einsatz des Internet hervorgerufen werden.

Weiterhin ist das 4-Ebenen-Modell klar strukturiert und einfach verständlich und kann problemlos dem Interviewleitfaden zugrunde gelegt werden. Auch die Vermittlung im Rahmen der Interviews ist einfach zu gestalten, so dass die Interviewpartner bei der Identifikation und Benennung der Wirkungen optimal unterstützt werden können.

3.3.3.2 Eignung für die Bewertung und Darstellung der Wirkungen

Auch bei der Bewertung der Nutzeffekte bietet das 4-Ebenen-Modell die notwendige Unterstützung. Die verschiedenen vorgestellten Ansätze, vor allem die Analyse von Zeiteinsparungen, das prozessorientierte Vorgehen und die Analyse von Wirkungsketten sind vergleichsweise einfach aufgebaut und liefern gute methodische Hinweise für die Monetarisierung. Die in diesen Methoden verwendeten Monetarisierungsansätze sind derart gestaltet, dass sie im Rahmen der Interviews einfach zur Unterstützung der Interviewpartner eingesetzt werden können.

Für die nicht-quantifizierbaren, qualitativen Nutzeffekte muss das Wirkungsmodell eine übersichtliche und einfach nachvollziehbare Darstellungsweise bieten, um diese in die Beurteilung einfließen zu lassen. Auch diese Forderung ist im Rahmen des 4-Ebenen-Ansatzes – insbesondere durch die Verwendung des Wirkungskettenansatzes – erfüllt. Die Wirkungsketten ermöglichen darüber hinaus eine teilweise Quantifizierung/Monetarisierung, soweit die Nutzeffekte es zulassen. Außerdem werden bei der Darstellung anhand von Wirkungsketten Abhängigkeiten und Zusammenhänge zwischen den Nutzeffekten deutlich. Überschneidungen und Doppelnennungen werden vermieden. Zusätzlich verbinden die Wirkungsketten die verschiedenen, betrachteten Ebenen und lassen arbeitsplatz- bzw. bereichs- und unternehmensübergreifende Aussagen über direkte und indirekte Wirkungen zu.

Ein weiterer Vorteil der Nutzeffektketten liegt in der Möglichkeit der unternehmensübergreifenden Aggregation der Wirkungen. Dazu werden die unternehmensindividuellen Wirkungsketten in einer Abbildung zu den branchenweiten Ergebnissen zusammengefasst. Diese Wirkungsketten stellen dann die Summe aller durch eine Anwendung realisierten Nutzeffekte dar und sind Basis des branchenübergreifenden Vergleichs.

Lediglich bei der Abgrenzung der Kosten bietet der 4-Ebenen-Ansatz keine Unterstützung. Für Anwendungen, die mehreren Zwecken dienen, muss eine geeignete Vorgehensweise zur Kostenabgrenzung entwickelt und der 4-Ebenen-Ansatz um dieses Verfahren erweitert werden.

3.3.3.3 Eignung zur Beurteilung der Wirkungen

Das 4-Ebenen-Modell von Schumann enthält keine Regel zur abschließenden Beurteilung der Wirtschaftlichkeit. Deswegen muss es um zusätzliche Beurteilungsmethoden ergänzt werden. Eine Möglichkeit dazu wäre die Integration der klassischen Investitionsrechenverfahren. Da jedoch im Rahmen des Interneteinsatzes nicht alle Wirkungen monetarisiert werden können, ist die Verwendung dieser Verfahren nicht empfehlenswert. Stattdessen muss ein Beurteilungsverfahren gefunden werden, das die Berücksichtigung der qualitativen Nutzeffekte erlaubt. In diesem Verfahren muss es möglich sein, die monetären Kosten und Nutzen gegenüber zu stellen und die verbleibenden qualitativen Effekte mit in die Entscheidung einzubeziehen. Das 4-Ebenen-Modell liefert mit der Wirkungskettendarstellung und der Unterstützung bei der Quantifizierung gute Voraussetzungen für diese Vorgehensweise. Es muss allerdings um Aggregationsvorschriften (für die monetären Auswirkungen) und um eine Entscheidungsregel ergänzt werden.

3.4 Wirkungsmodell zur Erfassung der Auswirkungen des Interneteinsatzes

Die Ausführungen in Abschnitt 3.2 und 3.3 belegen die Eignung des 4-Ebenen-Modells von Schumann für diese Untersuchung. Als Rahmenkonzept liefert es einen einfachen, passenden Analyserahmen für die Fallstudien und vor allem für die Interviews. Außerdem bietet es auch die notwendige Flexibilität, um Anpassungen an die individuelle Fragestellung vorzunehmen. Von den sechs vorgeschlagenen Konzepten werden bei der Ausgestaltung des Wirkungsmodells hauptsächlich das prozessorientierte Vorgehen, die Analyse von Nutzeffektketten und die Analyse von Zeiteinsparungen eingesetzt. Die drei anderen Konzepte finden in dieser Untersuchung aus verschiedenen Gründen keine bzw. nur eingeschränkte Verwendung. So liefert die einfache Kosten-Nutzen-Analyse kein unterstützendes Bewertungsinstrumentarium. Die Analyse von Kenngrößen ist nicht geeignet, weil die Ermittlung der unternehmensspezifischen Kenngrößen nicht praktikabel erfolgen kann. Außerdem würden unternehmensindividuelle Kenngrößen die branchenweite Auswertung der Ergebnisse erschweren. Das hedonistische Vorgehen ist nur teilweise für diese Untersuchung anwendbar. Im ursprünglichen Sinn ist es für den hier gewählten Forschungsansatz zu kompliziert, da es im Rahmen der Interviews ebenfalls nicht möglich ist, die Knappheitspreise verschiedener Mitarbeitergruppen zu ermitteln. Allerdings kann der Interviewer in Kenntnis des hedonistischen Verfahrens Veränderungen in der Tätigkeitsstruktur erfassen und diese dann zumindest qualitativ in die Bewertung einfließen lassen.

Neben der Auswahl der verschiedenen Konzepte muss das Modell an einigen Stellen insbesondere bei der Beurteilung der Wirkungen um einzelne Aspekte erweitert werden, was jedoch aufgrund der hohen Flexibilität des Ansatzes problemlos möglich ist. Die konkrete Ausgestaltung des Wirkungsmodells, die in dieser Arbeit zum Einsatz kommt, wird im Folgenden vorgestellt.

3.4.1 Erfassung der Wirkungen des Interneteinsatzes

Im Rahmen dieser Untersuchung werden die Auswirkungen des Interneteinsatzes in mehreren verschiedenen Unternehmen erfasst. Erhebungsmethode sind teilstrukturierte Interviews, bei denen zwar ein Interviewleitfaden zugrunde liegt, der Interviewer jedoch den Ausführungen des Interviewten folgt. Der Leitfaden dient lediglich der groben Strukturierung der Interviews.

Hauptziel der Befragung ist die Erfassung von Kosten und Nutzen der verschiedenen Internetinstrumente und der Hindernisse des Interneteinsatzes. Dazu müssen in einem ersten Schritt zuerst die zum Einsatz kommenden Instrumente ermittelt werden. Basis dafür sind die in Kapitel 2 vorgestellten Instrumente in den fünf Bereichen des operativen Marketing (Marktforschung, Kommunikations-, Preis-, Produkt- und Distributionspolitik). Die Unternehmensvertreter werden systematisch nach den in den einzelnen Bereichen zur Anwendung kommenden Instrumenten befragt.

Auf Basis der Informationen über die zum Einsatz kommenden Anwendungen werden anschließend deren Wirkungen auf das Unternehmen (und eventuell auf die Kundenunternehmen) untersucht. Zuerst werden die durch die Anwendung hervorgerufenen Kosten und zwar sowohl für die Inbetriebnahme als auch während des Betriebs (laufende Kosten) erfasst.

Für die Erfassung der Nutzeffekte wird das 4-Ebenen-Modell von Schumann herangezogen. Für jedes Unternehmen wird eine Matrix aus den zum Einsatz kommenden Instrumenten und den vier Unternehmensebenen gebildet. Diese Matrix bildet den Analyserahmen für die Erfassung der Nutzeffekte. Anhand der Matrix werden für alle Instrumente die Nutzeffekte auf den vier Unternehmensebenen systematisch erfragt und abgetragen. Auf der Arbeitsplatzebene werden dabei alle direkten Effekte, die an einzelnen Arbeitsplätzen, v.a. den Arbeitsplätzen von Export- und Marketingmanagern anfallen, abgebildet. Auf der Bereichsebene werden die indirekten Auswirkungen auf die Prozesse im Marketing- und Export-Bereich erfasst. Effekte, die nicht mehr einzelnen Bereichen zugeordnet werden können, sondern das Unternehmen insgesamt betreffen, wie beispielsweise Wettbewerbswirkungen, werden auf der Unternehmensebene dargestellt. Schwieriger gestaltet sich die Abgrenzung zur zwischenbetrieblichen Ebene, da hier auch Nutzeffekte anfallen, die dem Gesamtunternehmen zugute kommen, wie z.B. Umsatzsteigerungen. Als Abgrenzungskriterium kommt deswegen die Zielrichtung der Anwendungen zum Tragen. Auf der zwischenbetrieblichen Ebene werden die Effekte der Anwendungen abgebildet, die auf die Kunden ausgerichtet sind und letztendlich wieder dem Unternehmen zugute kommen. Abbildung 15 zeigt exemplarisch eine solche Matrix.

Wirkungsebenen		Anwendung 1	Anwendung 2	Extranet	Anwendung 4	Anwendung 5	Anwendung 6
	Kooperationsebene			*Verbesserung Kundenservice*			
	Unternehmensebene			*Verkürzung Lieferzeit*			
	Bereichsebene			*höherwertige Tätigkeiten*			
	Arbeitsplatzebene			*Einsparung Arbeitszeit*			
		Anwendung 1	Anwendung 2	*Extranet*	Anwendung 4	Anwendung 5	Anwendung 6
		Marktforschung		**Distributions-politik**		**Kommunikations-politik**	
		Verwendete Internet-Instrumente					

Abbildung 15: Matrix Wirkungserfassung

In jedem Interview muss die Anwendungs-Seite der Matrix individuell mit den im Unternehmen verwendeten Instrumenten befüllt werden. Somit entsteht für jedes der befragten Unternehmen eine unternehmensindividuelle Matrix der Internetauswirkungen.

Neben der Matrix werden bei der Nutzeffekterfassung weiterhin die verschiedenen Konzepte der Wirkungserfassung und –bewertung zugrunde gelegt. Dabei kommen vor allem das prozessorientierte Vorgehen und die Analyse von Nutzeffektketten zur Anwendung. In Kenntnis dieser Konzepte unterstützt der Interviewer die Erfassung der indirekten Nutzeffekte. Er kann ausgehend von einem direkten Nutzeffekt, der im Interview genannt wird, bewusst nach weiteren Effekten innerhalb desselben Prozesses oder in anderen Prozessen fragen.

Da die detaillierte Erläuterung sowohl des 4-Ebenen-Ansatzes als auch der Konzepte im Rahmen der Interviews unmöglich ist, werden die wichtigsten Aspekte in den Interviewleitfaden eingearbeitet. Beispielsweise werden bei der Frage nach den Nutzeffekten die verschiedenen Unternehmensebenen mit eingeflochten und so die Effekte anhand der einzelnen Ebenen abgefragt. Fragen nach Veränderungen in den Prozessen und Abläufen des Unternehmens sollen Hinweise auf indirekte Wirkungen geben.

Der Vorteil der oben beschriebenen Vorgehensweise besteht in der vollständigen und systematischen Erfassung aller Wirkungen, vor allem der Nutzeffekte. Außerdem erleichtert die Verwendung des prozessorientierten Vorgehens und der Analyse von Nutzeffektketten die Einordnung der genannten Nutzeffekte und die Erfassung der Ursache-Wirkungsbeziehungen. Anhand der Matrix können die Ergebnisse der Interviews übersichtlich eingetragen und die Ursache-Wirkungsbeziehungen als Basis für die spätere Darstellung in Wirkungsketten sichtbar gemacht werden. Ein weiterer Vorteil der gewählten Vorgehensweise besteht darin, dass die Ergebnisse der Interviews so für die unternehmensübergreifende Auswertung in strukturierter und übersichtlicher Form zur Verfügung stehen.

3.4.2 Bewertung der Wirkungen des Interneteinsatzes

Im zweiten Schritt werden die in den Interviews erfassten Wirkungen bewertet. Da die Kosten bereits in monetären Werten vorliegen, ist an dieser Stelle lediglich die Abgrenzung der Kosten der verschiedenen Anwendungen vorzunehmen. Da dies jedoch meist schwierig und in den Interviews kaum zu leisten ist, werden nur die Kosten der Anwendungsbereiche abgegrenzt, die nicht dem Exportmarketing sondern beispielsweise der Pflege der Lieferantenbeziehung dienen. In diesem Fall werden die Nutzungsanteile prozentual erfasst und die Kosten anteilsmäßig auf die verschiedenen Verwendungszwecke aufgeteilt. Dient eine Anwendung mehreren Zielen innerhalb des Exportmarketings, z.B. eine Webseite zu Werbung und Öffentlichkeitsarbeit, so wird keine Abgrenzung durchgeführt. Statt dessen werden die Nutzeffekte der verschieden Zielrichtungen aggregiert und den Gesamtkosten gegenüber gestellt. Diese Vorgehensweise stellt sicher, dass lediglich die Kosten des Exportmarketing erfasst werden, gleichzeitig in den Interviews aber nicht zu viel Zeit auf detaillierte Abgrenzungsfragen verwendet wird.

Auf der Nutzenseite gestaltet sich die Bewertung etwas schwieriger. Jedoch auch hier bieten die verschiedenen Konzepte des Ebenenansatzes ausreichende Unterstützung. Neben dem prozessorientierten Vorgehen und der Analyse von Nutzeffektketten kommt vor allem das Konzept zur Analyse von Zeiteinsparungen zum Einsatz. Anhand der drei Konzepte kann der Interviewer die Bewertung und Monetarisierung innerhalb der Interviews wirkungsvoll unterstützen. So kann bei Veränderungen an einzelnen Arbeitsplätzen nach konkreten Zeiteinsparungen und den dazu gehörigen Kostensätzen gefragt werden. Innerhalb von Prozessen oder bei prozessübergreifenden Wirkungen können durch die herausgearbeiteten Ursache-Wirkungsbeziehungen auch die indirekten Effekte, beispielsweise über Näherungskonzepte, quantifiziert bzw. monetarisiert werden.

Trotz der Unterstützung durch die drei Konzepte kann eine vollständige Monetarisierung in vielen Fällen nicht geleistet werden, nicht zuletzt, weil auch die Unternehmensvertreter nicht über alle notwendigen Daten verfügen. Deswegen wird im Rahmen dieser Untersuchung keine vollständige Monetarisierung aller Nutzeffekte angestrebt. Um trotzdem eine Aussage zur Wirtschaftlichkeit der Internetanwendungen treffen zu können, ist es notwendig, die Nutzeffekte übersichtlich und strukturiert darzustellen. Dazu werden Wirkungsketten verwendet. Dies ist die umfassendste aller Darstellungsweisen, da die Darstellung in Wirkungsketten von der Art der Erhebung unabhängig ist. Es können auch Nutzeffekte, die auf Basis des prozessorientierten Vorgehens erfasst wurden, in einer Wirkungskette dargestellt werden. In den Wirkungsketten werden alle Nutzeffekte einer Anwendung, auch die monetarisierten und negativen, übersichtlich dargestellt. Bei den monetarisierten Nutzeffekten wird der entsprechende Wert in die Wirkungskette eingetragen. Auf diese Weise erhält man einen Überblick über alle Nutzeffekte. Abbildung 16 zeigt ein Beispiel einer solchen Wirkungskette:

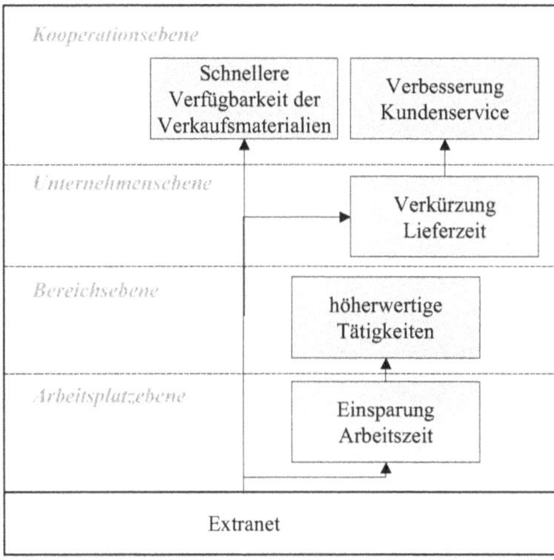

Abbildung 16: Beispiel Wirkungskette

Zur Darstellung der branchenweiten Auswirkungen werden die Wirkungsketten der einzelnen Unternehmen aggregiert. Diese Wirkungsketten stellen dann eine Sammlung der beobachteten Nutzeffekte einer Internetanwendung dar. Außerdem ist es eine Sammlung der potenziell möglichen Nutzeffekte einer Anwendung. Dies muss bei der Präsentation der Ergebnisse deutlich gemacht werden. Für kein Unternehmen wird es möglich sein, alle diese Nutzeffekte gleichzeitig zu realisieren, da Nutzeffekte immer unternehmensindividuell sind und von der jeweiligen Art der Verwendung der neuen Technologie abhängen.

3.4.3 Beurteilung der Wirtschaftlichkeit

Da nicht alle Wirkungen des Interneteinsatzes monetarisiert werden können, ist auch die Verwendung von Vergleichsrechnungen, unabhängig ob statischer oder dynamischer Natur, unmöglich. Aussagen über die Wirtschaftlichkeit können im Rahmen dieser Untersuchung nur abgeschätzt werden.

Bei der Abschätzung wird folgendes Vorgehen gewählt: Die monetären Nutzeffekte einer Anwendung werden aggregiert[306] und den seit der Einführung der Anwendung angefallenen Gesamtkosten der Anwendung gegenüber gestellt. Diese Vorgehensweise ist im Zusammenhang mit dem Interneteinsatz

---

[306] Negative Auswirkungen im Sinne von Nutzenschmälerungen (nicht Kosten!) werden dabei auf der Seite der Nutzeffekte zum Abzug gebracht.

möglich, da es sich beim Internet vor allem in Entwicklungs- und Schwellenländern um ein relativ neues Instrument handelt, so dass eine Diskontierung der einzelnen Nutzen- und Kostengrößen nicht notwendig ist.

Die Differenz von Kosten und Nutzen erlaubt eine erste Aussage bezüglich der Wirtschaftlichkeit. Dabei sind drei Fälle zu unterscheiden, für die nachfolgende Entscheidungsregeln gelten sollen: Übersteigen die monetären Nutzeffekte die Kosten, so ist die Anwendung auf jeden Fall wirtschaftlich. Selbiges gilt auch für den Fall, dass Kosten und monetärer Nutzen genau gleich hoch sind. Da in diesem Fall noch die qualitativen und nicht-monetär quantitativen Nutzeffekte hinzukommen, ist der Gesamtnutzen auf jeden Fall höher als die Kosten. Sind die monetären Nutzeffekte hingegen geringer als die Kosten, so ist die Höhe der qualitativen Auswirkungen entscheidend. Es muss abgeschätzt werden, ob die Summe der nicht-monetären Effekte größer oder geringer ist als die Differenz der monetären Werte. Übersteigt die (geschätzte) Summe der Nutzeffekte die Kosten deutlich, so kann von einer Wirtschaftlichkeit der Anwendung ausgegangen werden. Ist die Summe der qualitativen, nicht-monetären Nutzeffekte eher gering einzuschätzen, so ist die Wirtschaftlichkeit der Anwendung fraglich. Insbesondere in den nicht-eindeutigen Fällen wird die Einschätzung der Unternehmensvertreter als Kriterium herangezogen. Abbildung 17 verdeutlicht die Entscheidungsregel.

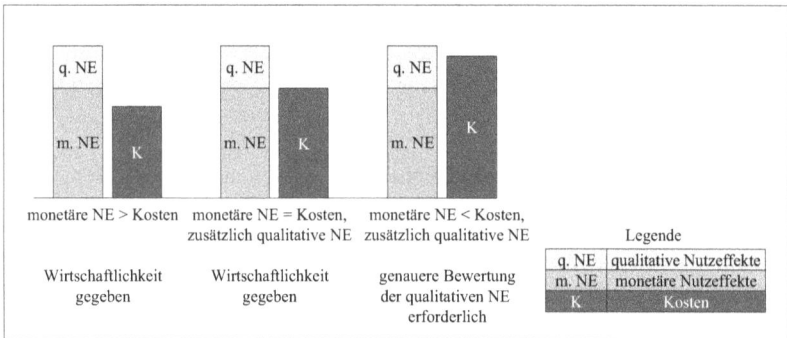

Abbildung 17: Entscheidungsregel zur Beurteilung der Wirtschaftlichkeit

Wichtig für die Abschätzung der Wirtschaftlichkeit ist, dass die unternehmensindividuellen Wirkungsketten als Grundlage verwendet werden. Die Entscheidung über die Wirtschaftlichkeit muss auf Unternehmensebene gefällt werden. Eine branchenweite Aussage zur Wirtschaftlichkeit kann im Anschluss daran durch Aggregation der Einzelunternehmensergebnisse getroffen werden.

4 Internetmarketing im chilenischen Weinexport

In diesem Kapitel werden die Ergebnisse der ersten Fallstudie in der chilenischen Weinindustrie vorgestellt. Dazu wird zuerst das methodische Vorgehen konkret dargelegt. Im nächsten Abschnitt werden der internationale Weinmarkt und die chilenische Weinindustrie vorgestellt. Mit der Erläuterung des generellen Exportmarketing wird die Grundlage für die Darstellung der Internetnutzung und deren Auswirkungen gelegt, die im letzten Teil des Kapitels erfolgt.

4.1 Methodik der empirischen Untersuchung

Im Rahmen der Fallstudie in der chilenischen Weinindustrie wurden im Zeitraum von Januar 2002 bis November 2002 insgesamt 57 Interviews durchgeführt, davon 47 mit Vertretern von insgesamt 34 Weingütern und 10 mit Branchenexperten wie Importeuren und Verbandsvertretern. Darüber hinaus wurden eine Webseitenanalyse und eine Visitenkartenanalyse vorgenommen und Veröffentlichungen über die Branche, den internationalen Weinhandel, internationale Statistiken sowie Unternehmensbroschüren analysiert.

Im Detail wurden folgende Untersuchungsschritte vorgenommen: Zu Beginn der empirischen Erhebung wurden in Deutschland 3 einleitende Interviews mit Branchenexperten geführt.[307] Diese Interviews zielten darauf ab, einen ersten Eindruck zu Funktionsweise und Arbeitsabläufen in der Branche allgemein und in Bezug auf die Internetnutzung zu erhalten. Im Anschluss daran wurden auf der ProWein im März 2002 16 Exportmanager chilenischer Weingüter interviewt. Im Mittelpunkt dieser Interviews stand die Frage nach der Internetnutzung in der chilenischen Weinindustrie. Ziel war es, die verwendeten Internetanwendungen im Marketing und die Gründe für die Nichtnutzung in anderen Bereichen zu identifizieren.

Ein weiteres Interview auf der ProWein wurde mit einem Vertreter von Global Wines&Spirits geführt, einem vom kanadischen Alkoholmonopol in Quebec zur effizienten Abwicklung der eigenen Einkäufe gegründeten Internet-Marktplatz. Darüber hinaus ist der Marktplatz allen Interessierten offen, die die Plattform zum internationalen Handel nutzen wollen. Inhalt des Interviews

---

[307] Gesprächspartner waren ein Weinimporteur, eine Agentin, die für chilenische Weingüter arbeitet und ein Marketingberater, der mit der Vermarktung von chilenischem Wein in Deutschland betraut ist.

waren Fragen nach Entwicklungsstand des Marktplatzes, Handelskonzept und Akzeptanz in der Weinindustrie.

Während eines Forschungsaufenthaltes in Chile im Oktober/November 2002 wurden weitere 37 Interviews durchgeführt. Hauptfokus dieser Interviewreihe war die Erfassung der Auswirkungen des Internet-Marketing auf die Export-abläufe in den Unternehmen. Insgesamt wurden Marketing- und Exportmanager und teilweise auch die Internetbeauftragten von 23 Weingütern[308] befragt, wobei v.a. in den größeren Unternehmen mehrere Gespräche mit Verantwortlichen für verschiedene Länder statt fanden.

Im Rahmen der Webseitenanalyse wurden im Oktober/November 2002 die Webseiten von insgesamt 77 Weingütern auf Aspekte des Internet-Marketing hin untersucht. Grundlage der Untersuchung waren die Mitgliederlisten auf den Webseiten der beiden Weinexportverbände in Chile, Chilevid und Viñas de Chile[309], die zum Untersuchungszeitpunkt 36 bzw. 39 Mitglieder umfass-ten. Darüber hinaus wurden die Webseiten von zwei unabhängigen Weingü-tern erfasst. Fand sich in der Mitgliederliste keine Webadresse, so wurde durch Ausprobieren verschiedener Adresskombinationen und mit Hilfe von Suchmaschinen versucht, die Seite ausfindig zu machen. In der Visitenkarten-analyse, die ebenfalls im Oktober/November 2002 stattfand, wurden die Visi-tenkarten der befragten Exportmanager auf Angaben zu E-Mail Adressen und URL Webseite untersucht.

4.2 Internationaler Weinhandel

Der internationale Weinmarkt wird nach wie vor von den traditionellen Weinbauländern Europas dominiert. In den letzten Jahren sind aber auch ver-stärkt die Anbieter der „neuen Welt", zu denen auch Chile zählt, auf dem Weltmarkt aktiv geworden. Im Folgenden werden Struktur und aktuelle Ent-wicklungen im Weltmarkt und in der chilenischen Weinindustrie vorgestellt.

4.2.1 Der Weltmarkt für Wein

Wein ist eines der vielfältigsten Konsumprodukte auf dem Weltmarkt. Der Konsument kann weltweit zwischen mehreren 100.000 verschiedenen Weinen

---

[308] Fünf Unternehmen wurden sowohl auf der ProWein als auch in Chile interviewt.

[309] In Viñas de Chile sind die größeren Weingüter organisiert, bei Chilevid die kleineren. Beide Organisationen bieten ihren Mitgliedern Unterstützung beim Export.

wählen, von denen jeder seine speziellen Eigenheiten, Charakteristika und Aromen hat.[310]

Der Grund für die hohe Variationsbreite liegt in den Eigenschaften des Produktes Wein und in Aufbau und Struktur der Weinindustrie. Wein ist ein Agrarprodukt, das natürlichen Schwankungen unterliegt, und das je nach Rebsorte, Anbaugebiet, Anbau- und Herstellungsmethode unterschiedliche Aromen und Geschmacksrichtungen entwickelt. Haupteinflussfaktoren seitens der Natur sind die Rebsorte und das Terroir, also die Klimabedingungen und der Boden auf dem die Reben wachsen. So haben klimatische Schwankungen zur Folge, dass sich auch die Jahrgänge der gleichen Rebsorte und des gleichen Anbaugebietes teilweise erheblich voneinander unterscheiden. Ein einmal hergestellter Wein kann nie wieder völlig identisch reproduziert werden.[311]

Von der Seite des Anbau- und Herstellprozesses her sind vor allem die Bewässerung, Dichte und Alter der Bepflanzung, das Vorgehen bei der Ernte, die Dauer der Fermentation und Art und Dauer der Lagerung wichtige Einflussfaktoren. So liefern beispielsweise die älteren Reben die qualitativ besten Trauben, dies jedoch nur in geringer Menge, wodurch die kurzfristige Reaktionsfähigkeit auf Trends vor allem im höherwertigen Qualitätssegment eingeschränkt ist.[312]

Ein weiterer Grund für die Vielfalt der angebotenen Weine liegt in der starken Fragmentierung der Weinindustrie. Kulturelles Zentrum der Weinherstellung sind traditionell die westeuropäischen Länder wie Frankreich, Italien und Spanien.[313] Sie verfügen über die größten Weinanbauflächen weltweit und decken gemeinsam über 50% der Weltweinproduktion ab.[314] Die Weinindustrie in diesen Ländern ist über Jahrhunderte hinweg gewachsen und hat bis heute ihre oftmals kleinbäuerlichen Strukturen erhalten. So gibt es allein in Bordeaux, der größten Weinbauregion Frankreichs, über 12000 Weinproduzenten und in Italien wird die Anzahl der Traubenbauern auf über eine Milli-

---

[310] Vgl. The Economist (1999a), S. 1.

[311] Ein Sonderfall sind Markenweine, bei denen sich der Geschmack über die Jahrgänge hinweg kaum unterscheidet. Dies sind aus verschiedenen Grundweinen zusammengemischte Blends.

[312] Vgl. Matthäß, J. (1997), S. 48.

[313] Vgl. Clarke, O. (2001), S. 8.

[314] Vgl. Costa, V. (2002a), S. 4 und S. 10.

on geschätzt.[315] Auch wenn nicht jeder Kleinbauer seinen Wein am Weltmarkt verkauft, so konkurriert doch eine Vielzahl verschiedener Produzenten mit ihren Weinen um den Verbraucher.

Eine weitere Vergrößerung des Angebotes entsteht durch die zunehmende Internationalisierung des Weinmarktes. Während noch vor zwei bis drei Jahrzehnten hauptsächlich Weine aus den traditionellen europäischen Weinbaugebieten in den hiesigen Regalen standen, kann der Verbraucher heute auch Weine aus Australien, Südafrika, Kalifornien und Chile beziehen. Diese Länder der „neuen Welt"[316], die teilweise auch über eine Jahrhunderte alte Weinkultur verfügen, sind in den letzten Jahren verstärkt auf dem Weltmarkt in Erscheinung getreten. Der Konsum in den eigenen Ländern ist stark zurück gegangen und neue Absatzmärkte für die Produktion mussten erschlossen werden.[317] Die meist sehr stabilen klimatischen Bedingungen in diesen Ländern ermöglichen die Produktion von hochwertigem, qualitativ konsistentem Wein, der sich international immer größerer Beliebtheit erfreut. Entsprechend ist der Anteil dieser Länder an den weltweiten Exporten von 0,8% im Jahre 1985 auf 10,4% im Jahr 1998 angestiegen.[318] Wenn auch die Weinindustrie in diesen Ländern bei weitem nicht so zergliedert ist wie in Europa[319], tragen die Produzenten der neuen Welt doch auch zur weiteren Fragmentierung der Weltweinindustrie bei. Dies hat zur Folge, dass selbst das volumenmäßig weltweit größte Weinunternehmen, E&G Gallo aus den USA, lediglich einen Marktanteil von unter 1% realisieren kann.[320]

Eine weitere Auswirkung des Markteintritts dieser Länder ist die Gefährdung des fragilen Gleichgewichts zwischen Angebot und Nachfrage auf dem Weltmarkt. Der große Exporterfolg der „neuen Welt" hat in diesen Ländern zu einer Ausweitung der Anbauflächen und damit zu einer Erhöhung der Produktion geführt. Gleichzeitig ist der Weinkonsum in den letzten dreißig Jah-

---

[315] Vgl. Vergara, S. (2001), S. 10.

[316] In der Weinindustrie spricht man von der neuen und der alten Welt und unterscheidet damit zwischen traditionellen Weinbauländern und Ländern, die erst seit einigen Jahren auf dem Weltmarkt anbieten.

[317] Vgl. Costa, V. (2002a), S. 2.

[318] Vgl. Vergara, S. (2001), S. 12.

[319] In Australien kontrollieren vier Unternehmen 80% des Marktes, in USA fünf Unternehmen 62% des Marktes. Vgl. The Economist (1999a), S. 1.

[320] Vgl. The Economist (1999a), S. 1.

ren teilweise erheblich zurückgegangen und hat sich in den letzten Jahren auf einem Niveau von etwa 220 Mio. hl einpendelt.[321] Vor allem in den traditionellen Weinbauländern war ein starker Konsumrückgang zu beobachten, der auch durch den zeitgleichen Konsumanstieg in den nordeuropäischen Ländern nicht ausgeglichen werden konnte.[322] In Italien und Frankreich beispielsweise hat sich der Pro-Kopf-Konsum in den letzten 30 Jahren halbiert. Die Produktion hat sich, unter anderem durch eine Reduktion der Anbaufläche in Europa um 19% in den letzten 20 Jahren, an den Konsumrückgang angepasst. Im Jahr 2001 stand so einer Weltproduktion von 267,6 Mio. hl ein Konsum von 219,9 Mio. hl gegenüber.[323] Der Überschusses von knapp 49 Mio. hl entspricht in etwa dem Produktionsüberschuss der vergangenen 30 Jahre, der jedoch keine weiteren Auswirkungen hat, da Wein teilweise jahrelang eingelagert wird. Entscheidend ist vielmehr, dass der Überschuss nicht zu groß wird, so dass die neue Ernte nicht blockiert wird (siehe Abbildung 18).[324]

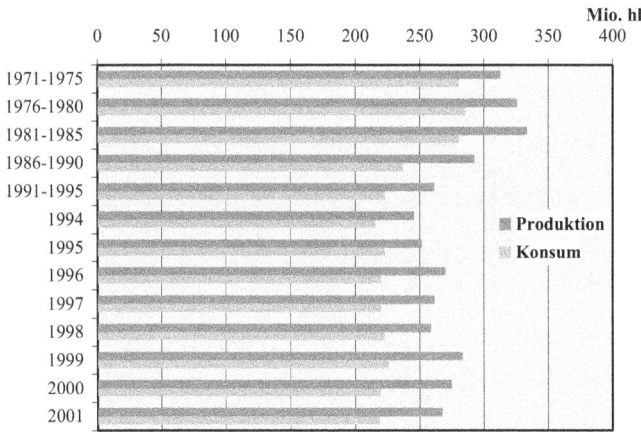

Quelle: O.I.V., vgl. Costa, V. (2002a), S. 9ff.

Abbildung 18: Entwicklung Weinproduktion und -konsum weltweit

Die Ausweitung der Anbauflächen in der neuen Welt kann jedoch, in Zusammenhang mit der veränderten Weinbaupolitik der EU, welche ab 2002 die

---

[321] Vgl. Costa, V. (2002a), S. 12.

[322] Vgl. Gideon, R. (1999), S. 1.

[323] Vgl. N.N. (2002a), S. 94; Costa, V. (2002a), S. 9ff.

[324] Vgl. Costa, V. (2002a), S. 9ff.

Neuanpflanzung und Rekultivierung stillgelegter Anbauflächen fördert, in den nächsten Jahren zu einer erhöhten Produktion führen und damit ein Ungleichgewicht hervorrufen.[325]

Unter diesen Voraussetzungen ist zu erwarten, dass es zu einer weiteren Ausweitung des internationalen Handels und zu einem stärkeren Konkurrenzkampf auch zwischen den Ländern der alten und der neuen Weinwelt kommen wird.[326] Dabei bleibt abzuwarten, ob es den neuen Ländern gelingen wird, ihren Marktanteil auf Kosten der alten Welt weiter auszuweiten. Denn obwohl diese Länder in den letzten Jahren ein bemerkenswertes Wachstum realisiert haben, wird der internationale Weinmarkt immer noch von Italien (18,3 Mio. Export hl), Frankreich (15,8 Mio. hl) und Spanien (9,9 Mio. hl) dominiert.

	Ø 1986-1990		2001	
	[1.000 hl]	[%]	[1.000 hl]	[%]
Italien	12.600	28,4%	18.300	26,5%
Frankreich	12.800	28,9%	15.800	22,9%
Spanien	4.700	10,6%	9.900	14,4%
Australien	400	0,9%	3.800	5,5%
Chile	200	0,5%	3.100	4,5%
USA	600	1,4%	3.000	4,3%
Portugal	1.600	3,6%	2.900	4,2%
Deutschland	2.700	6,1%	2.400	3,5%
Südafrika	0	0,0%	1.800	2,6%
Sonstige	8.700	19,6%	7.970	11,6%
Gesamt	**44.300**	**100,0%**	**68.970**	**100,0%**
Quelle: O.I.V., vgl. Costa, V. (2002a), S. 16.				

Abbildung 19: Weinexporte nach Erzeugerländern

Diese drei Länder sind die größten Weinexporteure weltweit. Sie haben in 2001 63,8% des Weltmarktvolumens abgedeckt. Zwar an vierter und fünfter Stelle der Exportstatistik jedoch mit deutlichem Abstand folgen Australien (3,8 Mio. hl) und Chile (3,1 Mio. hl).[327]

---

[325] Vgl. Costa, V. (2002a), S. 2ff.

[326] Allein im Jahr 2001 ist der internationale Weinmarkt um 8% gewachsen. Vgl. Costa, V. (2002a), S. 15.

[327] Vgl. Costa, V. (2002a), S. 16.

Trotz der großen international gehandelten Mengen macht der internationale Handel lediglich zwischen 28% und 31% des Weinmarktes aus.[328] Daran wird deutlich, dass der Konsum in den Produzentenländern stark regional geprägt ist, die Konsumenten in Produktionsländern also lokale Produkte bevorzugen. Dies zeigt sich auch beim Vergleich der internationalen Konsum- und Importstatistiken. Während Frankreich, Italien, Deutschland, Spanien und die USA den größten Weinkonsum aufweisen, stehen bei den Importen Deutschland und Großbritannien an der ersten Stelle. Frankreich, wo die Importe nicht mehr als 5% des Marktes ausmachen, folgt erst mit einigem Abstand an dritter Stelle, Italien sogar erst an dreizehnter Stelle.[329]

4.2.2 Die chilenische Weinindustrie

Die chilenische Weinindustrie hat in den vergangenen Jahren einen starken Wandel durchlebt. In den folgenden beiden Abschnitten werden Entwicklung und aktuelle Struktur der Industrie vorgestellt.

4.2.2.1 Die Entwicklung der chilenischen Weinindustrie

Weinbau hat in Chile eine lange Tradition. Bereits zu Beginn des 16. Jahrhunderts haben die ersten Siedler Reben angebaut. Von diesem Zeitpunkt an bis in die Mitte des zwanzigsten Jahrhunderts hinein hat sich der Weinbau stetig weiter entwickelt. Im Jahr 1938 wurden in Chile auf 102.000 ha Wein angebaut. Dann jedoch stockte die Entwicklung. Die Verabschiedung restriktiver Weingesetze, v.a. das Verbot weiterer Anpflanzungen in den dreißiger Jahren, und der zweite Weltkrieg, der Chile vom Weltmarkt abschnitt, führten zu einer Stagnation der Rebfläche bei 106.000 ha bis zum Ende der siebziger Jahre. Die Produktion wurde aufgrund des hohen Pro-Kopf Konsums von über 50 l im Jahr nahezu vollständig im Inland abgesetzt.[330]

Als während der siebziger Jahre das Verbot von Neuanpflanzungen aufgehoben wurde, begannen die Winzer mit einer kräftigen Ausweitung der Produktion. Gleichzeitig jedoch sank der Pro-Kopf-Konsum von 59 l 1972 auf 13,1 l

---

[328] Schätzung der Office International de la vigne et du vin (O.I.V.), vgl. Costa, V. (2002a), S. 19.

[329] Vgl. Costa, V. (2002a), S. 17; Vergara, S. (2001), S. 10f.

[330] Vgl. Vergara, S. (2001), S. 15f; Mathäß, J. (1997), S. 20ff.

1997 dramatisch.[331] Da es praktisch keinen Export (Auslandsumsatz von 9 Mio. USD) gab, kam es Anfang der achtziger Jahre zu einer erheblichen Überproduktion. Die Marktpreise deckten die Kosten nicht mehr und so verschwanden viele kleine und mittlere Produzenten vom Markt. Die großen Unternehmen erkannten, dass der einzige Ausweg aus der Krise in der Umorientierung hin zum Export lag. Dies erforderte eine Anpassung der Produktion an den internationalen Markt, der eher leichte fruchtige Weine nachfragte.[332] Dafür wurde die Weinindustrie in den folgenden Jahren einer beispiellosen Modernisierung unterzogen. Innerhalb von fünf Jahren wurde fast die gesamte Industrie auf Weltstandard gebracht. Die Unternehmen kauften neueste Technologie, schickten ihre Fachleute ins Ausland und holten ausländische Berater ins Land. Außerdem wurden mehrere 10.000 ha alte Anbauflächen gerodet und nur teilweise durch international nachgefragte Sorten (z.B. Cabernet Sauvignon, Merlot, Chardonnay) ersetzt.

Ermöglicht wurde diese schnelle und umfassende Restrukturierung durch eine Reihe von Faktoren: Die chilenische Weinindustrie ist von großen Agrarbetrieben und einem hohen Konzentrationsgrad geprägt, was große Investitionen in Technologie erleichtert. Viele dieser Unternehmen sind im Besitz des chilenischen Geldadels, der über entsprechende Finanzkraft verfügt. Außerdem traten während der Krise finanzstarke ausländische und chilenische Akteure in den Markt ein und kauften alte Traditionsbetriebe. Weiterhin entschlossen sich Önologen, Traubenproduzenten und andere Investoren eigenen Wein zu produzieren. Besondere Abschreibungsregeln und niedrige Importzölle auf Maschinen trugen ihren Teil zur Restrukturierung bei. Durch die hohen Investitionen gelang es, die Produktion auf den internationalen Markt auszurichten und es entstand eine der modernsten Weinindustrien der Welt.[333]

---

[331] Seither hat sich der Konsum wieder leicht erholt auf 14,6 Liter in 2001. Vgl. Costa,V. (2002a), S. 14.

[332] Vgl. Mathäß, J. (1997), S. 26f.

[333] Vgl. Vergara, S. (2001), S. 17.

[Mio hl]　　　　　　　　　　　　　　　　　　　　　　　　　　[%]

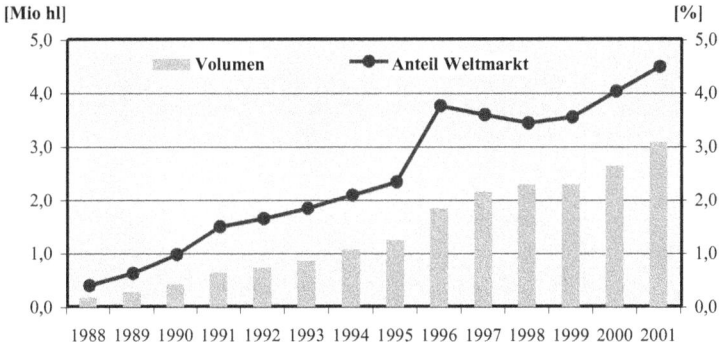

Quelle: O.I.V.-SAG-Chilevid, vgl. Costa, V. (2002a), S. 18.

Abbildung 20: Weinexport aus Chile, Anteil am Weltmarkt

Die Restrukturierung der Industrie brachte einen entsprechenden Exporterfolg mit sich. Innerhalb weniger Jahre wurde bereits ein Drittel der Ernte im Ausland abgesetzt. Zwischen 1990 und 2001 stiegen die Exporte von 430.500 hl auf 3.089.414 hl, so dass Chile mit einem Marktanteil von 4,46% hinter Australien mittlerweile fünftgrößter Exporteur der Welt ist und fast 55% seiner Produktion im Ausland absetzt.

Hauptimportregionen chilenischen Weins sind Europa und Nordamerika, mit Großbritannien, USA, Kanada und Deutschland als führende Länder.[334]

	1980	1985	1990	1995	2000	2001
Lateinamerika	88%	70%	37%	23%	11%	10%
USA/Kanada/Mexico	10%	27%	44%	39%	33%	29%
Europa	2%	3%	17%	31%	48%	52%
Asien	-	-	-	3%	6%	9%
Sonstige	-	-	2%	4%	1%	0%
Summe	**100%**	**100%**	**100%**	**100%**	**100%**	**100%**
Quelle: Chilevid, vgl. Costa, V. (2002a), S. 18.						

Abbildung 21: Hauptabsatzregionen für chilenischen Wein

---

[334] Vgl. Costa, V. (2002a), S. 18; Terliska, C. (2002), S. 36.

	Mio. l	%
GB	57,2	18,5%
USA	52,4	17,0%
Kanada	28,8	9,3%
Deutschland	25,1	8,1%
Dänemark	18,3	5,9%
Japan	10,7	3,5%
Schweiz	9,2	3,0%
Niederlande	8,5	2,8%
Irland	7,3	2,4%
Norwegen	7,2	2,3%
Sonstige	84,2	27,3%
Gesamt	**308,9**	**100,0%**
Quelle: Costa, V. (2002b), S. 3.		

Abbildung 22: Hauptabsatzländer für chilenischen Wein

Neben der modernen Technologie tragen aber noch andere Faktoren zum großen Exporterfolg der Chilenen bei: So hat Chile optimale natürliche Voraussetzungen für Weinbau. Das mediterrane Klima mit kalten und regenreichen
Wintern und trocknen und heißen Sommern und die Vielfalt verschiedener für
den Weinbau geeigneter Böden ermöglichen die Produktion qualitativ hochwertigen Weins. Außerdem ist das Klima über die Jahre hinweg stabil, so dass
die Unterschiede zwischen den Jahrgängen gering sind. Weiterhin verfügt
Chile über eine große Bandbreite hochwertiger Rebsorten, die international
stark nachgefragt werden. Die abgeschottete „Insel"-Lage zwischen den Anden, der Atacama-Wüste und dem Pazifik, hat bisher die Verbreitung von
Krankheiten wie Mehltau und Reblaus verhindert, was wurzelechten Weinbau
ermöglicht. Dadurch kann bei gleicher Qualität im Vergleich zu Europa der
doppelte Ertrag erwirtschaftet werden. Die Nähe zu den Schmelzwassern der
Anden erlaubt eine optimale und kostengünstige Bewässerung und die niedrigen Arbeits-, Kapital- und Landkosten senken die Produktionskosten. Aufgrund der langjährigen Weinbautradition stehen gut ausgebildete und erfahre-
ne Arbeitskräfte zur Verfügung.[335] Ausländische Investoren führten weiteres
Know-How und moderne Technologie ein und öffneten Vertriebskanäle, indem sie chilenischen Wein in ihrer Produktpalette präsentierten.[336]

Der internationale Markteintritt wurde zudem durch besondere Umstände
Mitte der achtziger Jahre erleichtert: Zum Einen stieg der Konsum in den

---

[335] Vgl. Terliska, C. (2002), S. 47ff; Franson, P. (2000) S. 3.

[336] Vgl. Medina, S. (2002a), S. 61.

USA stark an, was den Eintritt neuer Wettbewerber aus der neuen Welt er-möglichte. Zum Anderen befand sich Europa Anfang der achtziger Jahre in einer Rezession, was den chilenischen Produzenten, die sich im Bereich der günstigen Weine mit gutem Preis-Leistungsverhältnis positionierten, hervor-ragende Markteintrittschancen bot. Dieser Effekt verstärkte sich, als der Weinpreis in Europa aufgrund einiger schlechter Ernten zwischen 1985 und 1989 stark anstieg. [337]

Der Zufluss ausländischen Kapitals und die hohen Exportwachstumsraten während der neunziger Jahre brachten erneute Veränderungen in der chileni-schen Weinindustrie mit sich. Die Anzahl der Weingüter ist angestiegen und die Anbauflächen wurden wieder erheblich ausgeweitet. Während im Jahre 1985 die Weinbaufläche auf 67.132 ha gesund geschrumpft war, stieg die Anbaufläche bis 1998 auf 75.388 ha an. In den drei darauffolgenden Jahren wurde die Fläche nochmals fast um 50% ausgedehnt, so dass 2001 wieder 106.971 ha zur Verfügung standen, von der im Jahr 2005 eine Jahresproduk-tion von ca. 700 Mio. l erwartet wird. [338] Verantwortlich für die Ausdehnung der Anbaufläche sind sowohl neue Unternehmen, als auch der verstärkte Ei-genanbau der traditionellen Weingüter/Kellereien. [339]

Durch die starke Ausweitung der Anbaufläche entstand ein Überangebot an Wein, welches Preissenkungen und erhöhte Konkurrenz auf dem nationalen Markt mit sich brachte. [340] Dies wiederum veranlasste zusätzlich einige Trau-benproduzenten zur Vorwärtsintegration: Sie stellen heute ihren eigenen Wein her und exportieren ihn selbst. Dadurch hoffen sie, den Preissenkungen auf dem nationalen Markt entgehen und höhere Margen realisieren zu können.

---

[337] Vgl. Vergara, S. (2001), S. 16f.

[338] Vgl. Costa, V. (2002a), S. 6; Riesco, J.M. (2002), S. 42.

[339] Mit dem Eigenanbau wollen die Unternehmen den höheren Qualitätsanforderungen des Weltmarktes gerecht werden, sich von den Weinbauern unabhängig machen und ihre Produktpalette diversifizieren.

[340] Nicht nur auf dem nationalen Markt kam es zu Preissenkungen, v.a. Bulkwein musste auch international zu viel geringeren Preisen verkauft werden. Der Preis für Flaschen-wein hingegen ist international gestiegen.

[1.000 ha]   [Mio. hl]

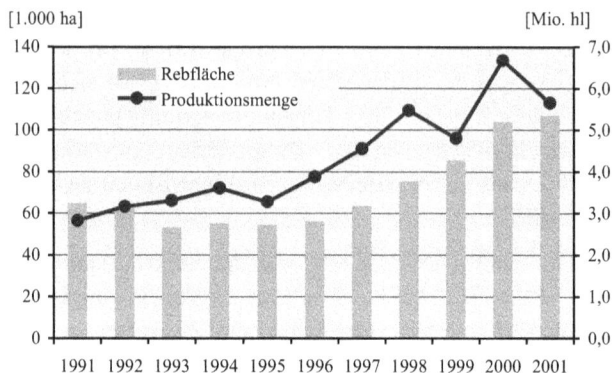

Quelle: SAG, vgl. Costa, V. (2002a), S. 6 und S. 11.

Abbildung 23: Entwicklung der Rebflächen und Produktionsmengen in Chile

Die große Zahl der neuen Weingüter hat dazu geführt, dass mittlerweile ca. 120 chilenische Weingüter auf dem Exportmarkt um die Gunst der internationalen Käufer konkurrieren. Dadurch ist es heute in einigen Märkten schwierig, geeignete Importeure zu finden. Viele Importeure verfügen bereits über mehrere chilenische Lieferanten und wollen ihr Angebot nicht weiter ausweiten. Es werden lediglich einige Lieferanten durch bessere ersetzt.[341] Aus diesen Gründen wird erwartet, dass die Exportwachstumsraten in den nächsten Jahren zurück gehen werden und es in der Weinindustrie zu einer Konsolidierung kommen wird, bei der nur die Unternehmen mit klarer Strategie, entsprechender Kapitaldeckung und effektiver Marktbearbeitung bestehen werden.[342]

4.2.2.2   Struktur und Aufbau der chilenischen Weinindustrie

Aus den bisherigen Ausführungen ist der Aufbau der chilenischen Weinindustrie bereits teilweise deutlich geworden. Ursprünglich gab es eine Zweiteilung des Marktes zwischen Weinbauern, die Trauben oder Rohwein verkaufen, und Kellereien bzw. Weingütern, die den Wein herstellen/verfeinern, ver-

---

[341] So exportieren heute ca. 75 chilenische Weingüter nach Großbritannien exportieren und in Russland kämpfen die Weingüter um die Gunst der 4 großen Importeure. Vgl.Riesco, J.M. (2002), S. 43f; Aguayo, M. (2002b), S. 63.

[342] Vgl. Vergara, S. (2001), S. 22.

treiben und ursprünglich praktisch keine eigenen Anbauflächen besaßen.[343] Diese Teilung ist in den letzten Jahren etwas aufgeweicht worden, dennoch sind die alten Strukturen immer noch erkennbar: Lediglich 40% der Anbaufläche befindet sich im Besitz der Weingüter. Die restlichen 60% werden von über 13.000 Weinbauern unterschiedlichster Größe bearbeitet.[344]

Allerdings liefern nicht alle 13.000 Weinbauern an die Weingüter. Vielmehr produziert die Mehrzahl der kleineren Traubenproduzenten entweder für den eigenen Bedarf oder sie liefern ihre Trauben an die wenigen verbliebenen Genossenschaften.[345] Diese füllen einen Teil des Weines ab und vertreiben ihn unter eigenem Namen. Mit dem Rest beliefern sie die großen Weingüter. Direkte Lieferanten der Weingüter sind die Großbetriebe, von denen es in Chile eine beachtenswerte Anzahl gibt. So gab es im Jahr 2000 733 Weinbaubetriebe mit einer Größe zwischen 20 und 50 ha und immerhin noch 350 Betriebe von mehr als 50 ha Größe.[346] Diese Großbetriebe verfügen meist über langfristige Verträge mit den Weingütern, in denen Mindestpreise und Qualitätsstandards vereinbart sind.[347] Damit sichern sich die Weingüter den Einfluss

---

[343] Vgl. Terliska, C. (2002), S. 10.

[344] Vgl. Miranda, V. (2002), S. 27; Servicio Agricola y Ganadero/Instituto Nacional de Estadisticas (2000), S.6.

[345] Unter einer Genossenschaft versteht man eine Gesellschaft mit nicht geschlossener Mitgliederzahl, mit dem Zweck den Erwerb oder die Wirtschaft ihrer Mitglieder mittels gemeinschaftlichen Geschäftsbetriebs zu fördern. Vgl. Gabler (1988), Sp. 2045. In Chile existieren fast keine Genossenschaften mehr, da sich die dortigen Genossenschaftsgesetze als nicht geeignet herausgestellt haben.

[346] In der Gruppe der Großbetriebe wurden in den letzten Jahren auch die höchsten Wachstumsraten erzielt. So ist die Anzahl der Weinbauflächen von über 50 ha zwischen 1997 und 2000 um 72% gestiegen. Vgl. Servicio Agricola y Ganadero/Instituto Nacional de Estadisticas (2000), S. 6f. Anmerkung: Da die Statistik nicht zwischen Traubenproduzenten und Anbauflächen von Weingütern unterscheidet, sind in diesen Angaben auch die Weinbauflächen der Weingüter enthalten. Zum Vergleich: In Deutschland wurden 1999 104.233 ha von 68.598 Produzenten bebaut. Die größte Kategorie sind Betriebe mit mehr als 5 ha. Vgl. Deutsches Weininstitut (2002), S. 9.

[347] Aufgrund der drastischen Preissenkungen bei Wein ohne Vertragsbindung geht in den letzten Jahren die Tendenz zu langfristigen Verträgen zurück. Die meisten Verträge, die

auf die Produktion ohne in Land investieren zu müssen. Liegt keine Vertragsbindung vor, so wird der Handel über Broker abgewickelt. Diese haben allerdings keine große Bedeutung; lediglich fünf Broker wickeln den Großteil des
Handels ab.[348]

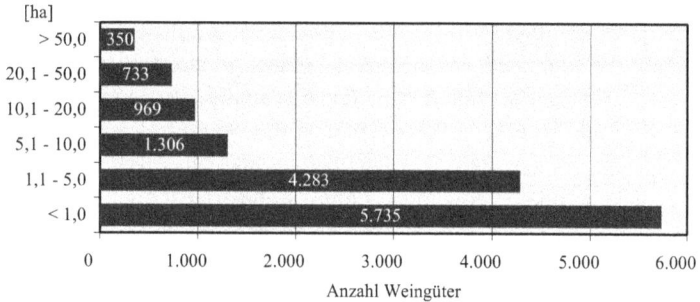

Quelle: SAG, vgl. Catastro Vitícola Nacional (2000), S. 6.

Abbildung 24: Struktur Weingüter Chile nach Anbaufläche

Der Vielzahl von Weinbauern/-produzenten stehen aktuell etwa 250-270
Weingüter gegenüber, von denen etwa 120 in nennenswerter Weise im Export
tätig sind.[349] Ebenso wie die Traubenproduzenten, lassen sich die Weingüter
in zwei Gruppen einteilen. Auf der einen Seite stehen die großen, meist tradi-
tionsreichen Unternehmen, die hauptsächlich große Mengen oft im niedrigen
Preissegment absetzen (Massenwein) und einen Großteil des Marktes abdecken. Auf der anderen Seite stehen viele kleinere und neuere (Boutique-
)Weingüter, die sich auf die Herstellung von Qualitätswein spezialisiert haben. Trotz der großen Zahl an Unternehmen weist die Industrie einen erheblichen Konzentrationsgrad auf. Die 10 größten Unternehmen deckten 2001 volumenmäßig 44% und wertmäßig 53% des Exportmarktes ab.[350]

Ein Grund für den geringen Marktanteil der kleineren Weingüter ist, dass sie
neu am Markt sind und noch nicht über eine entsprechende Vertriebsstruktur

---

abgeschlossen werden, haben eine Laufzeit von maximal 3-4 Jahren. Vgl. Miranda, V.
(2002), S. 27.

[348] Vgl. Miranda, V. (2002), S. 28; Medina, S. (2002b), S. 68.

[349] Aufgrund der vielen Neugründungen in den vergangenen Jahren liegen keine exakten
statistischen Daten vor.

[350] Vgl. Viñas de Chile (2002a). Für eine Darstellung der größten Unternehmen siehe Anhang IV.

verfügen. Dadurch können sie nicht ihre gesamte Produktion am Markt absetzen. Um dennoch Gewinn aus dem Wein zu realisieren und ihre Lagerbestände zu verringern, verkaufen diese Unternehmen ihre Restbestände als Bulkwein an die großen Weingüter oder ins Ausland. Die Abnehmer mischen diesen Wein ihrem eigenen Wein zu und verkaufen ihn unter eigenem Namen.[351]

Beim Vertrieb des Weines werden die Weingüter entweder selbst tätig oder sie schalten Broker und Händler (Intermediäre) ein. Die Händler verfügen nicht über eigene Produktion sondern kaufen den Wein, mischen daraus u.U. ihren eigenen Wein und verkaufen ihn wieder. Broker hingegen werden nie Eigentümer der Ware, sondern haben lediglich eine vermittelnde Rolle. Beim direkten Export arbeiten die Unternehmen entweder mit Importeuren oder großen Supermärkten zusammen, die den Bulkwein direkt importieren. Die Importeure/Supermärkte übernehmen dann Abfüllung, Vermarktung und Vertrieb im jeweiligen Land. Abbildung 25 zeigt die chilenische Wein-Wertschöpfungskette.

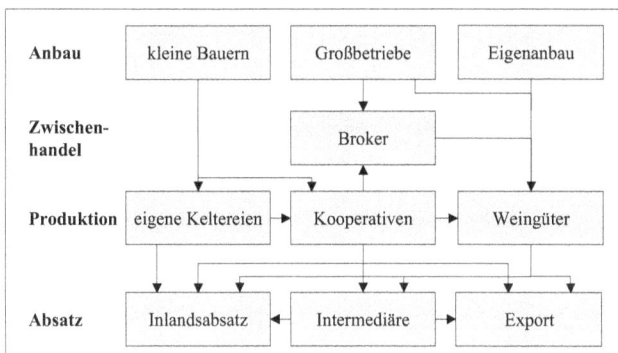

Abbildung 25: Wertschöpfungskette der chilenischen Weinindustrie

4.2.3 Exportmarketing in der chilenischen Weinindustrie

Im folgenden Abschnitt wird das Exportmarketing der chilenischen Weingüter vorgestellt. Dazu werden zuerst die Grundlagen des Weinmarketing, spezielle Voraussetzungen und die strategische Vorgehensweise der chilenischen Weingüter erläutert. Im Anschluss daran werden die konkreten Aufgaben innerhalb des operativen Marketings vorgestellt.

---

[351] Vgl. Miranda, V. (2002), S. 27.

4.2.3.1 Grundlagen des Wein-Exportmarketing

In den bisherigen Ausführungen wurde einheitlich vom internationalen Weinmarkt gesprochen. Für das Verständnis des Exportmarketing ist jedoch eine differenziertere Darstellung notwendig. Im folgenden Abschnitt werden die verschiedenen Teilmärkte vorgestellt. Darüber hinaus werden die speziell chilenischen Voraussetzungen des Exportmarketing erläutert.

4.2.3.1.1 Allgemeine Voraussetzungen des Wein-Exportmarketing

Beim Weinmarketing sind zwei Märkte zu unterscheiden, die sich durch unterschiedliche Abläufe und Gesetzmäßigkeiten auszeichnen: Der Markt für Flaschenwein und der Markt für Bulkwein.[352] Bulkwein, auch Fasswein genannt, ist Wein, der in großen Gebinden, meist in Tanks von 25.000 Litern, an Weiterverarbeiter, Abfüller oder Großhändler verkauft wird. Er ist ein Rohstoff, den entweder die Weingüter ihrer eigenen Produktion beimischen oder der von Kellereien oder Supermarktketten abgefüllt und meist unter einem Phantasienamen vertrieben wird.[353] Es gibt ihn in allen Qualitätsstufen. Die Eigenschaften des Marktes für Bulkwein entsprechen denen von Rohstoffmärkten, d.h. Hauptentscheidungskriterium innerhalb einer Qualitätskategorie ist der Preis. Darüber hinaus sind nur noch das Herkunftsland und eventuell die Anbauregion von Interesse. Weitere Informationen z.B. über den Produzenten, dessen Historie usw. sind irrelevant und werden nicht weitergegeben. Der Handel mit Bulkwein wird sowohl national als auch international großteils über Broker abgewickelt. Sie erleichtern den Export erheblich, da es eine große Anzahl von potenziellen Nachfragern gibt, welche die Anzahl der Nachfrager nach Flaschenwein bei weitem übersteigt.

---

[352] Vgl. Viñas de Chile (2002a). In manchen Veröffentlichungen werden zusätzlich der Markt für Schaumwein (Wein mit Kohlensäuregehalt) und der Markt für Wein in Tetrapak abgegrenzt. Da diese in Chile keine große Bedeutung haben, werden beide nicht gesondert betrachtet.

[353] In fast allen Ländern ist eine Beimischung fremder Trauben, auch aus dem Ausland, bis zu einem bestimmten Prozentsatz erlaubt. So ist es z.B. französischen Weinbauern erlaubt, bis zu 15% fremde Trauben beizumischen. Von dieser Möglichkeit machen viele Produzenten Gebrauch, weshalb z.B. Chile große Mengen Bulkwein nach Frankreich exportiert. (88% der chilenischen Exporte nach Frankreich sind Bulkweinexporte.) Vgl. N.N. (2002b), S. 95.

Für die Produzenten bzw. Weinbauern bietet der Markt für Bulkwein die Möglichkeit, mit relativ geringem Aufwand große Mengen abzusetzen. Aufgrund der hohen Preissensitivität des Marktes und der geringen Bearbeitungstiefe werden allerdings nur geringe Margen realisiert. Außerdem ist der Handel mit Bulkwein durch große Preisschwankungen gekennzeichnet. Mangelnde Loyalität von Kundenseite und die fehlende Möglichkeit, durch Marketingmaßnahmen das Geschäft auszudehnen, sind weitere erschwerende Faktoren im Bulkweingeschäft.[354] Diese Schwierigkeiten und sinkende Bulkwein-Preise[355] der letzten Jahren, haben viele Produzenten veranlasst, zumindest teilweise zur Produktion von Flaschenwein überzugehen.

Ein gänzlich anderer Markt ist der Markt für Flaschenwein. Beim Handel mit Flaschenwein werden wesentlich höhere Margen realisiert, da der Produzent mit der Abfüllung und der Flaschengestaltung eine höhere Wertschöpfung schafft. Außerdem ist bei Flaschenwein Herkunft und Historie wichtig, was dem Weinproduzenten die Möglichkeit gibt, Marketing zu betreiben. Auch bezüglich der Vertriebskanäle unterscheiden sich beide Märkte: Abnehmer von Flaschenwein sind i.a. Importeure, der Groß-, Einzel- und Fachhandel und große Supermarktketten. Da die Produzenten von Flaschenwein sich die Vertriebskanäle für ihre Weine bewusst aussuchen, verringert sich die Anzahl der potenziellen Abnehmer.

Doch auch der Markt für Flaschenwein ist in sich nicht homogen. Vielmehr wird er in zwei Teilmärkte unterteilt: Den Markt für Trinkweine und den Markt für Qualitätsweine. Für beide Teilmärkte gelten vor allem unter Marketinggesichtspunkten unterschiedliche Gesetzmäßigkeiten.[356] Im Markt für Trinkweine werden große Mengen zu niedrigen Preisen abgesetzt und hauptsächlich Instrumente des Massenmarketing eingesetzt. Der Markt für Qualitätsweine deckt das höherpreisige Segment ab. Es werden qualitativ hochwertige Weine in begrenzter, häufig limitierter Menge zu gehobenen Preisen angeboten. In diesem Teilmarkt muss subtiles, exklusives Marketing betrieben werden; Massenmarketing ist kontraproduktiv. Die Unterschiede zwischen den beiden Märkten werden teilweise als derart gravierend angesehen, dass

---

[354] Vgl. Penn, J./Christy, R. (1994), S. 28; Miremont, V. (2000), S. 1.

[355] Der Durchschnittspreis für einen Liter Bulkwein ist von 1 US-Dollar 1999 auf 40 US Cent 2002 gesunken. Vgl. Donoso, J.M. (2002), S. 91.

[356] Vgl. Spawton, T. (1990b), S. 51; The Economist (1999b), S. 6.

Trinkweine der Getränkeindustrie und Qualitätsweine der Luxusgüterindustrie zugeordnet werden.

Über die oben beschriebene grobe Zweiteilung hinaus wird der Weinmarkt v.a. unter Marketinggesichtspunkten in noch feinere Preis-Qualitätssegmente unterteilt. Jedes dieser Segmente stellt eine bestimmte Preis/Qualitätskombination dar und spricht eine andere Kundengruppe an, so dass im allgemeinen zwischen den einzelnen Segmenten keine Konkurrenz besteht. Lediglich die Weine des gleichen Segmentes konkurrieren miteinander. Jeder dieser Teilmärkte hat ein unterschiedlich großes Volumen. So decken die Weine mit einem Einzelhandelspreis von unter 5 USD pro Flasche 50% des gesamten Marktes ab, während das qualitativ und preislich höchste Segment der „Icons" lediglich einen Marktanteil von 1% hat.

Die Aufteilung der Segmente und deren Marktanteile zeigt folgende Tabelle.[357]:

Segment	Preiskategorie (Endverbraucherpreise)	Marktanteil
Basic	bis 4,99 USD	50%
Premium	5,00 - 7,99 USD	34%
Superpremium	8,00 - 13,99 USD	10%
Ultrapremium	14,00 - 49,99 USD	5%
Icon	über 50 USD	1%
Quelle: Tustin, M. (2002), S. 2.		

Abbildung 26: Segmentierung des Marktes für Flaschenwein

Durch diese sequentielle Aufteilung des Weinmarktes können die Weinproduzenten entscheiden, ob sie ihre Produktpalette hierarchisch oder horizontal gestalten. Bei hierarchischer Gestaltung bieten sie in jedem Segment einen oder mehrere Weine an, wobei v.a. durch die Wahl von verschiedenen Distributionskanälen eine Kannibalisierung der einzelnen Weine vermieden werden sollte. Bei horizontaler Ausrichtung der Produktpalette bietet der Produzent

---

[357] Vgl. Tustin, M. (2002), S. 2. Anmerkung : Für andere Märkte ergeben sich aufgrund unterschiedlicher Kaufkraft leicht veränderte Preiskategorien, die Segmentierung anhand von Preis-/Qualitätskategorien ist jedoch in allen Märkten gleich.

lediglich in einem Segment an, was die Realisierung von Skaleneffekten ermöglicht und zu einer Steigerung des Marktanteils führt.[358]

Obwohl das Segment der einfachen Trinkweine immer noch das Segment mit dem größten Marktanteil ist, hat sich die Nachfrage in den letzten Jahren zunehmend zu höherwertigem Wein hin entwickelt.[359] Während der Konsum insgesamt sinkt und im Bereich der einfachen Trinkweine ein erheblicher Rückgang zu beobachten ist, ist der Konsum von höherwertigem Wein angestiegen.[360] Es wird erwartet, dass sich dieser Trend in den nächsten Jahren fortsetzen wird. Hauptgründe dafür sind steigende Einkommen in den Hauptkonsumentenländern, gestiegenes Weinwissen[361] bei den Konsumenten und die Übertragung europäischer Vorlieben auf Asien.[362]

Eine weitere Besonderheit des internationalen Weinmarketing ist, dass es sich bei Wein um ein alkoholisches Produkt handelt, dessen Vermarktung in vielen Ländern reguliert ist. So existieren in einigen Ländern fest vorgeschriebene Vertriebswege (z.B. staatliches Einkaufsmonopol in Kanada). In anderen Ländern ist die Werbung für alkoholische Produkte verboten oder stark eingeschränkt. Von Land zu Land unterschiedlich sind auch die Vorschriften zur Etikettgestaltung. All diese nationalen Besonderheiten sind beim internationalen Weinmarketing zu berücksichtigen.

4.2.3.1.2 Speziell chilenische Voraussetzungen der Exportarbeit

Neben den oben beschriebenen allgemeinen Voraussetzungen des Exports, gibt es in der chilenischen Weinindustrie noch einige Besonderheiten, welche die Exportarbeit der Weingüter beeinflussen.

In Abschnitt 4.1 wurde gezeigt, dass das Terroir und die günstigen Produktionskosten in Chile die Herstellung qualitativ guten Weins zu sehr wettbewerbsfähigen Preisen ermöglichen. Diesen Vorteil haben die chilenischen Weinexporteure zu Beginn ihrer Exporttätigkeit genutzt und das Image eines

---

[358] Vgl. Spawton, T. (1990a), S. 27.

[359] Vgl. Medina, S. P. (2002a), S. 61.

[360] Vgl. Gideon, R. (1999), S. 2.

[361] In wissenschaftlichen Untersuchungen wurde gezeigt, dass mangelndes Weinwissen den Kauf verhindern kann. Vgl. Gebauer, J./Ginsberg, M. (2001), S. 4; Quester, J.S. (1996), S. 42.

[362] Vgl. Tustin, M. (2002), S. 4; Vergara, S. (2001), S. 10.

Lieferanten von Trinkweinen mit einem sehr guten Preis-/Leistungsverhältnis aufgebaut, was zu Beginn der Exporttätigkeit sehr hilfreich war. In der Zwischenzeit werden in Chile jedoch auch absolute Spitzenweine produziert, für deren Vermarktung dieses Image hinderlich ist. Aufgrund des Images eines „Billiganbieters" greifen die Konsumenten im qualitativ höheren Segment lieber auf Weine aus „alt bekannten" Ländern mit dem Image des Spitzenweinanbieters wie z.b. Frankreich zurück. Dadurch ist es für die chilenischen Exporteure schwierig, in die höherpreisigen Segmente einzudringen, die der Qualität ihrer Produkte entsprechen. Sie bewegen sich dauerhaft im kompetitivsten Segment. Dies ist insbesondere vor dem Hintergrund des allgemeinen Trends hin zu Konsum von höherwertigem Weinen problematisch und behindert die Ausweitung der Exporttätigkeit.[363]

Ein weiteres Hindernis beim Export chilenischen Weins ist das fehlende Länderimage Chiles. Für die meisten Konsumenten ist Chile lediglich ein südamerikanisches Land, was zur Folge hat, dass sich negative Nachrichten aus anderen Ländern auf Chile übertragen. Dadurch bekommt das Land ein negatives Image und die Kunden entwickeln keine Loyalität.

Aufgrund der geografischen Lage am südwestlichen Rand Südamerikas liegt Chile weit von den Hauptkonsumentenländern, v.a. von Europa entfernt. Das hat zur Folge, dass die chilenischen Exporteure wesentlich längere Lieferzeiten haben als ihre Konkurrenten aus der alten Welt. Ein Schiffstransport[364] nach Europa dauert im Schnitt sechs Wochen, während europäische Lieferanten i.a. innerhalb weniger Tage liefern können. Dies erfordert veränderte Abläufe in der Exportarbeit und stellt einen Wettbewerbsnachteil dar.

Zusammen mit dem zunehmenden Konkurrenzdruck auf dem Weltmarkt und innerhalb der chilenischen Weinindustrie sind dies die Rahmenbedingungen, in denen die chilenischen Exporteure arbeiten.

4.2.3.2 Ausgestaltung des Exportmarketing

Nachdem im vorangegangenen Abschnitt die Rahmenbedingungen des chilenischen Weinexports dargelegt wurden, werden nun die konkreten Aufgaben

---

[363] Aus diesem Grund werden in Chile zur Zeit Imagekampagnen entwickelt, mit denen das Image eines Anbieters mit gutem Preis-Leistungsverhältnis, um das Image eines Anbieters von Spitzenwein, ebenfalls mit gutem Preis-Leistungsverhältnis ergänzt werden soll.

[364] Die Versendung größerer Mengen Wein per Flugzeug ist aufgrund der hohen Transportkosten nicht wirtschaftlich.

innerhalb des Marketing aufgezeigt. Dazu wird im ersten Abschnitt das grundsätzliche Vorgehen der Exporteure dargestellt. Im Anschluss daran werden dann die Aufgaben in den einzelnen Bereichen des operativen Marketing beschrieben.

4.2.3.2.1 Grundstrategien im chilenischen Weinexport

Um dem hohen Konkurrenzdruck auf dem Weinmarkt Stand zu halten, verfolgen die Weinexporteure ganz unterschiedliche Strategien. Trotz der Unterschiede bestehen gewisse grundlegende Gemeinsamkeiten in der Exportarbeit der Unternehmen. Von den unterschiedlichen Weinmärkten ist der Markt für Flaschenwein für die chilenischen Weingüter mit Abstand der wichtigste Exportmarkt. Mit abgefülltem Wein setzen sie 62% des Exportvolumens ab und erzielen 86% der Exporterlöse.[365] Hauptabnehmer im Flaschenmarkt sind Weinimporteure und große Supermarktketten, wobei die Importeure die wichtigere Rolle spielen.

Da die Weingüter in bis zu 60 verschiedenen Ländermärkten tätig sind, können sie die einzelnen Märkte nicht im Detail kennen und bearbeiten.[366] Statt dessen bauen die Weingüter eine intensive Beziehung zu den Importeuren auf und arbeiten eng mit ihnen zusammen. Die Importeure stellen das Bindeglied zu den jeweiligen Ländermärkten dar.[367] Ihre Hauptaufgabe ist es, den Wein im Land zu vertreiben. Je nach Ausrichtung vertreiben sie an Gastronomie, Fach- oder Einzelhandel. Manche Importeure verkaufen den Wein auch selbst, z.B. via Versandhandel. Darüber hinaus haben die Importeure Beobachtungs- und Beratungsfunktion. Sie beobachten den nationalen Markt, berichten über aktuelle Entwicklungen und beraten die Weingüter in Absatzfragen, z.B. bei der Preisfindung oder der Positionierung. Weiterhin übernehmen die Importeure das nationale Marketing, v.a. die Kommunikationspolitik. Da die Marketingaktivitäten auch den Weingütern zugute kommen, arbeiten Weingüter und Importeure beim Marketing eng zusammen. Die Aktivitäten werden an der (Marken-)Strategie der Weingüter ausgerichtet und meist auch

---

[365] Vgl. eigene Berechnung auf Basis von Viñas de Chile (2002a).

[366] So unterscheiden sich beispielsweise in den verschiedenen Ländern die Gründe für Weinkauf, was Auswirkungen auf das gesamte Marketing hat. Vgl. Hall, J.; Shaw, M.; Doole, I. (1995), S. 89f.

[367] Vgl. Penn, J./Christy, R. (1994), S. 29f; Franson, P. (2000), S. 3.

gemeinsam finanziert. Zur Festigung der Beziehung werden die meisten Importeure mindestens einmal jährlich besucht.

Im Allgemeinen arbeiten die Weingüter in jedem Land mit mehreren Importeuren zusammen, da v.a. die kleineren Importeure meist auf ein bestimmtes Segment z.b. den Fachhandel oder den Einzelhandel spezialisiert sind. Will ein Weingut seine Weine in mehreren Segmenten absetzen, muss es häufig an mehrere Importeure herantreten. Die Zusammenarbeit mit nur einem Importeur, der in der Lage ist, alle Segmente des Marktes zu bedienen, bleibt den großen Exporteuren vorbehalten.

Gelingt es einem Importeur nicht, in einem Segment ausreichend Volumen abzusetzen, kann es vorkommen, dass ein Weingut im gleichen Segment mit mehreren Importeuren zusammen arbeitet. Da sich die Importeure, die ebenfalls in die Marke investieren, meist Exklusivrechte für ihren Markt zusichern lassen, erhält der Zweitimporteur „Zweitmarken" mit Fantasienamen.[368] Zweitmarken dienen dazu, mehr Volumen abzusetzen, die Bedürfnisse bestimmter Märkte zu befriedigen und bei der Entwicklung der Hauptmarke zu helfen. Es wird jedoch wenig Geld in sie investiert. Sie werden auch oft im direkten Handel mit Supermärkten eingesetzt. Allerdings besteht bei Zweitmarken die Gefahr der Verwässerung der Markenstrategie und der Kannibalisierung.[369] Da in Chile laut Gesetz der Name des Abfüllers auf der Flasche angegeben werden muss, gründen einige Unternehmen Zweitunternehmen, so dass der Konsument auch beim Flaschenwein den Erzeuger nicht mehr zurück verfolgen kann und es weder negative Auswirkungen auf die Hauptmarke, noch eine Kannibalisierung der Verkäufe geben kann. Manche Unternehmen entwickeln mit dem zweiten Unternehmen auch eine weitere Hauptmarke.

4.2.3.2.2 Aufgaben in der Marktforschung

Im Bereich der Marktforschung informieren sich die Weingüter regelmäßig über die aktuellen Entwicklungen am internationalen Weinmarkt und in den Hauptkonkurrentenländern. Außerdem beobachten sie die nationalen und die

---

[368] Exklusivrechte vergeben die Weingüter allerdings nur an solche Importeure, die glaubhaft machen können, dass sie eine bestimmte Mindestmenge absetzen können. Wenn ihnen das dann nicht gelingt, wird ihnen die Exklusivität wieder entzogen.

[369] Bei Zweitmarken wird derselbe oder ein sehr ähnlicher Wein mit zwei verschiedenen Etiketten und zu unterschiedlichen Preisen vertrieben. Kunden mit Kenntnis dieser Zweitmarke greifen dann zum günstigeren Wein.

internationalen Wettbewerber und informieren sich über Entwicklungen in ihren Exportmärkten. Dies dient u.a. der Kontrolle der Importeure. Vor der Festlegung der Zielmärkte werden Informationen über die einzelnen Ländermärkte und die dort tätigen Importeure eingeholt.

Die Quellen für diese Informationen sind vielfältig. Die Unternehmen greifen sowohl auf Primär- als auch auf Sekundärquellen zurück. Eine der wichtigsten Informationsquellen ist die Teilnahme an internationalen Messen und Ausstellungen. Dort informieren sich die Exportmanager über neue Trends am Markt und das Angebot der Wettbewerber. Außerdem nutzen sie diese und auch die Reisen in die einzelnen Ländermärkte zu Besuchen in Supermärkten und beim Fachhandel, wo sie sich über die allgemeine Marktlage, Preise und Produktspektrum der Konkurrenz informieren. Teilweise lassen sich die Exporteure sogar eigene Marktstudien z.B. zur Zielgruppendefinition oder Markenwirkung erstellen.

Im Bereich der Sekundärforschung werden v.a. internationale Fachzeitschriften und Statistiken analysiert. Die beiden Exportorganisationen Viñas de Chile und Chilevid veröffentlichen regelmäßig Exportstatistiken, in denen u.a. die Exportmenge jedes chilenischen Exporteurs und dessen Durchschnittspreis angegeben werden. An diesen Informationen lassen sich die Basisstrategien der Konkurrenzunternehmen ablesen und eventuelle Änderungen in der eigenen Strategie vornehmen.

4.2.3.2.3 Aufgaben in der Distributionspolitik

Eine der Hauptaufgaben in der Distributionspolitik ist die Auswahl der zu bearbeitenden Ländermärkte. Dazu analysieren die Exportmanager die einzelnen Länder im Hinblick auf ihre allgemeine wirtschaftliche Situation, durchschnittliches Einkommen, Weinkonsum, Import chilenischen Weins und suchen sich entsprechend ihrer Marketingstrategie die Absatzländer aus.

Stehen die zu bearbeitenden Ländermärkte fest, müssen geeignete Importeure gefunden werden, mit denen die Ländermärkte bearbeitet werden können. Dabei gibt es erhebliche Unterschiede im Vorgehen zwischen den verschiedenen Weingütern. Während die Importeure auf große und bekannte Weingüter meist aus Eigeninitiative zukommen, müssen sich die kleineren und unbekannteren Weingüter aktiv um Importeure bemühen. Hierzu steht einerseits mit ProChile eine staatliche Organisation zur Exportförderung zur Verfügung, die Listen mit potenziellen Importeuren bereitstellt. Andererseits können über Handelskammern, Internetrecherchen, Messen und bestehende Kontakte neue

Importeure identifiziert werden. Im Anschluss an erste Kontaktaufnahme, Informationsaustausch und die Versendung von Proben, erfolgt meist ein persönlicher Besuch zum Kennen lernen und gegenseitigen Abgleich der Geschäftsstrategien.[370] Für die Weingüter ist vor allem wichtig, dass der Importeur im ausgewählten Marktsegment auch tatsächlich die zugesagte Menge absetzen kann, während für den Importeur wichtig ist, dass er den Wein in gleich bleibender Qualität und in ausreichender Menge zu einem wettbewerbsfähigen Preis erhält. Der Abgleich der gegenseitigen Erwartungen und Fähigkeiten ist besonders wichtig, da es nur dann zu einer erfolgreichen langfristigen Zusammenarbeit kommen kann, wenn die beiderseitigen Erwartungen erfüllt werden. Ist die Zusammenarbeit nicht erfolgreich und die Geschäftspartner trennen sich voneinander, wird das Weingut so lange nichts absetzen bis es einen neuen Importeur gefunden hat. Und der Importeur verliert die Investitionen, die er bereits in die Marke unternommen hat.

Haben sich die Geschäftspartner auf eine Zusammenarbeit verständigt, werden manchmal direkt langfristige Verträge abgeschlossen, in denen Exklusivvertriebsrechte, Mindestabsatzmenge und Dauer der Zusammenarbeit festgelegt werden. Andere Weingüter arbeiten zuerst einmal probeweise mit dem neuen Importeur zusammen. Sie schicken dem Importeur die ersten Weine und Verkaufsmaterialien. Ist dieser Versuch erfolgreich, setzt man die Arbeit fort.

Mit den bestehenden Importeuren finden jährlich Planungsrunden statt, in denen diese ihren Planabsatz für das kommende Jahr angeben. Der Exportmanager gleicht die Daten aller Importeure ab und teilt die vorhandenen Mengen zu. Bei einer Bestellung prüft er, ob die Bestellung noch im Budget dieses Importeurs ist. Weiterhin überwacht er während des Jahres die Absatzmengen der Importeure und verteilt eventuell zwischen ihnen um. Der Exportmanager ist Ansprechpartner für alle Fragen des Handels und überwacht auch die Abwicklung der Aufträge.

4.2.3.2.4 Aufgaben in der Kommunikationspolitik

Auch wenn die Importeure in den Absatzländern einen wesentlichen Anteil der Kommunikation übernehmen, kommt der Kommunikationspolitik eine

---

[370] In seltenen Fällen arbeiten Weingüter auch mit unbekannten Importeuren zusammen. Dann werden die Geschäfte allerdings unter besonderen Sicherheitsmaßnahmen, wie z.B. Vorauskasse abgewickelt.

hohe Bedeutung zu. Die Exporteure übernehmen die allgemeine Vermarktung des Weingutes und koordinieren die Aktivitäten in den einzelnen Ländermärkten.

Eine der Hauptaufgaben für die Marketing- und Exportmanager ist die Zusammenarbeit mit länderübergreifenden Weinpublikationen. Dort werden Anzeigen geschaltet oder Artikel und Nachrichten über das Weingut oder einzelne Produkte veröffentlicht. Um entsprechenden Platz in einer Publikation zu erhalten, kaufen die Weingüter entweder die Artikel oder sie laden die Journalisten zu einem Besuch ein, über den diese anschließend berichten. Teilweise organisieren die Weingüter auch spezielle Events nur für Journalisten, z.B. bei der Vorstellung von neuen Weinen.[371]

Die Arbeit mit den Publikationen hat einen hohen Stellenwert innerhalb der Kommunikationspolitik, da die Weinzeitschriften vielen Endkunden als Referenzpunkt beim Weinkauf dienen. Für sie stellen die Weinzeitschriften eine unabhängige und vertrauenswürdige Informationsquelle im komplexen Weingeschäft dar.[372] Da die Publikationen meist über eine hohe Reichweite verfügen, wirken sich sowohl positive als auch negative Nachrichten nachhaltig auf die Verkäufe aus. Die Bedeutung des Weinjournalismus steigt dabei parallel mit der Weinqualität. Im oberen Qualitätssegment hat die Fachpresse eine besondere Bedeutung, da die geringen Volumina bei Spitzenwein keine intensive anderweitige Bewerbung der Produkte erlauben. Stattdessen werden Journalisten zu Verkostungen eingeladen, über die sie berichten. Bei einer guten Bewertung ist meist kein weiteres Marketing mehr notwendig, um die geringen zur Verfügung stehenden Mengen des Spitzenweins abzusetzen.

Eine weitere wichtige Aktivität im Rahmen der Kommunikationspolitik ist die Teilnahme an Weinwettbewerben. Gewinnt ein Wein eine Medaille bei einem renommierten Wettbewerb, hat dies ähnliche Wirkung auf die Verkäufe wie eine Veröffentlichung, nicht zuletzt, weil die Weinpublikationen darüber berichten.[373] Aber auch ohne Publikation ist eine Medaille ein wichtiges Ver-

---

[371] Weinjournalismus hat einen so hohen Stellenwert, dass die Weingüter genauso um geschriebene Artikel im Wettbewerb stehen wie um Kunden. Vgl. Spawton, T. (1990a), S. 22.

[372] Vgl. Duhan, D.F. et al (1999), S. 46.

[373] Weinwettbewerbe sind speziell für kleinere Weingüter ein interessantes, da vergleichsweise günstiges Werbemittel. Vgl. Riesco, J.M. (2002), S. 45; Aguayo, M. (2002a), S. 90.

kaufsargument, da sie auf die Etiketten gedruckt werden und den Wein so besonders hervorheben. Sie liefern sowohl dem Importeur als auch dem Endverkäufer zusätzliche Verkaufsargumente. Die Aufgabe der Weingüter ist die Auswahl der Weinwettbewerbe, die Organisation der Teilnahme und, wenn Medaillen gewonnen werden, die Verbreitung der Informationen an alle relevanten Stellen, vor allem an die Importeure.[374]

Eine Unterstützung für die Importeure ist die Entwicklung von Verkaufs-, Merchandising- und Promotion-Material. Wichtig sind in diesem Zusammenhang insbesondere die allgemeinen Verkaufsmaterialien, die Informationen über das Weingut und die Weine bereitstellen. In wissenschaftlichen Studien wurde festgestellt, dass sich Informationslücken in der Wertschöpfungskette negativ auf die Verkäufe auswirken, da die Kunden Informationen über den Wein und das Weingut zur Reduktion der Risiken bei der Entscheidungsfindung nutzen.[375] Deswegen entwickeln die Weingüter Kataloge mit Beschreibungen des Weingutes und der Produkte. Darüber hinaus entwerfen sie Merchandising-Material, wie z.B. T-Shirts, Baseballmützen und Korkenzieher, welches die Markentreue der Distribuenten und Konsumenten erhöhen soll. Auch die Gestaltung von speziellen Halsetiketten, Tischkarten, Verkaufsständen, Messeauftritten usw. zur Unterstützung der Promotionsaktivitäten der Importeure ist eine Aufgabe der Exportmanager. Bei der Produktion dieser Materialien verfolgen die meisten Weingüter eine Mischstrategie: Einige Materialien produzieren sie selbst um so die geringen Produktionskosten in Chile auszunutzen. Bei anderen Materialien stellen sie lediglich das Design zur Verfügung und überlassen den Importeuren die Produktion. Dies hat den Vorteil, dass das Material von den Importeuren an die Besonderheiten ihres Landes angepasst werden kann, gleichzeitig aber das Design des Weingutes verwendet wird.

Ein weiterer, jedoch unbedeutenderer Teil der Kommunikationspolitik der Weingüter ist die Organisation von Endkunden-Besuchen auf den Weingütern. In der Zwischenzeit bieten viele chilenische Weingüter Touristen die Möglichkeit einer Besichtigung. Aufgrund des niedrigen Bekanntheitsgrades

---

[374] Der Auswahl der Wettbewerbe kommt steigende Bedeutung zu, da es immer mehr Weinwettbewerbe gibt und Wirtschaftlichkeit der Teilnahme, vor allem bezüglich Aufwand und Nutzen, hinterfragt werden muss.

[375] Vgl. Bond-Mendel, G.N./Simintiras, A. (1995), S. 14 ff.

Chiles als Reiseland ist die Bedeutung von Weintourismus als Marketing-maßnahme jedoch noch relativ gering.

Eine höhere Bedeutung dagegen haben die Marketingaktionen der Importeu-re. Organisiert ein Importeur ein Event, dann unterstützt ihn das Weingut bei Vorbereitung und Organisation. Bei besonders wichtigen Aktivitäten, z.b. einer Degustation mit Vertretern der Gastronomie oder der großen Einzelhan-delsketten, ist meist auch ein Vertreter der Weingüter anwesend, gibt Detail-informationen und verleiht durch seine Anwesenheit der Veranstaltung eine besondere Bedeutung.

Wichtig im Rahmen der Kundenkommunikation ist auch die Koordinations-funktion der Exportmanager. Sie haben als einzige einen Überblick über die Aktivitäten der verschiedenen Importeure und koordinieren diese. Sie stim-men die Aktivitäten der Importeure aufeinander ab und informieren diese un-tereinander über erfolgreiche Aktionen, wie z.b. eine besonders gute Bewer-tung in einer nationalen Weinzeitschrift oder bei einem nationalen Weinwett-bewerb. Dadurch erhalten die Importeure immer wieder wichtige Verkaufsar-gumente. Außerdem entwickeln die Exportmanager daraus auch teilweise Vorschläge für das nationale Marketing einzelner Importeure.

Eng damit in Zusammenhang steht die allgemeine Informationspolitik. Die Exportmanager müssen ihre Kunden über neue Entwicklungen bei den Wei-nen und auf dem Weingut informieren. Teilweise geschieht dies auf internati-onalen Messen, auf denen sich die Exportmanager mit bestehenden und po-tenziellen Kunden treffen und das Weingut und seine Produkte präsentieren.

4.2.3.2.5 Aufgaben in der Produktpolitik

Im Bereich der Produktpolitik obliegt dem Marketing die Gestaltung des Pro-duktäußeren, also der Flasche und deren Verpackung. Flasche, Korken, Kap-sel, Etikett und Verpackung müssen dem Wein entsprechend zusammenge-stellt werden.[376] Zentrales Element ist dabei das Etikett. Es ist oft die einzige Entscheidungsgrundlage für den Konsumenten und muss so gestaltet sein, dass es die gewünschte Zielgruppe anspricht. Darüber hinaus muss es den In-halt der Flasche wiedergeben und von den Konsumenten wieder erkannt wer-

---

[376] Je nach Rebsorte und Qualitätsstufe wird das Produktäußere unterschiedlich gestaltet. So werden beispielsweise für qualitativ höherwertigen Wein dickwandigere, schwerere Fla-schen verwendet als für einfachen Wein. Auch das Material der Kapsel unterscheidet sich je nach Qualitätsstufe.

den.[377] Um dies zu gewährleisten, arbeiten die meisten Exporteure mit Agenturen zusammen, die ein konsistentes, zielgruppengerechtes Design für die Flasche und vor allem das Etikett entwerfen. Bezüglich der internationalen Unterschiede gehen die Weinexporteure unterschiedlich vor. Einige Unternehmen, vor allem diejenigen, die eine globale Marke aufbauen wollen, arbeiten in allen Märkten mit dem gleichen Etikett, das sie lediglich an die gesetzlichen Vorschriften anpassen. Dieses ist so gestaltet, dass es die Mehrheit der Konsumenten in den wichtigen Importländern anspricht. Andere Unternehmen, meist die kleineren Weingüter, die nicht über ein entsprechendes Marketingbudget verfügen, ermöglichen den Importeuren eine Anpassung der Etiketten an ihre Länderpräferenzen. Die Veränderungen reichen dabei von leichten farblichen Modifikationen bis hin zur völligen Neugestaltung, wobei diese durch entsprechende Umsatzzahlen gerechtfertigt sein muss. Bei den Zweit- und Eigenmarken werden die Etiketten häufig entsprechend den Wünschen des Importeurs gestaltet. Bei der Gestaltung der Etiketten ist ein enger Abstimmungsprozess zwischen Weingut und Importeur notwendig. Neben gestalterischen Hinweisen beraten die Importeure vor allem bei der Einhaltung der gesetzlichen Vorschriften.

Eine weitere Aufgabe des Marketing innerhalb der Produktpolitik ist die Beratung der Önologen bezüglich der Gestaltung des Weines. Der Marketingmanager kennt den Markt und steht im Kontakt zu den Kunden. Er leitet sein Wissen über aktuelle Trends und das Kundenfeedback an die Önologen weiter und fungiert damit als Vermittler zwischen den Kunden und den eigentlichen Herstellern.

4.2.3.2.6 Aufgaben in der Preispolitik

Im Rahmen der Preispolitik legen die Weingüter die Exportpreise und teilweise auch, in Zusammenarbeit mit dem Importeur, die Verkaufspreise fest. Bei der Festlegung der Preise orientieren sich einige Weingüter an den Preisen der nationalen und internationalen Wettbewerber, da insbesondere im niedrigen Preissegment keine deutlichen Abweichungen von den Preisen der Konkurrenz möglich sind. Die weiteren Bezugspunkte bei der Preisfindung sind je nach Segment unterschiedlich. Bei einfachen Weinen haben v.a. die Kosten hohe Bedeutung. Bei Weinen in den höheren Segmenten spielen eher Qualität und Image eine entscheidende Rolle. Die Preise werden an das gewünschte

---

[377] Vgl. N.N. (2001), S. 26.

Preisimage des Produktes und die gewünschte Positionierung im Markt angepasst. Neben der normalen Preisfindung werden in der Preispolitik auch Sonderpreisaktionen geplant.

Abbildung 27 zeigt zusammenfassend die einzelnen Tätigkeiten innerhalb des operativen Marketing im Weinexport.

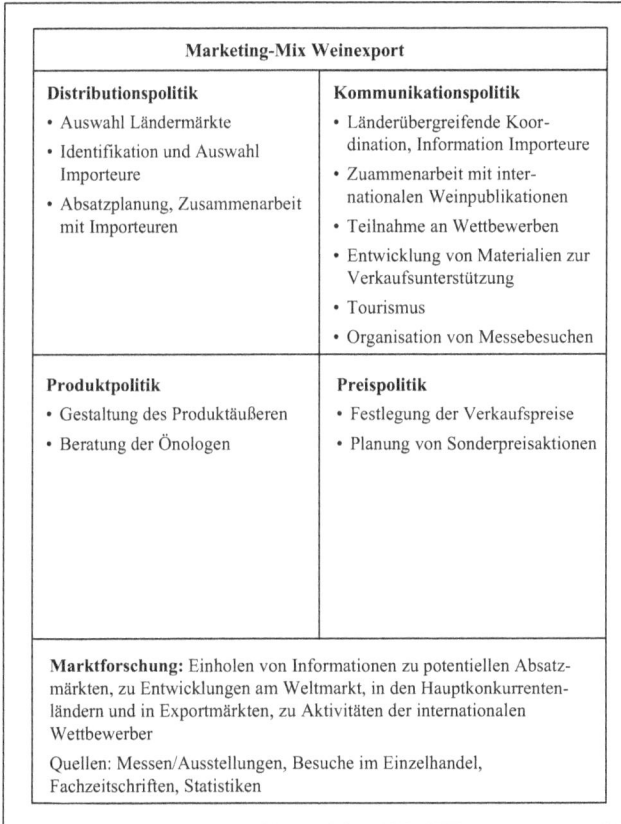

Marketing-Mix Weinexport

Distributionspolitik	Kommunikationspolitik
• Auswahl Ländermärkte • Identifikation und Auswahl Importeure • Absatzplanung, Zusammenarbeit mit Importeuren	• Länderübergreifende Koordination, Information Importeure • Zuammenarbeit mit internationalen Weinpublikationen • Teilnahme an Wettbewerben • Entwicklung von Materialien zur Verkaufsunterstützung • Tourismus • Organisation von Messebesuchen

Produktpolitik	Preispolitik
• Gestaltung des Produktäußeren • Beratung der Önologen	• Festlegung der Verkaufspreise • Planung von Sonderpreisaktionen

Marktforschung: Einholen von Informationen zu potentiellen Absatzmärkten, zu Entwicklungen am Weltmarkt, in den Hauptkonkurrentenländern und in Exportmärkten, zu Aktivitäten der internationalen Wettbewerber
Quellen: Messen/Ausstellungen, Besuche im Einzelhandel, Fachzeitschriften, Statistiken

---

Abbildung 27: Operatives Marketing im Weinexport

4.2.3.2.7 Exportmarketing im Bulkweinsegment

Die oben gemachten Ausführung beziehen sich ausschließlich auf das Flaschenwein-Segment. Neben Flaschenwein exportieren die chilenischen Weingüter aber auch erhebliche Mengen Bulkwein. Im Jahr 2001 hat Bulkwein

immerhin 33% der Exportmenge und 10% der Exporterlöse ausgemacht.[378]
Aufgrund der geringen Marge im Bulkweingeschäft, ist dessen Verkauf jedoch lediglich ein Nebengeschäft für die Weingüter. Hauptziel ist der Abbau
von Lagerüberschüssen. Entsprechend wird auch nahezu kein internationales
Marketing betrieben. Viele der Weingüter greifen im Bulkhandel auf Broker
und Händler zurück, die den Handel abwickeln. Exportieren die Weingüter
den Wein selbst, so beschränkt sich die Tätigkeit der Exportmanager auf die
Versendung von Proben, die Aushandlung der Preise und Lieferkonditionen
und den Versand der Ware. Weiterführende Tätigkeiten sind zum Einen im
Bulkhandel überflüssig, da es sich um einen Rohstoffmarkt handelt, und werden zum Anderen von den Weingütern abgelehnt, da sie weder Zeit noch finanziellen Aufwand in den Bulkweinexport investieren wollen. Entsprechend
nimmt der Bulkweinhandel auch in den weiteren Ausführungen nur eine untergeordnete Rolle ein. Er wird lediglich dann erwähnt, wenn das Internet
speziell im Bulkweinsegment zur Anwendung kommt.

4.3 Internet-Marketing und dessen Auswirkungen im chilenischen Weinexport

In der chilenischen Weinindustrie schwankt die Internetnutzung im Exportmarketing stark. Während einige Unternehmen das Internet sehr intensiv nutzen, gibt es auch Weingüter, die über keine eigene Webseite verfügen. So haben lediglich 70% Prozent (54 Unternehmen) der untersuchten Weingüter eine funktionierende Webseite und davon sind einige sehr einfach gestaltet. Im
Folgenden werden Internetnutzung, Nutzungsintensität, Gründe für Nut-
zung/Nichtnutzung und Auswirkungen des Interneteinsatzes in der chilenischen Weinindustrie vorgestellt.

4.3.1 Internet-Marketing in der Marktforschung

Im Rahmen der Marktforschung wird das Internet in der chilenischen Weinindustrie verhältnismäßig häufig eingesetzt. Dabei ist allerdings ein großer
Unterschied zwischen der Primär- und der Sekundärforschung festzustellen.
In der Sekundärforschung kommt das Internet wesentlich häufiger zum Einsatz, weshalb diese auch zuerst vorgestellt wird.

---

[378] Eigene Berechnung auf Basis von Viñas de Chile (2002a).

4.3.1.1 Internet-Marketing in der Sekundärforschung

Die Exportmanager nutzen das Internet intensiv zur Informationsrecherche. Allgemeine Marktinformationen sind in Newslettern und auf Webseiten bekannter internationaler Weinpublikationen verfügbar. Dort erfahren die Exportmanager Neuigkeiten über aktuelle Entwicklungen auf dem internationalen Weinmarkt, wie z.b. Umfang und Qualität der Ernte in anderen Ländern, bei den Preisen und im Weinmarketing. Anhand dieser Informationen kann die eigene Exportstrategie angepasst werden.

Ein anderes Einsatzgebiet des Internet in der Sekundärforschung ist die Erschließung neuer Märkte. Die Exportmanager recherchieren Informationen über potenzielle Absatzmärkte. Zum Einen holen sie allgemeine Marktinformationen, wie Einkommen, Einwohnerzahl, Weinkonsum, Konsumpräferenzen und sonstige Statistiken über die zu erschließenden Ländermärkte ein. Quellen für diese Informationen sind die Webseiten von Informationsdiensten (z.b. Handelskammern) und der chilenischen Botschaften in den jeweiligen Ländern. Zum Anderen suchen sie anhand von Suchmaschinen oder den Online-Ausgaben von Branchenverzeichnissen konkret nach Importeuren. Je nach Entwicklungsstand und Sprache des Landes gestaltet sich die Suche unterschiedlich schwierig. Nach Aussage einiger Exportmanager finden sich jedoch immer relevante Informationen, die zumindest bei der weiteren Suche unterstützen.

Verfügen die Exportmanager über erste Informationen zu Importunternehmen, dann nutzen sie das Internet, um sich weiter über diese Unternehmen zu informieren. Hauptinformationsquelle sind die Webseiten der Unternehmen selbst. Die Exporteure verschaffen sich anhand von Aufbau, Gestaltung, Inhalt und Aktualität der Webseite einen Eindruck vom Unternehmen, wobei dieser unterschiedliche Auswirkungen hat. Für einige ist er lediglich ein weiterer Baustein des Gesamteindruckes. Für andere hingegen ist die Webseite Entscheidungsgrundlage dafür, ob das Unternehmen als Handelspartner in Frage kommt.

Eine andere Vorgehensweise bei der Identifikation interessanter Importeure ist die Analyse der Webseiten der Wettbewerber. Einige wenige Exportmanager analysieren die Distribuentenangaben auf den Webseiten der direkten, (inter-)nationalen Konkurrenz und sprechen diese Distribuenten dann gezielt an. Diese Vorgehensweise hat den Vorteil, dass sie die Ansprache interessanter Importeure sicher stellt. Bei diesen Importeuren ist die Präsentation der eigenen Produkte in einer passenden Produktpalette gewährleistet.

Ein drittes Einsatzfeld bei dem das Internet häufig zum Einsatz kommt, ist die Beobachtung der Konkurrenz. Dazu werden die Webseiten der nationalen und internationalen Konkurrenz analysiert. Die erhobenen Informationen geben Hinweise auf die Strategie der Konkurrenten, neue Produkte und deren Internetengagement. Diese Informationen fließen in die eigene Strategiefindung ein. Da sich Preisinformationen selten auf den Webseiten der Konkurrenz finden, analysieren manche Exportmanager die Webseiten von Supermarktketten oder Einkaufsmonopolen und erhalten so ein Bild über die Preise anderer Weingüter. Anhand der Einzelhandelspreise können sie auf die Verkaufspreise der Konkurrenz schließen und gegebenenfalls ihre eigene Preisstrategie anpassen.

Von den oben genannten Bereichen wird das Internet am häufigsten zur Beschaffung allgemeiner Marktinformationen verwendet. Auch die Suche nach Informationen über neue Ländermärkte wird relativ häufig durch das Internet unterstützt. Zur Identifikation von Importeuren allerdings setzen weniger Unternehmen das Internet ein. Manche Exportmanager halten das Internet für ungeeignet für die Importeurssuche und bevorzugen den persönlichen Kontakt z.B. auf Messen. Auch was die Nutzung des Internet für die Beschaffung von Konkurrenten- und Marktinformationen angeht, vertreten einige Exportmanager die Meinung, dass diese Informationen einfacher und schneller in der realen Welt, z.b. bei Supermarktbesuchen auf Auslandsreisen, zu erfassen sind. Außerdem wird kritisch angemerkt, dass die Informationssuche viel Zeit beansprucht und viele Informationen im Internet nicht mehr kostenlos zu erhalten sind.

Diejenigen Unternehmen jedoch, die das Internet im Rahmen der Sekundärforschung einsetzen, realisieren eine Vielzahl von Vorteilen. Durch den Einsatz des Internet verbessern sie ihre Informationsbasis wesentlich. Während früher Informationen mühsam und bruchstückhaft durch die Analyse von Zeitungen, auf Reisen oder in Gesprächen mit Geschäftspartnern gesammelt wurden, können sie heute einfach im Internet abgerufen werden. Dadurch sind die Informationen schneller verfügbar, aktueller und kompletter. Außerdem stehen insgesamt mehr Informationen zur Verfügung, da mehr verschiedene Quellen ausgewertet werden können. Teilweise haben die Exportmanager heute Zugang zu Informationen, die sie früher nicht erhalten konnten.

Die verbesserte Informationsbasis der Exportmanager bringt eine Reihe indirekter Effekte mit sich. Durch aktuelle und schnelle Informationen zu Marktentwicklungen haben die Unternehmen die Möglichkeit, proaktiv zu handeln.

So können sie z.b. bei Veränderungen der Erntemengen in wichtigen Konkurrentenländern frühzeitig ihre Preise oder die Produktpalette anpassen. Auch bei der generellen Strategiefindung unterstützen die Informationen, hier vor allem die Informationen über die Konkurrenten. Die Exportmanager sind über Aktivitäten der Konkurrenz besser informiert und können deren Aktivitäten (z.B. die Etiketten) nachahmen oder weiterentwickeln, was oft v.a. kleineren Unternehmen mit geringerer Personalkapazität zugute kommt.

Zitat: „Man weiß, was sie [die Konkurrenten, Anm. des Verfassers] machen, was sie darstellen wollen, was man kopieren kann." ic_a[379]

Außerdem hat die bessere Informationsbasis positive Auswirkungen auf die Kundenbeziehungen. Aus der Vielzahl der Informationen können Verkaufsargumente abgeleitet und den Importeuren zur Verfügung gestellt werden, was deren Arbeit unterstützt. Ein weiterer Vorteil ist, dass sich die Unternehmen dem Importeur kompetenter präsentieren können und weniger Informationen von diesem einfordern müssen, was teilweise zu Irritationen in den Beziehungen geführt hat.[380]

Zitat: „Früher haben wir die Informationen über die Preise der Konkurrenz vom Kunden erbeten, da hat er sich kontrolliert gefühlt. Heute machen wir es kurz selbst." ic_a

Zitat: „Ich habe heute mehr Informationen, um mit dem Kunden zu reden, und ich kann ihm die Informationen zur Verfügung stellen, das erleichtert seine Arbeit. Informationen, wie der Markt in einem Land funktioniert, sind der Schlüssel zum Erfolg." ic_b

Weiterhin sparen die Exportmanager durch das Internet Zeit. Die Marktforschung läuft wesentlich effizienter ab. So erhalten sie beispielsweise durch die Personalisierungsmöglichkeiten der Newsletter zielgerichtete Informationen und können auf die Analyse mehrerer Zeitungen verzichten. Dadurch beschleunigt sich der Entscheidungsprozess. Außerdem sinken die Kosten für Reisen und Telefon.

Zitat: „Man spart Zeit, weil man keine Zeitungen lesen muss." ic_c

---

[379] Die Interviewbezeichnungen wurden verschlüsselt um Rückschlüsse auf konkrete Unternehmen zu verhindern. Damit der Leser sich dennoch ein Bild über einzelne Unternehmen machen kann wurden die Zitate mit einem einheitlichen Schlüssel versehen.

[380] Früher wurden die Importeure gebeten, die Preise der Konkurrenz zu recherchieren. Das hat sie misstrauisch gemacht.

Zitat: „Weil ich die Informationen heute früher habe, läuft der Entscheidungsprozess in der Hälfte der Zeit ab." ic_d

Insgesamt betrachtet realisieren die Unternehmen durch die Nutzung des Internet in der Sekundärforschung eine Vielzahl von Nutzeffekten. Einige sprechen von gravierenden Änderungen:

Zitat: „Vor dem Internet war es eine andere Welt." ic_e

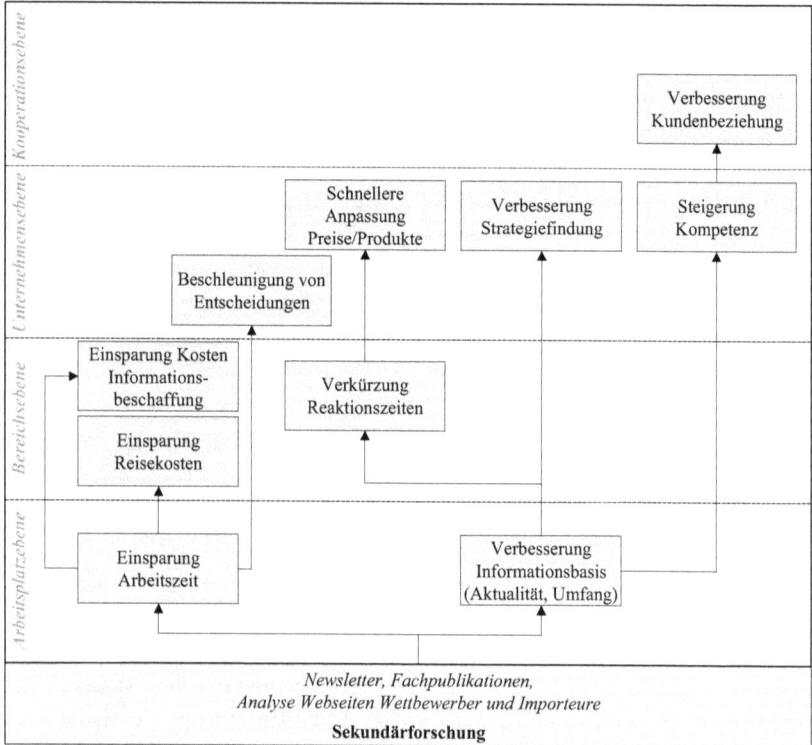

Abbildung 28: Wirkungskette Weinindustrie: Sekundärforschung[381]

---

[381] Bei dieser Wirkungskette handelt es sich um die Aggregation der unternehmensindividuellen Wirkungsketten, die von der Art der Verwendung von E-Mail abhängen. Entsprechend wird es keinem Unternehmen gelingen, alle hier verzeichneten Wirkungen gleichzeitig zu realisieren. Dies gilt auch für alle weiteren Wirkungsketten dieses und des nächsten Kapitels.

4.3.1.2 Internet-Marketing in der Primärforschung

Im Gegensatz zur Sekundärforschung kommt das Internet in der Primärforschung eher selten zum Einsatz. Nur wenige Unternehmen nutzen die Möglichkeit, sich anhand des Internet konkrete Informationen über ihre eigenen Märkte oder Kunden zu beschaffen. Die einzigen Anwendungen, die zumindest von einigen wenigen Unternehmen verwendet werden, sind die Online-Beobachtungen und Online-Befragungen.

Formulare zur Erfassung von Kundendaten, die kleinstmögliche Art der Online-Befragung, bieten immerhin 25 der 54 analysierten Webseiten. Dazu kommen zusätzlich eine Seite mit einem Gästebuch und drei Seiten mit Weinclubs, bei denen ebenfalls Kundendaten erfasst werden. Trotz dieser relativ hohen Zahl an Webseiten, bei denen Kundendaten erfasst werden, wird das Instrument wenig genutzt. Wie in den Interviews deutlich wurde, werden die Daten zwar erfasst, aber in den meisten Unternehmen nicht ausgewertet und damit auch nicht weiter verwendet. Lediglich fünf der Unternehmen verfügen über einen Newsletter und ein (Groß-) Unternehmen plant konkret die Einführung eines solchen, für den die Daten dann verwendet werden.

Ähnlich verhält es sich mit Online-Beobachtungen. Es gibt zwar durchaus eine Reihe von Unternehmen, die Nutzungsstatistiken erstellen (lassen), ausgewertet und systematisch verwendet werden sie aber nur von sehr wenigen Unternehmen. Diese verwenden die Statistiken dann als Grundlage für die Umgestaltung der Webseite, indem uninteressante Seiten eliminiert und interessante Seiten ausgebaut werden.

Umfangreichere Online-Befragungen werden noch seltener durchgeführt. Bei der Webseitenanalyse konnte lediglich ein Unternehmen identifiziert werden, das Befragungen auf der eigenen Webseite durchführt. Im Rahmen der Interviews gab lediglich ein Unternehmen an, in der Zukunft die Durchführung von Befragungen zu planen.

Insgesamt betrachtet ist die Internetnutzung in der Primärforschung sehr gering. Viele Unternehmen kennen die verschiedenen Anwendungen nicht, haben keine Personalkapazitäten oder sehen keinen Sinn in den Anwendungen. Entsprechend wurden in den Interviews auch keine nennenswerten Nutzeffekte genannt.

4.3.2 Internet-Marketing in der Distributionspolitik

In der Distributionspolitik kommen einzelne Anwendungen intensiv zum Einsatz, während sich andere im Weinexport als unpraktikabel erweisen. Die Vor- und Nachteile der einzelnen Instrumente werden in den nächsten Abschnitten vorgestellt.

4.3.2.1 Online-Shops und Electronic Malls

B2C-Shops und Electronic Malls kommen im chilenischen Weinexport nicht zum Einsatz. Zum Zeitpunkt der Erhebung verfügte kein Weingut über einen Online-Shop für internationale Endkunden. Die größten Hinderungsgründe sind die Transportkosten und die spezielle Handhabung. Flaschenwein ist schwer und bedarf beim Transport besonderer Vorsicht, damit die Flaschen nicht zu Bruch gehen. Weiterhin liegt Chile geografisch sehr weit von den Hauptkonsumentenländern entfernt. Um eine schnelle Lieferung der Ware zu gewährleisten, müssten die Weine per Flugzeug verschickt werden, was jedoch sehr teuer ist. Abhängig von der Dicke des Glases kostet die Luftfracht einer 6-Flaschen-Kiste etwa 50 US-Dollar und liegt damit im Verhältnis zum Wert der meisten Weine unwirtschaftlich hoch. Verzichtet man auf Luftfracht, dann steigt die Transportzeit wesentlich, so dass der Shop gegenüber nationalen/lokalen Anbietern nicht mehr konkurrenzfähig ist. Außerdem sind auch hier aufgrund der geringen Versandmenge die Transportkosten zu hoch. Ein Ausweg aus dieser Problematik wäre die Einrichtung eines Lagers in den Zielmärkten, z.B. ein Zentrallager in Europa, von dem aus die Waren versendet werden. Die dafür erforderlichen Investitionen sind jedoch, wenn überhaupt, nur für große Weinunternehmen tragbar.

Jedoch auch bei Verfügbarkeit eines zentralen Lagers würden sich für die Weingüter große Schwierigkeiten ergeben. Wie in Abschnitt 4.2.3.1.1 beschrieben, bestehen teilweise große Unterschiede zwischen den einzelnen nationalen Weinmärkten. Jedes Land hat eigene Gesetze zu Einkauf, Vermarktung, Vertrieb und Etikettgestaltung, die bei der Gestaltung eines B2C-Shops berücksichtigt werden müssten. Bei Existenz eines Zentrallagers müssten die aktuellen (!) Etiketten für alle Weine und alle Zielmärkte bevorratet und die Flaschen entsprechend der Bestellungen einzeln etikettiert werden, was sehr aufwändig und teuer wäre. Die unterschiedliche Besteuerung und die landesspezifischen Transportkosten würden die Gestaltung eines solchen Shops zusätzlich komplizieren. Weiterhin müssten die Weingüter für die verschiedenen Ländermärkte selbständig (ohne Unterstützung des Importeurs) Marktforschung und Werbung betreiben, was viele Weingüter überfordern würde.

Die Weingüter verzichten auf die Einrichtung eines B2C-Shops auch aus dem Grund, weil sie damit ihre Importeure kannibalisieren würden. Auf die Importeure kann jedoch nicht verzichtet werden, da das Internetgeschäft in vielen Ländern noch viel zu gering ausgeprägt ist und die Importeure das gesamte Geschäft in den Zielmärkten abwickeln.

Um die oben angesprochenen Probleme zu umgehen, hatten drei der befragten Weingüter eine besondere B2C E-Commerce-Strategie entwickelt. Zum Zeitpunkt der Befragung planten sie die Umsetzung eines B2C-Shops in Zusammenarbeit mit ihren Importeuren. Geplant war, auf die Shop-Seite des Importeurs zu verlinken und so den Kunden die Möglichkeit zu geben, bequem von zu Hause aus zu bestellen. Importeuren, die noch nicht über einen Online-Shop verfügten, sollte die entsprechende Software vom Weingut zur Verfügung gestellt werden. Auf diese Art und Weise könnten die Weingüter alle oben genannten Probleme umgehen. Die Kannibalisierung der Importeure wäre ausgeschlossen. Die Importeure hätten sogar die Möglichkeit, Zusatzumsatz zu realisieren. Auch die logistischen, rechtlichen und marketingtechnischen Probleme wären so umgangen worden. Trotz dieser Vorteile hat bisher keines der Weingüter die Strategie in nennenswertem Umfang umgesetzt. Lediglich eines bietet auf seiner Webseite Kunden aus Argentinien den Einkauf an. Im Shop ist allerdings nicht zu erkennen, ob die Abwicklung aus Chile oder durch einen Importeur in Argentinien erfolgt.

In der Einrichtung eines B2B-Shops, in dem jeder interessierte Importeur einkaufen kann, sehen die befragten Weingüter keinen Sinn, da sie persönliche Kontakte und eine persönliche Zusammenarbeit mit den Importeuren bevorzugen.

4.3.2.2 Marktplätze

Wie in vielen anderen Industrien sind auch in der Weinindustrie im Zuge der E-Business Euphorie zahlreiche Marktplätze entstanden.[382] Dazu gehören unter anderem Wineryexchance (www.wineryexchange.com), World Wine Trade (www.worldwinetrade.com) und Wine Trade Exchange, (www.winetradeexchange.com). Von all diesen Marktplätzen existieren heute

---

[382] Vgl. Coggan, M. (2000), S. 1; Dempsey, C. (2000), S. 1f; Gebauer, J./Ginsberg, M. (2001), S. 11.

nur noch wenige, teilweise mit veränderter Geschäftsstrategie. Einer der Gründe für den geringen Erfolg der Marktplätze liegt in der mangelnden Akzeptanz bei den Akteuren. Trotz der vielen potenziellen Nutzeffekte der Marktplatznutzung, wie z.b. Einsparung von administrativen Kosten und größere Auswahl, stehen viele Manager der Weinindustrie dem neuen Medium skeptisch gegenüber und bevorzugen die Abwicklung der Geschäfte durch persönliche Kontakte.[383] Marktplätze sind ihnen zu anonym. Außerdem haben sie Sicherheitsbedenken, mit jemandem Handel zu betreiben, den sie nicht persönlich kennen gelernt haben.

Diese Bedenken und Vorbehalte teilen viele chilenische Exportmanager, weshalb nur sehr wenige von ihnen Internetmarktplätze und deren Sonderformen nutzen. Außerdem sind sie der Ansicht, dass insbesondere Flaschenwein nicht über Marktplätze vertrieben werden kann, da es sich um ein spezielles (Marken-) Produkt handelt, das durch entsprechende Marketingmaßnahmen beworben und vermarktet werden muss. Die Exportmanager befürchten, beim Handel über Marktplätze die Kontrolle über den weiteren Vertriebsweg zu verlieren. Außerdem ist nach Ansicht der Exportmanager der persönliche Kontakt notwendig, um einen Einblick in die Funktionsweise des jeweiligen Ländermarktes zu erhalten und damit der Importeur einen wirklichen Anreiz hat, den Wein zu vertreiben. Ein weiteres Argument ist, dass niemand in größeren Mengen Wein kaufen würde ohne ihn vorher probiert zu haben, was vor allem bei chilenischem Wein wegen des noch geringen Bekanntheitsgrades ein Hindernis ist. Zusätzliche Hinderungsgründe sind mangelnde Kenntnisse im Umgang mit Marktplätzen, Vorbehalte bezüglich der abgewickelten Transaktionsmengen (zu kleine Mengen mit zu hohen Transportkosten) und Zweifel an der Möglichkeit, neue Importeure über das Internet zu finden.

Trotz der Vorbehalte haben sich einige der Weingüter bei Marktplätzen, vor allem bei Global Wine & Spirits (www.globalwinespirits.com, GWS), registriert. Global Wine & Spirits ist auf Betreiben des kanadischen Alkoholmonopols SAQ in Quebec entstanden. SAQ hat sein Einkaufsmanagement komplett auf elektronische Abwicklung umgestellt und gemeinsam mit verschiedenen Partnern einen internationalen Marktplatz entwickelt. Alle Handelspartner von SAQ sind nun gezwungen, ihre Geschäftstransaktionen mit SAQ elektronisch über die Plattform (www.saq-b2b.com) abzuwickeln. GWS ist der offene Teil der Plattform, auf dem jedes (beitragspflichtige) Mitglied, seine Wa-

---

[383] Vgl. Coggan, M. (2000), S. 1.

ren anbieten oder Gebote aufgeben kann. Der Marktplatz unterstützt alle Phasen des Handelsprozesses.

Im Zuge der Umstellung auf die elektronische Handelsplattform wurde als Werbemaßnahme die Mitgliedschaft in Global Wine & Spirits kostenlos angeboten. So sind einige chilenische Weingüter, Lieferanten von SAQ und auch andere Interessierte, Mitglied bei Global Wine & Spirits geworden und konnten Erfahrungen mit dem Marktplatz sammeln. Sowohl die Erfahrungen mit GWS als auch frühere Erfahrungen mit anderen Marktplätzen waren allerdings eher enttäuschend. Keines der besagten Unternehmen konnte nennenswerte Geschäfte durch GWS abschließen. Einige haben auf ihr Angebot hin nicht eine einzige Anfrage erhalten. Ein Unternehmen erhielt zwar eine Anfrage, konnte sich mit dem Handelspartner dann aber nicht über den Preis einigen. Lediglich zwei Unternehmen haben konkrete Bestellungen erhalten (einmal von SAQ, einmal über GWS), wobei in einem Fall das Fax mit der Bestellung schneller ankam als die E-Mail. Von technischen Hindernissen berichtet auch ein anderes Weingut. Einen Monat, nachdem es Mitglied bei Global Wine & Spirits geworden war, wollte es die Plattform nutzen, was jedoch wegen technischer Probleme nicht möglich war.

Außerdem haben die Exportmanager Schwierigkeiten bei der Nutzung der Marktplätze. Einige merken an, dass die Handhabung der Marktplätze unpraktisch (spezielle Artikelnummern bei GWS) und kompliziert (eigene Eingaben sind unauffindbar) ist und dass die Einrichtung der Seiten zu lange dauert. Viele haben keine Zeit, sich detailliert in die Funktionsweise der verschiedenen Module einzuarbeiten.

Auch die Möglichkeit, auf Anfragen von Importeuren zu antworten, wurde kritisch beurteilt, da zum damaligen Zeitpunkt nur wenige Anfragen gestellt wurden und einige davon offensichtlich unseriös waren. So berichtet ein Exportmanager beispielsweise von einer Anfrage eines mexikanischen Händlers, der weder Name noch Preisvorstellungen angab, was im Weinhandel sehr unseriös ist. Außerdem geben manche Exportmanager an, keine Zeit zu haben, die Anfragen durchzusehen. Aufgrund der negativen Erfahrungen stehen einige Unternehmen einer weiteren Nutzung von GWS sehr kritisch gegenüber. Vor allem ab dem Zeitpunkt, ab dem Mitgliedsbeiträge erhoben werden sollen, wollen einige Exportmanager die Mitgliedschaft einer kritischen Prüfung unterziehen:

Zitat:„Wenn es kostenlos schon nichts bringt, dann bringt es bezahlt noch weniger.“ic_f

Lediglich eines der befragten Unternehmen hat gute Erfahrungen bei der Nutzung von Marktplätzen gemacht. Bei diesem Unternehmen handelt es sich um einen Zwischenhändler (Negociante), der verschiedene Bulkweine von den Weingütern aufkauft, daraus seine eigene Mischung herstellt und diese am internationalen Markt wieder als Bulkwein verkauft. Dieser Händler hat in der Vergangenheit mit World Wine Trade (WWT, siehe oben), einem internationalen Marktplatz für Bulkwein, zusammen gearbeitet und insgesamt vier Geschäfte über diesen Marktplatz abgewickelt. Bei den Geschäften wurden keine sehr großen Volumina abgesetzt, aber es ist gelungen, zusätzlichen Umsatz zu machen. Aufgrund des Konkurses von World Wine Trade arbeitet das Unternehmen mittlerweile auch mit GWS zusammen. Da die Zusammenarbeit noch neu ist, können noch keine Aussagen bezüglich des Erfolges getroffen werden. Grundsätzlich ist das Unternehmen der Nutzung von Marktplätzen gegenüber positiv eingestellt und wird GWS weiterhin nutzen.

Zitat: „Durch World Wine Trade haben wir neue Klienten gefunden und neue Märkte erschlossen, was ohne WWT so nicht funktioniert hätte. ... Marktplätze können ein sehr guter zusätzlicher Verkaufskanal sein. Wenn es bei anderen Produkten funktioniert, weshalb sollte es dann bei Wein nicht funktionieren? Wir werden weiterhin Marktplätze nutzen, da alles was beim Verkauf helfen kann, willkommen ist." ic_g

Ein Grund für die unterschiedlichen Erfahrungen der Unternehmen ist, dass die Unternehmen verschiedene Produkte über Marktplätze vertreiben wollten. Während die oben genannten Erfahrungen hauptsächlich von Weingütern stammen, deren Kerngeschäft Flaschenwein ist, handelt es sich bei dem letztgenannten Unternehmen um einen Bulkweinhändler. Nach Einschätzung verschiedener Exportmanager haben Bulkwein-Marktplätze größere Erfolgschancen als Marktplätze für Flaschenwein, da es sich bei Bulkwein um einen weitestgehend standardisierten Rohstoff handelt, der keiner weiteren Vermarktung bedarf und bei dem die Unternehmen keine Kontrolle über den weiteren Vertriebsweg beanspruchen. Flaschenwein hingegen ist ein komplexes Markenprodukt, das intensive und langjährige Betreuung erfordert.

Da sich die meisten chilenischen Weingüter jedoch auf Flaschenwein fokussieren, wird die Nutzung von Marktplätzen und deren Sonderformen in der chilenischen Weinindustrie auf absehbare Zeit gering bleiben. Dies gilt auch für Bulkwein. Für die meisten Weingüter ist Bulkweinhandel nur ein Nebengeschäft, das sie schnell und aufwandsarm, am besten über Broker oder Händler, abwickeln wollen. Viele Exportmanager wollen nur dann Marktplätze nutzen, wenn sie von ihren Kunden dazu gezwungen werden, so wie dies bei SAQ der Fall ist.

Eine Änderung dieser Entwicklung ist nur dann zu erwarten, wenn von Seite der internationalen Konkurrenz aus ein Umdenken stattfindet. Ein zaghaftes Umdenken der Weinindustrie deutet sich bereits in den im Januar 2004 bei GWS verzeichneten Angeboten an. In immerhin 204 aktuellen Angeboten (aus den letzten 30 Tagen) boten hauptsächlich europäische Anbieter ihre Alkoholika an, wobei der Großteil der Angebote Flaschenwein betraf.[384] Die Mehrzahl der Angebote kam aus Italien und Frankreich, während aus Chile kein einziges Angebot dabei war. Eventuell ändern die chilenischen Weingüter ihre Einstellung gegenüber Marktplätzen, wenn Konkurrenten aus anderen Ländern das Instrument erfolgreich nutzen.

4.3.2.3 Extranet und Downloadbereich

Die Zusammenarbeit mit den bestehenden Importeuren ist eine aufwändige und wichtige Aufgabe der Exportmanager. Dementsprechend nutzen einige Unternehmen gerade in diesem Bereich Internetanwendungen. Immerhin 11 der 54 analysierten Webseiten verfügen über ein Extranet oder über einen Bereich, aus dem Unterlagen heruntergeladen werden können.[385] Zusätzlich wurde in den Interviews deutlich, dass mehrere Unternehmen gerade an der Einrichtung eines Extranet arbeiten bzw. die Einrichtung eines solchen planen.[386]

Die Ausgestaltung der Extranets und Downloadbereiche unterscheidet sich teilweise erheblich. Die Unternehmen stellen ihren Kunden ganz unterschiedliche Funktionalitäten zur Verfügung. Weit verbreitet ist die Bereitstellung von Unterlagen zur Herstellung von Werbe- bzw. PR-Materialien. Darüber hinaus stellen die Unternehmen Fotos, Videos, Beschreibungen des Gutes und der Weine, das Unternehmenslogo, aktuelle Nachrichten, Etiketten, Pressein-

---

[384] Darüber hinaus waren 57 Anfragen von Händlern aus der ganzen Welt, z.B. aus Indien, Korea, Taiwan und den Vereinigten Arabischen Emiraten verzeichnet.

[385] Im Gegensatz zum Extranet, bei dem jeder Importeur einen eigenen Zugang hat, haben die Download-Bereiche keine Zugangsverwaltung oder nur einen einheitlichen Zugang für alle Importeure gemeinsam. In diesen Bereichen können also nur allgemeine jedoch keine importeursspezifischen Informationen hinterlegt werden.

[386] Allerdings verfügen einige Unternehmen auch über ein Extranet, nutzen es aber nicht aktiv.

fos, allgemeine Weininformationen, gestaltete Werbematerialien usw. zum Download zur Verfügung. Die Importeure können sich herunterladen, was sie aktuell benötigen und daraus ihre eigenen Werbematerialien erstellen. Zusätzlich richten manche Unternehmen den einzelnen Kunden auch individuelle Webseiten (innerhalb des Extranet) ein. In diesen Seiten finden die Importeure Unterlagen wie Preislisten, Bestelllisten, Statistiken, spezielle Sonderangebote und Zahlungsstand. Andere Unternehmen wiederum bieten ihren Kunden die Möglichkeit, anhand einer Software den aktuellen Stand ihrer Bestellung zu verfolgen. In fortgeschrittenen Systemen können die Kunden direkt auf der Webseite Bestellungen für Weine oder auch für Werbematerialien vornehmen.[387] Dafür stellen die Weingüter entsprechende Artikellisten und Formulare zur einfachen Bestellabwicklung bereit. Eine weitere Anwendung, die bisher aber nur bei einem der befragten Weingüter angewendet wird, ist eine Lagerbestandsverfolgung, mit der die Kunden den Lagerbestand des Weingutes einsehen und entsprechend bestellen können. Andere Weingüter planen darüber hinaus, die Warenwirtschaftssysteme zu verknüpfen, was den Exportmanagern die Möglichkeit gäbe, ihre Kunden rechtzeitig auf fehlende Lagerbestände aufmerksam zu machen.

Entsprechend der Fülle der Anwendungen realisieren die Unternehmen auch eine Vielzahl unterschiedlicher Nutzeffekte. Durch die Bereitstellung von Informationsmaterial, sparen die Exportmanager Zeit, in der sie ansonsten das gewünschte Material aufbereiten und den Importeuren zusenden müssten. Dadurch realisieren die Exportmanager eine wöchentliche Zeitersparnis zwischen einer halben und drei Stunden, die nun für andere, höherwertigere Tätigkeiten verwendet werden kann.

Zitat: „Man kann sich jetzt auf wichtigere Dinge konzentrieren, man kann über das Geschäft nachdenken, wie man sich verbessern könnte." ic_a

Außerdem stehen die Materialien den Importeuren auf diese Weise wesentlich schneller zur Verfügung. Früher mussten die Informationen auf CD gebrannt und per Kurier versendet werden, was nach Europa ca. 1 Woche in Anspruch nahm. Durch die Downloadmöglichkeit können die Importeure nun innerhalb von kürzester Zeit über das Material verfügen, wodurch sie schneller und flexibler am Markt agieren können. Der Unterschied wird vor allem in der Zusammenarbeit mit neuen Importeuren deutlich. Während sich früher die An-

---

[387] Diese Bestellmöglichkeiten entsprechen denen eines B2B-Shops, stehen jedoch nur registrierten, also bestehenden Kunden zur Verfügung.

laufphase über ca. ein halbes Jahr erstreckte, haben neue Importeure heute innerhalb weniger Wochen die gesamten Verkaufsmaterialien verfügbar und können so direkt mit dem Verkauf beginnen.

Zitat: „Wenn man früher einen neuen Importeur hatte, dann konnte es sechs Monate dauern, bis die das endgültige Verkaufsmaterial hatten. Durch die Materialien auf der Webseite hat es jetzt geklappt, dass die neuen Importeure in drei Wochen alles fertig hatten, Kataloge, Broschüren, Tischständer, als der Wein angekommen ist, hatten sie schon alles Material und konnten sofort mit dem richtigen Verkauf beginnen. " ic_h

Weiterhin werden durch die Downloadmöglichkeit Versandkosten von CDs/Disketten und in Chile gefertigten Werbematerialien in nicht unerheblicher Höhe eingespart. Der Versand einer CD nach Europa kostet ca. 50 USD, so dass bereits ein sehr kleines Weingut im Laufe eines Jahres eine jährliche Einsparung in Höhe von ca. 500 USD realisiert.

Ein weiterer Vorteil des verbesserten Zugangs zu Informationen und Unterlagen ist die Erstellung eigener Werbematerialien durch die Importeure.[388] Früher wurden die Werbematerialien von den Weingütern für alle Ländermärkte einheitlich, meist in englischer Sprache hergestellt. Diese Materialien wurden den Importeuren zur Verfügung gestellt und mit deren Werbebudget verrechnet. Da die Materialien die Besonderheiten der einzelnen Märkte jedoch kaum berücksichtigten, waren sie ineffektiv und wurden nur zu einem Bruchteil verwendet, wodurch diese Investitionen sehr unwirtschaftlich wurden. Heute sind die Importeure in der Lage, eigene, maßgeschneiderte Werbematerialien in der jeweiligen Landessprache herzustellen, wodurch sich das Image sowohl von Importeur als auch von Weingut wesentlich verbessert hat. In manchen Märkten konnten sogar Umsatzsteigerungen verzeichnet werden. Außerdem ist auch die Rendite der Werbeausgaben höher (geschätzte Renditesteigerung der besseren Materialien: 300%).

Zitat: „Der Umsatz ist durch die besseren Werbematerialien viel höher. Alle Importeure, die seit Bestand der Webseite neu sind, haben viel mehr verkauft als erwartet, sie haben eine Menge bestellt und haben gesagt, dass sie diese Menge in einem Jahr verkaufen können, nach drei Monaten kam dann schon die neue Bestellung. " ic_h

Zitat: „Der Vermarktungsprozess geht schneller, einfacher und hat ein besseres Ergebnis. Das Image unseres Unternehmens hat sich verbessert. " ic_j

---

[388] Ein Weingut plant im kommenden Jahr nur noch die Hälfte des Materials zu drucken.

Doch nicht nur die Werbematerialien sondern auch die anderen Funktionalitäten der Extranets ermöglichen die Realisierung von Nutzeffekten. Besonders vorteilhaft sind Bestellsysteme, die den gesamten Bestellvorgang standardisieren und den Importeuren Produktlisten zur Auswahl anbieten. Dadurch werden Irrtümer bei der Angabe von Artikelnummern und Artikelbezeichnungen vermieden. Mit der elektronischen Übermittlung an das Weingut wird das Problem von schlecht lesbaren Faxen umgangen. Die elektronische Weiterleitung innerhalb des Unternehmens vermeidet Eingabefehler und Doppelarbeit und sichert einen schnellen Produktionsbeginn. Dadurch sparen die Exportmanager Arbeitszeit, der gesamte Bestellprozess wird vereinfacht und die Lieferzeit verkürzt sich, was wiederum zur Folge hat, dass sich der Wettbewerbsnachteil gegenüber der internationalen, v.a. europäischen, Konkurrenz verringert. Außerdem können teilweise erhebliche Kosten eingespart werden. So kommt es ohne Bestellsystem immer wieder zu Missverständnissen bei Bestellung oder Bestellabwicklung, die teure Fehlproduktionen nach sich ziehen und die Beziehung zum Kunden stark belasten können.[389] Die meisten Weingüter lagern den Wein in Stahltanks und Holzfässern und füllen erst bei Bestellung ab. Sofort nach Eingang der Bestellung wird mit der Produktion begonnen, d.h. der Wein in die entsprechende Flasche abgefüllt und mit passenden Korken, Etiketten und Kapseln versehen. Da eine Maschine etwa 7000 Flaschen pro Stunde fertig stellt, werden bei einer fehlerhaften Bestellung innerhalb kürzester Zeit große Fehlmengen produziert. Die notwendige Korrektur führt zu einer unnötigen Verlängerung der Lieferzeit (z.B. Ablösen des Etiketts und Neuetikettierung). Außerdem entstehen erhebliche Kosten, da manchmal sogar die Materialien (Flaschen, Korken usw.) ersetzt werden müssen. Ein Weingut beispielsweise nennt Verluste von ca. 100.000 USD pro Jahr durch Fehlproduktionen.[390] Noch problematischer als die Zusatzkosten ist jedoch, dass der Importeur bei seiner Arbeit behindert wird, was das Verhältnis zwischen Weingut und Importeur erheblich belasten kann.

Zitat: „Der größte Vorteil sind die flüssigen Abläufe." ic_d

---

[389] Im B2B-Bereich ist die Lieferung häufig zeitsensibel, Verzögerungen beim Lieferdatum stören das Verhältnis zum Kunden. Vgl. Leahy, R.G. (2000), S. 1.

[390] Diese Angabe stammt von einem Weingut, das zum Interviewzeitpunkt gerade an der Einführung eines Extranet arbeitete. Daher kann noch keine Aussage getroffen werden, wie hoch die Kosteneinsparungen tatsächlich sein werden. Die Exportmanager erhoffen sich jedoch die vollständige Einsparung der Fehlkosten.

Bei den Unternehmen, die ihren Kunden ein Extranet oder einen Download-bereich anbieten, hat sich das Verhältnis zum Importeur verbessert. Die Zu-sammenarbeit zwischen Weingut und Importeur ist professioneller und inten-siver und die Kundenbindung ist gestiegen. Der Importeur schätzt den Servi-ce, alles zur Verfügung zu haben, was er zum Verkauf benötigt. Dies ist vor allem in Anbetracht des starken Wettbewerbs auf dem Weinmarkt von Bedeu-tung. Wenn der Importeur mit der Zusammenarbeit zufrieden ist, verzichtet er auf weitere chilenische Lieferanten und konzentriert sich auf die Entwicklung der einen Marke, was wiederum dem Weingut zugute kommt.

Zitat: „Durch den Downloadbereich entsteht viel schneller eine bessere Be-ziehung und das ist wichtig, weil der Weinmarkt so atomisiert ist. Ent-weder entsteht von Anfang an eine gute Beziehung zum Importeur oder er sucht sich eine zweite, dritte, vierte Marke und spätestens dann sollte man sich einen neuen Importeur suchen. Bei den Importeuren in Bene-lux ist unser Weingut Nr.1 unter den Chilenen und Nr. 3 unter den Wei-nen der neuen Welt. Dabei hat das Internet viel geholfen." ic_h

---

Unternehmensfallstudie:

Das Extranet eines kleinen Weingutes

Bei dem hier vorgestellten Unternehmen handelt es sich um ein mittelgroßes Weingut, welches das Internet sehr intensiv nutzt. Unter anderem verfügt es über ein Extranet, in dem die Kunden Bestellungen vornehmen, Daten (Wer-bematerial und Unternehmenshandbuch) herunter laden, sich über ihre Preise, Geschäftsabläufe und Produkte informieren können und von Zeit zu Zeit Sonderangebote erhalten.

Durch das Extranet realisiert das Unternehmen zahlreiche Nutzeffekte. Zum Einen erleichtert es die Bestellvorgänge, da es keine Schwierigkeiten mit un-leserlichen Faxen und deren Bestätigung gibt. Weiterhin gewinnt der Export-manager Zeit (ca. 30 Minuten/Woche), die er sonst für die Aufbereitung von Präsentationsmaterialien benötigen würde. Diese Zeit kann er für höherwerti-gere Tätigkeiten verwenden. Die Bereitstellung von Präsentationsmaterialien im Extranet ermöglicht weiterhin die Einsparung von Versandkosten, da die Materialien nicht mehr per Kurier verschickt werden müssen. Für die Impor-teure ist das Extranet ein gutes Verkaufsinstrument, das sich nach anfängli-cher Skepsis immer größerer Beliebtheit erfreut. Alle Informationen, die sie für den Verkauf benötigen, sind ohne lange Lieferzeiten direkt verfügbar. Da-durch identifiziert sich der Importeur stärker mit der Marke, er fühlt sich als *„Herr der Marke"* (Zitat), was sich auch in der Verbesserung der Zusammen-arbeit zwischen den Beteiligten zeigt. Die Geschäftsbeziehung läuft heute auf einem wesentlich professionelleren Niveau; das Weingut ist zum Partner der Importeure geworden.

Zitat: „Weil man regelmäßig Informationen miteinander tauscht, ist man zum echten Partner der Importeure geworden. Das ist ein großer Vorteil.

Dies zeigt sich auch an den Umsatzzahlen. Durch die bessere Zusammenarbeit sind die Absatzmengen erheblich angestiegen, was auch mit einer Verkürzung der Lieferzeit von 9 auf 7 Wochen zusammen hängt (teilweise hervorgerufen durch die Automatisierung der Bestellungen).

Zitat: „In den USA waren wir in 4 Staaten vertreten, in der Zwischenzeit liefern wir in 16 Staaten und benötigten für die Erschließung wesentlich weniger Zeit. Außerdem sind seit der Bereitstellung des Extranet die Verkäufe in diesen Märkten um mindestens 15% angestiegen."

All diese Vorteile summieren sich:

Zitat: „Durch das Internet können wir heute den gleichen Service anbieten wie die großen Unternehmen. Es macht uns diesen ebenbürtig."

Unternehmensfallstudie 1: Das Extranet eines kleinen Weingutes

| Höhere Qualität der Verkaufsmaterialien | | | Höhere Rendite der Verkaufsmaterialien |

(diagram — Wirkungskette)

Kooperationsebene

- Höhere Qualität der Verkaufsmaterialien
- Flexiblere/schnellere Marktbearbeitung
- Schnellere Verfügbarkeit der Verkaufsmaterialien
- früherer Verkaufsbeginn neuer Importeure
- Imagegewinn Importeur
- Höhere Rendite der Verkaufsmaterialien
- Verbesserung Kundenservice

Unternehmensebene

- Umsatzsteigerung
- Umsatzsteigerung Importeur
- Einziger Lieferant
- Imagegewinn Weingut
- Verbesserung Kooperation, Kundenbindung
- Verbesserung Wettbewerbsposition
- Einsparung Kosten Fehlproduktion
- Vermeidung Fehlproduktion
- Verkürzung Lieferzeit

Bereichsebene

- Einsparung Versandkosten
- höherwertige Tätigkeiten
- Vermeidung Doppelarbeit, Eingabefehler

Arbeitsplatzebene

- Einsparung Arbeitszeit

| *Bereitstellung Info-Material* | *Abwicklung Bestellung* | *Verfolgung Lagerbestand* | *Extranet Allgemein* |

Extranet/Downloadbereich

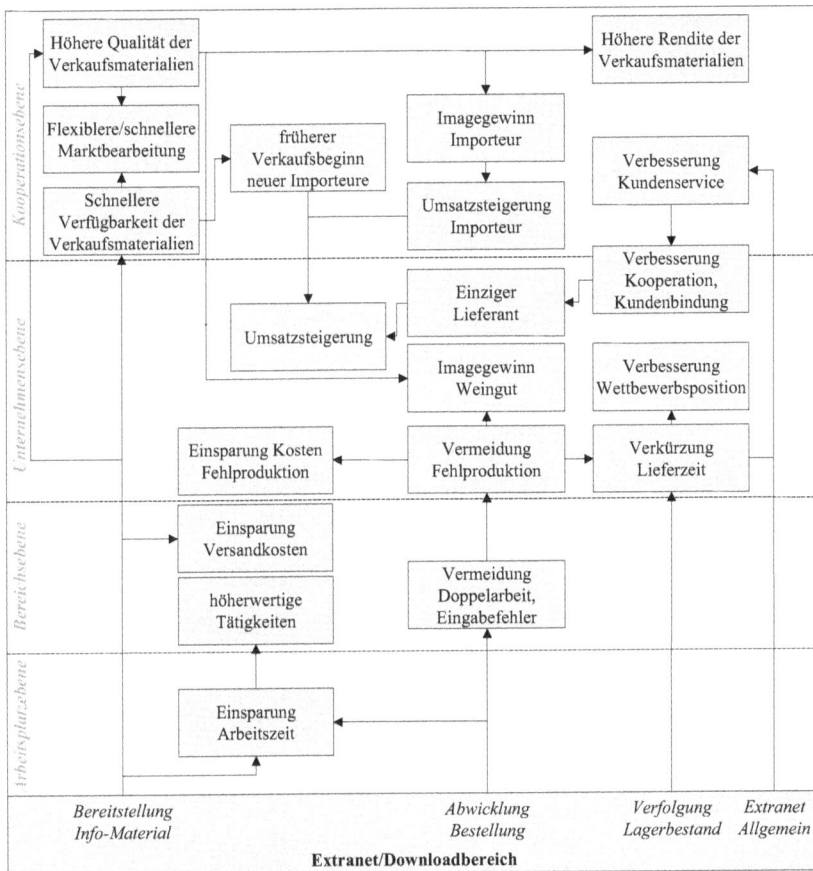

Abbildung 29: Wirkungskette Weinindustrie: Extranet/Downloadbereich

---

Unternehmensfallstudie:
Abbildung der gesamten Geschäftsprozesse im Extranet

Ein Weingut des Spezialitätensegments arbeitete zum Zeitpunkt des Interviews an der Einführung eines besonders umfassenden Extranet. Es hat sich zum Ziel gesetzt, alle Geschäftsdaten und –vorgänge vollständig in das Internet zu verlagern. Neben den oben bereits vorgestellten „Standardfunktionalitäten", soll das Extranet Systeme für Planung und Lagerstandsüberwachung (eigenes Lager) beinhalten und alle Kundendaten wie Einkaufs- und Verkaufsstatistiken, Zahlungseingang usw. abbilden. Der Zugang soll mit einem detaillierten Zugangssystem verwaltet werden.

155

> Zusätzlich zu den Nutzeffekten der bereits vorgestellten Funktionalitäten verspricht sich das Unternehmen Arbeitserleichterungen auf Seite der Exportmanager. Hintergedanke dieses umfangreichen Extranet ist, dass die Exportmanager dieses als ständige Arbeitsgrundlage verwenden und so immer aktuell informiert sind, unabhängig von ihrem aktuellen Aufenthaltsort. Dadurch sollen sie in die Lage versetzt werden, auch auf Auslandsreisen wichtige Entscheidungen zu treffen und damit für einen reibungslosen Ablauf der Prozesse sorgen. Auch wenn diese Nutzeffekte bisher noch nicht nachgewiesen sind, ist doch denkbar, dass sich durch die Abbildung der gesamten Geschäftsdaten die Prozessabläufe nochmals beschleunigen lassen und sich die Beziehung zum Importeur dadurch weiter intensiviert.

Unternehmensfallstudie 2: Abbildung der Geschäftsprozesse im Extranet

4.3.2.4 Nutzung von E-Mail im Vertrieb

Eine Internetanwendung, die in der Kommunikation mit bestehenden oder potenziellen Kunden der chilenischen Weingüter häufig eingesetzt wird, ist E-Mail. Alle befragten Exportmanager verfügen über eine E-Mail Adresse, die sich in der Mehrzahl der Fälle auch auf der Visitenkarte findet. Und auch die Intensität der Nutzung ist hoch; die Mehrzahl der Exportmanager nutzt in der Geschäftskommunikation fast ausschließlich E-Mail, wie folgendes Zitat zeigt:

Zitat: „E-Mail ist für mich die Nummer eins, ich nutze E-Mail jeden Tag."
ic_q

Per E-Mail werden die kommunkativ-sozialen Beziehungen im Absatzkanal gepflegt und die Informationen des logistischen Systems übermittelt. Die Exportmanager nutzen E-Mail zur Versendung von Preislisten, aktuellen Nachrichten, Unternehmensinformationen, Fotos und Grafiken, welche die Kunden für die Gestaltung ihrer Kataloge verwenden. Außerdem fordern die Weingüter per E-Mail Informationen von öffentlichen Institutionen an, wie z.B. Importeurlisten von ProChile, auf deren Basis sie dann potenzielle Kunden identifizieren. Eine wichtige Rolle spielt E-Mail auch in Abstimmungsprozessen mit den Importeuren. Bei der Etikettgestaltung, der Planung und der Vertragsabstimmung werden die verschiedenen Vorschläge und Änderungen so lange hin und her gesandt, bis auf beiden Seiten Übereinstimmung erzielt ist. Unterschriftspflichtige Unterlagen wie z.b. Bestellungen werden allerdings weiterhin per Fax versendet.[391]

Die Kommunikation via E-Mail bringt zahlreiche Nutzeffekte mit sich. So wird der Kommunikationsprozess vereinfacht und flüssiger. Die Exportmanager können einfacher weltweit kommunizieren. Im Gegensatz zum Fax ermöglicht E-Mail die Versendung von Nachrichten direkt vom PC aus, was Zeit- und damit auch Kostenersparnisse (Personalkosten) mit sich bringt, die sich vervielfachen, wenn mehrere Personen die gleichen Informationen erhalten sollen. Die eingesparte Zeit können die Exportmanager für andere Tätigkeiten aufwenden, z.b. für die Versendung zusätzlicher Informationen, wodurch die Distribuenten mehr Informationen zur Verfügung haben. Außerdem ermöglicht der vereinfachte Kommunikationsprozess nun auch kleineren Unternehmen, innerhalb kürzester Zeit auf einfache Anfragen zu reagieren.

Zitat: „Man ist den ganzen Tag online und antwortet sofort, man antwortet in weniger als 24 Stunden und das als kleines Weingut." ic_i

Darüber hinaus ist die Informationsübermittlung mit E-Mail schneller, so dass die Distribuenten früher über neue Entwicklungen informiert sind und diese Informationen aktuell im Verkaufsprozess verwenden können. Auch die Dauer der Abstimmungsprozesse verkürzt sich erheblich. Während Abstimmungsprozesse per Post bzw. Kurier (mind. 5 Tage Lieferzeit einer CD nach Europa) früher mehrere Wochen in Anspruch nehmen konnten, kann derselbe Prozess heute unter Umständen innerhalb weniger Stunden abgeschlossen werden. Dadurch werden manche Prozesse, wie z.b. die detaillierte Abstimmung der Etiketten, überhaupt erst möglich, was wiederum zur Folge hat, dass die Etiketten besser an die Anforderungen des Marktes angepasst sind und kostenintensive Fehler, wie beispielsweise eine teure Umetikettierung, vermieden werden.[392]

---

[391] Einige der hier beschriebenen Tätigkeiten, z.b. die Abstimmungsprozesse bei der Etikettgestaltung, könnten auch den Bereichen der Kommunikations- bzw. Produktpolitik zugeordnet werden. Die Zuordnung zur Distributionspolitik wurde gewählt, da diese Abstimmungen mit den Importeuren essentieller Bestandteil des Vertriebs sind und so eine übersichtlichere Darstellung der Untersuchungsergebnisse erreicht werden konnte.

[392] Bei Etiketten, die nicht den rechtlichen Ansprüchen genügen, kann der Import verweigert werden. Einziger Ausweg ist dann die teure und zeitaufwändige Umetikettierung im Lager.

Zitat: „Innerhalb weniger Minuten haben die Importeure die Informationen über den Erfolg beim Wettbewerb." ic_e

Zitat: „Früher hat man den Lieferanten ein Endergebnis präsentiert, das entweder gut oder schlecht sein konnte, heute kann man zwischendrin gegensteuern." ic_e

Ein weiterer Vorteil der schnelleren Informationsübertragung ist die bessere Kenntnis von Ausschreibungen. Früher haben die chilenischen Weinproduzenten häufig erst dann von Ausschreibungen erfahren, wenn die europäischen Konkurrenten das Geschäft bereits abgeschlossen hatten. Durch E-Mail sind die Weingüter heute früher informiert und haben damit an internationaler Wettbewerbsfähigkeit gewonnen. Außerdem sparen die Weingüter durch E-Mail Fax-, Telefon- und Versandgebühren in erheblichem Umfang. Besonders hoch sind die Einsparungen, wenn dieselben Informationen an mehrere Empfänger versendet werden, wie z.B. bei Versendung der Planungsunterlagen an alle Importeure.

Durch die automatische Archivierung von E-Mails wird die Anfertigung von Notizen überflüssig und es geht keine Information mehr verloren. Dies ermöglicht den aufwandsarmen Umgang mit wesentlich mehr Kontakten als dies mit klassischen Kommunikationsmitteln möglich wäre. Weiterhin tragen E-Mails zur Vermeidung von Missverständnissen bei, die z.B. bei falschen Bestellungen kostenintensive Fehlproduktionen nach sich ziehen können.[393] Durch die schriftliche Kommunikation sind sprachliche Missverständnisse weitestgehend ausgeschlossen und die elektronische Übertragung sichert gute Lesbarkeit. Die automatische Versendung an gespeicherte Adressen sichert darüber hinaus weitestgehend den korrekten Versand der Nachrichten.

Durch die internationale Abrufbarkeit von E-Mails können die Exportmanager auch auf Reisen den Kontakt zu den Kunden bewahren. Dies gewährleistet Kontinuität in der Zusammenarbeit und vermeidet den Verlust von wichtigen Informationen. Oftmals bemerken die Kunden gar nicht, dass die Exportmanager auf Reisen sind. Auch die zeitversetzte Kommunikation mit Geschäftspartnern am anderen Ende der Welt wird einfacher und erleichtert damit die Arbeit des Exportmanagers.

Zitat: „Ohne E-Mail könnte ich fast nicht reisen." ic_k

Zitat: „Ohne E-Mail wäre der Job des Exportmanagers viel härter." ic_h

---

[393] Die möglichen Einspareffekte durch die Vermeidung von Fehlproduktionen wurden bereits in Abschnitt 4.3.2.3 beschrieben.

All die genannten Nutzeffekte verdeutlichen, weshalb E-Mails von den chilenischen Exportmanagern so intensiv eingesetzt werden. Folgende drei Zitate fassen den Wert der E-Mails im chilenischen Weinexport nochmals zusammen.

Zitat: *„…für uns war es eine sehr gute Veränderung, E-Mail ist ein fundamentales Werkzeug innerhalb unseres Unternehmens."* ic_l

Zitat: *„E-Mail ist das mächtigste Werkzeug das wir haben, um unsere Distribuenten und potenziellen Kunden zu kontaktieren."* ic_i

Zitat: *„E-Mail ist ein lebenswichtiges Werkzeug für uns. Ohne E-Mail würde ich verrückt werden, es wäre schrecklich."* ic_b

Abbildung 30 zeigt die verschiedenen Nutzeffekte von E-Mail im Überblick:

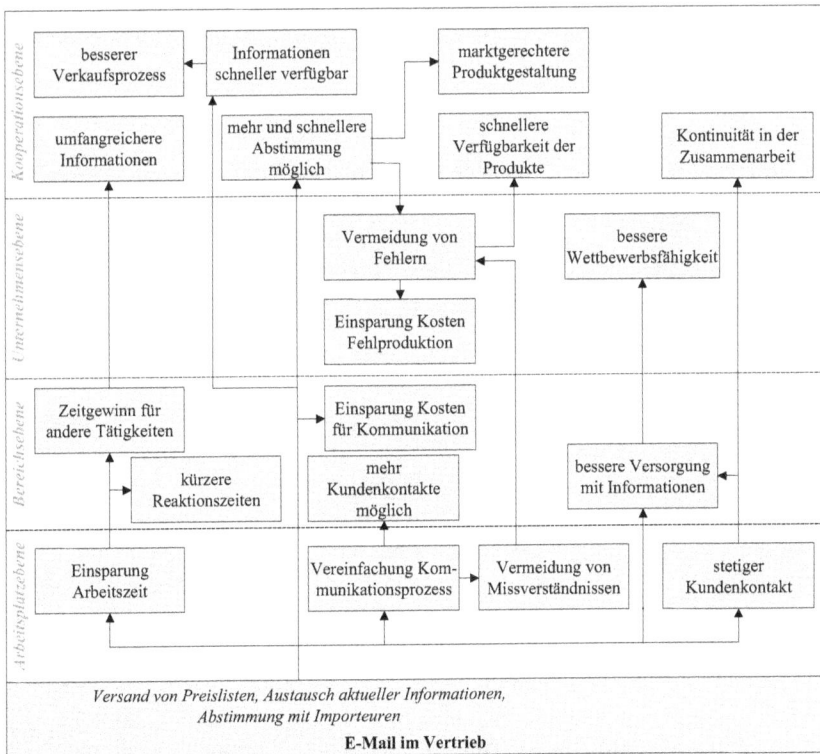

Abbildung 30: Wirkungskette Weinindustrie: E-Mail im Vertrieb

Problematisch an der E-Mail-Kommunikation sind lediglich folgende zwei Punkte: Einerseits wurde bemängelt, dass E-Mail v.a. bei großen Datenmengen sehr langsam ist, was auch an der zu geringen Kapazität der Provider liegt. Aus diesem Grund weicht ein Exportmanager teilweise auf Messenger-Dienste aus. Andererseits wurde das Problem der Informationsüberflutung angesprochen. Ein Exportmanager merkte an, so viele E-Mails zu erhalten, dass er einige davon ungelesen weg wirft. Bei diesen Einwürfen handelt es sich jedoch nur um kleine Hindernisse, die den Nutzen von E-Mail nur geringfügig verringern.

4.3.3 Internet-Marketing in der Kommunikationspolitik

Viele der untersuchten Weingüter verfügen über eine Webseite, die sich jedoch in der Ausgestaltung teilweise erheblich unterscheiden. Entsprechend verhält es sich mit den Internetanwendungen in der Kommunikationspolitik. Einige Unternehmen machen intensiven Gebrauch von Internetanwendungen, andere wiederum nutzen sie nur zu einem geringen Anteil bzw. verzichten gänzlich auf ihren Einsatz, was sich auch in den realisierten Nutzeffekten niederschlägt. Hauptanwendungsgebiete des Internet sind die Bereiche Werbung und Öffentlichkeitsarbeit. In den anderen Bereichen (Sponsoring, Event-Marketing, Messen/Ausstellungen, Verkaufsförderung, Product Placement und Virtuelle Communities) kommt das Internet nicht zum Einsatz.

4.3.3.1 Webseite

Von den untersuchten Weingütern verfügen ca. 70% über eine funktionierende Webseite, wobei sie teilweise ganz unterschiedliche Ziele mit der Webseite verfolgen. Die Mehrzahl der Unternehmen möchte mit der Webseite das Unternehmen und seine Produkte präsentieren und damit die Beziehungen zu Importeuren und Endkunden pflegen. Andere Unternehmen hingegen verfügen nur aus Imagegründen über eine Webseite. Diese Unternehmen vertreten die Ansicht, dass man heutzutage eine Webseite haben muss, um keinen Wettbewerbsnachteil gegenüber den Konkurrenten zu haben. Sie entwickeln allerdings keine eigenständige Internetstrategie sondern imitieren Webseiten anderer Unternehmen. Einige wenige Unternehmen verfolgen konkrete, weiterführende Ziele, wie z.B. die Durchführung von Marktforschung, die Abwicklung der Kundenkommunikation oder die Positionierung der eigenen Marken durch die Webseite. Gemeinsam ist den Webseiten allerdings die Ausrichtung auf den Exportmarkt. So sind über zwei Drittel der bestehenden Seiten mehrsprachig (meist englisch/spanisch) und mehr als 90% der Seiten englischsprachig.

Die verschiedenen Zielsetzungen spiegeln sich auch in Ausgestaltung und Nutzen der Webseiten wieder. Teilweise unterscheiden sich die einzelnen Seiten erheblich voneinander. So stellen zwar fast alle Webseiten Informationen zum Weingut und zu den Produkten zur Verfügung, im Detaillierungsgrad unterscheiden sich die Informationen jedoch erheblich. Während manche Unternehmen lediglich oberflächliche Informationen bieten, präsentieren andere Fotos oder sogar Videos über das Weingut und liefern detaillierte technische Produktbeschreibungen mit hochauflösenden Fotos der Etiketten für den jeweils neuesten Jahrgang. Auch weiterführende Informationen, wie z.b. aktuelle Nachrichten und Vertriebsinformationen, die (End-)Kunden über Verkaufsstellen informieren, stellt lediglich die Hälfte der Unternehmen zur Verfügung (56% bzw. 46%).[394] Vor allem im Bereich der Nachrichten zeigt sich auch die Aktualität der Webseiten. Während manche Unternehmen nahezu tagesaktuell über Entwicklungen im Unternehmen (z.B. Ernteverlauf, gewonnene Preise, sonstige Auszeichnungen) informieren, ist bei der Mehrheit der Webseiten erkennbar, dass sie bereits seit längerem nicht mehr aktualisiert wurden. Diese Beobachtung wurde auch in den Interviews bestätigt. Ein weiterer Unterschied besteht bei den Möglichkeiten zur Kontaktaufnahme, mit denen elektronische Dialoge angeregt werden können. Lediglich etwa die Hälfte der Webseiten (46%) verfügt über ein interaktives Kontaktformular, anhand dessen die Kunden direkt Kontakt aufnehmen können und das Unternehmen Kundeninformationen erfassen kann. Die restlichen Unternehmen bieten entweder gar keine Kontaktinformationen (10% der Webseiten) oder stellen lediglich die Kontaktdaten oder ein E-Mail Formular bereit. 5 Webseiten (9%) verfügen über einen Kundenclub, da diese jedoch auf den nationalen Markt ausgerichtet sind, werden sie hier nicht weiter betrachtet.

Entsprechend der Ausgestaltung der Webseiten unterscheiden sich auch die Nutzeffekte, welche die Unternehmen mit den Webseiten erzielen. Unternehmen, die lediglich aus Imagegründen eine Webseite haben und keine gezielte Internetstrategie verfolgen, realisieren nur wenig oder gar keine Nutzeffekte. Die Unternehmen hingegen, die eine aktive Internetstrategie verfolgen und deren Webseiten aufwändiger gestaltet sind, realisieren eine Reihe von Nutzeffekten.

---

[394] Wobei hier ein ansteigender Trend zu beobachten ist. Derartige Nachrichten werden zunehmend über Webseiten und E-mail verbreitet. Vgl. auch Aguayo, M. (2002a), S. 89.

Einer der wichtigsten Nutzeffekte ist die Möglichkeit, bei Anfragen auf die Webseite zu verweisen. Während die Exportmanager früher bei Anfragen die gewünschten Informationen einzeln zusammen stellen mussten, können sie heute auf die Webseite verweisen und damit teilweise den Kommunikationsprozess verkürzen (statt 10 mal zu antworten, reichen heute bereits 6 E-Mails aus). Das spart ihnen erheblich Arbeitszeit. Ein Marketingmanager eines großen Weingutes beispielsweise hat früher täglich etwa 5 Anfragen erhalten, deren Beantwortung ca. 1 Stunde in Anspruch genommen hat. Durch die Webseite kann der Marketingmanager diese Zeit sparen und für andere, meist höherwertigere Tätigkeiten verwenden. Die Exportmanager können durch die Arbeitszeitersparnis mehr Märkte gleichzeitig bearbeiten.

Zitat: „Man hat mehr Zeit für Verkäufe, Analysen oder die Strategieentwicklung, man arbeitet nicht mehr einfach nur von Tag zu Tag. Klar, dass eine Person dann auch mehr Märkte bearbeiten kann." ic_m

Außerdem stellt eine gut gestaltete Webseite ein gutes Werbemittel dar. Die Unternehmen können sich so den verschiedensten Zielgruppen präsentieren, ein positives Image aufbauen und ihre Marken positionieren. Die Webseite bietet z.B. die Möglichkeit, direkt mit den Endkunden in Kontakt zu treten, deren Kenntnisse über Wein und das Unternehmen zu erhöhen und dadurch eventuell weitere Verkäufe anzuregen.[395] Außerdem können sich auch Weinjournalisten und potenzielle Importeure auf der Webseite informieren. Eine Webseite bietet den Journalisten detaillierte Informationen ohne sie unter Druck zu setzen, was dann zu einer guten Berichterstattung führt. Für die bestehenden Importeure bietet die Webseite den Vorteil, sich genau dann informieren zu können, wenn sie Bedarf haben.[396] Außerdem können sie die Webseite ihren Kunden präsentieren und die Informationen im Verkaufsprozess einsetzen. Dies ist besonders bei neuen Kontakten hilfreich, bei denen die Webseite eine gute Unterstützung des E-Mail Austausches ist.

Zitat: „Die Webseite hilft dabei, das Unternehmen, seine Produkte und Dienstleistungen zu vermarkten." ic_d

Die Nutzung der Webseite als Werbemittel hat noch zwei weitere Nutzeffekte. Erstens ermöglicht die Webseite die Einsparung von Druck- und Versand-

---

[395] Eine direkte Verbindung zwischen Webseite und Mehrkäufen konnte bei den Endkunden bisher allerdings noch nicht ausgemacht werden.

[396] Dies entspricht dem Vorgehen bei Extranet mit dem Unterschied, dass es sich hier um allgemein zugängliche Informationen handelt.

kosten, die ansonten für Kataloge und sonstige Unterlagen aufgewendet werden müssten und langfristig über den Kosten für die Webseite liegen würden. Zweitens ist durch die Webseite ein einheitlicher Marktauftritt sichergestellt, da Fehler, wie z.b. die Versendung veralteter Informationen bei der Beantwortung von Anfragen ausgeschlossen sind.

Zitat: „Durch die Webseite kann man Geld sparen, man bezahlt zwar das Webdesign, muss aber keine Kataloge drucken und versenden, was viel teurer wäre." ic_n

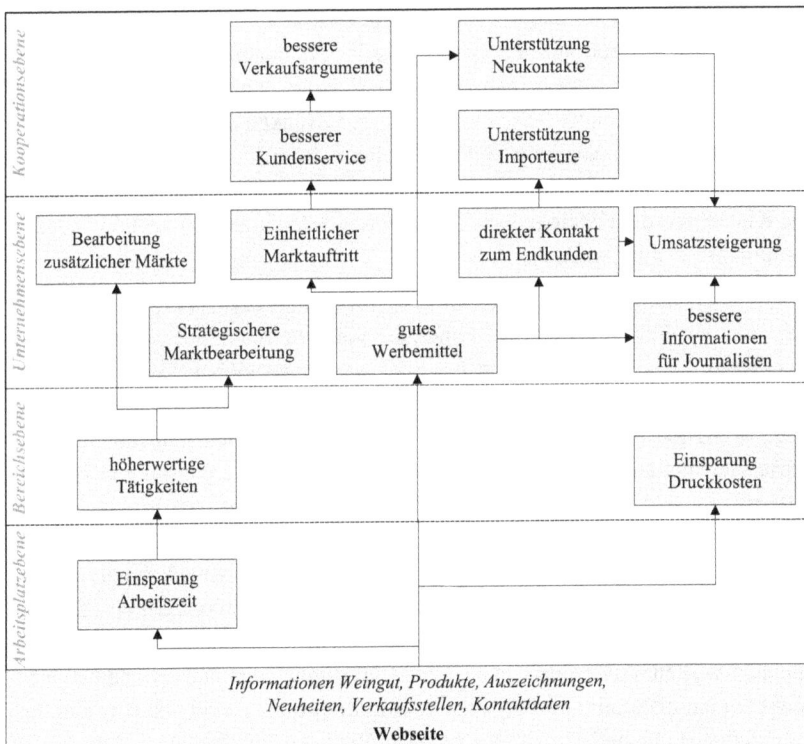

Abbildung 31: Wirkungskette Weinindustrie: Webseite

Unternehmen, die auf ihrer Webseite Informationen zu den Distribuenten anbieten, realisieren noch weitere Nutzeffekte. Zum Einen informieren sich regelmäßig Endkunden über Verkaufsstellen in ihrem Land. Auch wenn daraus bisher kaum direkte Umsatzsteigerungen abgeleitet werden konnten, ist dies doch Werbung und Unterstützung für die Importeure. Zum Anderen können sich potenzielle Importeure informieren, ob das Weingut in ihrem Land be-

163

reits über einen Distribuenten verfügt. Ist dies nicht der Fall, können sie dem Weingut eine Zusammenarbeit anbieten.

Auf diese Weise hat ein chilenisches Weingut einen nepalesischen Importeur kennen gelernt, mit dem aktuell über eine Zusammenarbeit verhandelt wird.

4.3.3.2 Werbung

Die im vorangegangenen Kapitel beschriebenen Nutzeffekte realisieren die meisten Unternehmen ohne die Durchführung von speziellen Werbemaßnahmen. Nur wenige Unternehmen machen gezielt auf ihre Webseite und damit auf das Unternehmen aufmerksam. Lediglich Maßnahmen des Cross Media-Marketing kommen etwas häufiger zum Einsatz, wobei jedoch auch diese Werbeform noch relativ selten ist. Immerhin drucken die meisten Unternehmen die URL ihrer Webseite auf die Visitenkarten. Weiterführende Maßnahmen, wie den Druck der URL auf die Rücketiketten der Weine, die Korken, die Kisten und die Kataloge bzw. Broschüren, werden von wesentlich weniger Unternehmen durchgeführt.

Im Bereich der Mediawerbung ist das Nutzungsniveau noch geringer. Nur sehr wenige Webseiten, ausschließlich die von Unternehmen, die eine gezielte Internetstrategie verfolgen, sind bei Suchmaschinen eingeschrieben oder mit anderen Webseiten verlinkt. Auch Bannerwerbung kommt fast nicht zum Einsatz. Lediglich einige Großunternehmen betreiben gemeinsam mit ihren Importeuren in Ländern mit hoher Internetnutzung Bannerwerbung. Keyword-Advertising und Partnerprogramme kommen dabei nicht zum Einsatz, genauso wenig wie Textlinks, Wasserzeichen und Branded Content. Die Gründe für das geringe Nutzungsniveau liegen in der geringen Personalkapazität in den Unternehmen und darin, dass manche Webseite erst seit kurzem besteht bzw. noch nicht vollständig ist und die Unternehmen noch keine Werbung dafür machen wollen. Außerdem sehen viele Exportmanager internationale Werbemaßnahmen als alleinige Aufgabe der Importeure oder sind der Ansicht, dass Internetwerbung nicht zu hochwertigem Wein passt. Wieder andere Unternehmen haben kein Vertrauen in die Effektivität der Maßnahmen, was zumindest in Bezug auf die Einschreibung bei Suchmaschinen jedoch unbegründet erscheint. Die beiden Unternehmen, die Suchmaschinen nutzen, waren mit den Ergebnissen sehr zufrieden:

Zitat: „Unsere Webseite ist in Suchmaschinen eingeschrieben, das ist eine große Hilfe." ic_d

Zitat: "In Google erscheint unsere Webseite an erster Stelle, in 1,2 Sekunden erscheinen 1200 Suchergebnisse mit unserem Unternehmen, das kann man von jedem Ort der Welt aus sehen."ic_e

Etwas anders stellt sich die Situation bei der Direktwerbung dar. Hier machen zwar wenige aber doch einige Unternehmen mehr von den Möglichkeiten des Internet Gebrauch. Immerhin 5 der untersuchten Webseiten (9%) verfügen über eine Möglichkeit, einen Newsletter zu bestellen. Darüber hinaus versenden auch Unternehmen ohne Einschreibemöglichkeit Newsletter oder unregelmäßige Informations-E-Mails an einen ausgewählten Personenkreis aus der Kundendatenbank. Die Newsletter bzw. E-Mails richten sich hauptsächlich an die Importeure, den Handel und die Presse, werden aber auch teilweise an Endkunden versandt. Sie erscheinen monatlich oder unregelmäßig im Abstand von zwei bis drei Monaten und informieren die Adressaten über neueste Entwicklungen im Unternehmen. Es werden Informationen zu neuen Produkten, erfolgreich abgeschlossenen Wettbewerben, neuen Kunden und sonstigen Veränderungen im Unternehmen versendet. Ein Unternehmen veröffentlicht bewusst besondere Verkaufserfolge von einzelnen Importeuren um die Kollegen in anderen Ländern zu motivieren und einen Wettbewerb zwischen ihnen anzuregen.

Die Unternehmen, die Newsletter oder Informations-E-Mails einsetzen, sind mit den Ergebnissen zufrieden. Sie berichten, dass die Newsletter bzw. E-Mails bei den Importeuren gut ankommen. Sie sind besser informiert und können die aktuellen Nachrichten im Verkaufsprozess einsetzen. Außerdem steigen durch die Newsletter die Nutzerzahlen auf der Webseite, d.h. der Newsletter erzielt neben der Information der Kunden auch Werbewirkung für die Webseite.

Die Unternehmen, die bisher keine Newsletter einsetzen, nennen hauptsächlich zwei Gründe: Zum Einen haben sie ihrer Ansicht nach nicht genug Informationen, um regelmäßig zu berichten. Zum Anderen besteht in vielen Unternehmen ein Kapazitätsproblem. Es fehlen ausreichend personelle und finanzielle Ressourcen für die regelmäßige Erstellung eines Newsletters.

Neben der Direktwerbung mit bestehenden Kunden und der Presse setzen einige wenige Unternehmen E-Mails auch zur Akquisition neuer Kunden ein. Sie versenden standardisierte „Massenmails" an potenzielle Importeure, in denen sie das Unternehmen und ihr Anliegen vorstellen. Die Adressen der Importeure entnehmen sie Importeurslisten z.B. von ProChile oder den Branchenverzeichnissen des jeweiligen Landes. Diese Form der Neukundenakquisition ist sehr kostengünstig und bringt einige Nutzeffekte mit sich, die anhand der folgenden Fallstudie eines Unternehmens exemplarisch dargestellt werden.

Im Gegensatz zu obiger Anwendung, bei der die Initiative vom Unternehmen ausgeht, sind bei elektronischen Dialogen die Kunden die Initiatoren der Kontaktaufnahme. Wie in Abschnitt 4.3.3.1 dargestellt, stellen immerhin 90% der untersuchten Webseiten Kontaktinformationen bzw. -möglichkeiten bereit, die von den Kunden auch in Anspruch genommen werden.

Unternehmensfallstudie:
Direktwerbung in der Neukundenakquisition

Ein kleines Weingut, das erst seit wenigen Jahren am Markt ist, setzt E-Mail aktiv und sehr erfolgreich im Rahmen seiner Distributionspolitik ein: Zur Identifikation neuer Importeure fordert der Exportmanager (1 Person) von ProChile via E-Mail Distribuentenlisten von verschiedenen Ländern an und sendet an alle Unternehmen eine Standardmail mit möglichst interessantem Titel und Hinweis auf die Suche nach einem geeigneten Importeur. Meldet sich ein Importeur, erhält er Proben und bei weiterem Interesse werden die Einzelheiten des Geschäftes ausgehandelt. Kommt es zur Einigung, wird das Geschäft abgewickelt, teilweise auch ohne vorherigen persönlichen Kontakt. Auf diese Art und Weise hat das Weingut in einem Jahr Importeure in über 100 Ländern kontaktiert und dabei auch einige erfolgreiche Geschäfte, z.B. in den USA, den nordeuropäischen Ländern und Russland abgeschlossen. Mit diesen Importeuren setzt das Weingut aktuell etwa 20% seiner Verkäufe ab.

Teilweise kommt es auch vor, dass die Importeure erst nach einiger Zeit auf die Mail reagieren. So hat sich beispielsweise ein Importeur mit Sitz in der Schweiz nach über einem Jahr gemeldet. Dieser hatte zum Zeitpunkt, als er die E-Mail erhalten hat, bereits einen chilenischen Lieferanten, war in der Zwischenzeit mit diesem aber nicht mehr zufrieden und suchte einen neuen. Gerade bei derart zeitlich versetzten Antworten kommt dem Exportmanager die Archivierungsfunktion der E-Mails zu Gute. Auch nach längerer Zeit kann er aufwandsarm die ursprüngliche Mail wieder aufrufen und reibungslos an den Kontakt anknüpfen. Dies hilft ihm vor allem bei der Bearbeitung der asiatischen Märkte, die lange Antwortzeiten haben.

Zitat: „Ohne das E-Mail Archiv könnte ich gar nicht so viele Kontakte gleichzeitig bearbeiten."

Außerdem ist die Kontaktierung der potenziellen Kunden via E-Mail auch von finanzieller Seite her sehr attraktiv. Die Versendung von Massenmails verursacht fast keine Kosten, während selbiges mit normaler Post Druck- und Versandkosten verursachen würde.

---

*Zitat: „...für mich ist es viel billiger, ich kann beliebig viele E-Mails schrei-
ben, wir haben in einem Jahr Importeure in ca. 100 Länder kontaktiert
und das hat mich nicht einen Peso gekostet, im Gegensatz dazu haben
wir in Holland einige Versuche mit Briefen gemacht, weil wir keine E-
Mail Adressen hatten und das hat uns hundert Dollar gekostet. "*

Da es sich bei dem Weingut um ein sehr kleines Unternehmen mit 25 Mitar-
beitern handelt (5 in der Administration und 20 auf dem Weingut), wäre ohne
E-Mail die Kontaktierung derart vieler Importeure nicht möglich gewesen.
Oder wie es der Exportmanager formuliert:

*Zitat: „Ohne E-Mail wäre das nicht möglich, wir hätten nie diesen russischen
Importeur gefunden und auch andere Kontakte nicht entwickelt. "*

Unternehmensfallstudie 3: Direktwerbung in der Neukundenakquisition

Einige Unternehmen beantworten die Anfragen gewissenhaft und kommen so
mit Endkunden und potenziellen Importeuren in Kontakt, wobei bisher aus
diesen Kontakten jedoch noch kein Geschäftsabschluss zustande gekommen
ist. Andere Unternehmen dagegen nutzen elektronische Dialoge nur in geringem Maß, einerseits weil Personalkapazität fehlt, andererseits weil sie be-
zweifeln, dass vor allem bei Endkunden der hohe zeitliche Aufwand für die
Beantwortung von Anfragen gerechtfertigt ist.

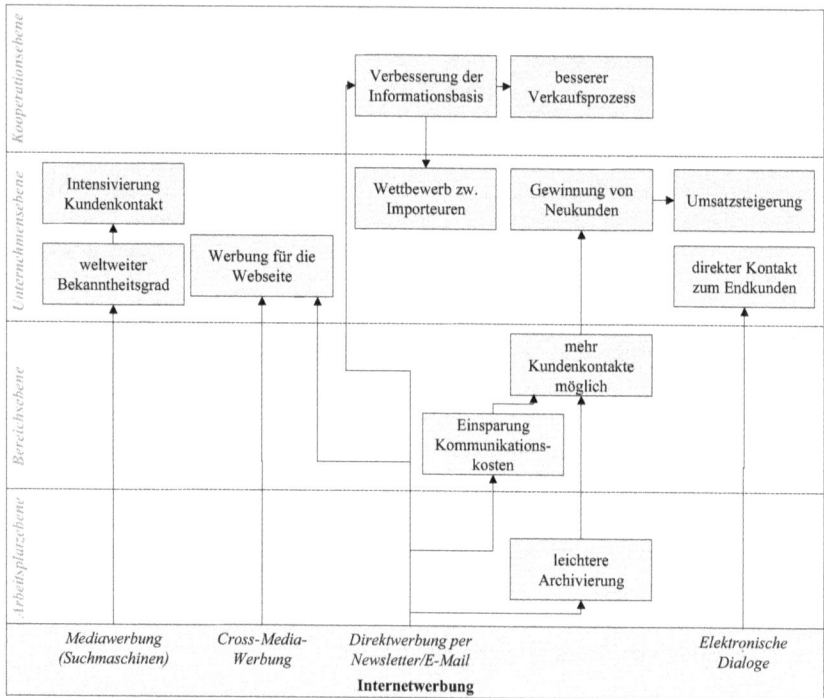

Abbildung 32: Wirkungskette Weinindustrie: Internetwerbung

4.3.4 Auswirkungen des Internet-Marketing auf Preis- und Produktpolitik

Von den in Kapitel 2 angesprochenen Internetanwendungen der Preis- und Produktpolitik kommen in der chilenischen Weinindustrie nur die verbesserten Produktdarstellungsmöglichkeiten zum Einsatz, was auch daran liegt, dass keine Online-Shops existieren. Einige Unternehmen stellen technische Daten und Verkostungsergebnisse zu ihren Weinen bereit. Die Nutzeffekte wurden jedoch bereits in Abschnitt 4.3.3.1 dargestellt, weshalb an dieser Stelle nicht weiter darauf eingegangen wird.

Auch die Auswirkungen auf Preis- und Produktpolitik sind gering. Im Bereich der Preispolitik haben lediglich die in der Marktforschung erhobenen Preisinformationen gewisse Auswirkungen. Einige Exportmanager informieren sich im Internet über die Preise der Konkurrenz und nehmen diese Preise als Grundlage für die eigene Preisgestaltung. Die Bedeutung dieser Vorgehensweise ist allerdings relativ gering. Die Mehrzahl der Exportmanager sieht keinen Einfluss des Internet auf die Preisgestaltung, da sie diese grundsätzlich unabhängig von Wettbewerbern vornehmen, andererseits die Preise aufgrund der allgemein verfügbaren Statistiken ohnehin bekannt sind und auch in den Supermärkten eingesehen werden können. Andere Exportmanager sind der Ansicht, dass im Internet keine nutzbaren Preisinformationen verfügbar sind oder misstrauen den Preisen, da diese veraltet oder durch Steuern, Zölle usw. verzerrt sein können. Diese Exportmanager bevorzugen es, sich auf Reisen über die Preise zu informieren oder sich auf die Informationen der Importeure zu verlassen.

Auf die Produktpolitik hat das Internet hauptsächlich im Rahmen der Etikettgestaltung Einfluss. Wie in den Abschnitten 4.3.2.3 und 4.3.2.4 dargestellt, nutzen einige Unternehmen E-Mail zur Abstimmung der Etiketten mit den Importeuren. Teilweise wird ein intensiver Abstimmungsprozess sogar erst durch E-Mail möglich. Die verbesserte Abstimmung mit den Importeuren hat zur Folge, dass die Etiketten den Anforderungen des Marktes besser entsprechen und dass zeit- und kostenintensive Fehler vermieden werden können.

4.3.5 Hindernisse in der Internetnutzung

Die Gründe für die teilweise geringe Nutzung der Internetanwendungen im Exportmarketing sind unterschiedlicher Art. Ein in den Interviews häufig genannter Grund ist die Altersstruktur in der Weinindustrie, auch außerhalb von Chile. Ältere Mitarbeiter kennen die Technologie nicht, haben Berührungsängste, sind schwer vom Nutzen der Internettechnologie zu überzeugen und bevorzugen den persönlichen Kontakt zum Kunden. Ein weiterer Grund ist die mangelnde Personalkapazität in vielen Unternehmen. Nur sehr wenige, große Unternehmen können sich einen Internetbeauftragten leisten. Bei den anderen Unternehmen übernehmen die bestehenden Mitarbeiter, meist die Exportmanager, die Erstellung, Pflege und Aktualisierung der Webseite. Da diese Arbeiten jedoch den anderen Aufgaben (v.a. den Reisen) untergeordnet sind, werden sie oft aufgeschoben, oder nebenher und von wechselnden Personen erledigt. Dadurch ist kein kontinuierliches und zielgerichtetes Arbeiten möglich, und die Anpassung der Webseiten an den neuesten (technischen) Stand wird erschwert/verhindert. Bei kleineren Unternehmen verhindern die zeitlichen Engpässe häufig sogar die Erstellung einer Webseite, weshalb insbesondere diese seltener über eine Webseite verfügen.[397] Ein weiterer, in den

---

[397] In der Zwischenzeit haben jedoch auch viele kleinere Weingüter den Nutzen einer Webseite erkannt und planen kurz- bis mittelfristig die Erstellung einer Webseite. Lediglich

Interviews genannter Grund ist die angeblich allgemeine Technikfeindlichkeit der Chilenen, welche u.a. zu mangelndem Technikverständnis auch bei jüngeren Menschen führt.

Im Gegensatz zu den organisatorischen Problemen lassen sich keine infrastrukturbedingten Hindernisse in der Internetnutzung feststellen. Nach Angabe der Unternehmen verfügt Chile, v.a. in der Hauptstadt Santiago de Chile, über ausreichende technische Infrastruktur. Und auch Internet-Dienstleister, wie z.B. Webdesigner und Internet Service Provider, sind in ausreichendem Maß vorhanden. Lediglich zwei Unternehmen, deren Exportbüros beim Weingut außerhalb Santiagos liegen, beklagten, dass an ihrem Standort kein Breitbandkabel bzw. kein Telefonkabel verfügbar ist. Dadurch ist der Zugang zum Internet teuer und zeitaufwändig und verhindert intensivere Nutzung. Da jedoch die meisten Weingüter ein Büro in Santiago haben, stellt die mangelnde Infrastruktur in ländlichen Gebieten in der Weinindustrie kein generelles Problem dar. Auch deswegen sieht eine Vielzahl von Exportmanagern keinerlei Hindernisse bei der Internetnutzung.

4.3.6 Beurteilung des Gesamtnutzen des Internet-Marketing

Um den Gesamtnutzen der Internetanwendungen beurteilen zu können, müssen neben den oben beschriebenen Nutzeffekten auch die entstehenden Kosten berücksichtigt werden. Wie in Kapitel 3 dargestellt, ist dabei zwischen einmaligen Investitionskosten und laufenden Kosten zu unterscheiden. Zu den Investitionskosten zählen hauptsächlich die Kosten für die Erstellung der Webseite, also firmeninterne Entwicklungskosten und/oder Kosten für ein Dienstleistungsunternehmen. Alle befragten chilenischen Weingüter haben für die Erstellung ihrer Webseite die Dienste einer Agentur in Anspruch genommen. Die kleineren Unternehmen haben die gesamte Gestaltung der Webseite ausgelagert, die größeren Unternehmen, die teilweise über eine IT-Abteilung verfügen, haben zumeist am technischen Teil der Webseiten mitgewirkt. Je nach Ausgestaltung und Anteil der Eigenleistungen sind für die Erstellung der Webseite zwischen 1.000 USD und 15.000 USD angefallen, wobei sich die Mehrzahl der Webseiten im Bereich von ca. 5.000 USD bewegt. Über 5.000 USD lagen nur die aufwändigeren Seiten der großen Weingüter, die oftmals zusätzlich einen Shop für den nationalen Markt anbieten. Die extrem günstigen Webseiten (ca. 1000 USD) hingegen wurden meist mit

---

ein Unternehmer lehnt die Erstellung einer Webseite grundsätzlich ab, da das Internet nicht zum Vertrieb von hochwertigem Wein passe.

einer längeren Entwicklungsdauer infolge mehr Eigenleistungen „erkauft".[398]
Zu den Kosten der Eigenleistungen konnten die Unternehmen leider keine
Angaben machen.

Zu den laufenden Kosten zählen das Hosting und die Kosten des Internetzuganges. Zusätzlich kommen gegebenenfalls noch Kosten für spezielle Anwendungen, wie z.B. für Gestaltung oder Abonnement eines Newsletters hinzu. Die Kosten für Internetzugang und Hosting sind in Chile relativ niedrig,
da mehrere Telefongesellschaften zueinander in Wettbewerb stehen. Für einen
analogen Internetanschluss fallen monatlich ca. 20 USD plus lokale Telefon-
gebühren an. Ein Breitbandanschluss kostet ca. 30 USD, jedoch ohne weitere
Telefonkosten. Eine Standleitung, über die allerdings nur eines der befragten
Unternehmen verfügt, kostet 350 USD im Monat.

Auch die Kosten für das Hosting der Webseiten bewegen sich im Rahmen
von 30-50 USD im Monat, wobei ein Internet Service Provider zusätzlich eine
einmalige Gebühr von 100 USD erhebt. In diesen Kosten ist auch die regelmäßige Aktualisierung der Webseite inbegriffen. Dabei übernimmt der
Dienstleister nur den technischen Teil der Aktualisierung, die inhaltliche und
gestalterische Aufbereitung wird in den Unternehmen durchgeführt. Der zeitliche Aufwand hält sich allerdings in Grenzen (ca. 30 Minuten je Aktualisierung). Wesentlich höher liegen dagegen die Hosting-Kosten eines großen
Weingutes. Hier fallen monatlich 1.000 USD an, was aber damit zusammen-
hängt, dass sie über eigene Server mit wesentlich höherer Speicherkapazität
verfügen.

Neben diesen „Standardkosten" fallen nur bei wenigen Unternehmen zusätzliche Internetkosten an. Ein Unternehmen bezahlt jährlich 100 USD für das
Abonnement eines speziellen Newsletters, der im Rahmen der Marktforschung verwendet wird. Ein anderes Unternehmen nimmt Hilfe bei der Gestaltung des eigenen Newsletters in Anspruch, wofür monatlich 300 USD anfallen. Schulungen zur Nutzung der Webseiten führen nur wenige Unternehmen durch. Dafür erstellen sie Präsentationen mit Screen Shots[399] und Erklä-
rungen, die sie den Mitarbeitern und Klienten zur Verfügung stellen, oder sie
führen die Klienten bei ihren Besuchen in das System ein. Dafür fallen keine
nennenswerten Kosten an. Lediglich ein Unternehmen hat eine halbtägige

---

[398] Durch die längere Entwicklungsdauer sind dem Unternehmen u.a. Opportunitätskosten
im Sinne von entgangenen Umsatzsteigerungen entstanden.

[399] Screen Shots sind Fotos der Bildschirmoberfläche.

Schulung für die eigenen Mitarbeiter durchgeführt, konnte dazu jedoch keine Kostenangaben machen. Auch zu den Kosten der Internetwerbung machten die Unternehmen keine detaillierten Angaben, sagten jedoch aus, dass der Einsatz der Instrumente lohnenswert, sprich wirtschaftlich sei.

Um eine Aussage zur Wirtschaftlichkeit der Internetanwendungen treffen zu können, müssen für jedes Unternehmen die unternehmensindividuellen Kosten der Summe der unternehmensindividuellen Nutzeffekte gegenüber gestellt werden. Die Analyse der Nutzeffekte ergibt ein eindeutiges Bild: Für die Mehrzahl der Exportmanager, vor allem die der Weingüter, in denen das Internet intensiv eingesetzt wird, ist das Internet zu einem unersetzlichen Arbeitswerkzeug geworden, das zahlreiche Nutzeffekte mit sich bringt und die Wettbewerbsfähigkeit steigert. Durch das Internet sparen die Exportmanager Zeit und Kosten, können ihre Kunden besser bei deren Arbeit unterstützen und sind besser informiert. Lediglich beim Verkauf über Internet sind die meisten Exportmanager zurückhaltend. Für die große Mehrheit der Exportmanager ist das Internet eher ein Kommunikations- und Informationsinstrument als ein Handelsmedium.

Zitat: „Das Internet ist tägliches Arbeitswerkzeug geworden. Ohne Internet wäre es, als würde dir eine Hand fehlen." ic_a

Zitat: „Das Internet hilft hauptsächlich in der Zusammenarbeit mit dem Klienten, es ist Kundenservice." ic_c

Zitat: „Das Internet hilft Kosten zu sparen, dadurch können die Preise niedriger sein und das steigert die Wettbewerbsfähigkeit." ic_c

Entsprechend der Vielzahl der oben beschriebenen Nutzeffekte schätzen die meisten Exportmanager auch die Wirtschaftlichkeit der Internetanwendungen positiv ein. Vor allem für diejenigen, die das Internet intensiv nutzen, übersteigen die Nutzeffekte die Kosten. Bezüglich der Amortisationsdauer der Investitionen in die Webseite bestehen allerdings Meinungsunterschiede. Während ein Exportmanager der Ansicht ist, dass sich die Webseite allein schon anhand der eingesparten Portokosten innerhalb eines Jahres amortisiert, wird in anderen Weingütern die Ansicht vertreten, dass die Amortisation ca. zwei Jahre in Anspruch nehmen wird, was allerdings auch von der Höhe der Investitionen abhängt. Übereinstimmung besteht jedoch darin, dass sich die Investitionskosten auf jeden Fall mittelfristig amortisieren und da die laufenden Kosten relativ gering sind, die Wirtschaftlichkeit der Anwendungen gegeben ist.

Zitat: „Die Investitionen für die Webseite hat man durch die eingesparten Portokosten innerhalb eines Jahres wieder drin." ic_a

*Zitat: „Der Nutzen des Internet übersteigt bei weitem die Kosten, das ist au-
ßer Frage." ic_c*

Zitat: „Der Nutzen ist viel höher als die Kosten." ic_o

Zitat: „Die Kosten werden sich in ca. 2 Jahren gelohnt haben." ic_p

*Zitat: „Wenn z.B. ein Exportmanager nur eine Reise weniger macht, dann
sind die Kosten schon fast wieder drin." ic_p*

*Zitat: „Der Nutzen ist auf jeden Fall viel größer als die Kosten, die Kosten
sind keine große Sache." ic_e*

Die Wirtschaftlichkeit der Internetanwendungen ist dabei unabhängig von der
Größe des Unternehmens, was auch in anderen empirischen Untersuchungen
zum E-Commerce im Weinhandel bestätigt wird.[400] Sowohl große, mittlere als
auch kleine Weingüter profitieren von den Internetanwendungen. Gerade für
die kleineren Unternehmen ist das Internet oft ein geeignetes Hilfsmittel, mit
dem sie Wettbewerbsnachteile gegenüber den Großunternehmen teilweise
ausgleichen können. (siehe Unternehmensfallstudie „Das Extranet eines kleinen Weingutes", S. 138). Und auch vom Stadium der Markterschließung ist
der Nutzen des Internet unabhängig. Die Vermutung einiger Befragter, das
Internet würde im Stadium fortgeschrittener Marktbearbeitung mehr Nutzen
bringen, kann nicht bestätigt werden. Die Untersuchung hat gezeigt, dass das
Internet auch bei der Erschließung neuer Märkte gewinnbringend eingesetzt
werden kann. Entscheidend für eine erfolgreiche Internetnutzung ist vielmehr,
dass im Unternehmen die notwendige Offenheit für die Technologie besteht
und dass Zeit investiert wird. Dies gilt sowohl für die Einführung als auch für
die Aktualisierung. Weiterhin sind Know-How und die Bereitschaft zu Investitionen notwendig.

Die Ergebnisse der Untersuchung stehen in Übereinstimmung mit Ergebnissen anderer empirischer Untersuchungen in der Weinindustrie und der Einschätzung verschiedener Branchenspezialisten. Es hat sich gezeigt, dass die
Weinindustrie aufgrund der starken Fragmentierung und des hohen Informati-
onsbedarfs für den Interneteinsatz gut geeignet ist. Entsprechend nutzen auch
in anderen Ländern mehr als die Hälfte der Unternehmen die Marketingmöglichkeiten im Internet und erzielen teilweise signifikante Nutzeffekte. Laut
einer Untersuchung in der US-amerikanischen Weinindustrie, verzeichnen
85% der Unternehmen, bei denen Internet-Marketing ein Teil der Unterneh-

---

[400] Vgl. Thach, L./Eaton, C. (2001), S. 3.

mensstrategie ist, Umsatzsteigerungen.[401] E-Mail und Internet-Sekundärforschung sind die wichtigsten Anwendungen im Weinmarketing.[402] Darüber hinaus kann es vor allem im B2B-Bereich nutzenbringend eingesetzt werden. Die verbesserte Verfügbarkeit von Informationen erleichtert die Zusammenarbeit zwischen Geschäftspartnern und steigert die Effizienz der Transaktionsabwicklung.[403] Anhand von Webseiten und Extranet können Informationen leichter verbreitet werden. Dadurch wird der Verkaufsprozess verbessert und das Weinwissen der Konsumenten erhöht, was deren Unsicherheit beim Weinkauf verringert.[404] Außerdem werden internationale Markteintrittsbarrieren beseitigt.[405] Wenig zum Einsatz kommt das Internet hingegen in der Primärforschung.[406] Eines der Haupthindernisse für intensivere Internetnutzung ist analog zu den Ergebnissen in Chile, fehlendes Know-How.[407]

Der Großteil der Ausführungen und auch die anderen empirischen Untersuchungen beziehen sich auf den Export von Flaschenwein. In dieser Untersuchung ist jedoch deutlich geworden, dass das Internet auch im Bulkweinexport hilfreich sein kann. Vor allem virtuelle Marktplätze können den internationalen Bulkweinhandel erleichtern und einigen Unternehmen die Möglichkeit geben, ihre Lagerüberschüsse kostengünstig abzubauen.

Trotz der insgesamt positiven Beurteilung der Internetanwendungen darf ihr Einfluss auf den Exporterfolg jedoch nicht überschätzt werden. Vielmehr trägt eine Vielzahl von Einflussfaktoren zum Exporterfolg bei. Wichtigster Erfolgsfaktor ist das Produkt. Der Wein muss eine gute Qualität, eine stimmige Produktgestaltung (Markenpolitik und Produktäußeres) und ein angemessenes Preis-Leistungsverhältnis haben. Darüber hinaus ist die Zusammenstellung der verschiedenen Weine/Marken der Produktpalette wichtig. Das Weingut muss dem Importeur ein attraktives Produktspektrum bieten, mit dem er sich von der Konkurrenz differenzieren kann. Bei der Auswahl des Importeurs ist es entscheidend, dass er zum Unternehmen passt und gute Marktkenntnisse

---

[401] Vgl. Thach, L./Eaton, C. (2001), S. 2.

[402] Vgl. Gebauer, J./Ginsberg, M. (2001), S. 11; Thach, L./Eaton, C. (2001), S. 2.

[403] Vgl. Leahy, R.G. (2000), S. 1.

[404] Vgl. Gebauer, J./Ginsberg, M. (2001), S. 12.

[405] Vgl. Leahy, R.G. (2000), S. 1

[406] Vgl. Stricker, S./Müller, R.A.E./Sumner, D.A. (2001), S. 187.

[407] Vgl. Thach, L./Eaton, C. (2001), S. 4.

hat. Weiterhin ist es wichtig, dass eine gute persönliche Beziehung zum Importeur aufgebaut wird und dass der Importeur bestmögliche Unterstützung bei der Marktbearbeitung erhält. Es muss geeignetes Merchandising- und Marketingmaterial zur Verfügung gestellt werden und Anfragen des Importeurs müssen schnellstmöglich beantwortet werden. Erst das Zusammenspiel dieser Erfolgsfaktoren macht den Exporterfolg aus.

Das Internet kann nur bei einigen der oben genannten Erfolgsfaktoren unterstützend wirken. Wie bereits weiter oben deutlich wurde, hat das Internet lediglich Einfluss auf die Gestaltung des Produktäußeren und nur wenig Einfluss auf die Preisgestaltung. Damit ist der Anteil des Internet am Exporterfolg begrenzt. Es kann allerdings erheblich zum besseren Kundenservice und damit zu einer besseren Marktbearbeitung durch den Importeur beitragen und die Vertriebskosten senken. Die Unternehmen, die das Internet konsequent einsetzen, können so ihren Markterfolg durchaus positiv beeinflussen und sich so im harten Konkurrenzkampf auf dem Weltmarkt besser behaupten.

Abbildung 33 zeigt die Internet-Nutzung in der chilenischen Weinindustrie noch einmal im Überblick.

Bereich des operativen Marketing	Anwendungsgebiet	Mögliche Internet-Anwendungen im jeweiligen Anwendungsgebiet	Internet-nutzung
MARKT-FORSCHUNG	Sekundärforschung	o Online-Datenbanken,	●●●
		o Publikationen,	●●●
		o Archive,	●●
		o Meinungsportale,	-
		o Webseiten Konkurrenten/Kunden,	●●●
		o Branchenverzeichnisse;	●
		o Suchmaschinen und Webkataloge	●●
	Primärforschung	o Online-Befragung,	●
		o Online-Beobachtung,	●
		o Online-Experiment,	-
		o Online-Panel	-
DISTRI-BUTIONS-POLITIK	Distribution	o E-Mail	●●●
		o Online-Shop,	-
		o Electronic Mall,	-
		o Marktplatz (Schwarzes Brett, Börse),	●
		o Extranet,	●
		o Online-Ausschreibung	-
	Logistik	o Distribution via Internet bei virtuellen Produkten (Software)	-

Bereich des operativen Marketing	Anwendungsgebiet	Mögliche Internet-Anwendungen im jeweiligen Anwendungsgebiet	Internet-nutzung
KOMMUNI-KATIONS-POLITIK	Werbung	o Webseite,	●●●
		o Banner/Button,	●
		o Targeting,	-
		o Keyword-Advertising,	-
		o Partner Programme,	-
		o Sonstige Werbung (Textlinks, ...),	-
		o E-Mail,	●
		o Newsletter,	●
		o E-Dialog	●●
	Verkaufsförderung	o Internet-Schulungen,	-
		o Wettbewerbe,	-
		o Coupons,	-
		o Multipacks (bei Online-Shops),	-
		o Warenproben,	-
		o Gewinnspiele,	-
		o Werbegeschenke	-
	Öffentlichkeitsarbeit	o Webseite,	●●●
		o E-Mail,	●●
		o E-Dialog,	●●
		o Chats,	-
		o Newsletter,	●
		o virtuelle Hauptversammlungen,	-
		o Autoresponder,	-
		o FAQs	-
	Sponsoring	o Banner/Button,	-
		o Content-Sponsoring	-
	Product Placement	o Webseiten,	-
		o Internet-Videos	-
	Events	o Event-Unterstützung,	-
		o Online-Events (z.B. Chats)	-
	Messen + Ausstel-lungen	o Messebegleitung,	-
		o virtuelle Messen	-
	Virtuelle Communities	o E-Mail,	-
		o Chat,	-
		o Newsgroups	-
PRODUKT-POLITIK	-	o virtuelle Produktpräsentation,	●●
		o Online-Varianten,	-
		o Produktindividualisierung,	-
		o virtuelle Sekundärdienstleistungen,	-
		o verteilte Produktentwicklung	-
PREIS-POLITIK	-	o virtuelle Bezahlverfahren,	-
		o Zahlungsbedingungen,	-
		o Auktionen,	-
		o Follow-the-free,	-
		o Preisdifferenzierungsmethoden	-

Legende: ●●●   starke Nutzung (ca. 65-100% der Unternehmen);

●●   mittelstarke Nutzung (ca. 30-65% der Unternehmen);

●   geringe Nutzung (ca. 1-30% der Unternehmen);

-   keine Nutzung bei befragten/analysierten Unternehmen

Abbildung 33: Internetnutzung in der chilenischen Weinindustrie

5 Internet-Marketing im costaricanischen Kaffeeexport

Im folgenden Kapitel werden die Ergebnisse der zweiten Fallstudie in der costaricanischen Kaffeeindustrie vorgestellt. Der Aufbau des Kapitels ist identisch zum vorangegangenen Kapitel: Aufbauend auf der Beschreibung der Untersuchungsmethodik und der Darstellung des internationalen Kaffeemarktes und der costaricanischen Kaffeeindustrie folgt die Beschreibung des Exportmarketing der Kaffeeexporteure. Zum Abschluss des Kapitels werden die Internetnutzung, deren Auswirkungen und Hindernisse dargestellt.

5.1 Methodik der empirischen Untersuchung

In der Fallstudie „Kaffeeexport in Costa Rica" wurde eine Interviewreihe mit 32 Interviews durchgeführt. Drei dieser Interviews wurden in Deutschland mit Vertretern deutscher Kaffeeunternehmen und anderen Branchenexperten durchgeführt. Diese dienten der Vorbereitung des zweimonatigen Forschungsaufenthaltes in Costa Rica im Juni/Juli 2003, während dessen weitere 29 Interviews durchgeführt wurden. In diesen Interviews wurden 26 Exportmanager, Internetbeauftragte und Geschäftsführer aus 23 verschiedenen costaricanischen Kaffeeunternehmen zum Exportmarketing, zur Internetnutzung und deren Auswirkungen befragt. 3 weitere Interviews mit Branchenexperten gaben Aufschluss über die Abläufe in der Branche.

Die zu untersuchenden Unternehmen wurden auch in dieser Fallstudie im Sinne des Best Practice-Ansatzes ausgewählt. Aufgrund der hohen Anzahl der Genossenschaften wurden diese gleichberechtigt in die Untersuchung einbezogen.[408] Befragt wurden Vertreter der Unternehmen mit dem qualitativ besten Kaffee, den höchsten Exporten, dem besten Marketing und der besten Internetnutzung. Basis der Auswahl der Unternehmen waren Experteninterviews und eine Webseitenanalyse.

Im Rahmen der Webseitenanalyse, die zwischen Mai und Juli 2003 durchgeführt wurde, wurden die Webseiten von 60 Unternehmen untersucht.[409] Basis der Analyse waren die Exporteursstatistiken von Icafé für das Jahr 2001/02.

---

[408] In der weiteren Darstellung wird deswegen auch nicht zwischen Unternehmen und Genossenschaften unterschieden. Es wird einheitlich der Begriff Unternehmen verwendet.

[409] Die Differenz zwischen Anzahl der Exporteure und Anzahl der untersuchten Webseiten erklärt sich dadurch, dass Webseiten von Händlern (siehe Abschnitt 5.2.2) in die Analyse integriert wurden.

Die Webseiten der Unternehmen wurden anhand von Suchmaschinenrecherchen bei Google und Yahoo und der Adresslisten von Icafé identifiziert. Ergänzend wurden allgemeine Suchmaschinenrecherchen und eine Recherche auf der Webseite von Procomer (Promotora del Comercio Exterior de Costa Rica, www.procomer.com), der Exportkammer der costaricanischen Wirtschaft durchgeführt. Die Inhalte der gefundenen Webseiten wurden auf Internet-Marketing Anwendungen hin analysiert.

Weiterhin wurden die Visitenkarten der befragten Unternehmensvertreter auf Hinweise bezüglich E-Mail-Adresse und URL untersucht. Veröffentlichungen, Statistiken und Unternehmensdokumente ergänzen die empirisch erhobenen Daten.

5.2 Internationaler Kaffeehandel

Auf dem Weltkaffeemarkt stehen sich ungleiche Partner gegenüber: Während die Produktion ausschließlich in Entwicklungs- und Schwellenländern statt findet, wird der Großteil des Kaffees in den Industrienationen konsumiert. Die Auswirkungen dieser Tatsache werden in den folgenden Abschnitten erläutert.

5.2.1 Der Weltmarkt für Kaffee

Im Gegensatz zum Wein, bei dem viele verschiedene Rebsorten angebaut werden, sind bei Kaffee lediglich zwei Arten von Bedeutung: Coffea Arabica (Arabica) und Coffea Canephora (Robusta).[410] Robusta ist die resistentere Sorte, die in tieferen (heißeren) Lagen zu niedrigeren Kosten angebaut werden kann, geringere Hektarerträge erwirtschaftet, geschmacklich jedoch hinter den Arabica-Bohnen zurück bleibt und damit preislich niedriger liegt als Arabica.[411]

Der Kaffeebaum ist eine temperaturempfindliche Pflanze, die viele saisonale Regenfälle benötigt. Deswegen sind die Anbaugebiete auf die Subtropen und die Höhenlagen der Tropen beschränkt. Der Kaffeebaum trägt das erste Mal nach 2-5 Jahren, hat einen zweijährigen Rhythmus (abwechselnd große und kleine Ernten) und ist sehr pflegeintensiv. Die Frucht des Kaffeebaums ist die Kaffeekirsche, deren Samen zur Herstellung von Kaffee verwendet wird. Die Kaffeepflanze hat eine lange Blütezeit, was zur Folge hat, dass die Kirschen

---

[410] Wobei jedoch verschiedene Unterarten der beiden Sorten für Differenzierung sorgen.

[411] Vgl. Flitter, R./Kaplinsky, R. (2001), S. 7; Deutscher Kaffee-Verband (1990), S. 5.

sehr unterschiedlich reifen und ein Kaffeebaum in der Ernte ca. alle 8-10 Tage erneut bepflückt werden muss. Da in den meisten Anbaugebieten Kaffee von Hand geerntet wird, ist die Ernte organisatorisch und finanziell ein erheblicher Aufwand, der in manchen Ländern bis zu 50% der Gesamtkosten ausmacht.[412]

Nach der Ernte muss der Samen von Fruchthaut, -fleisch, -schleim und Pergamenthaut getrennt werden. Dafür gibt es zwei verschiedene Verfahren: Die nasse und die trockene Aufbereitung. Bei der nassen Aufbereitung, die fast ausschließlich bei Arabica („Mild Arabica") angewendet wird, wird das Fruchtfleisch abgequetscht, die Bohnen anschließend fermentiert, gewaschen, getrocknet und abschließend geschält. Bei der trockenen Aufbereitung, werden die Kirschen getrocknet und dann geschält, weshalb der Prozess wesentlich länger dauert. Die trockene Aufbereitung wird sowohl bei Robusta als auch bei Arabica („Hard Arabica") angewendet, wobei der nass aufbereitete Arabica qualitativ höherwertiger ist. Die Aufbereitung ist neben den klimatischen und anbautechnischen Bedingungen, der Sorte und der Art der Ernte einer der Haupteinflussfaktoren auf die Kaffeequalität. Das Endprodukt der Aufbereitung, der grüne Kaffee bzw. Rohkaffee, macht den Großteil des Kaffeehandels auf dem Weltmarkt aus.[413] Dabei werden grob vier Qualitätsklassen unterschieden, hier in qualitativ absteigender Reihenfolge: Colombian Milds, Other Milds, Brazilian Naturals und Robusta.

Auf dem Weltmarkt stehen sich ungleiche Partner gegenüber: Aufgrund der Anbaugebiete im Bereich der Tropen und Subtropen wird Kaffee fast ausschließlich in Entwicklungsländern angebaut, während der Großteil des Konsums in Industrieländern stattfindet. Dies hat weitreichende Konsequenzen für die Funktionsweise des Weltmarktes und ist einer der Gründe, weshalb Kaffee meist als grüner Kaffee wie ein Rohstoff gehandelt wird.

Kaffee wird in über 70 Ländern der Welt angebaut, wovon jedoch nur 50 eine nennenswerte Rolle spielen. Größter Kaffeeproduzent im Jahr 2001/2002 war Brasilien mit einer Produktion von 33,6 Mio. Sack (á 60 kg). Danach folgten Kolumbien und Vietnam mit 11,2 Mio. Sack und 10,0 Mio. Sack.

---

[412] Lediglich in Brasilien und in Äthiopien wird der Kaffee (Robusta) unabhängig vom Reifegrad in einem Arbeitsgang maschinell geerntet. Dies hat jedoch negative Auswirkungen auf die Qualität. Vgl. Deutscher Kaffee-Verband (1997), S. 11.

[413] Vgl. Deutscher Kaffee-Verband (1990), S. 6; Ponte, S. (2001a), S. 4; Deutscher Kaffee-Verband (1997), S. 11 ff.

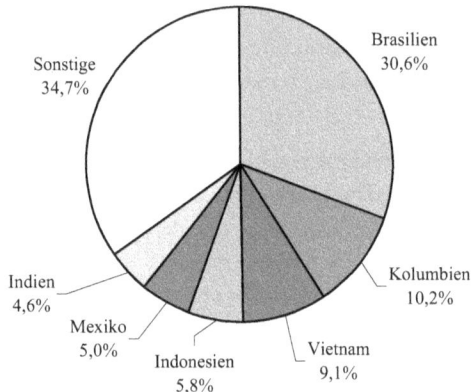

Quelle: Icafé (2002), S. 8.

Abbildung 34: Weltkaffeeproduktion 2001/2002 nach Ländern

Weiterhin zählten Indonesien (6,4 Mio. Sack) und Mexiko (5,5 Mio. Sack) zu den fünf größten Produktionsländern, die gemeinsam ca. 60% der Weltproduktion abdecken. Unterteilt nach Kaffeesorten ergibt sich folgende Situation: Größte Arabica-Produzenten sind Brasilien, Kolumbien, Mexiko, Äthiopien und Guatemala. Bei Robusta ist Vietnam größter Produzent, gefolgt von Brasilien, Indonesien, der Elfenbeinküste und Indien. Insgesamt wurden im Jahr 2001/02 weltweit ca. 110 Mio. Sack Kaffee produziert.

[Mio. Sack á 60 kg]		1996-1997	2001-2002
Arabica	Brasilien	23,53	27,79
	Kolumbien	10,88	11,17
	Mexiko	5,32	5,50
	Äthiopien	3,27	3,92
	Guatemala	4,52	3,86
	Sonstige	20,15	20,29
Summe Arabica		**67,67**	**72,53**
Robusta	Vietnam	5,71	10,00
	Brasilien	4,13	5,76
	Indonesien	7,59	5,67
	Elfenbeinküste	4,86	4,10
	Indien	1,78	3,01
	Uganda	3,89	2,89
	Sonstige	7,20	5,80
Summe Robusta		**35,16**	**37,23**
Gesamt		**102,83**	**109,76**
Quelle: Icafé (2002), S. 3.			

Abbildung 35: Weltkaffeeproduktion nach Sorten und Ländern

Die größten Produzenten sind gleichzeitig auch die größten Exporteure. Brasilien (29,6% der Weltexporte), Vietnam (13,5%), Kolumbien (12,1%), Indonesien (5,7%) und Elfenbeinküste (5,0%) decken gemeinsam insgesamt 65,9% der weltweiten Exporte ab (siehe Anhang VIII).[414]

Kaffee ist ein typisches Kleinbauernprodukt. 70% des Kaffees weltweit werden auf Farmen mit weniger als 5 ha angebaut.[415] Der Grund dafür liegt in den niedrigeren Kontrollkosten in Familienbetrieben und in der geringen Mechanisierbarkeit des Kaffeeanbaus, die dazu führt, dass große Anbauflächen keine Skaleneffekte einbringen. Aufgrund der geringen Mechanisierbarkeit und der hohen Arbeitsintensität des Kaffeeanbaus hat die Kaffeebranche hohe Beschäftigungseffekte in den Produktionsländern, was sie zu einem wichtigen wirtschaftlichen Faktor macht.[416] Außerdem ist der Kaffeeexport häufig Haupt-Devisenlieferant dieser Länder. Diese beiden Aspekte haben dazu geführt, dass die Kaffeewirtschaft in vielen Ländern reguliert war. Bis 1985 hatten nur 15 Anbauländer einen privaten Kaffeesektor, die anderen waren reguliert durch Marketing Komitees, Stabilitätsfonds und quasi-staatliche Kaffeeproduzenten, die die Vermarktung abwickelten und überwachten.[417] Aufgrund der Intervention der Vereinigten Staaten kam es in den 80er und 90er Jahren jedoch zu einer Liberalisierung und Privatisierung der Kaffeesektoren. Das hat zu einer Atomisierung des Angebotes geführt, da nun die Produzenten als Verkäufer bzw. Exporteure fungieren und nicht mehr die staatlichen Institutionen.[418] Da die lokalen Händler nicht in der Lage sind, mit den großen internationalen Handelshäusern zu konkurrieren, haben sich viele diesen angeschlossen oder sind vom Markt verschwunden.[419] Außerdem kam es durch die Liberalisierung zu Qualitätsverschlechterungen, da die großen Handelshäuser die verschiedenen Kaffees undifferenziert mischen.

---

[414] Vgl. Icafe (2002), S. 2 ff; Quelle der Statistiken ICO.

[415] Vgl. Flitter, R./Kaplinsky, R. (2001), S. 14.

[416] Vgl. Stamm, A. (1999), S. 399.

[417] Vgl. Ponte, S. (2001a), S. 22.

[418] Vgl. Talbot, J.M. (2002), S. 228; Deutscher Kaffee-Verband (1997), S. 23.

[419] Vgl. Ponte, S. (2001a), S. 16.

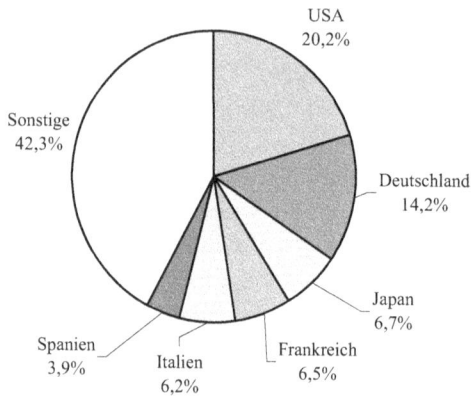

Quelle: ICO (2003), www.ico.org/frameset/traset.htm.

Abbildung 36: Importländer Kaffee Weltmarkt 2001

Dem Angebot aus Entwicklungsländern steht hauptsächlich Nachfrage aus Industrieländern gegenüber. Der Großteil des Kaffees wird in Industrieländer importiert und dort auch konsumiert (75% des Konsums). Größte Importländer in 2001waren die USA (21,5 Mio. Sack), Deutschland (15,1 Mio. Sack) und Japan (7,06 Mio. Sack). Insgesamt belief sich der Import weltweit auf 106 Mio. Sack (inklusive der Reexporte der Importländer von ca. 25 Mio. Sack).[420]

Die größten Importeure sind gleichzeitig auch die größten Konsumenten: USA (19,5 Mio. Sack), Deutschland (9,7 Mio. Sack) und Japan (7,0 Mio. Sack). Auf Seite der Produzenten war Brasilien mit 13,4 Mio. Sack mit Abstand der größte Konsument. Dahinter folgten Indonesien und Äthiopien mit jeweils 1,7 Mio. Sack. Insgesamt konsumierten die importierenden Länder 78,6 Mio. Sack (74%) und die Produzentenländer 27,3 Mio. Sack (26%), was einem Weltkonsum von ca. 106 Mio. Sack entspricht.[421]

---

[420] Eigene Berechnungen auf Basis von ICO (2003).

[421] Vgl. Icafe (2002), S. 12. Beim Vergleich der Statistiken kommt es zu kleinen Abweichungen, da unterschiedliche Quellen mit unterschiedlichen Zeiträumen verwendet wurden. Die Abweichungen sind allerdings sehr gering.

Gesamt	105,9	[Mio. Sack á 60 kg]	
davon			
Importeure	**78,6**	**Produzenten**	**27,3**
USA	19,5	Brasilien	13,4
Deutschland	9,7	Indonesien	1,7
Japan	7,0	Äthiopien	1,7
Frankreich	5,4	Mexiko	1,5
Italien	5,3	Kolumbien	1,4
Sonstige	31,7	Vietnam	0,6
		Sonstige	7,0
Quelle: Icafé (2002), S. 12.			

Abbildung 37: Kaffeekonsum 2001/2002 in Mio. Sack á 60 kg

Während es auf der Angebotsseite zu einer Atomisierung des Angebotes kam, war in den letzten Jahren auf Seite der Abnehmer ein Konzentrationsprozess zu beobachten. Stärkstes Glied in der Wertschöpfungskette sind die Röster bzw. die Hersteller von Instantkaffee. In diesem Marktsegment kontrollierten 1998 die beiden größten Unternehmen (Nestlé und Phillip Morris) 49% des Weltmarktes. Die fünf größten Unternehmen (zusätzlich Sara Lee, Procter&Gamble, Tchibo) beherrschten zusammen 69% des Marktes. Im Bereich von löslichem Kaffee (Marktanteil 4% [422]) hatte Nestlé allein einen Marktanteil von 56%.[423]

---

[422] Vgl. Deutscher Kaffee-Verband (1990), S. 15.

[423] Vgl. van Djik, J.B. et al (1998), S. 34, gefunden bei Ponte, S. (2001), S. 17f.

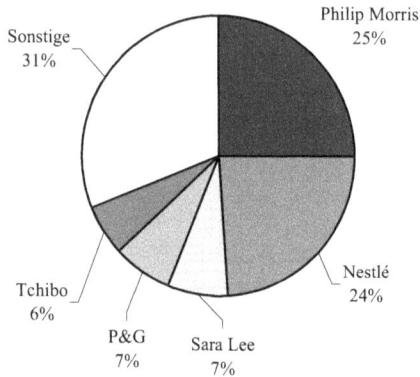

Quelle: van Dijk, J.B. et al. (1998), S. 34, gefunden in Ponte, S. (2001a), S. 17.

Abbildung 38: Marktanteile Röstereien (inkl. löslicher Kaffee)

Dieser hohe Konzentrationsgrad im Segment der Röster hat erhebliche Auswirkungen auf den Ablauf des internationalen Kaffeehandels: Aufgrund ihrer großen Marktabdeckung benötigen die Röster sehr große Mengen Rohkaffee. Außerdem handelt es sich bei der überwiegenden Mehrzahl der Markenkaffees um Blends, bei denen ca. 5-10 verschiedene Rohkaffees zusammen gemischt werden, um geschmackliche Stabilität und eine Kontrolle der Produktionskosten (Substitution teurer Kaffees) zu erreichen. Deshalb kaufen die großen Röster nur sehr selten direkt beim Produzenten, sondern ziehen es vor, mit Agenten oder großen internationalen Handelshäusern (hauptsächlich deren Importeuren) zusammen zu arbeiten. Diese garantieren die Verfügbarkeit großer Mengen verschiedener Kaffees und tragen die Importrisiken.[424] Weiterhin ist es den Röstern in den neunziger Jahren gelungen, die Lagerhaltung und die damit verbundenen Angebots- und Qualitätsrisiken an ihre Lieferanten auszulagern (supply-managed inventory, SMI). Die Übernahme derartiger Risiken ist nur finanzstarken Handelshäusern möglich, weshalb es auch bei diesen einen Konzentrationsprozess gab. 1998 haben die beiden größten Handelshäuser, Neumann und Volcafé, insgesamt 29%, die 6 größten Handelshäuser insgesamt 50% des internationalen Kaffeehandels abgewickelt.

---

[424] Vgl. Deutscher Kaffee-Verband (1997), S. 49f; Talbot, J.M. (2002), S. 218ff.

Neumann
16%

Sonstige
44%

Volcafé
13%

Cargill
6%

Esteve
6%

Mitsubishi
3%

Dreyfus
3%

Man
4%

Aron
5%

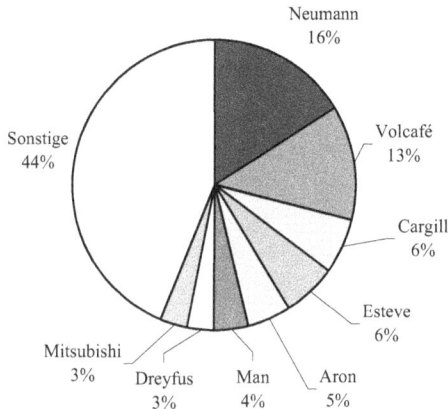

Quelle: van Dijk, J.B. et al. (1998), S. 34, gefunden in Ponte, S. (2001a), S. 16.

Abbildung 39: Marktanteil grüner Kaffee internationale Handelshäuser 1998

Außerdem zwang SMI die Handelshäuser zu einer Verbesserung ihres Zuliefernetzwerkes, was eine vermehrte Koordination (v.a. Vorfinanzierung) mit und vertikale Integration von lokalen Exporteuren zur Folge hatte.[425] So verfügt die Neumann Gruppe heute über mehr als 50 (eigenständige) Unternehmen, die Aufgaben im Ex- und Import wahrnehmen.

Es gibt zwei grundsätzliche Möglichkeiten Kaffee einzukaufen: Entweder direkt in den Ursprungsländern oder auf den Spotmärkten der Börsen. Theoretisch kann auch auf den Futuremärkten der Börsen physischer Kaffee eingekauft werden, das kommt jedoch nur sehr selten vor[426], da die Futuremärkte hauptsächlich dem Absichern (Hedging) von Risiken dienen. Der wichtigste Handelsplatz für Arabica ist New York; Robusta wird hauptsächlich in London gehandelt. Die Preise der beiden Börsen haben Leitfunktion; die meisten physischen Kontrakte werden auf Basis des Börsenpreises (Futurepreises) ausgehandelt und aufgrund der Qualitätsunterschiede zwischen den Kaffees in Differenzialen zum Standard-C-Kontrakt[427] angegeben.[428] Obwohl die Bedeu-

---

[425] Vgl. Ponte, S. (2001a), S. 14ff.

[426] Nur 1% der Futurekontrakte wird tatsächlich angedient. Vgl. Coffee Research Institute (2001), S. 2.

[427] Der C-Kontrakt, "Coffee-Contract" ist der an der Börse gehandelte Standardvertrag mit festgeschriebener Menge und Qualität. Vgl. Deutscher Kaffee-Verband (1997), S. 45.

[428] Vgl. Ponte, S. (2001a), S. 6; Coffee Research Institute (2001), S. 1.

tung der Börsen durch die Leitfunktion der Börsenpreise in den letzten Jahren zugenommen hat, wird nur ein kleiner Teil des Handels über die Börse abgewickelt, da außerhalb der Börse oftmals höhere Preise durchsetzbar sind, v.a. bei hochwertigem Kaffee.

Der internationale Kaffeemarkt unterliegt großen Preisschwankungen, die ihre Ursache in klimatischen Schwankungen und in der geringen Preiselastizität von Angebot und Nachfrage haben. Aufgrund der Eigenschaften der Kaffeepflanze, die frühestens nach zwei Jahren das erste Mal Früchte trägt, kann das Angebot kurzfristig nicht beliebig ausgeweitet werden. Auch die Nachfrage nach Kaffee ist sehr stabil; nur bei extremen Preisausschlägen verändert sich die nachgefragte Menge. Aufgrund der großen Preisschwankungen, wurde immer wieder versucht, den internationalen Kaffeehandel zu regulieren. Das erste große internationale Kaffeeabkommen (International Coffee Agreement, ICA) wurde 1962 von den meisten Produzenten- und Konsumentenländern[429] unterzeichnet. Es enthielt einen Preiskorridor und Exportquoten für die Produzenten. Wenn der Indikator-Preis über den oberen Preis des Korridors stieg, dann wurden die Quoten gelockert, fiel der Preis unter das untere Band, wurden die Quoten gekürzt. Bei extremen Preissteigerungen (1975-77) wurden die Quoten sogar ganz ausgesetzt bis der Preis wieder zurück in das Preisband fiel. Auf diese Weise gelang es, die starken Preisausschläge abzumildern und den Marktteilnehmern eine gewisse Sicherheit zu verschaffen.[430] Trotz dieses Erfolges war es ein relativ starres System, was 1989 zum Zusammenbruch führte. Die Quoten waren zu unflexibel, um auf grundlegende Veränderungen im Konsumentenverhalten reagieren zu können. Außerdem wurde immer mehr Volumen mit Röstern in nicht-teilnehmenden Importeursländern abgewickelt. Da in diesem Markt der Preis deutlich niedriger lag, fürchteten die Röster in Teilnehmerländern billige Konkurrenz, wodurch ihre Kooperationsbereitschaft sank. Unter den Produzenten kam es zu Free-Riding und Quotenbrüchen wegen steigender Angebotsüberhänge, so dass es 1989 nicht mehr gelang, das Abkommen fortzusetzen.[431]

---

[429] Zwischenzeitlich wurden 99% der Weltkaffeeproduktion und 90% der Weltkaffeenachfrage durch das ICO (International Coffee Organization, gegründet auf Basis des ICA) organisiert. Vgl. Deutscher Kaffee-Verband (1997), S. 28.

[430] Vgl. Ponte, S. (2001a), S. 9.

[431] Vgl. Ponte, S. (2001b), S. 6; Tölke, J. (1998), S. 47.

Nach dem Zusammenbruch des ICA gab es immer wieder Versuche verschiedener Beteiligter, den Kaffeemarkt zu regulieren, jedoch konnte keines der Abkommen entsprechende Erfolge erzielen oder hatte länger Bestand.[432] Deswegen kam es in den neunziger Jahren zu einer Steigerung der Preisvolatilität verbunden mit Preissenkungen. Ein weiterer Grund für die gestiegene Preisvolatilität ist der Eintritt von Spekulanten und Fonds an der Börse. Durch ihre spekulativen Aktivitäten kommt es zu stärkeren Preisausschlägen und der Kaffeepreis entfernt sich immer mehr von den fundamentalen Marktdaten. Da sich die Preise im physischen Kaffeehandel an den Börsenpreisen orientieren, haben die Preisausschläge erheblichen Einfluss auf den Handel und v.a. auf die Produzenten, die keine Möglichkeit zum Hedgen haben. Die höhere Preisfluktuation bringt außerdem einen höheren Informationsbedarf mit sich, was größeren Handelshäusern einen Vorteil verschafft, die über entsprechende Personalkapazität verfügen.[433]

Zu Preissenkungen kam es, weil unter dem Schutz der relativ stabilen Preise des Quotensystems und während der Hochpreisphasen in den neunziger Jahren viele Produktionsländer ihre Anbauflächen ausweiteten. Zwei Länder, die ihre Anbauflächen in erheblichem Maße ausweiteten sind Brasilien und Vietnam. Vietnam dehnte im Zeitraum zwischen 1992 und 2001 seine Produktion von Robusta im Durchschnitt jährlich um 22,6% aus und ist mit einer Produktion von 10 Mio. Sack mittlerweile größter Robusta-Anbieter weltweit.[434] Brasilien hat Mitte/Ende der neunziger Jahre seine Anbauflächen fast verdoppelt, weshalb für das Jahr 2002/2003 weltweit eine Rekordernte zwischen 119 Mio. Sack und 122 Mio. Sack erwartet wird.[435] Die zunehmende Technisierung des Anbaus, wie die Verwendung von Hochleistungssorten und Verringerung des Pflanzabstandes, trug darüber hinaus zu einer Steigerung der Produktion bei.[436] Diese Ausweitung der Produktion führte in Zusammenhang mit der Abflachung des Konsums seit Beginn der 60er Jahre zu einer Überproduktion auf dem Kaffeemarkt, die erhebliche Preissenkungen nach sich zog. So hat sich der reale Preis zwischen 1960 und 2000 fast halbiert, wobei

---

[432] Vgl. Deutscher Kaffee-Verband (2002), S. 10.

[433] Vgl. Talbot, J.M. (2002), S. 220ff.

[434] Vgl. Icafé (2002), S. 4.

[435] Vgl. Flores, M. et al (2002), S. 14; Icafé (2002), S. 8. 119 Mio. Sack ist eine Schätzung des ICO, 122 Mio. Sack von USDA.

[436] Vgl. Stamm, A. (1999), S. 402.

ein Großteil des Verfalls nach 1989 stattfand.[437] In den Jahren 2000 und 2001 wurden die niedrigsten Preise des letzten Jahrhunderts registriert, wobei im Jahr 2001 der Kaffeepreis nochmals auf einen historischen Tiefstand von 0,46 USD/lb gesunken ist.[438] Die kurzzeitigen Preiserholungen im Verlauf der neunziger Jahre waren hervorgerufen durch klimatische Schwankungen und dürfen nicht über die strukturell bedingte Überproduktion und die Tendenz zu dauerhaft niedrigen Preisen hinweg täuschen. Eine dauerhafte Erholung der Preise ist vorerst nicht zu erwarten.[439]

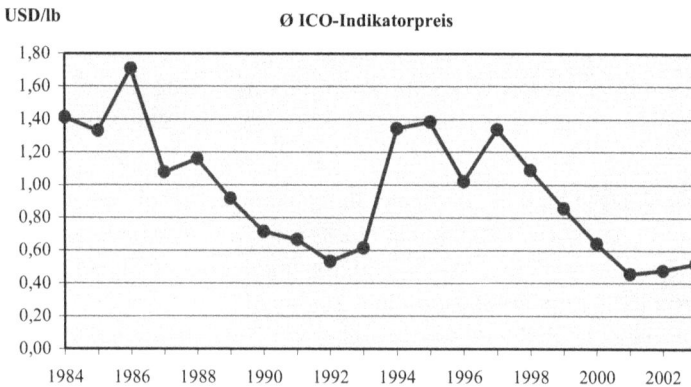

Quelle: ICO (2004), www.ico.org/frameset/priset.htm.

Abbildung 40: Entwicklung Kaffeepreis 1984 - 2003

Die niedrigen Preise haben dramatische Folgen in den Produzentenländern. Da oftmals nicht einmal mehr die Produktionskosten gedeckt sind, kommt es zu Verschlechterungen im Produktionsprozess. Dies führt zu einem starken Qualitätsrückgang, z.B. wegen Reduktion von Pflück- und Sortiervorgängen. Die Reduktion von Sortiervorgängen wiederum verstärkt das Problem der Überproduktion, da so zusätzlich schlechter Kaffee auf den Markt kommt. Außerdem lässt sich durch schlechte Qualität kein Mehrkonsum anregen. Weiterhin stellen viele Bauern die Produktion ein, so dass es zu einem Rückgang der Angebotsmenge kommt.

---

[437] Vgl. Flitter, R./Kaplinsky, R. (2001), S. 8; Stamm, A. (1999), S. 400.

[438] Vgl. ICO (2003), Coffee price statistics. Bei den hier angegebenen Preisen handelt es sich um den ICO Indikator Preis, aggregiert aus den Monatsdaten.

[439] Vgl. Varganis, P. et al (2003), S. 3; Stamm, A. et al (2002), S. 1.

Einen Ausweg aus dieser Situation bietet das wachsende Segment des Spezialitätenkaffees. Unter Spezialitätenkaffees werden all diejenigen Kaffees subsumiert, die nicht die traditionellen, industriellen Kaffees sind, sondern entweder von Produktionsseite oder bezüglich des Konsumerlebnisses eine Besonderheit darstellen. Dazu zählen qualitativ besonders hochwertige Kaffees, Lagen- und Jahrgangskaffees[440], Schattengewächse, Fair Trade Kaffee[441] und auch Ökokaffee.[442] Ausgehend von den USA gibt es einen Trend hin zu verstärktem Konsum von Spezialitätenkaffee; Spezialitätenkaffee ist das am stärksten wachsende Segment im Markt. Dieser Trend hat die Gründung vieler kleiner Röster nach sich gezogen, die oftmals direkt bei den Produzenten einkaufen und Preise deutlich über Börsenniveau bezahlen. Trotz des Erfolges handelt es sich allerdings um ein kleines Segment; der Spezialitätensektor umfasst lediglich 3-5% des Weltmarktes.[443]

Ein weiterer Ausweg für die Produzenten ist das Angebot von geröstetem Kaffee. Da es in den vergangenen Jahren auf dem Endkonsumentenmarkt nur geringe Preissenkungen gab, können mit geröstetem Kaffee wesentlich höhere Preise erwirtschaftet werden, zusätzlich zu der Tatsache, dass die eigene Wertschöpfung höher ist.[444] Dieser Strategie stehen allerdings einige Hindernisse im Weg. Erstens verliert gerösteter und v.a. gemahlener Kaffee schnell an Aroma, so dass aufwändige Verpackungstechnologie notwendig ist. Zweitens ist der Kunde gewohnt, geschmacklich stabilen Kaffee zu erhalten. Das können die Produzenten kaum leisten, da es sich bei ihren Produkten um Single-Origin Produkte handelt, die natürlichen Schwankungen unterliegen. Drittens weichen die Geschmäcker in den einzelnen Ländern voneinander ab. Den Produzenten fehlen sowohl die Marktkenntnisse als auch die technischen

---

[440] Lagenkaffee ist Kaffee, der entsprechend dem Vorbild Wein, in einer ganz speziellen Lage angebaut wurde. Im Englischen wird auch der Begriff „Estate Coffee" verwendet.

[441] Bei Fair Trade Kaffee erhalten die Produzenten langfristige Verträge, in denen ihnen ein Minimumpreis zugesichert wird, der die Produktionskosten deckt und einen Gewinnanteil enthält, der ihnen ein gesichertes Leben ermöglicht.

[442] Vgl. ICO et al (2000).

[443] Vgl. Ponte, S. (2001a), S. 19ff.

[444] Die Röster schöpfen einen immer größeren Teil des mit Kaffee erwirtschafteten Einkommens ab, da in diesem Sektor ein hoher Konzentrationsgrad herrscht, sie viel Marktmacht haben und die niedrigen Einkaufspreise nicht an die Kunden weiter geben. Vgl. Fitter/Kaplinsky (2001), S. 14.

Möglichkeiten, um den Ansprüchen der Konsumenten in den verschiedenen Ländern zu genügen. Ein weiteres, großes Hindernis ist die bestehende Macht der Röster. Es ist sehr schwer und teuer, eine entsprechende Distributionskette zu finden und eine neue Marke bei den Kunden zu etablieren. Aus diesen Gründen wird gerösteter Kaffee aus den Produzentenländern bis auf absehbare Zeit ein Nischenprodukt bleiben, auch wenn es eine gewisse Nachfrage dafür gibt.[445] Eine andere Möglichkeit, bei der einige der oben angesprochenen Probleme umgangen werden, ist die Produktion von geröstetem Kaffee unter einer Fremdmarke, z.b. der eines großen Handelshauses. Hierbei ordern die Kunden gerösteten Kaffee, den sie unter ihrem eigenen Markennamen verkaufen. Die gesamte Produktion inklusive der Abfüllung wird von einem Produzenten im Anbauland vorgenommen. In Deutschland verfolgt beispielsweise Karstadt eine solche Strategie.

5.2.2 Die Kaffeeindustrie in Costa Rica

Die oben beschriebene Kaffeekrise hat selbstverständlich auch Auswirkungen auf die Kaffeeindustrie in Costa Rica, wenn auch etwas geringere als in anderen Ländern. Das hat seinen Grund vor allem darin, dass in Costa Rica der Anbau von Robusta verboten ist und stattdessen milde Arabicas, also qualitativ hochwertige Kaffees angebaut werden. Ca. 40% der Ernte ist Qualitätskaffee und wird innerhalb des Spezialitätensektors vertrieben.[446]

Im Jahr 2001 betrug die Anbaufläche in Costa Rica 113.129 ha. Der Großteil der Anbaugebiete liegt auf Höhen über 800 m, also in der Zone, in der qualitativ hochwertiger Kaffee wächst.[447] Die besten Qualitäten wachsen in den Regionen Naranjo, Tarrazu, Tres Rios und Volcan Poas. Aufgrund der gebirgigen Geographie Costa Ricas wird ein Großteil des Kaffees an Steilhängen angebaut, was den Einsatz von Maschinen unmöglich macht und die Produktionskosten erhöht. Dennoch arbeitet Costa Rica auf einem hohen technischen Niveau und hat weltweit die höchste Produktivität mit einem durchschnittlichen Ertrag von 1.320 kg/ha.

---

[445] Vgl. Deutscher Kaffee-Verband (1997), S. 32; Deutscher Kaffee-Verband (1990), S. 15f; Stamm, A. (1999), S. 405; Talbot, J.M. (2002), S. 219.

[446] Vgl. Varganis, P. et al (2003), S. 36.

[447] 82% des Kaffees wird in Höhen über 800m angebaut. Vgl. Icafé (2002), S. 16.

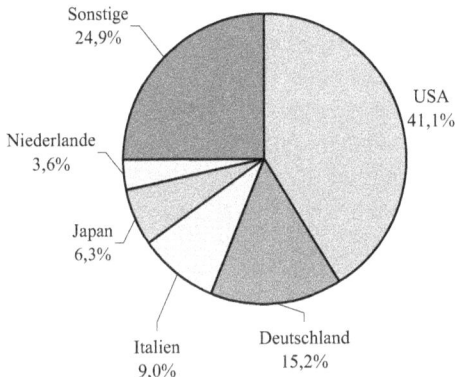

Quelle: Icafé (2002), S. 29.

Abbildung 41:Kaffeeexport Costa Rica nach Ländern 2001/2001

Im Jahr 2001/02 wurden 2,41 Mio. Sack produziert, von denen 87,71% exportiert wurden. Damit steht Costa Rica sowohl bei Produktion als auch bei Exporten weltweit an 13. Stelle (2,15% der Weltproduktion, 2,10% der Weltexporte). In der Gruppe der Produzenten von Mild Arabicas ist Costa Rica sechstgrößter Exporteur. Hauptabnehmer Costa Ricas sind die USA, Deutschland, Italien und Japan.[448]

Der Kaffeebau in Costa Rica ist stark kleinbäuerlich geprägt. Im Jahr 2001/02 lieferten 70.523 Produzenten Kaffee bei den Aufbereitungsanlagen ab. 92,8% davon sind Kleinstbauern mit einer Jahresproduktion von weniger als 76 Sack. Gemeinsam produzieren sie aber immerhin 45% der nationalen Ernte. Abgabestelle für die Kaffeefrüchte sind die Aufbereitungsanlagen, in Costa Rica „Beneficios" genannt. Dieser Sektor weist einen wesentlich höheren Konzentrationsgrad auf; im Jahr 2001/02 waren 93 Beneficios registriert. Die Beneficios sind entweder Privatbetriebe oder Genossenschaften[449]. Noch stärker konzentriert ist der Sektor der Exporteure. In Costa Rica gibt es 56 registierte Exporteure, von denen die fünf Größten über 60% der Exporte abwickeln. Die größten Exporteure in Costa Rica sind Ceca (Neumann Gruppe), Capris (Volcafé) und Continental (nationaler Exporteur). Darüber hinaus ha-

---

[448] Vgl. Icafé (2002), 15ff ; Flores, M. et al (2002), S. 42f.

[449] In Costa Rica existieren insgesamt 24 Genossenschaften. Jede Genossenschaft verfügt mindestens über ein Beneficio. Vgl. Ronchi, L. (2002), S. 4.

ben auch die Kooperativen mit 11% (in 2001) einen bedeutenden Anteil an den Exporten.[450] Die größten Exportorganisationen im Bereich der Kooperativen sind Cafecoop und Coocafé. Neben den beiden oben genannten Gruppen gibt es in der costaricanischen Kaffeeindustrie noch zwei weitere Sektoren: Die Röster und die Broker/Agenten. Die Röster (34 Unternehmen) arbeiten hauptsächlich für den nationalen Markt. Lediglich 1,41% der Exporte werden als gerösteter Kaffee ausgeführt. Die Broker sind Dienstleister: Sie unterstützen gegen Kommission beim Export. 2001 waren in Costa Rica 49 Broker tätig.[451] Vergleiche dazu auch Anhang VII.

Produktion und Vermarktung sind in Costa Rica privatwirtschaftlich organisiert, jedoch wird die Industrie durch Icafé[452], das nationale Kaffeeinstitut, reguliert und überwacht. Die Regulierung ist aus der historischen Entwicklung entstanden. Früher war die Kaffeeindustrie Hauptwirtschaftszweig und wurde von wenigen Großfamilien beherrscht. Um das Einkommen gerechter zu verteilen, wurde im Jahr 1961 das Gesetz No. 2762 verabschiedet und Icafé als staatliches Überwachungsorgan gegründet. Das Gesetz definiert die verschiedenen Wertschöpfungsstufen und reguliert die Verteilung der Gewinne. Auf jeder Stufe ist der Aufgabenbereich genau festgelegt und jeder, der im Kaffeesektor tätig sein möchte, benötigt eine Lizenz. Zwischenhandel zwischen Produzent und Aufbereiter ist verboten. Die Einkommensverteilung ist folgendermaßen festgelegt: Die Bauern werden auf Basis des vom Beneficio erwirtschafteten Durchschnittspreis entlohnt. Von diesem Betrag werden 9% Gewinnanteil für das Beneficio, 2,5 USD je Sack für Icafé und 1,65 USD je Sack für den Aufwand des Exporteurs abgezogen. Auch der Zeitpunkt der Entlohnung ist fest definiert. Die Bauern erhalten eine erste Anzahlung bei Anlieferung der Kaffeekirschen und danach vierteljährlich weitere Abschlagszahlungen. Am Ende des Kaffeejahres müssen alle Beneficios den von ihnen in freien Verhandlungen erzielten Durchschnittspreis veröffentlichen und den Bauern den Restbetrag auszahlen. Die im Export erwirtschafteten Gewinne (Handelsspanne) verbleiben beim Exporteur.[453]

---

[450] Vgl. Capris (2002), S. 21.

[451] Vgl. Icafé (2002), S. 16.

[452] Icafé, ursprünglich ein staatliches Kaffeebüro, hat sich in der Zwischenzeit zu einer privaten Sektororganisation mit geringem Regierungseinfluss entwickelt. Vgl. Stamm, A. (1999), S. 401; Stamm, A. (2002), S. 9.

[453] Vgl. Tölke, J. (1998), S. 52 ff.

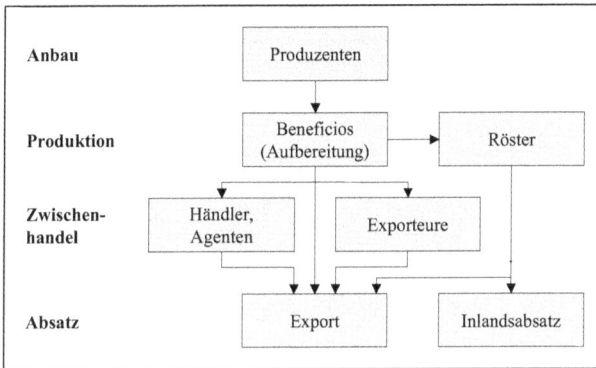

Abbildung 42: Wertschöpfungskette Kaffee Costa Rica

Trotz des hohen Regulierungsgrades ist der Handel frei organisiert. Jedem Bauern bleibt es selbst überlassen, bei welchem Beneficio er seinen Kaffee abliefert, weshalb die Beneficios auf Basis der Vorauszahlungen oder des Durchschnittspreises um die Bauern konkurrieren. Auch die einzelnen Wertschöpfungsstufen sind nicht streng voneinander getrennt. Es gibt vertikal integrierte Unternehmen, die mehrere oder alle Wertschöpfungsstufen abdecken. So verfügen die großen Exporteure alle über mehrere Beneficios, mit denen sie einen Teil ihrer Kaffeenachfrage abdecken. Neuerdings exportieren auch immer mehr Beneficios und Produzenten selbst, um einen größeren Teil der Wertschöpfung abzuschöpfen und am Markt bessere Preise zu erzielen. Im Jahr 2001/02 lag der Exportanteil dieser Beneficios bereits bei 9,3%.[454] Da die Beneficios jedoch nicht über entsprechende Exporterfahrung verfügen, nehmen sie oft die Dienste der Broker in Anspruch, die gegen Kommission den Kontakt zum Kunden herstellen und den Export abwickeln, jedoch nicht Eigentümer der Ware werden. Auch die klassischen Exporteure bieten mittlerweile solche Dienstleistungen an.

---

[454] Vgl. Icafé (2002), S. 16ff.

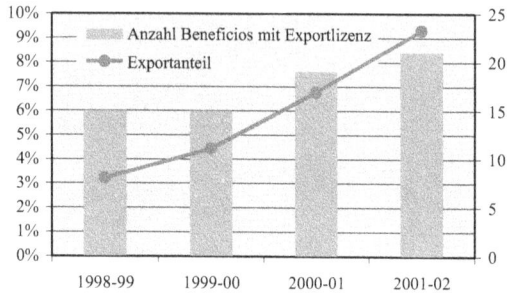

Quelle: Icafé (2002), S. 18.

Abbildung 43: Exportierende Beneficios und Anteil am Kaffeeexport

Sorgt die Regulierung auch für eine gerechtere Verteilung des Einkommens, so bringt sie jedoch auch einige Nachteile mit sich. Besonders problematisch ist die einheitliche Entlohnung der Bauern. Da alle Bauern den gleichen Durchschnittspreis erhalten, wird ein Anreiz zur Mengensteigerung bei Vernachlässigung der Qualität gesetzt.[455] Außerdem fehlt die Flexibilität zur Bearbeitung verschiedener Qualitäten. So ist es momentan schwierig, beispielsweise Ökokaffee getrennt aufzubereiten und zu entlohnen. Dies ist vor allem vor dem Hintergrund der Entwicklung hin zu mehr Spezialitätenkaffee problematisch. Icafé hat dieses Problem erkannt und versucht durch Qualitätszertifikate und andere Anreizmechanismen gegenzulenken. Es soll ein Gesetz eingeführt werden, das eine größere Differenzierung erlaubt und Qualitätsproduktion belohnt.[456]

Wenn auch die Folgen der Kaffeepreiskrise für Costa Rica aufgrund des hohen Anteils an Spezialitätenkaffee weniger gravierend sind als für manche andere Produktionsländer, sind deren Auswirkungen auch in Costa Rica spürbar. Wie auf dem gesamten Markt ist der Durchschnittspreis der Exporte in den vergangenen Jahren stetig gefallen.

---

[455] In den Jahren zwischen 1972 und 1994 kam es in Costa Rica zu einer jährlichen Ertragssteigerung von durchschnittlich 3,7%. Vgl. Tölke, J. (1998), S. 51.

[456] Vgl. Varganis, P. et al (2003), S. 36.

USD/Sack á 46 kg

146,56	108,67	102,2	66,12	64,25
1997-98	1998-99	1999-00	2000-01	2001-02 (vorläufig)

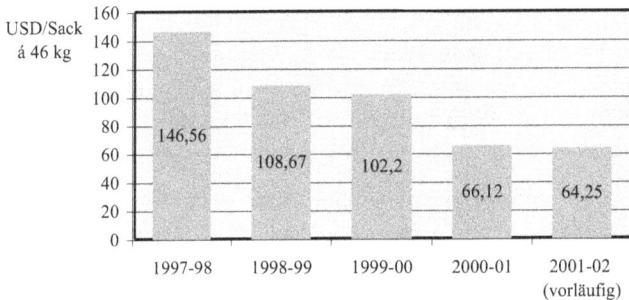

Quelle: Icafé (2002), S. 25.

Abbildung 44: Entwicklung Exportpreis Kaffee Costa Rica

Die aktuellen Preise liegen unterhalb der Produktionskosten[457], weshalb auch in Costa Rica Anbauflächen verwahrlosen und Bauern aus der Kaffeeproduktion aussteigen. So ist die Produktion in Costa Rica seit dem Jahr 1999/2000 stetig gesunken (von 2,77 auf 2,41 Mio. Sack). Die Anzahl der Produzenten hat sich 2001 im Vergleich zum Vorjahr um mehr als 2000 verringert. Auch die Beneficios kommen immer mehr unter Druck: Der Wettbewerb um Produktionsmenge hat viele Beneficios dazu veranlasst, die sinkenden Preise nicht an die Produzenten weiter zu geben, was sie in finanzielle Schwierigkeiten gebracht hat. Der Rückgang der Produzentenzahlen verschärft den Wettbewerb nun weiter. Darüber hinaus gewähren viele Beneficios den Bauern Vorschüsse zum Kauf von Chemikalien. Fällt die Ernte kleiner aus oder bricht sogar ganz weg, verschärft sich die finanzielle Situation der Beneficios nochmals. Vgl. auch Anhang VII.

Neben dem landesinternen Überangebot, hervorgerufen durch die Technisierung der Produktion, wird der Preisverfall bei costaricanischem Kaffee hauptsächlich durch zwei Entwicklungen am Weltmarkt hervorgerufen: Die Substitution von Arabica durch Robusta und die Ausweitung der Arabica-Produktion in Brasilien. Neue technologische Entwicklungen haben dazu geführt, dass die Röster den Robusta-Anteil in den Blends erheblich ausdehnen können. Dadurch ist der Anteil des Robusta an der Weltproduktion von 30%

---

[457] Die Produktionskosten liegen in Costa Rica relativ hoch, weil beim Anbau kaum Maschinen eingesetzt werden können und weil Costa Rica im Vergleich zu anderen Entwicklungsländern hohe Sozialabgaben (hohe Lohnnebenkosten) hat.

in 1992/93 auf 40% in 2001/02 gestiegen.[458] Noch problematischer für Costa Rica ist jedoch die Ausdehnung der Arabica-Produktion in Brasilien. Brasilien hat wesentlich geringere Produktionskosten als Costa Rica und da der trocken aufbereitete Arabica aus Brasilien geschmacklich neutral ist, substituieren viele Röster den teuren Kaffee aus Costa Rica durch den billigeren aus Brasilien. Davon sind vor allem die Kaffees aus niedrigeren Lagen betroffen.

Die oben skizzierten Entwicklungen haben dazu geführt, dass der Kaffeesektor in Costa Rica eine immer geringere wirtschaftliche Bedeutung hat. Im Jahr 2001 wurden nur noch 3,2% der Devisen (FOB[459]) mit Kaffee erwirtschaftet.[460] Diese Entwicklung wird sich voraussichtlich auch in den kommenden Jahren fortsetzen. Bei anhaltend niedrigen Preisen, wie sie wegen der Produktionssteigerung in Brasilien zu erwarten sind, werden v.a. in den niedrigeren Lagen viele Bauern die Kaffeeproduktion einstellen. Dies wird einen Konzentrationsprozess bei den Beneficios nach sich ziehen. Auf der Stufe der Exporte ist zu erwarten, dass Beneficios und Produzenten ihre Direktexporte weiter ausweiten und die Exporteure sich zu Dienstleistern entwickeln, die ihre Kunden bei Qualitätssicherung und Exporten unterstützen.

5.2.3 Exportmarketing in der costaricanischen Kaffeeindustrie

Voraussetzung für das Verständnis der Internetauswirkungen ist die Kenntnis der generellen Abläufe des Exportmarketing. Entsprechend wird im nächsten Abschnitt das Exportmarketing der costaricanischen Kaffeeexporteure vorgestellt. Dazu werden in einem ersten Schritt die Grundlagen des internationalen Kaffeemarketing erläutert, bevor die einzelnen Aufgaben der Exportmanager im operativen Marketing dargestellt werden.

5.2.3.1 Grundlagen

Ähnlich wie beim Weinmarkt, teilt sich auch der Kaffeemarkt in verschiedene Teilsegmente auf, in denen unterschiedliche Gesetzmäßigkeiten gelten. Jedes dieser Teilsegmente stellt andere Anforderungen an das Exportmarketing. Die drei Teilsegmente des Kaffeemarktes werden im nächsten Abschnitt beschrie-

---

[458] Vgl. Icafé (2002), S. 4.

[459] FOB bedeutet „Free on Board" und meint den Exportwert ohne die Kosten für Verschiffung und Transportversicherung.

[460] Vgl. Icafé (2002), S. 34.

ben. Zusätzlich werden die speziell costaricanischen Voraussetzungen des Exportmarketing vorgestellt.

5.2.3.1.1 Exportarbeit

Der internationale Kaffeemarkt besteht aus drei Teilmärkten: Dem Markt für grünen Standardkaffee, dem Markt für Spezialitätenkaffee und dem Markt für gerösteten Kaffee. Der internationale Markt für grünen Standardkaffee ist sehr konzentriert. Wenige internationale Handelshäuser wickeln einen Großteil des gesamten Welthandels ab. Diese Multinationals verfügen häufig über Gesellschaften in den Produzentenländern, die den Kaffee von den Produzenten aufkaufen, Qualitätskontrollen durchführen, Kaffees zusammenstellen und exportieren. Daneben existieren lokale Exporteure, die meist kleinere Mengen abwickeln. Die Kunden in den Konsumentenländern sind in erster Linie Importeure, sowie große Rösterfirmen, die entweder über Agenten, Importeure, aber auch im verstärkten Maße direkt im Ursprung einkaufen. In diesem Sektor besteht ein noch höherer Konzentrationsgrad, was dazu führt, dass die Anzahl der Marktteilnehmer, die ein nennenswertes Volumen abwickeln, begrenzt ist. Insgesamt wird die Anzahl der Beteiligten am internationalen Handel von grünem Standardkaffee auf etwa 500 weltweit geschätzt. Das hat zur Folge, dass sich die meisten Beteiligten persönlich kennen und eine enge Beziehung zwischen Exporteur und Kunde besteht. Die Exportmanager kennen den Bedarf und den Geschmack ihrer Kunden und stellen aus den einzelnen angelieferten Kaffees die entsprechenden Mischungen zusammen. Aufgrund der engen persönlichen Beziehungen werden die meisten (Ver-) Käufe auf Basis eines „Gentlement-Agreement" am Telefon abgewickelt. Nach der Einigung am Telefon wird der Kauf schriftlich bestätigt, die schriftlichen Standardverträge werden meist erst später, teilweise sogar erst nach der Verschiffung des Kaffees gesandt. Dies zeugt vor allem in Anbetracht der langen Laufzeit der Verträge und des hohen Lieferumfanges von einem hohen gegenseitigen Vertrauen.[461] Über die Lieferung hinaus gibt es keine Zusammenarbeit zwischen den beiden Parteien, da der gelieferte Kaffee vom Röster in Blends untergemischt wird und dieser das Endkundenmarketing betreibt. Die Exportarbeit besteht somit hauptsächlich aus der Kundenpflege und darin, genau den Kaffee zu finden, den der Kunde will.

---

[461] In den Interviews wurde immer wieder betont, dass das Vertrauensverhältnis so groß ist, dass man die Geschäfte auch ohne Verträge nur „per Handschlag" abwickeln würde.

Auch wenn im Spezialitätensektor ebenfalls grüner Kaffee gehandelt wird, verläuft der Handel hier anders. Dies liegt unter anderem daran, dass in diesem Segment die Nachfrageseite einen wesentlich geringeren Konzentrationsgrad hat und kleinere Mengen gehandelt werden. Im Spezialitätensegment gibt es eine Vielzahl kleinerer Röster, die oft regional begrenzte Nischenmärkte bedienen. Diese Röster kaufen kleinere Mengen, mit steigender Tendenz auch im Land selbst ein. Sie bemühen sich um eine engere Beziehung zum Produzenten, um sich von der Qualität zu überzeugen und mehr über das Produkt zu erfahren. Diese Informationen dienen dann der Vermarktung des Kaffees. Ein weiterer Unterschied ist die größere Bedeutung von Qualitätskontrollen. Werden qualitativ minderwertigere Kaffees häufig nur auf Beschreibung (anhand eines einheitlichen Qualitätssystems) gehandelt, so überwiegt im hochwertigen Bereich die Versendung von Proben.[462]

Neben den qualitativ hochwertigen Kaffees zählen zum Spezialitätensegment auch Kaffees, die unter bestimmten Siegeln gehandelt werden, wie z.B. Fair Trade Kaffees. In diesen Organisationen müssen die Produzenten eine Aufnahmeprozedur durchlaufen und erhalten meist langfristige Verträge. Für den Export werden dann entweder eigene Gesellschaften gegründet oder man bittet die bestehenden Exporteure den Export abzuwickeln. Die Verwendung und Vermarktung des Kaffees liegt in den Händen der Organisation in den Konsumentenländern, weshalb die Exporteure darauf keinen Einfluss nehmen.

Trotz der oben vorgenommenen strikten Unterteilung zwischen „normalem" und Spezialitätenkaffee handelt es sich jedoch nicht um zwei vollkommen getrennte Märkte. Auf der Angebotsseite existieren zwar einige „Spezialitäten-Exporteure", ansonsten haben aber die „normalen" Exporteure auch immer einen gewissen Anteil Spezialitätenkaffee im Angebot.

Im Gegensatz dazu unterscheidet sich der Export von geröstetem Kaffee erheblich. Bei geröstetem Kaffee handelt es sich nicht um einen Rohstoff sondern um ein Endprodukt, was Auswirkungen auf das Exportmarketing hat. Bei geröstetem Kaffee muss sich der Exporteur neben der Qualitätskontrolle und Produktgestaltung um Markenbildung und -aufbau, Verpackung und Vertrieb im Zielland kümmern. Außerdem unterscheiden sich auch die Beteiligten: die großen internationalen Handelshäuser handeln nicht mit geröstetem

---

[462] Außer bei qualitativ hochwertigem Kaffee werden auch bei sogenannten Stocklots, extrem schwachen Qualitäten unterhalb der Qualitätsklassen, Proben versandt.

Kaffee. Vielmehr wird der Kaffee an Lebensmittel-Importeure oder Foodbroker in den Konsumentenländern verkauft oder ein Agent in Anspruch genommen. Mit diesen wird, ähnlich wie beim Export von Flaschenwein, eine enge Beziehung aufgebaut und gemeinsam die Marketing- und Vertriebsstrategie festgelegt. Die Marketingkosten werden zwischen beiden Parteien aufgeteilt und der Importeur erhält die Markenrechte. Da es jedoch in vielen Ländern aufgrund der Übermacht der lokalen Röster sehr schwer ist, den gerösteten Kaffee im Einzelhandel zu platzieren, vertreiben einige Exporteure den Kaffee via Versandhandel direkt von Costa Rica aus. Der physische Vertrieb wird dann entweder von Costa Rica aus organisiert oder ein Vertriebsbüro im Inland übernimmt die Versendung. Der Vertriebspartner erhält dann eine große Lieferung und packt diese in kleine Mengen um. Das Marketing wird entweder alleine oder in Zusammenarbeit mit dem Partner entwickelt.

5.2.3.1.2 Aktuelle Grundlagen der Exportarbeit

Trotz der schwierigen Lage auf dem internationalen Kaffeemarkt haben die Exporteure in Costa Rica noch eine relativ günstige Ausgangslage. Costa Rica produziert dank seiner vorteilhaften Anbaulagen (Höhenkaffees) sowie verschiedenen Mikro-Klima-Zonen einen der besten Kaffees der Welt. Es konkurriert nur mit drei oder vier anderen Ländern. Außerdem genießt es den Ruf eines verlässlichen Lieferanten; die Kunden erhalten sowohl die bestellte Qualität wie auch die bestellte Menge, was nicht immer selbstverständlich ist. Als weiterer Vorteil für Produzenten und Exporteure erweist sich, dass in der Vergangenheit immer wieder Marketingkampagnen durchgeführt wurden, in denen sich Costa Rica als ein sehr ökologisches Land dargestellt und ein Image als Produzent von qualitativ hochwertigem Kaffee aufgebaut hat. Diese Faktoren führen dazu, dass auf dem Weltmarkt in der Regel ein Aufschlag bezahlt wird.

5.2.3.2 Ausgestaltung des Exportmarketing

Der Großteil des costaricanischen Kaffees wird als grüner Kaffee, d.h. als Rohstoff exportiert. Der Großteil des Kaffees ist Standardkaffee. Daneben wird jedoch auch eine beachtliche Menge Spezialitätenkaffee ausgeführt. Das kleinste Segment ist das Segment für gerösteten Kaffee. In den folgenden Abschnitten werden die Aufgaben des operativen Marketing in allen drei Teilsegmenten des Kaffeemarktes dargestellt.

5.2.3.2.1 Aufgaben in der Marktforschung

Marktforschung ist für alle drei Exportsegmente von Bedeutung. Bei grünem Kaffee beobachten die Exportmanager täglich den Börsenpreis und aktuelle Marktentwicklungen, wie z.b. aktuelle klimatische Entwicklungen in wichtigen Ländern. Ein Frost in Brasilien kann beispielsweise zu erheblichen Preisausschlägen führen, die in der eigenen Preisgestaltung mit berücksichtigt werden müssen. Da im Spezialitätensektor die Börsenpreise von geringerer Bedeutung sind, werden hier die Endverbraucherpreise der Röster beobachtet, um Hinweise für die eigene Preisgestaltung zu erhalten. Dasselbe gilt bei geröstetem Kaffee.

In den beiden letztgenannten Bereichen ist außerdem auch die Suche von neuen Kunden und die Einholung von Informationen über potenzielle Kunden/Vertriebspartner von Bedeutung. Ebenso spielt die Beobachtung der Konkurrenz eine große Rolle. Die Analyse der Vermarktungsstrategie der Wettbewerber gibt oft interessante Hinweise für die eigene Vermarktung, z.B. bei der Gestaltung von Markenlogos. Darüber hinaus werden Länderanalysen für aktuelle und potenzielle Absatzmärkte durchgeführt, um Markteintrittsentscheidungen und Vermarktungsstrategien zu fundieren und ein dem vorherrschenden Geschmack des Landes entsprechendes Produkt anzubieten.

Die Quellen der Informationen sind unterschiedlicher Art. Die großen Handelshäuser verfügen oft über eigene Abteilungen, welche die Informationen weltweit sammeln, aufbereiten und ihren Gesellschaften zur Verfügung stellen. Darüber hinaus werden viele Informationen über die persönlichen Beziehungen am Telefon oder bei Reisen ausgetauscht. Eine weitere Quelle sind Messen, z.B. die Sintercafé in Costa Rica, auf denen aktuelle Informationen ausgetauscht werden. Im Bereich der Sekundärforschung wird häufig auf Analysen des Kaffeemarktes zurück gegriffen, die von darauf spezialisierten Unternehmen erstellt werden. Auch allgemeine Statistiken, z.B. von Icafé oder der ICO, werden analysiert.

5.2.3.2.2 Aufgaben in der Distributionspolitik

Aufgrund der hohen Transparenz und der geringen Anzahl an Beteiligten, fallen für die Exportmanager von grünem Standardkaffee im Rahmen der Distributionspolitik nicht viele Aufgaben an. Anders ist das bei geröstetem Kaffee und im Spezialitätenbereich. Hier müssen die Exporteure entscheiden, in welche Länder exportiert werden soll. Basis der Entscheidung ist die Analyse der

Ländermärkte in Hinblick auf Einkommen, Kaffeekonsum und Funktionsweise des Kaffeemarktes.

Nach der Festlegung der Exportmärkte müssen geeignete Importeure gefunden werden. Dazu werden Importeurslisten, z.b. Mitgliederlisten von Kaffeeorganisationen (z.b. der SCAA) analysiert und potenziell interessante Importeure/Röster identifiziert. Eine weitere Möglichkeit interessante Importeure kennen zu lernen, besteht auf Messen, Konferenzen oder sonstigen einschlägigen Veranstaltungen. Im Anschluss werden zusätzliche Informationen über die potenziellen Geschäftspartner eingeholt und Kontakte aufgenommen, wenn eine Zusammenarbeit interessant erscheint. Bei Interesse von Seiten der Importeure werden Proben verschickt und man tritt in nähere Verhandlungen ein, was häufig mit einer Reise zum gegenseitigen kennen lernen verbunden ist. Verständigt man sich auf eine Zusammenarbeit, werden gemeinsam weiteres Vorgehen und v.a. die Marketingstrategie für das Land festgelegt. Zur Pflege der Beziehungen finden regelmäßige gegenseitige Besuche statt. Einige Firmen, die nicht mit externen Unternehmen zusammen arbeiten wollen, gründen im Zielland ein Büro, welches Importe und Vertrieb durchführt.

5.2.3.2.3 Aufgaben in der Kommunikationspolitik

Aufgrund der hohen Transparenz und der engen persönlichen Beziehungen zu den Kunden betreiben die Exporteure von grünem Standardkaffee nur sehr wenig Werbung oder Öffentlichkeitsarbeit. Vor allem bei den großen internationalen Handelshäusern übernehmen das die Mutterhäuser. Fester Bestandteil der Exportarbeit sind regelmäßige Reisen zur Kundenpflege und die Information der Kunden über neueste Entwicklungen im Kaffeemarkt und im Unternehmen.

Im Spezialitätensektor, insbesondere bei qualitativ hochwertigem Kaffee, spielt das Schalten von Anzeigen in Fachzeitschriften und die Teilnahme an Wettbewerben und in Qualitätsprogrammen eine gewisse Rolle. Aufgabe der Exportmanager ist die Gestaltung der Anzeigen und die Vorbereitung des Wettbewerbs. Bei erfolgreicher Teilnahme am Wettbewerb gehört ferner die Publikation der Ergebnisse zu seinen Aufgaben. Bei der Teilnahme an Qualitätsprogrammen gehört die Verbreitung und Bekanntmachung der Zertifikate zum Exportmarketing.

Weiterhin werden im Spezialitätensektor und bei geröstetem Kaffee die Kunden über Neuigkeiten im Unternehmen informiert. Diese Informationen nutzen die Importeure/Röster in ihrem Marketing zum Endkunden hin. Bei geröstetem Kaffee wird außerdem Verkaufs-, Promotions- und Merchandisingmaterial entwickelt. In den Verkaufsmaterialien werden allgemeine Informationen über das Unternehmen und seine Produkte zur Verfügung gestellt. Bei ihrer Entwicklung arbeiten die Exporteure eng mit den Importeuren/Agenten zusammen. Das Merchandising-Material dient der Erhöhung der Markentreue bei den Endkonsumenten.

Eine weitere, sehr wichtige Aktivität im Bereich des gerösteten Kaffees ist die Durchführung von Touristenbesuchen im eigenen Unternehmen. Die meisten Exporteure von geröstetem Kaffee bieten Touren an, bei denen die Touristen durch das Unternehmen geführt werden und etwas über Kaffee und dessen Produktionsweise erfahren. Zum Abschluss der Tour wird eine Kaffeeprobe im firmeneigenen Laden angeboten, bei der die Touristen den Kaffee probieren und erwerben können. Dabei werden die Touristen auch darüber informiert, wie sie den Kaffee von ihrem Heimatland aus erwerben können. Außerdem können die Touristen ihre Kontaktdaten hinterlassen. Einige Unternehmen bieten zusätzlich den Service, den eingekauften Kaffee an die Heimadresse zu versenden. Die Durchführung von solchen Unternehmensbesuchen ist eine wichtige Aktivität im Rahmen der Kommunikationspolitik, da sie den Kundenstamm des Unternehmens ausweiten, die Kaffeebildung der Kunden erhöhen und beim Kunden eine emotionale Bindung schaffen. Darüber hinaus sind sie eine weitere Einnahmequelle für die Unternehmen. Um eine große Anzahl von Besuchern sicher zu stellen, arbeiten die Kaffeeunternehmen mit lokalen Touristikunternehmen, z.B. Kreuzfahrtunternehmen.

Eine weitere wichtige Aufgabe der Exportmanager in allen drei Segmenten ist die Teilnahme an internationalen Messen und Veranstaltungen, wie z.B. der Messe der SCAA (Specialty Coffee Association of America). Auf diesen Veranstaltungen präsentieren sich die Unternehmen und es werden Kontakte geknüpft.

5.2.3.2.4 Aufgaben in der Produktpolitik

Im Rahmen der Produktpolitik obliegt den Exportmanagern die Gestaltung der Produkte. Bei grünem Kaffee bedeutet das, einen den Kundenwünschen entsprechenden Kaffee einzukaufen und aufzubereiten. Dies geschieht durch die Mischung von Kaffees verschiedener Produzenten und durch Sortierung, bei der minderwertige Bohnen aussortiert werden. Außerdem finden umfangreiche Qualitätsprüfungen statt, um den Kaffee auf Defekte zu untersuchen und Fehler auszuschließen.

Im Bereich des gerösteten Kaffees sind die Aufgaben umfangreicher. Das Unternehmen muss entscheiden, ob es Kaffee in ganzen Bohnen oder gemahlenen Kaffee anbieten möchte. Weiterhin muss es verschiedene Marken bzw. Kaffeesorten definieren, die dem Geschmack und den Konsumgewohnheiten im Importland entsprechen. Auch der Gestaltung der Verpackung bzw. der Marke kommt eine entscheidende Rolle zu. Sie muss so gestaltet sein, dass das Produkt optimal geschützt ist, den Kunden zum Kauf anregt und den gesetzlichen Bestimmungen des jeweiligen Ziellandes entspricht. Dazu arbeitet der Exporteur eng mit seinem Partner im Zielland zusammen.

Jedoch nicht nur bei geröstetem Kaffee werden Marken definiert. Auch im Bereich des grünen Kaffees entwickeln immer mehr Exporteure eigene Marken. Diese sollen die Kundenbindung erhöhen und den Kaffee aus dem Massengeschäft heraus heben. Marken sollen bewirken, dass der Kunde nach einem Kaffee fragt, den es nur bei diesem Exporteur gibt, auch wenn es sich eigentlich um eine Standardqualität handelt, die in vergleichbarer Art jeder Exporteur zur Verfügung stellt. Ebenso wie bei einer Marke im Endkundensegment, werden für diese Marken Markenzeichen (Logos) entwickelt und auf die Säcke aufgebracht. Ein weiterer Bestandteil der Markenpolitik ist die Festlegung der offerierten Menge. Oftmals wird das Produkt künstlich verknappt, um einen höheren Preis zu erzielen.

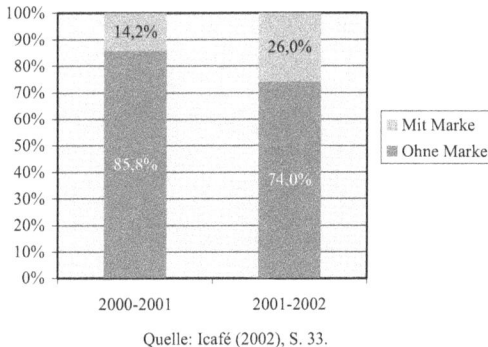

Quelle: Icafé (2002), S. 33.

Abbildung 45: Exportanteile Rohkaffee aus Costa Rica mit und ohne Marke

5.2.3.2.5 Aufgaben in der Preispolitik

Beim Export von grünem Standardkaffee kommt der Preispolitik eine hohe Bedeutung zu. Die Preise orientieren sich an den Börsenpreisen und werden anhand von Differenzialen zum Börsenpreis ausgehandelt. Aufgrund der hohen Konkurrenz im Kaffeemarkt sind die Margen sehr gering, die Exportmanager haben kaum Preisspielraum und sind deswegen teilweise gezwungen spekulative Positionen einzugehen.

Im Spezialitätensektor hingegen weichen die Preise eher von den Börsenpreisen ab. Bei besonders hochwertigem Kaffee oder bei spezieller Produktionsweise werden die Preise unabhängig vom Börsenpreis ausgehandelt, es besteht also mehr Entscheidungsspielraum. Daneben gibt es politisch festgelegte Preise wie beispielsweise bei den Fair Trade Organisationen, bei denen die Mitglieder garantierte Mindestpreise erhalten. In einem solchen Fall hat der Exportmanager keine besonderen Aufgaben im Rahmen der Preispolitik, da diese Minimalpreise von den internationalen Organisationen festgelegt werden.

Wie bei der Produktpolitik haben auch hier die Exporteure von geröstetem Kaffee die größten Spielräume und auch die meisten Aufgaben. Sie müssen, eventuell in Zusammenarbeit mit ihren Partnern im Ausland, die Preise für den Kaffee festlegen. Dabei müssen sie natürlich das Preisniveau im Zielland berücksichtigen. Zusätzlich entscheiden die Exportmanager über die Durchführung von Sonderaktionen, z.B. Sonderangeboten zu bestimmten Festtagen.

Abbildung 46 zeigt die verschiedenen Tätigkeiten innerhalb des internationalen Kaffee-Marketing im Überblick.

Marketing-Mix Kaffeeexport	
Distributionspolitik • Auswahl Ländermärkte • Identifikation und Auswahl Importeure • Festlegung Marketingstrategie, Zusammenarbeit mit Importeuren • Aufbau Vertriebsstätte	**Kommunikationspolitik** • Kundenbesuche, Information der Importeure • Zuammenarbeit mit internationalen Kaffeepublikationen • Teilnahme an Wettbewerben • Entwicklung von Materialien zur Verkaufsunterstützung
Produktpolitik • Einkauf und Aufbereitung des Produktes entsprechend Kundenwünschen • Definition von Marken und Produktsorten • Gestaltung des Produktäußeren	**Preispolitik** • Aushandeln bzw. Festlegen der Verkaufspreise • Planung und Durchführung von Sonderpreisaktionen
Marktforschung: Beobachtung Börsen- und Endverbraucherpreise, Einholen von Informationen zu potentiellen Kunden, potentiellen Absatzmärkten und über Konkurrenten Quellen: persönliche Beziehungen, Messen/Ausstellungen, Statistiken, professionelle Marktstudien	

Abbildung 46: Operatives Marketing im Kaffeeexport

5.3 Internet-Marketing und dessen Auswirkungen im Kaffeeexport

Im Exportmarketing der costaricanischen Kaffeeunternehmen kommt das Internet relativ selten zum Einsatz. Weniger als die Hälfte, insgesamt nur 43% der untersuchten Exportunternehmen verfügen über eine Webseite. Auch von den sonstigen Internetmarketinganwendungen macht nur die Minderheit der Unternehmen Gebrauch. Die Gründe dafür sind verschiedener Art und werden in den folgenden Abschnitten deutlich. Dennoch gibt es einige innovative Unternehmen, die das Internet einsetzen und auch teilweise erheblichen Nutzen daraus ziehen. Auch diese sollen im Folgenden dargestellt werden.

5.3.1 Internet-Marketing in der Marktforschung

Im Bereich der Marktforschung kommt das Internet im Vergleich zu den anderen Bereichen des operativen Marketing relativ häufig zum Einsatz. Allerdings unterscheidet sich die Nutzung zwischen den einzelnen Exporteursgruppen erheblich. Bei den Multinationals und den etablierten Exporteuren, die hauptsächlich im Standardkaffee tätig sind, ist die Internetnutzung auch im Bereich der Marktforschung sehr gering. Bei Spezialitäten- und Röstkaffee dagegen wird es häufiger eingesetzt, wobei der Bereich der Sekundärforschung mehr Gewicht hat, weshalb dieser an erster Stelle vorgestellt werden soll.

5.3.1.1 Sekundärforschung

Das Nutzungsniveau in der Sekundärforschung ist bei den Multinationals und etablierten Exporteuren gering. Ein Grund dafür ist, dass der Markt für Standardkaffee sehr übersichtlich ist. Die Unternehmen verfügen über einen festen Kundenstamm. Informationen über den Markt erhalten sie entweder aus dem eigenen Haus (Multinationals) oder von ihren Geschäftspartnern. Aktive Marktforschung betreiben sie nur in sehr seltenen Fällen, indem sie sich auf den Webseiten der Importeure über deren Verkaufspreise informieren.

Bei den neueren Exporteuren und im Bereich von Spezialitätenkaffee hingegen kommt das Internet in der Marktforschung stärker zum Einsatz. Die Exportmanager informieren sich im Internet über die allgemeine Entwicklung des Marktes, z.B. über die Produktionsmengen einzelner Länder, die Wetterentwicklung in Produzentenländern (v.a. Brasilien) oder aktuelle Trends im Spezialitätenmarkt. Diese Informationen sind wichtig, um die zukünftige Preisentwicklung abschätzen zu können. Informationsquellen sind zum Beispiel die Webseiten von Kaffeeforschungsunternehmen, die über die reinen Marktdaten hinaus auch noch Analysen anbieten. Weiterhin analysieren die Exportmanager gelegentlich die Webseiten der Konkurrenz. Diese Analysen liefern Hinweise für die eigene Vermarktungsstrategie, z.B. bezüglich Produktdesign, Marken- und auch Preisgestaltung, wobei bei der Preisgestaltung nur grobe Richtwerte abzulesen sind.

Eine weitere wichtige Anwendung des Internet erfolgt im Rahmen der Neuklientensuche. Die Exporteure besuchen die Webseiten von potenziellen Klienten, vor allem von Röstern, und informieren sich über deren Produktprogramm und Preise. Anhand des Produktprogrammes können sie abschätzen, ob es sich um einen potenziellen Neukunden handelt, dessen Kontaktierung lohnenswert ist. Von den Endverkaufspreisen können sie auf die Einkaufspreise schließen und anhand dieser Informationen eine angepasste Vermarktungsstrategie für den Kunden erarbeiten.

Eine Internetanwendung, die von fast allen Exporteuren von grünem Kaffee verwendet wird, ist die Abfrage der Börsenkurse. Über Internet erhalten die Unternehmen die Börsenkurse minutengenau. Früher erfolgte die Übertragung über Satellit, was allerdings die Installation einer großen Antenne notwenig machte. Einige Unternehmen konnten sich die Installation einer solchen Anlage nicht leisten und erhielten die Preise dann nur mit Verspätung.

Auch im Bereich Röstkaffee, v.a. wenn er nicht direkt vertrieben wird, wird das Internet zur Neukundensuche verwendet, wobei zusätzlich noch die Kunden über das Netz identifiziert werden. Früher musste man Importeurslisten von den Botschaften im jeweiligen Land anfordern und die Kunden anschreiben, ohne detaillierte Informationen zu haben. Heute kann man z.B. anhand von Branchenverzeichnissen innerhalb kürzester Zeit eine Vielzahl von Importeuren ausfindig machen und anhand deren Webseite abschätzen, ob es sich um einen potenziellen neuen Klienten/Partner handelt.

Im Direktverkauf von Röstkaffee (Versandhandel und B2C-Shops) steht die Beobachtung der Konkurrenz im Vordergrund. Die Anbieter informieren sich bei anderen Internetshops (v.a. von Röstern) über deren Preise und richten ihre eigenen Preise daran aus.

Aus den verschiedenen Anwendungen ziehen die Unternehmen vielfältigen Nutzen. Durch das Internet haben sie Zugang zu mehr, aktuelleren und kompletteren Informationen. Die meisten Unternehmen finden im Internet alle benötigten Informationen. Außerdem sind die Informationen heute einfacher und schneller verfügbar. Die Exportmanager erhalten tagesaktuelle Informationen direkt, ohne erst auf die Aufbereitung der Information durch andere warten zu müssen. Teilweise erhalten die Unternehmen heute auch Informationen, die früher den großen, etablierten Exporteuren vorbehalten waren:

Zitat:: „ ...es [das Internet, Anm. des Verfassers] ermöglicht uns heute Informationen zu sehen, zu denen früher nur einige wenige Exporteure Zugang hatten, zum Beispiel erhalten wir heute regelmäßig die Preise der New Yorker Börse. Das ist etwas, was wir früher nicht hatten, durch das Internet haben wir es heute." IC_A

Durch die verbesserte Informationsbasis und Zugang zu Instrumenten der Marktanalyse haben die Exportmanager größere Kontrolle über Marktentwicklungen und bessere Entscheidungsgrundlagen. Beispielsweise können sie anhand von Informationen zu Erntemengen und Wetterentwicklung die zu erwartende Preisentwicklung besser abschätzen und die Preise zu einem günstigeren Zeitpunkt festsetzen. Dadurch kann manchmal ein um 2-3 USD höherer Preis realisiert werden. Durch die schnelle, tagesaktuelle Verfügbarkeit der Informationen können die Unternehmen schneller reagieren und haben größeren Aktionsraum.

Weiterhin unterstützen die zusätzlichen Informationen bei der Neukundenakquisition. Im Internet können die Exportmanager schneller neue Kunden finden und anhand deren Webseite wesentlich schneller einschätzen, ob es sich um einen potenziell interessanten Kunden handelt. Das spart Reisekosten für Besuche bei letztendlich uninteressanten Kunden oder die Kosten für einen Agenten, der bei persönlichen Besuchen ebendies herausfand.

Zitat: „Früher musste man über die Botschaft Importeursverzeichnisse anfordern, mit mäßigem Erfolg, oder man musste sich einen Agenten zulegen und viel reisen. Das Internet bringt schnellere, bessere und komplettere Info, man weiß sehr schnell welche Kontakte man vertiefen muss." IC_B

Bei interessanten Kunden kann die Verkaufsstrategie durch die Informationen im Internet besser an das Kundenunternehmen angepasst werden, was den Verkauf der Produkte erheblich erleichtert. Dasselbe gilt auch für die Vorbereitung von Kunden- und Messebesuchen.

Ein weiterer Vorteil des Internets ist die günstige Verfügbarkeit der Börsenkurse. Früher mussten die Unternehmen Satelliten installieren, um die Kurse minutengenau zu erhalten. Der Service kostete 700 USD im Monat, wogegen bei der Übermittlung via Internet nur 200 USD anfallen. Vor allem kleinere Unternehmen können sich so erst den Zugang zu den Börsenkursen leisten.

Insgesamt erleichtert das Internet die Arbeit der Exporteure erheblich; für einige Exporteure ermöglicht es überhaupt erst den Zugang zum Markt.

Zitat: „Für uns hat sich das Geschäft sehr verändert, vor zehn Jahren, als es das Internet noch nicht gab, hatten wir keine Informationen." IC_C

Zitat: „Das Internet erleichtert uns den Zugang zu Informationen erheblich." IC_A

Abbildung 47 fasst die Nutzeffekte der Internetnutzung in der Primärforschung zusammen.

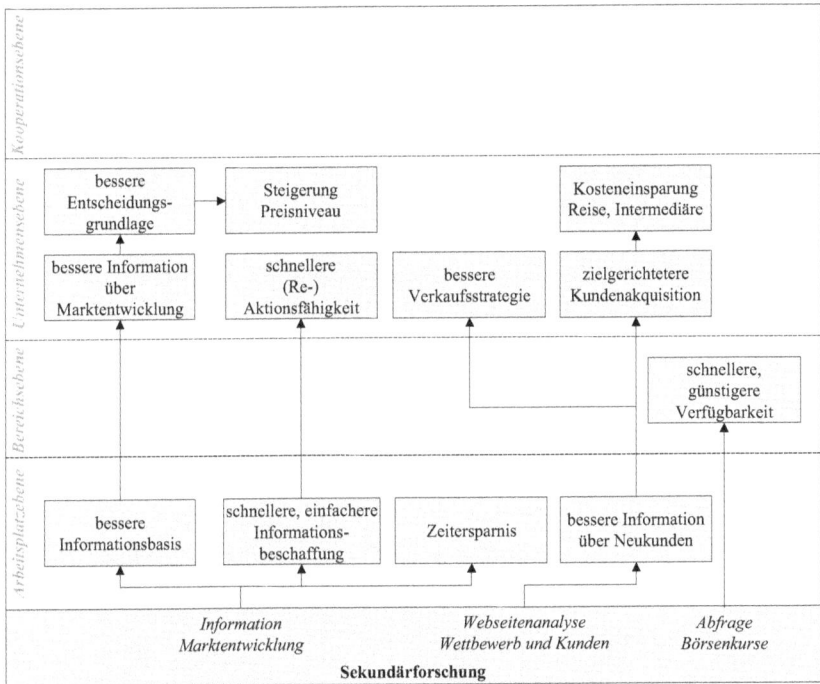

Abbildung 47: Wirkungskette Kaffeeindustrie: Sekundärforschung

5.3.1.2 Primärforschung

In der Primärforschung kommt das Internet nur sehr selten zum Einsatz. So werden lediglich auf 15 der 26 Webseiten Kundendaten erhoben. Und von diesen 15 Seiten sind wiederum neun B2C-Shops, welche die Kundendaten notwendigerweise zur Abwicklung der Verkäufe benötigen. Der Umfang der erfassten Kundendaten ist meist gering. Oftmals wird nicht viel mehr als der Name und das Herkunftsland des Kunden erfasst. Nur in wenigen Unternehmen werden die Kundendaten für Zufriedenheitsbefragungen oder Werbeaktivitäten eingesetzt.

Umfangreichere Kundenbefragungen, vor allem zur Erfassung der Kundenzufriedenheit bei Online-Shops, führen lediglich zwei Unternehmen durch. Ähnlich verhält es sich mit Online-Beobachtung. Nur wenige Unternehmen verfügen über Nutzerstatistiken und werten diese gezielt aus. Die erhobenen Daten dienen meist dazu, Hindernisse beim Kauf in Online-Shops auszuschließen und werden oftmals lediglich im Anfangsstadium gezielt eingesetzt. Online-Panel und -Experimente kommen überhaupt nicht zum Einsatz. Entsprechend der geringen Nutzung der Internetanwendungen der Primärforschung werden auch nur wenig Nutzeffekte realisiert. Zu den wenigen Nutzeffekten zählt eine höhere Kundenbindung im B2C-Bereich durch die aufgrund der Zufriedenheitsbefragungen durchgeführten Verbesserungen im Unternehmen. Die Online-Beobachtung dient dazu, die Webseite an die Kundenpräferenzen anzupassen und Schwierigkeiten bei der Navigation auszuräumen und verringert dadurch die Anzahl der abgebrochenen Bestellvorgänge.

5.3.2 Internet-Marketing in der Distributionspolitik

In der Distributionspolitik findet sich eine der interessantesten Internetanwendungen im Kaffeeexport: B2C-Shops, die den Verkauf von Röstkaffee an Endkunden ermöglichen. Darüber hinaus finden die Anwendungen der Distributionspolitik wenig Verwendung. Die Gründe dafür werden in den nächsten Abschnitten vorgestellt.

5.3.2.1 B2C-Shops

Eine interessante Internetanwendung im Bereich Distributionspolitik sind B2C-Shops. In Costa Rica betreiben zur Zeit 9 Kaffeeunternehmen Internetshops, in denen Konsumenten aus dem (In- und) Ausland gerösteten Kaffee einkaufen können. Eine der Hauptaufgaben im Direktgeschäft mit den Endkunden ist die Distribution des Kaffees. Der Kaffee sollte eine möglichst kurze Lieferzeit haben, da gerösteter und vor allem gemahlener Kaffee schnell an Aroma verliert und die Kunden beim Internetshopping eine kurze Lieferzeit erwarten.[463] Außerdem liegt Costa Rica relativ weit von den Hauptkonsumentenländern entfernt, weshalb die Transportkosten im Verhältnis zur geringen Bestellmenge von Endkonsumenten schnell eine prohibitive Höhe erreichen.[464] Die bestehenden B2C-Shops begegnen diesem Problem auf unterschiedliche Art und Weise. Einige Unternehmen betreiben eigene Importbüros in den Zielländern, an die sie regelmäßig größere Mengen Kaffee senden, welche von diesen dann umgepackt und versandt werden. Andere Unterneh-

---

[463] Um das Problem des Aromaverlusts zu umgehen, bieten viele Unternehmen auch nur ungemahlenen Kaffee an.

[464] Vgl. Brown, S. (2001), S. 2.

men arbeiten gegen Kommission mit Partnern im Zielland zusammen, die das Umkommissionieren übernehmen. Die dritte Form die Transportkosten zu begrenzen, liegt im Aushandeln von speziellen Transportraten mit Versandunternehmen.

Der hohe Transportkostenanteil ist auch der Grund dafür, dass die Mehrheit der Shops auf den US-amerikanischen und kanadischen Markt ausgerichtet ist. Die Versendung nach Europa oder Japan ist noch wesentlich teurer. Dadurch wird das Konkurrieren mit lokal ansässigen Röstern noch schwerer. Lediglich ein Unternehmen bietet explizit in Deutschland an und hat deswegen eine deutschsprachige Webseite. Die Webseiten der anderen Shops sind alle in englischer Sprache. Ein weiterer Grund für die Fokussierung auf den amerikanischen Markt liegt in der Größe des Spezialitätenmarktes und den höheren Preisen. Außerdem ist E-Commerce in den USA weiter verbreitet als in Europa.

Auch bei der Vermarktung der Shops verfolgen die Unternehmen unterschiedliche Konzepte. Es kommen sowohl internetgestützte Methoden als auch klassische Werbung zum Einsatz. Bei Unternehmen mit Vertriebspartnern oder Importbüros organisieren diese Messebesuche und andere Werbeaktivitäten, wie z.B. das Schalten von Anzeigen in Zeitschriften. Die Vertriebsmaterialien wie Broschüren und Merchandising-Artikel erhalten sie aus Costa Rica. Im Bereich der Internetwerbung (Mediawerbung) sind die Shops bei Suchmaschinen eingeschrieben und schalten Anzeigen bei diesen. Außerdem nehmen die Unternehmen an Partnerprogrammen teil, bei denen ihr Banner auf den Webseiten der Partner erscheint. Eine weitere sehr wichtige und weit verbreitete Werbeaktivität ist die Durchführung von Touristenbesuchen. Die Daten der Besucher nutzen die Unternehmen für Direktwerbemaßnahmen. Eines der befragten Unternehmen hat so eine Datenbasis von 2.500 Kunden aufgebaut, von denen ca. 10% regelmäßig bestellen. Eine weitere häufig genutzte Werbemaßnahme ist das Drucken der Shop-URL auf die Verpackung, was die Mund-zu-Mund Propaganda erleichtert. Electronic-Malls, von deren Vermarktung der Shop profitieren könnte, nutzt keines der befragten Unternehmen.

Der Anteil der Internet-Werbung in den Unternehmen ist unterschiedlich hoch. Einige Unternehmen verlassen sich auf klassische Marketingmaßnahmen, da sie nicht an den Nutzen der Internetwerbung glauben. Andere Unternehmen hingegen nutzen fast ausschließlich Internetwerbung und erzielen damit eine ausreichend große Kundenzahl.

Innerhalb der Shops bieten einige Unternehmen weitere Serviceleistungen, wie zum Beispiel Kaffeeclubs (5 der 9 B2C-Shops). Mitglieder dieser Clubs bekommen spezielle Angebote und erhalten in regelmäßigen Abständen Kaffee. Diese Zusatzleistungen dienen der Kundenbindung, werden jedoch nur von ca. 20% der Kunden angenommen.

Die B2C-Shops sind eine gute Absatzmöglichkeit für die Unternehmen. Durch den Direktverkauf können sie Endkunden im Ausland bedienen, ohne teure Listungsgebühren im Einzelhandel zu bezahlen.[465] Die zusätzlich generierte Menge schwankt stark und liegt in einigen Unternehmen zwischen 200 kg und 1.000 kg monatlich.[466] Bezogen auf das Gesamtjahr berichten diese Unternehmen von einem Zusatzabsatz in Höhe von ca. 5.000 kg, der ohne das Internet nicht zu realisieren gewesen wäre.[467]

Zitat: „Wir haben mehr Menge abgesetzt, ohne Internet hätten wir die nicht bekommen." IC_B

Außerdem können die Unternehmen aufgrund der höheren Wertschöpfung und der Ansiedelung im Spezialitätensegment einen wesentlich besseren Preis erzielen. Der Endkundenpreis liegt momentan zwischen 6 USD und 9 USD für ein englisches Pfund (= 0,453 kg) Kaffee. Diese Preise decken die Mehrkosten für Herstellung, Vertrieb und Vermarktung des gerösteten Kaffees und ermöglichen Gewinnmargen zwischen 60% und 162%. Die Margen bei grünem Kaffee liegen zwischen 0% bzw. Verlust bei Standardkaffee und 25% im Spezialitätensegment.

Zitat: „Die Marge für gerösteten Kaffee ist auf jeden Fall viel höher als bei grünem Kaffee." IC_D

---

[465] Einige Unternehmen haben versucht in den Hauptkonsumentenländern mit geröstetem Kaffee an den Einzelhandel heran zu treten, was ihnen aber nicht gelungen ist, da eine Listung in Einzelhandelsketten mit hohen Kosten verbunden ist. Über das Internet können sie hingegen einfach an die Endkunden herantreten. Vgl. Brown, S. (2000a), S.1.

[466] Die starken Schwankungen in der abgesetzten Menge lassen sich zum einen durch jahreszeitliche Veränderungen erklären. Aber auch weltpolitische Ereignisse beeinflussen die Absatzmenge. So registrierten einige Unternehmen nach dem 11. September 2001 starke Umsatzrückgänge.

[467] Die in diesem Abschnitt gemachten Angaben setzen sich aus den Angaben verschiedener Unternehmen zusammen. Ein Rückschluss auf die Ergebnisse einzelner Unternehmen ist nicht möglich!

Insgesamt erzielten einige Unternehmen mit den B2C-Shops jährliche Zusatzumsätze in Höhe von 50.000-60.000 USD, weshalb die Shops bereits im ersten Betriebsjahr rentabel waren. Mit dem zusätzlich erwirtschafteten Gewinn können die Unternehmen eventuelle Verluste aus dem Rohkaffeegeschäft wieder ausgleichen.

Zitat: "Das Internet ist eine neue Möglichkeit, Kaffee zu verkaufen, es ist direkter und ein besserer Preis, das Geschäft ist langsam, aber man kommt Schritt für Schritt voran." IC_E

Zitat: „Ohne Internet könnten wir das Kaffeeprojekt gar nicht machen." IC_F

Eine weitere positive Auswirkung des B2C-Geschäftes sind Spill-over Effekte auf den Business-to-Business Bereich. Durch den Shop und dessen Vermarktung steigt der Bekanntheitsgrad des Unternehmens und neben den Endkunden werden auch Personen aus der Kaffeeindustrie auf das Unternehmen aufmerksam. Zwei Unternehmen haben bereits mehrere neue Kontakte gewonnen, weil Personen aus der Kaffeeindustrie den gerösteten Kaffee getrunken haben und nun ähnliche Qualitäten für ihr Unternehmen bestellen wollen. Ein Unternehmen hat sogar bereits mehrere Container grünen Kaffees an solch einen Kunden verkauft. Ein anderer Shopbetreiber erhält regelmäßig Anfragen von anderen Kaffeeshops. Allerdings ist daraus bisher keine Zusammenarbeit entstanden.

In Anbetracht der vielfältigen Nutzeffekte, den die Shopbetreiber realisieren, stellt sich die Frage, weshalb nicht mehr Unternehmen diese Chance nutzen. Die Gründe dafür sind vielfältiger Art. Bei einigen Unternehmen fehlen in der aktuellen Situation die finanziellen Mittel zum Aufbau eines Shops bzw. für die aktive Vermarktung im Ausland. Bei anderen fehlt es an Know-How bezüglich der Konsumgewohnheiten in den verschiedenen Ländern. Ein weiterer Grund ist das geringe Gesamtvolumen, das mit den Shops abgesetzt werden kann. Trotz der Erfolge setzen die Unternehmen in den bestehenden Shops bisher lediglich 0,5% bis 1% ihres Kaffees ab. Auch bei verstärkten Marketingmaßnahmen ist nicht mit einer erheblichen Ausweitung der Absatzmenge zu rechnen, da das Segment für gerösteten Spezialitätenkaffee ein kleiner, hart umkämpfter Nischenmarkt ist und lokale Röster aufgrund ihrer Nähe zum Markt Vermarktungsvorteile haben. Es ist oftmals einfacher mit grünem Kaffee den amerikanischen Markt zu erschließen. Die Unternehmen werden also auf absehbare Zeit nur einen kleinen Teil ihres Kaffees als gerösteten Kaffee absetzen.

Auch der preisliche Vorteil gegenüber dem Rohkaffeegeschäft ist kritisch zu hinterfragen. Erholt sich der Preis für Rohkaffee wieder, verliert das Geschäft mit geröstetem Kaffee an relativem Vorteil, da aufgrund der großen Konkurrenz der Preis für gerösteten Kaffee kaum ansteigen wird. Vor allem die großen Röster werden eher kleinere Margen in Kauf nehmen, anstatt wegen einer Preissteigerung Kunden zu verlieren. Das Direktgeschäft mit den Endkunden wird daher auf absehbare Zeit ein Nebengeschäft bleiben. Lediglich ein Unternehmen realisiert den Großteil seines Umsatzes im Direktgeschäft, Café Britt, welches in der Unternehmensfallstudie genauer vorgestellt wird.

Unternehmensfallstudie:

Café Britt

Café Britt (www.cafebritt.com) wurde 1985 gegründet und produziert fast ausschließlich qualitativ hochwertigen, gerösteten Kaffee. Distributionskanäle sind Hotels, Restaurants und Touristikshops in Costa Rica. Darüber hinaus ist Café Britt 13. größter Exporteur und damit eines der erfolgreichsten Unternehmen im Export von geröstetem Kaffee. Die Kunden im Ausland können per Post, Telefon, Fax oder Internet direkt bei Café Britt in Costa Rica bestellen. Geliefert wird an Kunden aus der ganzen Welt, wobei der Fokus jedoch auf dem US-amerikanischen und dem kanadischen Markt liegt. Dort wird die Versendung zentral von einem Lager in Miami aus vorgenommen.

Zur Kundengewinnung und Kundenpflege wird intensives Marketing betrieben. Eines der Hauptvermarktungsinstrumente ist die „Coffeetour", ein touristischer Höhepunkt in Costa Rica, bei der jährlich insgesamt 50.000 Touristen empfangen werden. Auf der Coffeetour erfahren die Touristen wie Kaffee produziert wird und wie sie den Kaffee auch von ihrem Heimatland aus bestellen können. Darüber hinaus macht Café Britt mit Broschüren, Merchandising-Material und dem Vertrieb des Kaffees in Touristikzentren, also Hotels, Souvenirläden und auf Kreuzfahrtschiffen, intensiv Werbung. Auf jeder Verpackung finden sich die URL der Webseite und die Telefonnummer des Call Centers, so dass die Kunden auch von zuhause aus bestellen können. Zusätzlich betreibt Café Britt intensives Internet-Marketing. Die Webseite ist bei allen führenden Suchmaschinen und in einem Partnerprogramm eingeschrieben. Außerdem wird ein steigender Anteil der Direktwerbung per E-Mail abgewickelt. Zur Verbesserung des Kundenservice steht auf der Webseite ein Fragebogen zur Verfügung, mit dem die Kundenzufriedenheit erfasst wird. Bei Beschwerden/Verbesserungsvorschlägen wird diesen entweder per E-Mail oder telefonisch nachgegangen.

Nach Aussage von Café Britt ist das Internet im Exportgeschäft ein unverzichtbares Instrument. Es hat wesentlich zur Ausweitung des Kundenstamms und zum heutigen Bekanntheitsgrad des Unternehmens beigetragen. Außer-

---

dem ist es ein sehr kostengünstiges Instrument. Ohne Internet hätte wesentlich mehr Geld in klassische Marketinginstrumente investiert werden müssen, um den gleichen Bekanntheitsgrad zu erreichen. So spart man zum Beispiel bei Direktwerbung via E-Mail die Druck- und Versandkosten. Außerdem sind diese Maßnahmen erfolgreicher.

Zitat: „Diese Sendungen sind erfolgreicher als die per Post versendeten Werbebriefe."

Doch nicht nur bei der Vermarktung sondern auch in der Bestellabwicklung bietet das Internet erhebliche Einsparpotenziale. Während früher der Großteil der Bestellungen telefonisch erfolgte, hat mittlerweile der Anteil der Internet-bestellungen, bei weiter steigender Tendenz, gleichgezogen. Da die Internet-bestellungen größtenteils automatisiert bearbeitet werden, können erhebliche Kosten, v.a. Personalkosten in den Call Centern eingespart werden. Außerdem hat die Bestellmöglichkeit im Internet zu einer Steigerung der Verkaufs-zahlen geführt, da heute weniger Kunden am Telefon in der Warteschleife warten müssen und die Kunden bei einer Internet-Bestellung mehr bestellen als am Telefon. Der Grund dafür ist, dass sich der Kunde auf der Webseite einen besseren Überblick über die angebotenen Produkte verschaffen kann.

Zitat: „Das Internet hat ein hohes Verkaufsvolumen generiert."

Unternehmensfallstudie 4: Café Britt

Abbildung 48 fasst die Nutzeffekte der B2C-Shops (inkl. Café Britt) zusammen.

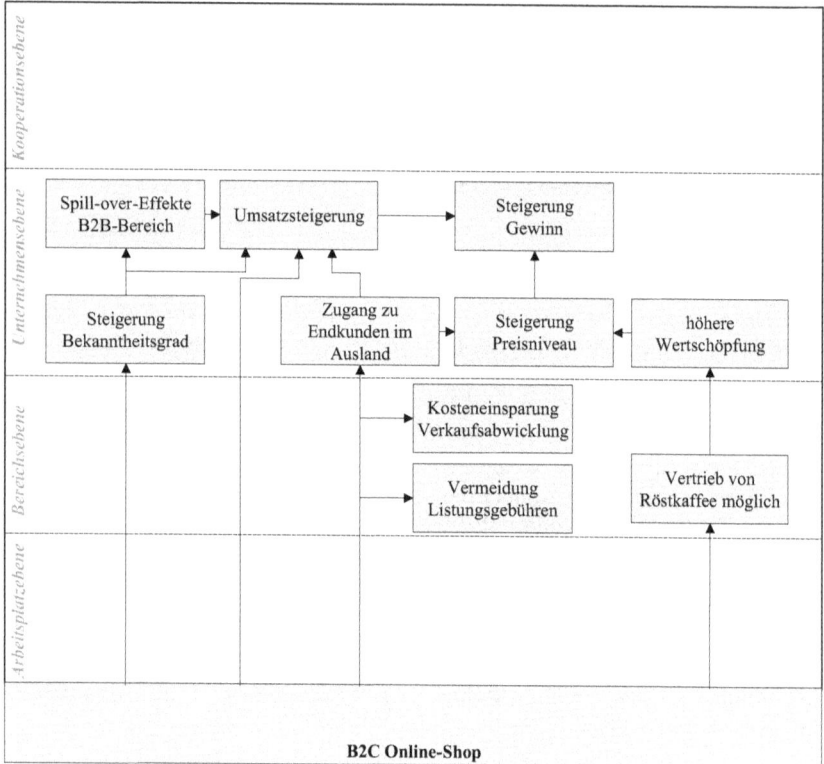

Abbildung 48: Wirkungskette Kaffeeindustrie: B2C-Online-Shops

5.3.2.2 B2B-Shops

Neben dem Verkauf an Endkunden nutzen zwei Unternehmen ihre Webshops darüber hinaus auch im Business-to-Business Bereich. Ein Unternehmen bietet dem Großhandel die Möglichkeit, den gerösteten Kaffee in größeren Gebinden zu einem günstigeren Preis zu kaufen. Die Versendung erfolgt von Boston aus.[468] Bei dem anderen Unternehmen kann sogar grüner Kaffee auf der Webseite gekauft werden. Das Angebot richtet sich an kleine Röster, die geringe Mengen Qualitätskaffee benötigen. Angeboten werden insgesamt vier verschiedene Marken Rohkaffee, die ab einer Mindestmenge von 20 englischen Pfund gekauft werden können.

---

[468] Vgl. Brown, S. (2000b), S. 2.

Der Nutzen dieser Anwendungen ist jedoch relativ gering. Das Angebot, kleine Mengen grünen Kaffees auf der Webseite zu kaufen, wurde bisher noch nicht angenommen. Der Grund dafür ist, dass die Röster den persönlichen Kontakt zum Exporteur bevorzugen. Zur Akzeptanz des Angebots für den Großhandel wurden im Interview leider keine Angaben gemacht.

5.3.2.3 Einsatz von E-Mail im Vertrieb

Wie schon im Weinsektor ist auch im Kaffeeexport die Nutzung von E-Mail wesentlich höher als die Verbreitung von Webseiten. Das zeigt sich unter anderem an den Visitenkarten: Alle 26 interviewten Vertreter von Exportunternehmen geben eine E-Mail-Adresse an. Bei einigen Unternehmen ist E-Mail sogar die einzige Internetanwendung, die im Export zum Einsatz kommt. Genutzt wird E-Mail vor allem zur Abwicklung der kommunikativ-sozialen Beziehungen und des Informationsflusses innerhalb von Absatzkanal und logistischem System, also z.B. zur Abwicklung der Exportformalitäten und zum Versenden und Empfangen von Informationen. Allerdings ist die Nutzungsintensität nicht bei allen Exportmanagern gleich hoch. Der prozentuale Anteil der E-Mail-Kommunikation schwankt zwischen 5% und 95%. Ein Grund für den teilweise geringen Einsatz von E-Mail ist, dass manche Exportmanager die Kommunikation per Telefon vorziehen, da so eine persönlichere Beziehung zum Kunden möglich ist. Auch bei den Unternehmen, bei denen E-Mail verstärkt verwendet wird, wird das Telefon zur Erhaltung des persönlichen Kontaktes eingesetzt. Neben E-Mail kommen in der Kundenkommunikation auch vereinzelt Messenger-Programme zum Einsatz, teilweise in Kombination mit Programmen zur Bildübertragung, die eine noch schnellere, direktere und persönlichere Kommunikation ermöglichen.

Einer der Hauptvorteile der E-Mail Nutzung ist die Senkung der Kommunikationskosten. Bei Unternehmen, bei denen mehr als die Hälfte der Kommunikation via E-Mail oder Messenger-Programme abgewickelt wird, sind die monatlichen Kommunikationskosten von 3.000-4.000 USD auf 500-600 USD gesunken. Dies hat seine Ursache vor allem in den hohen Telefonkosten in Costa Rica, da Racsa, der Telefonanbieter, Monopolist ist.

Außerdem ist die Kommunikation via E-Mail wesentlich einfacher und schneller und damit effizienter. Mit E-Mail werden sprachliche Verständnisprobleme ausgeräumt, Zeitverschiebungen überbrückt und die Abstimmung zwischen den Handelspartnern verbessert. Die Unternehmen sparen beispielsweise Kurierkosten, weil sie Proben nicht mehr auf Verdacht versenden, sondern nur noch dann, wenn der Kunde sie benötigt. All dies spart Zeit, welche die Exportmanager für andere Dinge einsetzen können.

Zitat: „Für uns ist das Internet, im Sinne von E-Mail, das Hauptmittel zur Kommunikation mit unseren Klienten, weil in Costa Rica telefonieren sehr teuer ist und wir via E-Mail viel bessere Antworten erhalten, es ist viel schneller, einfacher per E-Mail als per Telefon.“ IC_C

Noch schneller und damit zeitsparender funktioniert die Kommunikation über Messenger-Programme, die bei einem der befragten Unternehmen bei immerhin ca. 50% der Kunden (Standardkaffee) zum Einsatz kommen. Ein weiterer Vorteil dieser Programme, vor allem von solchen mit Bildübertragung, ist die Einsparung von Reisekosten, da sich die Handelspartner so über Internet persönlich kennen lernen können.

Abbildung 49 zeigt die Nutzeffekte von E-Mail im Vertrieb im Überblick.

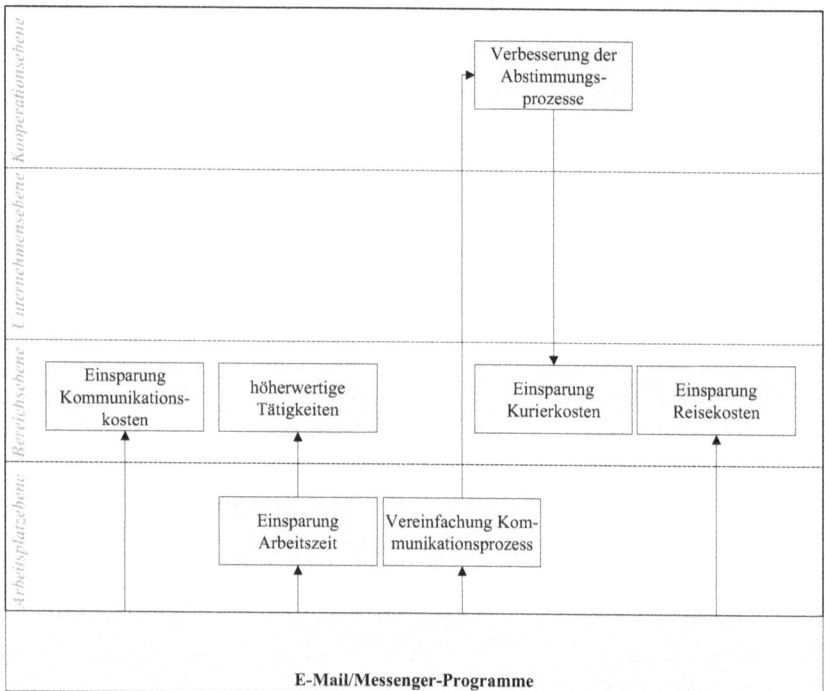

Abbildung 49: Wirkungskette Kaffeeindustrie: E-Mail im Vertrieb

5.3.2.4 Extranets

Extranets kommen in der costaricanischen Kaffeeindustrie nur sehr selten zum Einsatz. Lediglich vier der untersuchten Webseiten verfügen über einen abgegrenzten Bereich und davon dienen drei der Kommunikation im Konzern, sind also Intranets. Nur ein großes internationales Handelsunternehmen setzt den abgegrenzten Bereich im Sinne eines Extranet zur Kundenpflege ein. Ausgewählte Kunden können dort Preis- und Kontraktlisten einsehen und mit einer speziellen Software den Stand der aktuellen Bestellungen verfolgen. Die Daten des Extranet kommen aus einer firmenweiten Datenbank, die auch von der Tochtergesellschaft mit Sitz in Costa Rica gepflegt wird. Da es sich jedoch um eine konzernweite Anwendung handelt, können von Seite des costaricanischen Unternehmens keine Aussagen zur Verwendung und zum Nutzen der Anwendung gemacht werden.

Die geringe Nutzung von Extranets hat ihre Ursache unter anderem darin, dass das Konzept von Extranets und dessen Anwendungsmöglichkeiten im Export in der Kaffeeindustrie nur wenig bekannt ist. In einigen Interviews musste das Konzept zuerst erläutert werden, worauf es bei einigen Unternehmen auf Interesse traf. Vor allem ein Tochterunternehmen einer großen internationalen Handelsgruppe zeigte Interesse an einem Extranet. Diesem ist es jedoch nicht möglich, ein Extranet aufzubauen, da eine Konzernrichtlinie den Ländergesellschaften den Aufbau eigener Webseiten untersagt.

5.3.2.5 Marktplätze

Im Zuge des Internetbooms entstanden auch in der Kaffeebranche Internetmarktplätze, die den internationalen Rohkaffeehandel erleichtern sollten. Dazu gehören zum Beispiel *Bolero* (www.bolero.net), *Coffee Bids* (www.coffeebids.com), *Coffeex* (www.coffeex.com) und *Coffee Contact* (www.coffeecontact.com). Marktplätze mit Unterstützung und Finanzierung von großen Kaffeeunternehmen sind ExImWare (www.eximware.com; früher: *InterComercial markets* (www.intercomercial.com)) mit Unterstützung von Federación Colombia und Volcafé und Egreencoffee (www.egreencoffee.com) mit Unterstützung von Lavazza. Ein Marktplatz mit Ursprung in Costa Rica ist *Coffee-Exchange* (www.coffee-exchange.com).[469]

All diesen Marktplätzen, die sich bezüglich ihrer Geschäftsmodelle und Ausgestaltung teilweise erheblich unterscheiden, ist gemeinsam, dass es ihnen

---

[469] Vgl. Brown, S. (2000c), S. 1f; UNCTAD (2003), S. 164.

nicht gelungen ist, sich im internationalen Kaffeehandel zu etablieren. Auf keinem der Marktplätze wurden bzw. werden nennenswerte Volumina gehandelt. Teilweise sind sogar die Webseiten bereits wieder vom Netz genommen. Lediglich auf der Seite ExImWare (InterComercial markets) findet etwas Handel statt, da Kraft Foods dort einen Teil seiner Einkäufe abwickelt. Doch auch dies hat dem Marktplatz nicht zu einer breiteren Akzeptanz verholfen. Auf Anbieterseite hat kaum eines der befragten Unternehmen bisher mit einem solchen Marktplatz gearbeitet, einigen Exportmanagern war das Konzept von virtuellen Marktplätzen sogar gänzlich unbekannt. Ein Unternehmen, das auf einem Marktplatz angeboten hatte, zog sich enttäuscht wieder zurück, da kein einziges Geschäft zustande kam. Auch Sonderformen von Marktplätzen kommen nicht zum Einsatz.

Die Gründe für die Nichtakzeptanz sind unterschiedlicher Art. Ein Grund ist die Übersichtlichkeit des Marktes. Die am Rohkaffeehandel Beteiligten kennen sich und haben langjährige enge persönliche Beziehungen zueinander. Sie benötigen keinen Marktplatz zur Vermittlung von Angebot und Nachfrage. Außerdem tauschen die Handelspartner über die persönlichen Beziehungen Informationen aus, die ihrer Ansicht nach kein Marktplatz in dieser Vielfalt liefern kann. Für die Großindustrie (z.B. Nestlé) ist die Teilnahme an Marktplätzen uninteressant, da sie über eigene Einkaufssysteme verfügt und die bestehenden, langjährigen Lieferanten die Art des benötigten Kaffees kennen, was den Handel erheblich erleichtert (man spricht z.B. von „Melitta-Qualität"). Außerdem müssten die Röster dann wieder Lagerhaltung betreiben und Lieferrisiken in Kauf nehmen. Die kleinen Röster bevorzugen persönliche Beziehungen zum Lieferanten, da für sie Liefersicherheit bezüglich Produktqualität und Lieferzeitpunkt von besonderer Bedeutung ist und sie keine große Lagerhaltung finanzieren können. Außerdem steht mit der Börse bereits ein sehr effizientes Handelsinstrument zur Verfügung. Ein weiteres Argument, welches gegen den Handel auf Marktplätzen eingesetzt wird, ist die fehlende Standardisierung im Kaffeehandel. Nach Aussage einiger Kaffeeexporteure können nur wenige Kaffees rein über Beschreibung gehandelt werden. Im allgemeinen muss der Kaffee verkostet werden. Von Seite der Händler besteht kein Interesse, die Nutzung von Marktplätzen zu fördern, da Marktplätze lediglich eine andere Form des Zwischenhandels darstellen und potenziell die Marktposition der Zwischenhändler bedrohen.

In Anbetracht des geringen Interesses in der Kaffeeindustrie werden Marktplätze auf absehbare Zeit keinen großen Anteil des internationalen Kaffeehandels auf sich ziehen können. Lediglich im Bereich des Spezialitätenkaffees, in dem immer mehr kleine Röster entstehen, machen bestimmte Anwendungen wie zum Beispiel die Bündelung von Einkaufsinteressen über Marktplätze eventuell Sinn. Allerdings müssen dann auch Lösungen für Probleme wie Produktqualität und Lieferzeitpunkt angeboten werden.

Veröffentlichungen über Kaffeemarktplätze bestätigen die Ergebnisse dieser Untersuchung. Wurden in den Jahren 2000 und 2001 noch hohe Erwartungen in die Marktplätze gesetzt, so werden diese heute kritischer gesehen. Nur auf sehr wenigen Marktplätzen findet regelmäßig Handel statt. Als Gründe werden Sicherheitsbedenken, Risikoabneigung auf Seite der Händler, mangelndes Know-How und die langfristigen Beziehungen in der Kaffeebranche genannt.[470] Bei den in Costa Rica gemachten Beobachtungen handelt es sich also nicht um individuelle Schwierigkeiten sondern um einen allgemeinen Trend in der Kaffeeindustrie.

5.3.3 Internet-Marketing in der Kommunikationspolitik

Wie bereits in der Weinindustrie wird das Internet auch im Kaffeeexport im Bereich der Kommunikationspolitik ausschließlich für Werbung und Öffentlichkeitsarbeit verwendet. Die Anwendungen der anderen Bereiche des Kommunikationsmix kommen nicht zum Einsatz, was auch mit dem insgesamt niedrigen Nutzungsniveau des Internet in der Kaffeeindustrie zusammen hängt. Hauptanwendungen sind die Veröffentlichung von Webseiten und Internetwerbung. Darüber hinaus wird in Costa Rica einmal jährlich eine Internetauktion für Spezialitätenkaffee durchgeführt, in der die besten costaricanischen Rohkaffees an Bieter in der ganzen Welt versteigert werden. Die Auswirkungen der Internetanwendungen werden im Folgenden vorgestellt.

5.3.3.1 Webseite

Von den 60 in der Webseitenanalyse untersuchten costaricanischen Kaffeeexporteuren verfügen insgesamt 26 (43%) über eine Webseite, wobei zwei davon die Webseiten von internationalen Handelshäusern sind. Auf diesen Seiten werden die jeweiligen Ländergesellschaften zwar genannt, verfügen aber nicht über eigene Webseiten. Deswegen wurden die Konzernseiten in die Analyse mit einbezogen.

Die Webseiten dienen sowohl der Mediawerbung als auch der Öffentlichkeitsarbeit. Fast alle Unternehmen (96%) präsentieren auf ihrer Webseite Un-

---

[470] Vgl. UNCTAD (2003), S. 164; Brown, S. (2000c), S. 1.

ternehmensinformationen. Ähnlich häufig (88%) werden Informationen zu den Produkten zur Verfügung gestellt. Seltener ist dagegen die Bereitstellung zusätzlicher Informationen, wie allgemeine Kaffeeinformationen (42%), Vertriebsangaben (7%) und Nachrichten (26%). Auf lediglich vier der Webseiten (15%) haben die Kunden die Möglichkeit, einen Newsletter zu abonnieren. Kontaktinformationen finden sich auf allen Seiten, wobei ein Unternehmen lediglich eine E-Mail Adresse angibt. Weiterhin sind fast alle Webseiten auf den Exportmarkt ausgerichtet. Immerhin 88% der Webseiten sind englischsprachig und 26% sogar mehrsprachig, hauptsächlich in englisch und spanisch.

Die Ausgestaltung der Seiten ist sehr unterschiedlich. Die Bandbreite reicht von technisch und inhaltlich veralteten Seiten bis zu sehr aktuellen, modern gestalteten Seiten. Die Mehrzahl der Zusatzfunktionalitäten findet sich auf Seiten mit B2C-Shops. Es stehen also aktuelle Seiten mit vielen Funktionalitäten einfachen, reinen Informationsseiten gegenüber.

Ebenso unterschiedlich sind die Gründe für die Erstellung von Webseiten. Viele Unternehmen haben eine Webseite, weil „man eine haben muss". Gezielt zur Werbung bzw. Öffentlichkeitsarbeit wird die Webseite von wenigen Unternehmen eingesetzt. Für diese ist die Webseite ein Instrument, mit dem sie das Unternehmen optimal vorstellen und damit neuen/potenziellen Kunden Argumente für eine Zusammenarbeit liefern können. Dies ist v.a. bei den kleineren und neuen Exporteuren wichtig, die sich gegen die bestehende Konkurrenz der etablierten Exporteure durchsetzen müssen.

Aufgrund des geringen Nutzungsniveaus sind auch die Nutzeffekte gering, welche die Unternehmen aus den Webseiten ziehen. Einer der wenigen Nutzeffekte ist die Möglichkeit, bei Anfragen auf die Webseite zu verweisen. Die Interessenten können sich dort selbst informieren, bevor detailliertere Fragen persönlich besprochen werden. Dadurch sparen die Exportmanager Arbeitszeit. Im Spezialitätensegment haben die Webseiten positive Auswirkungen auf bestehende Kundenbeziehungen. Die Röster können sich Informationen und Bilder herunterladen und damit Vermarktungsmaterialien erstellen, die besser den lokalen Erfordernissen des Marktes angepasst sind. Dadurch können Umsatzsteigerungen realisiert werden, die letztendlich auch dem Produzenten in Costa Rica zu gute kommen.

Abbildung 50 fasst die Nutzeffekte der Webseiten zusammen.

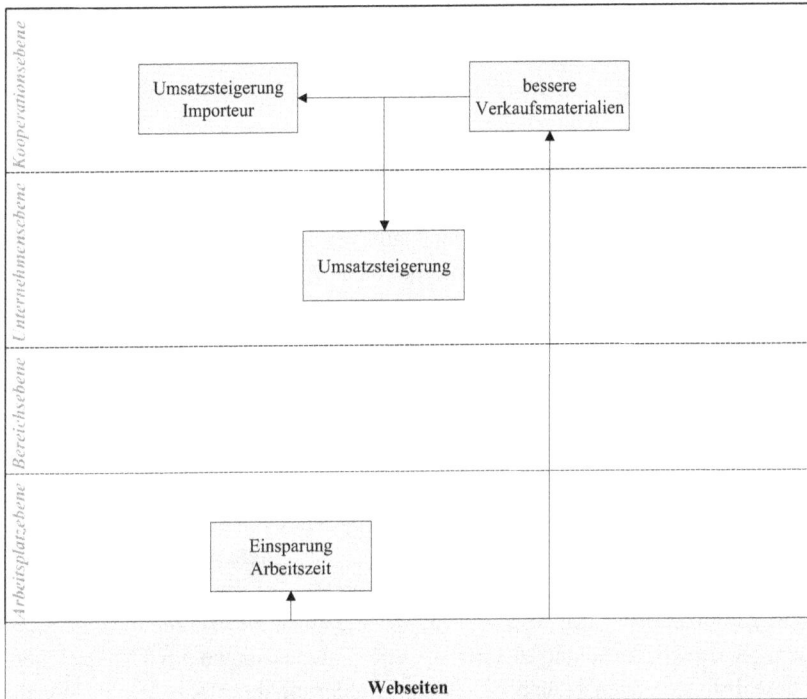

Webseiten

Abbildung 50: Wirkungskette Kaffeeindustrie: Webseiten

5.3.3.2 Werbung

In Abschnitt 4.3.2.1 über Online-Shops ist bereits deutlich geworden, dass nur einzelne Unternehmen von Werbemaßnahmen im Internet Gebrauch machen. Dieses Bild verstärkt sich noch, wenn auch die Webseiten ohne Online-Shops in die Analyse mit einbezogen werden. Nur sehr wenige Webseiten sind bei Suchmaschinen eingeschrieben oder werden mit Bannern oder anderen Werbe-Instrumenten beworben. Auch auf den Visitenkarten geben lediglich 5 der 26 befragten Exportmanager, deren Unternehmen über eine Webseite verfügt, die URL ihrer Webseite an.

Ein Grund für den geringen Einsatz der Vermarktungsinstrumente ist die Unsicherheit der Exportmanager bezüglich der entstehenden Kosten. Vor allem bei den Internetanwendungen befürchten sie hohe Kosten, die einem aus ihrer Sicht zweifelhaften Nutzen gegenüber stehen. Diese Befürchtungen scheinen jedoch unberechtigt. Die wenigen Unternehmen, die Internetanwendungen zur Werbung einsetzen, berichten, dass die Webseite nach Einsatz der Instrumen-

223

te häufiger besucht wurde. Bei den Online-Shops ist es dadurch auch zu Umsatzsteigerungen gekommen. Es liegt also die Vermutung nahe, dass der Nutzen der Webseiten gesteigert werden könnte, wenn diese aktiv vermarktet würden.

Obwohl alle Webseiten über Kontaktmöglichkeiten verfügen, kommen elektronische Dialoge nur selten zustande. Nur wenige Unternehmen werden aufgrund ihrer Webseite kontaktiert und nur vereinzelte Unternehmen konnten den Kontakt vertiefen. Diesen Unternehmen ist es gelungen, mit 1-3 neuen Kunden Geschäfte abzuwickeln und zusätzlichen Umsatz zu generieren. Die Mehrzahl der Kontakte wird jedoch immer noch bei Messen und Reisen geknüpft. Lediglich bei den B2C-Shops sind elektronische Dialoge eine häufig genutzte Werbeform, vor allem im Bereich der Zufriedenheitsbefragungen. Insbesondere Café Britt geht jeder einzelnen Beschwerde entweder per E-Mail oder per Telefon nach und steigert dadurch die Kundenbindung.

Ähnlich selten wird von den Direktwerbemöglichkeiten des Internet Gebrauch gemacht. Neben den vier Online-Shops, die das Internet für Direktwerbung einsetzen, versendet lediglich ein Unternehmen, das im Export von grünem Spezialitätenkaffee tätig ist, alle zwei Monate einen Newsletter an seine Kunden. In diesem berichtet es über neueste Entwicklungen im Unternehmen. Diese Informationen stellen die Röster wiederum ihren Kunden zur Verfügung und beweisen damit eine große Nähe zum Produzenten, was gerade im Spezialitätensegment ein wichtiges Kaufargument ist.

Zitat: „Für sie ist es eine große Hilfe wenn sie ihren Endkunden zum Beispiel erzählen können, dass es hier in Costa Rica angefangen hat zu regnen. Das hilft ihnen sehr im Verkauf, weil es sie von ihrer Konkurrenz differenziert." IC_C

Die Online-Shops hingegen versenden hauptsächlich Werbe-E-Mails mit speziellen Sonderangeboten und erzielen auch damit entsprechende Erfolge. Zum Einen steigt der Verkehr auf der Webseite und die Unternehmen realisieren Zusatzumsatz. Zum Anderen sparen die Unternehmen gegenüber der üblichen Versendung der Sonderangebote per Post Versand- und Druckkosten und Zeit für die Etikettierung der Briefe. Als weiterer Vorteil erweist sich, dass die Antwortquoten bei E-Mails höher sind als bei Standardmailingaktionen.

Einige wenige Unternehmen betreiben Direktwerbung zur Neukundenakquisition. Diese Unternehmen recherchieren im Internet nach neuen Kunden, analysieren deren Webseiten und kontaktieren die interessanten Kunden per E-Mail. Das hat den Vorteil, dass das Unternehmen sich und seine Produkte mit den grafischen Möglichkeiten von E-Mail gut präsentieren kann und die Versandzeit extrem kurz ist. Bei Interesse des Kunden antwortet dieser in der Regel kurzfristig ebenfalls per E-Mail und die Unternehmen können sich über das weitere Vorgehen bei der Zusammenarbeit verständigen. Im Idealfall kann so innerhalb von 1,5 Wochen ein neuer Kunde gewonnen und ein neuer Auftrag ausgelöst werden. Ohne das Internet wäre der Prozess wesentlich zeitaufwändiger, da die Informationsübermittlung länger dauern würde und man den Kunden vor Vertragsabschluss wahrscheinlich besuchen würde, um mehr über ihn zu erfahren. Darüber hinaus ist der Prozess der Neukundenakquisition durch das Internet billiger und die Unternehmen haben heute mehr Kontakte als früher.

Zitat: „Das Geschäft ist viel schneller geworden." ic 07

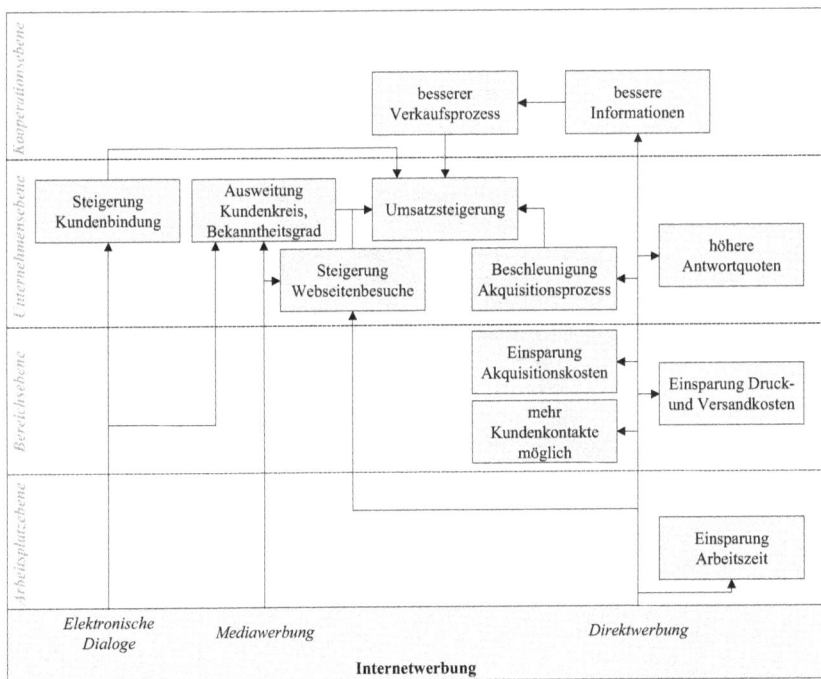

Abbildung 51: Wirkungskette Kaffeeindustrie: Internetwerbung

225

Unternehmensfallstudie:
Intensives Internet-Marketing im Spezialitätensegment

Das hier vorgestellte Unternehmen exportiert grünen Spezialitätenkaffee hauptsächlich in die USA. Dazu hat es dort ein eigenes Vertriebsbüro aufgebaut, von dem aus die Importeure beliefert werden. Die Exportarbeit wird von Costa Rica aus abgewickelt, wobei intensiv vom Internet Gebrauch gemacht wird.

Für die Neukundensuche verwenden die Exportmanager das Mitgliederverzeichnis der SCAA. Sie analysieren die Webseiten der Röster, machen sich ein Bild über deren Produktportfolio und Strategie und identifizieren so interessante Kunden.

Zitat: „Wenn ich nur die Webseite ansehe, weiß ich was das für ein Unternehmen ist."

Diesen sendet man dann eine E-Mail, in der das Unternehmen u.a. mit Fotos vorgestellt wird. Diese Vorgehensweise hat mehrere Vorteile. Zum Einen werden Reisekosten in erheblicher Höhe eingespart. Weiterhin verkürzt sich der Prozess der Geschäftsanbahnung und die Vermarktungsstrategie kann besser an den Kunden angepasst werden, was den Verkauf erheblich erleichtert. Im Bereich der Marktforschung analysieren die Exportmanager regelmäßig die Webseiten der Konkurrenz und holen Informationen über den Spezialitätenmarkt ein. Dies hat unter anderem dabei geholfen, das Produktdesign zu verbessern.

In der Kommunikation mit den Kunden werden sowohl E-Mail als auch Messenger-Programme eingesetzt, welche die Kommunikationskosten erheblich senken und die Geschäftsabläufe beschleunigen. Die Webseite des Unternehmens dient den Importeuren dazu, sich über das Unternehmen zu informieren und Fotos für die eigene Vermarktung herunter zu laden. Informationen über neueste Entwicklungen im Unternehmen erhalten die Kunden durch einen Newsletter, der alle zwei Monate erscheint. Auch diese Informationen setzen die Röster in ihrem Verkaufsprozess ein und demonstrieren damit, dass sie den Produzenten kennen und heben sich somit von der Konkurrenz ab.

Für die Exportmanager dieses Unternehmens ist das Internet zu einem unersetzbaren Hilfsmittel in der Exportarbeit geworden.

Zitat: „Ohne Internet fühlt man sich wie blind."

Unternehmensfallstudie 5: Internet-Marketing im Spezialitätensegment

5.3.3.3 Internetauktionen

Eine interessante Internetanwendung im Bereich der Distributionspolitik sind Internetauktionen. Bei diesen Auktionen werden Spezialitätenkaffees (grüner

Kaffee) via Internet an Interessenten in der ganzen Welt versteigert. Die erste derartige Auktion fand im Jahr 1999 in Brasilien unter dem Namen „Cup of Excellence" statt. Sie war ein großer Erfolg für die teilnehmenden Produzenten, da Preise weit über dem aktuellen Marktpreis erzielt wurden. Seither wurden diese Auktionen auch in anderen Ländern durchgeführt, unter anderem in Guatemala, Kolumbien und Honduras.

In Costa Rica fand die erste Internetauktion „Crop of Gold" oder „Cosecha de Oro" im Jahr 2002 statt. Aufgrund des Erfolges im ersten Jahr wurde die Auktion im Jahr 2003 wiederholt und ist auch für das Jahr 2004 geplant. Organisatoren der Auktion sind Icafé und die „Asociacion de Cafes Finos de Costa Rica". Sie arbeiten mit der SCAA zusammen, welche die Software zur Verfügung stellt und bei der Vermarktung unterstützt.

Vor der Internetauktion wird ein Wettbewerb zur Auswahl der besten Kaffees durchgeführt. An diesem Wettbewerb können alle costaricanischen Kaffeeunternehmen teilnehmen, die Spezialitätenmarken im Angebot haben. Bei dem eingereichten Kaffee muss es sich um qualitativ hochwertigen Kaffee eines speziellen Anbaugebietes (Estate-Coffee) handeln, der gesondert aufbereitet wurde und nur in begrenzter Menge vorliegt. Jedes Unternehmen kann bis zu 3 Markenkaffees einreichen, die dann in einem zweistufigen Auswahlverfahren von nationalen und internationalen Kaffeeexperten verkostet und ausgewählt werden. Ergebnis des Auswahlprozesses sind die zehn besten Kaffees, die dann an der Internetauktion teilnehmen können. Die Teilnahme am Wettbewerb ist kostenlos, für die Teilnahme an der Auktion müssen die Produzenten allerdings einen geringen Beitrag entrichten. Der überwiegende Teil der Kosten wird jedoch von Icafé getragen.

Nach Abschluss des Wettbewerbs werden die Kaffees und die anstehende Auktion beworben. Dazu werden Vermarktungsmaterialien erstellt, Anzeigen geschaltet, Mailings (per E-Mail) durchgeführt und gemeinsame Messebesuche organisiert. Außerdem werden Probenpakete an (potenziell) interessierte Kunden, v.a. kleinere Röster im Spezialitätensegment, versandt. Auf Basis dieser Proben können die Kunden entscheiden, ob sie an der Internetauktion teilnehmen wollen und für welchen Kaffee sie sich interessieren. Entscheidet sich ein Unternehmen für die Teilnahme, muss es sich anmelden und wird von costaricanischen Exporteuren auf Vertrauenswürdigkeit geprüft. Die Anbieter wiederum müssen sich, sofern sie nicht selbst exportieren, einen Exporteur

suchen, der die Lieferung abwickelt. Meist jedoch ist die Teilnahme eine gemeinsame Aktivität des Produzenten und seines Exporteurs.[471]

Die Auktion selbst findet auf der Webseite der SCAA statt. Die Bieter erhalten ein Login und können während eines festgeschriebenen Zeitraums Gebote
abgeben. Nach Ablauf der Bietzeit wird die Auktion geschlossen und der
Höchstbietende erhält den Kaffee.

Die beiden ersten Wettbewerbe stießen im costaricanischen Kaffeesektor auf
großes Interesse. Im Jahr 2002 reichten 18 Unternehmen über 50 verschiedene Kaffees ein, im Jahr 2003 nahmen 23 Unternehmen mit 38 Kaffeemarken
teil. Auch die Auktionen verliefen erfolgreich. Im Jahr 2002 wurden 9 der 10
Kaffees versteigert, im Jahr 2003 sogar alle zehn. Die Preise der Kaffees lagen immer deutlich über Marktniveau. 2002 wurden die Kaffees für Preise
zwischen 1,22 USD und 1,57 USD je Pfund (=0,453 kg) versteigert, während
im Mai der durchschnittliche Preis für Kaffee der Sorte „Other Milds" bei
0,61 USD je Pfund lag. Auch wenn der Preis für Spezialitätenkaffee ohnehin
bis zu 100% höher liegt als der Marktdurchschnitt, wurde für die meisten Kaffees in der Auktion noch ein Aufschlag realisiert. Im Jahr 2003 lagen die erzielten Preise noch wesentlich höher. Der beste Kaffee wurde zu einem Preis
von 7,35 USD je Pfund verkauft, bei einem durchschnittlichen Marktpreis von
0,66 USD im Monat Mai. Und selbst der günstigste Kaffee lag mit 1,32 USD
noch über dem Spitzenpreis den Starbucks[472] für Qualitätskaffee bezahlt.[473]

Die Gründe für derart hohe Preise sind verschiedener Art. Ein Grund ist sicherlich die außergewöhnliche Qualität der Kaffees, die im Jahr 2003 im Vergleich zum Vorjahr noch einmal wesentlich gesteigert wurde. Ein weiterer
Grund ist die Kundengruppe. Die Auktion richtet sich ausschließlich an kleine Spezialitätenröster, die außergewöhnliche Qualität suchen und den Preis-
zuschlag durch entsprechendes Marketing an ihre Kunden weitergeben können. Große Röster wie z.B. Nestlé oder Tchibo nehmen nicht an der Auktion

---

[471] So haben im Jahr 2003 beispielsweise Ceca (Tochter der Neumann Kaffee Gruppe) und
Orlich-Cafinter (Tochter von Ecom Agroindustrial Corp) mit Spezialitätenproduzenten
an der Auktion teilgenommen.

[472] Starbucks ist ein amerikanisches Spezialitätenkaffeeunternehmen, das einen Großteil
seines Bedarfs in Costa Rica deckt. Die Produzenten erhalten 5-Jahres Verträge und einen garantierten Preis von 1,25 USD/lb. Dafür verpflichten sie sich zu Einhaltung bestimmter Qualitätsstandards.

[473] Vgl. ICO (2004); Asociación de Cafe Finos de Costa Rica (2003a), (2003b), (2003c).

teil, da der Massenmarkt die zusätzliche Qualität nicht honoriert. Außerdem sind die angebotenen Mengen von 20-50 Sack für große Röster uninteressant. In den geringen Angebotsmengen liegt auch der dritte Grund für die hohen Preise. Durch die kleinen Lots sind die Gesamtkosten je Gebot begrenzt. Kein Röster könnte es sich leisten, größere Mengen zu derart hohen Preisen einzukaufen. Dies zeigt sich auch daran, dass die kleineren Mengen in der Auktion generell einen höheren Preis erzielen als die größeren.

Auch von Kundenseite her sind die Auktionen erfolgreich verlaufen. Im zweiten Jahr haben 130 Käufer aus der ganzen Welt an der Auktion teilgenommen. Sechs der Kaffees wurden nach Japan verkauft, 2 in die USA und 2 an Café Britt in Costa Rica. Vor allem die japanischen Käufer zeigten sich sehr zufrieden, da sie durch die Auktion Zugang zu hervorragendem costaricanischem Kaffee bekommen haben. Dies ist für die Röster wichtig, da sie in Japan einen Spezialitätensektor mit Kaffee aus Costa Rica aufbauen wollen.

Für die einzelnen Anbieter hat die Internetauktion eine Vielzahl von positiven Auswirkungen. Der offensichtlichste Vorteil ist der realisierte Mehrumsatz. Durch die Auktion setzen die Anbieter zusätzliche Menge zu einem Preis weit über Marktniveau ab. Außerdem erhalten sie eine Liste der Unternehmen, die für ihren Kaffee geboten haben. Diesen können sie nach der Auktion Kaffee gleicher oder ähnlicher Qualität anbieten und damit teilweise nochmals zusätzlichen Umsatz generieren, wenn auch zu geringeren Preisen.

Ein weiterer Vorteil ist die Ausweitung des Kundenkreises. Die Unternehmen erhalten direkten Kontakt zu Spezialitätenröstern, die potenziell auch in den nächsten Jahren Kaffee bestellen. So berichteten einige Anbieter, dass Käufer/Bieter aus der ersten Auktion im darauffolgenden Jahr wieder Kaffee geordert haben:

Zitat: „Alle Kunden, die für meine Marken geboten haben sind neue Kontakte für mich, die ich vorher nicht hatte und das ist genau der Endkunde von dem ich will, dass er bei mir kauft." IC_G

Darüber hinaus bringt die Auktion positive Vermarktungseffekte. Durch die weltweite Vermarktung der Auktion können die Anbieter den Bekanntheitsgrad ihres Unternehmens und ihrer Kaffees erheblich steigern. Sie können ihre Marken positionieren und das Image ihres Unternehmens als Anbieter von qualitativ hochwertigem Kaffee steigern, was dann langfristig wieder positive Mengeneffekte nach sich zieht. Speziell die kleinen Bauern können sich so aus der Masse der Namenlosen abheben. Aus Sicht eines Produzenten stellen sich die Vorteile wie folgt dar:

Zitat: „... allein die Tatsache, dass man im Internet an einer elektronischen Auktion teilnimmt hat großen werbepolitischen Wert. " IC_G

Insgesamt betrachtet realisieren die Anbieter also erhebliche Vorteile aus der Auktion. Aufgrund der geringen Kosten ist der Nutzen für die Anbieter höher als die Kosten, auch wenn man die Kosten der gesonderten Aufbereitung des Kaffees mit einbezieht.

Zitat: „Die Auktion im Internet ist eine sehr gute Form der Vermarktung, sie hat großen Nutzen. " IC_G

Neben den Vorteilen bei den Teilnehmern hat die Auktion auch Auswirkungen auf die Kaffeeindustrie insgesamt. Von Wettbewerb und Auktion geht ein erheblicher Qualitätsanreiz aus. Die Produzenten sehen, dass es sich auszahlt, qualitativ hochwertigen Kaffee zu produzieren und investieren verstärkt in Qualitätsproduktion. Die Kaffeeinstitutionen unterstützen diese Entwicklung durch Fortbildungen und Qualitätszertifikate, was zu den erheblichen Qualitätssteigerungen von 2002 auf 2003 geführt hat. Diese wiederum haben sich in den erhöhten Auktionspreisen niedergeschlagen, was das Image von Costa Rica als Produzent von qualitativ hochwertigem Kaffee verbessert und letztendlich wieder allen Kaffeeexporteuren zu gute kommt.

Zur Einschätzung der Nutzeffekte des Interneteinsatzes muss hinterfragt werden, welche besonderen Vorteile das Internet in diesem Zusammenhang bietet. Prinzipiell wäre es denkbar, eine solche Auktion auch ohne Internet abzuhalten. Dann wäre die Auktion jedoch vor allem auf Käuferseite mit wesentlich höheren Kosten verbunden. Außerdem wäre die Teilnahme wesentlich schwieriger, was dazu führen würde, dass nicht so viele Käufer aus der ganzen Welt teilnehmen würden. Die Internettechnologie ist also zentraler Erfolgsfaktor für die Auktion.

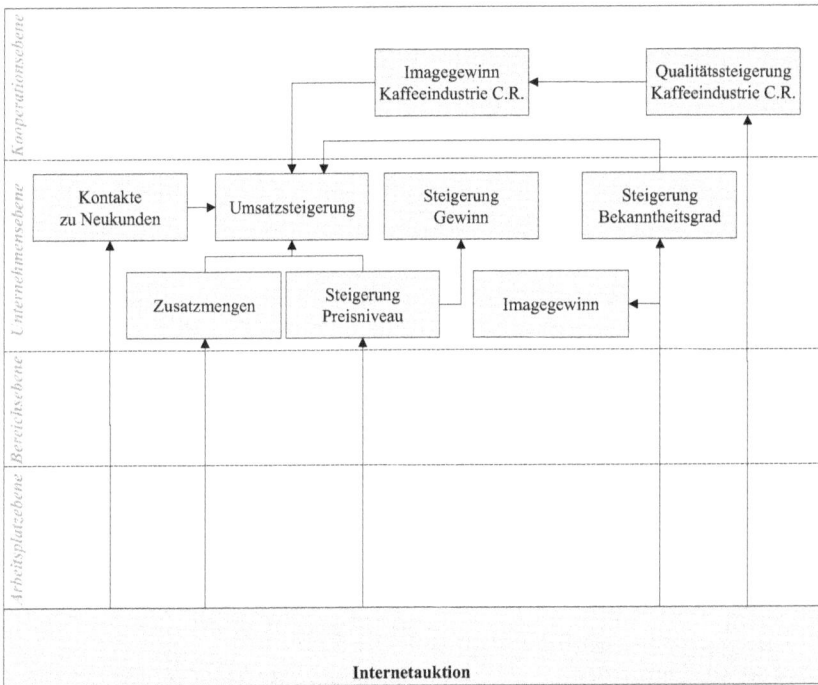

Abbildung 52: Wirkungskette Kaffeeindustrie: Internetauktion

Ein Vergleich der Untersuchungsergebnisse mit Veröffentlichungen zu Internetauktionen in anderen Ländern, vor allem in Brasilien, zeigt, dass bei allen Auktionen überwiegend positive Erfahrungen gemacht wurden. So wurden bei allen Auktionen die besten Kaffees zu Preisen deutlich über Marktniveau versteigert.[474] Aufgrund der hohen Preise und der Tatsache, dass die Produzenten durch die Auktion Kontakte zu Spezialitätenröstern knüpfen können, beteiligen sich immer mehr Produzenten an den Wettbewerben, so dass keine weiteren Teilnahmeanreize (z.b. Preisgarantien wie in Brasilien) notwendig sind. Erfahrungen in Afrika zeigen allerdings, dass es auf Nachfrageseite durchaus zu Schwierigkeiten kommen kann. Aufgrund mangelnder Vermarktung der Auktion konnten dort nicht alle Kaffees abgesetzt werden. Daran wird deutlich, dass für die Durchführung einer solchen Auktion ein gewisses Budget notwendig ist, das nur mit Unterstützung von Kaffeeorganisationen

---

[474] Bei der brasilianischen Auktion im Jahr 2002 wurde der beste Kaffee sogar für das zehnfache des Standard C-Kontraktes in New York gehandelt. Vgl. UNCTAD (2003), S. 165.

(z.B. Icafé in Costa Rica) aufgebracht werden kann. Der Vergleich der Auktionen in Brasilien und Costa Rica zeigt jedoch auch, dass man mit einem geringeren Budget als in Brasilien auskommen kann. Ein weiteres Ergebnis der Auktionen ist, dass es nicht gelingen wird, alle Intermediäre auszuschalten. Meist sind die Produzenten und Röster nicht in der Lage, die Export- und Importformalitäten selbständig abzuwickeln, so dass ein Exporteur benötigt wird. Weiterhin hat sich gezeigt, dass es bei den kleinen Versteigerungsmengen zu Transportproblemen kommen kann, da normalerweise 250-300 Sack Kaffee in einem Container versendet werden. Bei zu geringer Befüllung sinken die Gewinnmargen. Auch an dieser Stelle ist die Zusammenarbeit mit einem Exporteur notwendig, der die Lieferung mit anderen zusammen legen kann.[475] Trotz dieser Schwierigkeiten hat sich jedoch bei allen Auktionen gezeigt, dass sie erhebliche Nutzeffekte mit sich bringen. Wenn es gelingt, die Kosten auf ein angemessenes Maß einzuschränken, sind Internetauktionen ein gutes Werbemittel sowohl für die Kaffeeproduzenten als auch für die jeweilige Kaffeeindustrie.[476]

5.3.4 Auswirkungen des Internet-Marketing auf Preis- und Produktpolitik

Die Anwendungen der Preis- oder Produktpolitik werden in der Kaffeeindustrie kaum eingesetzt. Einzige Ausnahmen sind die Ausgestaltung der Online-Shops und die Internetauktion. Bei den Online-Shops stellt die Mehrzahl der Unternehmen zusätzliche Informationen über Kaffee, seinen Anbau und die Zubereitung zur Verfügung. Darüber hinaus nutzen manche Unternehmen die Möglichkeit, die Produkte ausführlicher darzustellen, als dies im Einzelhandel möglich wäre. Im Rahmen der Preispolitik analysieren die Unternehmen die in den Zielmärkten üblichen Zahlungsmethoden und setzen diese ein. All diese Aktivitäten gehören für die Exportmanager zur normalen Ausgestaltung eines Online-Shops, so dass in den Interviews nicht detailliert darauf eingegangen wurde und auch keine speziellen Nutzeffekte genannt wurden. Bei der Internetauktion steht weniger der Preisfindungsmechanismus als vielmehr die werbewirksame Vermarktung im Vordergrund, weshalb diese als Instrument der Kommunikationspolitik im vorangegangenen Kapitel vorgestellt wurde.

---

[475] Vgl. Scholer, M. (2000), S. 26; Goldstein, A./O`Connor, D. (2000), S. 17.

[476] Vgl. Spindler, S. (2000), S. 4.

Neben den oben genannten Anwendungen sind in der Preis- und auch der Produktpolitik lediglich Auswirkungen der Internetnutzung in den anderen Bereichen des operativen Marketing, vor allem der Marktforschung zu beobachten. Wie bereits im Kapitel Marktforschung deutlich wurde, sind die Exportmanager im Rohkaffeesegment durch das Internet besser über allgemeine Marktentwicklungen informiert und können die zukünftige Entwicklung des Börsenpreises besser abschätzen. Dadurch gelingt es manchmal, einen besseren Zeitpunkt für die Festsetzung des Preises zu wählen und einen um 2-3 USD pro Sack à 46 kg höheren Preis zu realisieren. Bei Röstkaffee gibt die Wettbewerbsanalyse der anderen Onlineshops Hinweise für die eigene Preisgestaltung. Im Spezialitätensegment dagegen dienen die Preisinformationen nicht zu einer Anpassung der eigenen Preise. Die Exportmanager nutzen die Informationen lediglich dazu, ein entsprechendes Produkt im richtigen Preisrahmen auszuwählen, das man dann dem Kunden anbieten kann. Die Preise der eigenen Produkte sind festgelegt und werden nicht angepasst. In der Produktpolitik nutzen die Unternehmen das Internet, um sich über die Markenpolitik der Konkurrenten zu informieren und Elemente davon zu kopieren. Dadurch sparen sie Designkosten, verfügen jedoch auch nicht über eine originäre Marke.

5.3.5 Hindernisse in der Internetnutzung

Für die insgesamt geringe Internetnutzung in der costaricanischen Kaffeeindustrie gibt es verschiedene Gründe. Ein Grund liegt in der mangelhaften technischen Infrastruktur. Viele Kaffeeunternehmen haben ihren Sitz außerhalb der Hauptstadt San José, wo schnelle Internetverbindungen z.B. über DSL noch nicht verfügbar sind. Die Unternehmen müssen sich vielmehr über ein analoges Modem in die Telefonleitung einwählen, weshalb die Internetverbindung sehr langsam ist. Außerdem brechen die Leitungen immer wieder zusammen. Teilweise verfügen die Unternehmen nicht einmal über eine gesonderte Telefonleitung für die Internetnutzung, sondern müssen die Kabel zwischen Computer und Telefon hin und her stecken. Eine zweite Leitung ist kurzfristig nicht verfügbar, da man in Costa Rica auf eine neue Leitung ca. zwei Jahre warten muss. Außerdem gibt es Schwierigkeiten bei der E-Mail Nutzung, da es nur einen staatlichen Provider gibt. Derartige Hindernisse machen die Internetnutzung unkomfortabel und verhindern eine stärkere Nutzung.

Ein weiterer Grund liegt im mangelnden Internet Know-How. Nur wenige der befragten Exportmanager kannten die verschiedenen Anwendungen des Internet-Marketing. Selbst bei Unternehmen, die das Internet an sich intensiv nutzen, waren beispielsweise Einsatzgebiet und Funktionsweise von Extranets oder Marktplätzen nicht bekannt. Auch bezüglich der verschiedenen Werbemöglichkeiten im Internet war die Mehrzahl der Exportmanager schlecht informiert. Viele wussten nicht, welche Möglichkeiten es gibt und welche Kosten damit verbunden sind. Als Grund wird häufig der Zeitmangel der Exportmanager genannt. Außerdem stehen viele Exporteure noch am Anfang ihrer Exportarbeit und müssen zuerst Aufgaben wie Produktgestaltung, Markenfindung und Exportabwicklung bewältigen. Internet-Marketing hat bei der momentanen Marktlage meist niedrige Priorität und bei einigen Exporteuren ist es in der aktuellen Situation auch eine finanzielle Frage, ob sie sich z.B. eine Webseite leisten können.

Weitere Gründe sind darüber hinaus eine gewisse Technikfeindlichkeit und Vorurteile gegenüber der technischen Unterstützung bei der Kundenpflege, die auch mit der Altersstruktur in der Kaffeeindustrie zusammen hängen. In der Kaffeeindustrie sind viele ältere Menschen beschäftigt, denen die Auseinandersetzung mit den neuen Technologien schwer fällt, und die persönliche Kundenbeziehungen bevorzugen.

Dem Handel über Internet steht die Mehrzahl der Exportmanager vor allem im Bereich von grünem Kaffee skeptisch gegenüber, da sie Unseriosität und Zahlungsausfälle befürchten. Auch deshalb bevorzugen die meisten persönliche Kundenbeziehungen. Außerdem sehen viele das Internet nicht als vertrauenswürdige Quelle an. Ihrer Ansicht nach sind Zusatzinformationen notwendig, um die Informationen im Internet zu verifizieren.

Ein weiterer Grund für den geringen Interneteinsatz vor allem im Bereich von grünem Standardkaffee ist die Übersichtlichkeit des Marktes. Die Hauptakteure kennen sich untereinander und es bestehen feste, oft langjährige Geschäftsbeziehungen. Da bringt das Internet keinen großen Zusatznutzen, zumal mit der Börse auch ein sehr effizientes Handelsinstrument zur Verfügung steht.

Weitere Hindernisse bei der Internetnutzung entstanden durch Viren und durch den Ausfall eines Providers. Ein Unternehmen hatte erheblichen Zusatzaufwand, da ein Virus die Webseite befallen hatte und diese neu eingerichtet werden musste. Bei einem anderen Unternehmen, das einen B2C-Shop betreibt, hat sich die Kundenbasis um ca. 30% verringert, weil die Webseite aufgrund von Problemen mit einem Provider aus Costa Rica 4 Monate offline war. In der Zwischenzeit wird die Webseite in den USA gehostet.

5.3.6 Gesamtnutzen des Internet-Marketing

Die Ausführungen zeigen, dass in der costaricanischen Kaffeeindustrie nur wenige Unternehmen Internet-Marketing betreiben. Es ist aber auch deutlich geworden, dass diejenigen Unternehmen, die das Internet zur Exportunterstützung nutzen, durchaus davon profitieren. Diese Unternehmen stimmen darin überein, dass das Internet ein sehr hilfreiches Instrument im Exportmarketing ist:

Zitat: „Das Internet ist das geschickteste Vermarktungswerkzeug, das wir zur Zeit haben, Vermarktung und Marktforschung sind einfacher und billiger." IC_C

Zitat: „Für mich ist das Internet das leistungsfähigste Werkzeug, das es im Handel, in der Vermarktung geben kann, weil es so schnell, so billig und einfach ist." IC_G

Zitat: „Internet hilft mir bei meinen Exporten." IC_D

Zitat: „Das Internet gibt uns mehr Geschäftsmöglichkeiten, viel mehr." IC_H

In Anbetracht der vielen Nutzeffekte, sind sich die Exportmanager auch darin einig, dass der Nutzen die Kosten der Internetnutzung übersteigt:

Zitat: „Der Nutzen ist viel größer als die Kosten" IC_C

Zitat: „Der Nutzen ist auf jeden Fall größer als die Kosten." IC_I

Neben den Nutzeffekten liegt dies auch an den überschaubaren Internetkosten in Costa Rica. Die Kosten für die Webseiten lagen je nach Ausgestaltung zwischen 800 USD und 15.000 USD, wobei die Mehrzahl der Webseiten im unteren Bereich dieser Spanne angesiedelt ist. Im oberen Bereich liegen vor allem die Seiten mit den B2C-Shops. Die laufenden monatlichen Kosten liegen je nach in Anspruch genommenem Service zwischen 100 USD und 400 USD, wobei einige der Exportunternehmen für das Hosting der Webseite Internet Service Provider im Ausland, vorzugsweise in den USA in Anspruch nehmen. Diese Kosten werden allein durch die Einsparungen bei den sonstigen Kommunikationskosten mehr als aufgewogen (Einsparungen zwischen 2.400-3.500 USD bei durchschnittlicher E-Mailnutzung). Da im allgemeinen keine Schulungen durchgeführt werden und auch nur wenige Unternehmen ihre Webseiten regelmäßig aktualisieren, fallen in den meisten Unternehmen keine weiteren Kosten an. Lediglich bei den Online-Shops entstehen zusätzlich Kosten für Bestellabwicklung, Marketingmaßnahmen und notwendige Aktualisierung. Keines der befragten Unternehmen konnte oder wollte dazu detaillierte Angaben machen. Allerdings waren die befragten Shop-Betreiber übereinstimmend der Meinung, dass diese Kosten und die Investitionen bereits im ersten Betriebsjahr von den Mehrumsätzen aufgewogen wurden und die Shops somit von Anfang an rentabel waren. Neben den überschaubaren Kosten sind es vor allem Aufgeschlossenheit gegenüber dem Internet, Internet-Know-How und die Suche nach innovativen Anwendungen/Lösungen Faktoren, die zu einer wirtschaftlichen Internetnutzung beitragen.

Die interessantesten Anwendungen im Kaffeesektor sind die Internetauktion und die B2C-Shops. Sie bieten Unternehmen aus dem Spezialitätensegment gute Absatz- und Vermarktungsmöglichkeiten. Weiterhin spielt das Internet in der Marktforschung, hier auch im Bereich des Standardkaffees, eine wichtige Rolle, da die Unternehmen durch das Internet ihre Informationslage wesentlich verbessern können. Weitere Anwendungen, mit denen die Unternehmen Nutzeffekte erzielen, sind E-Mail und Webseiten.

Die realisierbaren Nutzeffekte unterscheiden sich zwischen den verschiedenen Segmenten des Kaffeemarktes. Im Spezialitätensegment und beim Export von geröstetem Kaffee hat das Internet größeren Nutzen als im Bereich von Standardkaffee. Dies liegt u.a. daran, dass es sich beim Spezialitätensegment um einen neuen Nischenmarkt mit vielen Beteiligten handelt, in dem kleinere Mengen gehandelt werden und der Handel weniger reguliert ist. Die Vermutung, dass das Internet besonders für kleine Röster und Produzenten Effizienzvorteile schaffen kann, kann also bestätigt werden.[477] Bei geröstetem Kaffee ermöglicht das Internet unter anderem den Zugang zu den Endkunden, was ohne Internet sehr teuer und aufwändig wäre. Die geringere Bedeutung des Internet bei Standardkaffee hat ihre Ursache darin, dass der Markt wesentlich übersichtlicher ist und zwischen den Handelspartnern langjährige Geschäftsbeziehungen bestehen. Die etablierten Exporteure nutzen das Internet fast gar nicht. Dadurch ist auch der Gesamteinfluss des Internet auf den internationalen Kaffeehandel beschränkt. Der Großteil des Handels, sprich die große Menge des Kaffees, wird nach wie vor auf klassische Art und Weise abgewickelt.

Eine weitere Relativierung der Bedeutung des Internet ergibt sich bei Betrachtung der Erfolgsfaktoren des internationalen Kaffeegeschäftes. Nach Aussage aller Exportmanager und Branchenexperten ist, vor allem bei der derzeit schwierigen Marktlage, die Qualität des Kaffees Erfolgsfaktor Nummer eins. Nur Produzenten mit guter Kaffeequalität haben Einfluss auf den

---

[477] Vgl. Ponte, S. (2001a), S. 26.

Preis und können eventuell Gewinne realisieren. Die Vermarktung, in der das Internet unterstützend wirken kann, steht erst an zweiter Stelle, was auch daran deutlich wird, dass gute Qualität für viele Internetanwendungen, wie z.b. die Internetauktion Voraussetzung ist. Die Gesamtbedeutung des Internet im internationalen Kaffeehandel ist also eingeschränkt.

Betrachtet man jedoch die Veränderungen in der Kaffeeindustrie in Costa Rica, so wird noch eine stärkere Auswirkung des Internet sichtbar. Immer mehr Unternehmen/Produzenten in Costa Rica exportieren ihren Kaffee selbst. Ihr Ziel ist es, den Zwischenhandel auszuschalten, um mehr Einfluss auf die Preise zu gewinnen und höhere Preise zu realisieren. Erleichtert wird dieser Prozess von ehemaligen Mitarbeitern der großen Handelshäuser, die sich selbständig gemacht haben und den Produzenten gegen Kommission Exportdienstleistungen anbieten. Darüber hinaus sind einige Branchenexperten der Meinung, dass auch die vereinfachten Kommunikationsmöglichkeiten via Internet zum verstärkten Eigenexport beitragen. Sie vertreten die Ansicht, das Internet ermögliche kostengünstig den direkten Kontakt zwischen Produzent und Röster und gebe auch kleineren Unternehmen die Möglichkeit, Kontakte zu Kunden im Ausland aufzubauen. Anhand des Internet sei es leichter möglich, die Kunden zu identifizieren und zu kontaktieren, und auf teure Reisen zu verzichten, was die Abhängigkeit von den etablierten Exporteuren senke. Von Seite der Beneficios wird diese Ansicht nicht bestätigt. Ihrer Angabe nach hatte das Internet keine Auswirkungen auf die Entscheidung, Direktexporte durchzuführen. Dem widerspricht allerdings die Tatsache, dass gerade die neuen Exporteure mit hohem Eigenexportanteil das Internet stark nutzen. Diese Erkenntnis legt die Vermutung nahe, dass das Internet vielleicht keinen Einfluss auf die Entscheidung hatte, nun aber die Durchführung von Direktexporten erheblich erleichtert. Damit trägt es zu einem Strukturwandel in der Kaffeeindustrie bei, in dessen Verlauf sich die etablierten Exporteure immer mehr zu Dienstleistungsunternehmen entwickeln und immer mehr Kaffeeproduzenten eigene Exporte durchführen werden. In diesem Fall macht dann auch der Einsatz des Internet durch die steigende Zahl von Marktteilnehmern mehr Sinn.[478]

---

[478] Diese Entwicklung lässt sich bereits heute beobachten. Die bestehenden Exporteure arbeiten heute bereits oftmals auf Kommission und wickeln nur die Exportformalitäten für Verträge ab, welche die Produzenten selbst geschlossen haben.

Abbildung 53 zeigt die Internetnutzung im Kaffeeexport noch einmal im Überblick.

Bereich des operativen Marketing	Anwendungsgebiet	Mögliche Internet-Anwendungen im jeweiligen Anwendungsgebiet	Internet-nutzung
MARKT-FORSCHUNG	Sekundärforschung	o Online-Datenbanken,	●
		o Börsenkurse	●●
		o Forschungsinstitute,	●●
		o Publikationen,	●
		o Archive,	●
		o Meinungsportale,	-
		o Webseiten Konkurrenten/Kunden,	●●
		o Branchenverzeichnisse;	●
		o Suchmaschinen und Webkataloge	●
	Primärforschung	o Online-Befragung,	●
		o Online-Beobachtung,	●
		o Online-Experiment,	-
		o Online-Panel	-
DISTRI-BUTIONS-POLITIK	Distribution	o E-Mail	●●●
		o Online-Shop,	●
		o Electronic Mall,	-
		o Marktplatz (Schwarzes Brett, Börse),	●
		o Extranet,	-
		o Online-Ausschreibung	
	Logistik	o Distribution via Internet bei virtuellen Produkten (Software)	-

Bereich des operativen Marketing	Anwendungsgebiet	Mögliche Internet-Anwendungen im jeweiligen Anwendungsgebiet	Internet-nutzung
KOMMUNI-KATIONS-POLITIK	Werbung	o Webseite, o Banner/Button, o Targeting, o Keyword-Advertising, o Partner Programme, o Sonstige Werbung (Textlinks....), o E-Mail, o Newsletter, o E-Dialog	●● ● - ● ● - ● ● ●
	Verkaufsförderung	o Internet-Schulungen, o Wettbewerbe, o Coupons, o Multipacks (bei Online-Shops), o Warenproben, o Gewinnspiele, o Werbegeschenke	- - - ● - - ●
	Öffentlichkeitsarbeit	o Webseite, o E-Mail, o E-Dialog, o Chats, o Newsletter, o virtuelle Hauptversammlungen, o Autoresponder, o FAQs	●● ● ● - ● - - -
	Sponsoring	o Banner/Button, o Content-Sponsoring	- -
	Product Placement	o Webseiten, o Internet-Videos	- -
	Events	o Event-Unterstützung, o Online-Events (z.B. Chats)	- -
	Messen + Ausstel-lungen	o Messebegleitung, o virtuelle Messen	- -
	Virtuelle Communities	o E-Mail, o Chat, o Newsgroups	- - -
PRODUKT-POLITIK	-	o virtuelle Produktpräsentation, o Online-Varianten, o Produktindividualisierung, o virtuelle Sekundärdienstleistungen, o verteilte Produktentwicklung	●● - - - -
PREIS-POLITIK	-	o virtuelle Bezahlverfahren, o Zahlungsbedingungen, o Auktionen, o Follow-the-free, o Preisdifferenzierungsmethoden	- ● - - -

Legende: ●●● starke Nutzung (ca. 65-100% der Unternehmen);

●● mittelstarke Nutzung (ca. 30-65% der Unternehmen);

● geringe Nutzung (ca. 1-30% der Unternehmen);

- keine Nutzung bei befragten/analysierten Unternehmen

Abbildung 53:Internetnutzung in der costaricanischen Kaffeeindustrie

239

6 Cross Case Analyse

In den beiden vorangegangenen Kapiteln wurden die Internetnutzung und deren Auswirkungen auf die Exportunternehmen in den beiden Untersuchungsbranchen dargestellt. In dem nun folgenden Kapitel werden die Ergebnisse der beiden Branchen miteinander verglichen, um Rückschlüsse auf eventuell allgemein gültige Gesetzmäßigkeiten und branchenspezifische Besonderheiten ziehen zu können. Dazu werden in einem ersten Schritt die Ausgangsvoraussetzungen der beiden Märkte (Weltmarkt und Branche) miteinander verglichen. Im Anschluss daran werden die Unterschiede der Internetnutzung in beiden Branchen heraus gearbeitet und mögliche Erklärungsmuster dafür vorgestellt. Im nächsten Schritt werden die Gemeinsamkeiten in der Internetnutzung dargestellt und Hypothesen zu den Auswirkungen des Internet-Marketing auf Exportunternehmen abgeleitet.

6.1 Vergleich der Ausgangsvoraussetzungen der beiden Untersuchungsmärkte

In Kapitel 4 und 5 wurde gezeigt, dass die Funktionsweise der Märkte die Möglichkeiten der Internetnutzung und deren Nutzen teilweise erheblich beeinflusst. Deswegen werden im Rahmen dieses Kapitels die Ausgangsvoraussetzungen in beiden Untersuchungsbranchen und das grundsätzliche Vorgehen beim Exportmarketing miteinander verglichen.

6.1.1 Vergleich der Weltmärkte

Gemeinsam ist beiden Märkten, dass es sich um agrarische Produkte handelt, die natürlichen Schwankungen unterliegen und deren Qualität von vielerlei natürlichen und produktionstechnischen Faktoren beeinflusst wird. Außerdem verändert sich bei beiden Produkten die Qualität im Zeitablauf. Während allerdings der Großteil der Weine im Laufe der Zeit besser wird, verschlechtert sich die Qualität des Kaffees mit der Zeit. Vor allem in geröstetem und gemahlenem Zustand verliert Kaffee schnell an Aroma. Dies hat Auswirkungen auf seine Vermarktung: Rohkaffee verliert bei längerer Einlagerung an Wert und gerösteter Kaffee benötigt besondere Verpackungstechnik (z.B. Vakuumisierung) und kurze Transportzeit. In der Verpackung liegt auch ein weiterer Unterschied zwischen den beiden Produkten. Die Glasflaschen sind wesentlich schwerer und empfindlicher als die Kaffeeverpackungen, was Auswirkungen auf die Transportmöglichkeiten hat. Ein weiterer Unterschied in der Vermarktung ergibt sich aus der Tatsache, dass es sich bei Wein um ein alkoholisches Produkt handelt. In vielen Ländern unterliegen Verkauf und Konsum von alkoholischen Produkten strengen gesetzlichen Regelungen, die von den Produzenten beachtet werden müssen. Die Vermarktung von Kaffee hingegen unterliegt kaum Beschränkungen.

Auch bezüglich der Struktur unterscheiden sich beide Märkte. Während bei beiden Produkten die Produktionsseite stark kleinbäuerlich strukturiert ist, weist der Kaffeemarkt auf Nachfragerseite einen wesentlich höheren Konzentrationsgrad auf als der Weinmarkt. Im Kaffeemarkt wickeln einige wenige Unternehmen (multinationale Handelshäuser und Röster) einen Großteil des internationalen Handels, der Weiterverarbeitung und der Vermarktung ab. Diese Großunternehmen dominieren den Markt und diktieren oftmals die Handelsbedingungen. Im Weinmarkt steht den Weingütern in den einzelnen Ländern eine Vielzahl unterschiedlich großer Importeure gegenüber, wodurch die Machtverhältnisse ausgeglichener sind. Ein weiterer bedeutender Unterschied ist, dass auf dem internationalen Weinmarkt Flaschenwein einen Großteil des Handels ausmacht. Bulkwein hat vor allem wertmäßig eine untergeordnete Bedeutung. Im Kaffeemarkt hingegen macht der Handel mit Rohkaffee den Großteil des Handels aus. Kaffee hat beim Export aus den Produktionsländern meist eine sehr geringe Verarbeitungstiefe und wird erst in den Konsumentenländern zum Endprodukt weiterverarbeitet.

Auch bezüglich der Sortenvielfalt unterscheiden sich die Produkte. Es werden wesentlich mehr Weinsorten als Kaffeesorten angebaut. Beim Kaffeeanbau kommen lediglich zwei Sorten zum Einsatz, die relativ einfach in grobe Qualitätsklassen eingeteilt werden können und sich deswegen gut zum Börsenhandel eignen. Da auf den Börsen neben den Kaffeehändlern auch Spekulanten tätig sind und die Nachfrage nach Wein eine höhere Preiselastizität hat, hat der Kaffeepreis eine wesentlich höhere Volatilität als der Weinpreis, die sich auch auf den Preis des außerbörslich gehandelten Kaffees auswirkt.

Gemeinsam ist beiden Märkten, dass sie aktuell von einer Überproduktion gekennzeichnet sind. Auf beiden Märkten wurde in den letzten Jahren die Produktion erheblich ausgeweitet, während der Konsum eine rückläufige Tendenz aufweist. Dadurch kam es zu Preissenkungen, die allerdings auf dem Kaffeemarkt stärker und für die Produzenten bedrohlicher ausfallen als auf dem Weinmarkt. Weiterhin ist beiden Märkten gemeinsam, dass es einen Trend hin zum Konsum höherwertiger Produkte gibt, diese beiden Teilmärkte jedoch noch immer den kleineren Teil des Handels ausmachen.

Abbildung 54 zeigt den Vergleich der beiden Märkte noch einmal im Überblick.

	Weltmarkt Wein	Weltmarkt Kaffee
Produkt	Agrarprodukt, unterliegt Schwankungen	Agrarprodukt, unterliegt Schwankungen
	Meist Qualitätsverbesserung im Zeitablauf	Qualitätsverschlechterung im Zeitablauf
	Hohe Sortenvielfalt	Geringe Sortenvielfalt
Besonderheiten bei Vermarktung	Hohes Verpackungsgewicht	-
	Alkoholisches Produkt, unterliegt Reglementierung	-
Marktstruktur	Angebotsseite kleinbäuerlich strukturiert	Angebotsseite kleinbäuerlich strukturiert
	Vielzahl von Nachfragern	Nachfrageseite stark konzentriert
Produkt mit größtem Marktanteil	Flaschenwein (verarbeitetes Produkt)	Rohkaffee (Rohstoff)
Aktuelle Marktsituation	Überproduktion	Überproduktion
	Konsum rückläufig	Konsum rückläufig
	Preissenkungen	Preissenkungen
	Trend zum Konsum höherwertiger Produkte	Trend zum Konsum höherwertiger Produkte

Abbildung 54: Vergleich der untersuchten Weltmärkte

6.1.2 Vergleich der Industrien

Vergleicht man konkret die beiden Industrien, so werden weitere Gemeinsamkeiten sichtbar. Beide Länder produzieren aufgrund ihrer natürlichen Gegebenheiten qualitativ hochwertige Produkte, was die Exportarbeit erleichtert. Außerdem werden in beiden Ländern vergleichsweise hohe Hektarerträge erwirtschaftet. Darüber hinaus haben beide Länder mit Europa und Nordamerika mehr oder weniger die gleichen Hauptabsatzmärkte (z.B. Deutschland), liegen also relativ weit von ihren Hauptabsatzmärkten entfernt. Außerdem befinden sich beide Branchen in einer Phase der Konsolidierung. Das Überangebot auf dem Weltmarkt (in Chile auch national) und die damit verbundenen Preissenkungen zwingen Unternehmen (Produzenten und nachgelagerte Unternehmen) zur Drosselung bzw. Aufgabe ihrer Produktion. In Costa Rica sind die Auswirkungen allerdings stärker, da dort nicht einmal mehr die Produktionskosten gedeckt sind und dadurch viele Anbauflächen verwahrlosen. Eine weitere Gemeinsamkeit betrifft die Struktur der Industrie. In beiden

Branchen steht vielen kleinbäuerlichen Produzenten ein vergleichsweise kon-
zentrierter Exportsektor gegenüber.

Unterschiede ergeben sich vor allem bezüglich der Regulierung. Während der
Weinsektor in Chile keinen nennenswerten Regulierungen unterliegt, ist der
Kaffeesektor in Costa Rica stark reguliert, wodurch die Anpassungsfähigkeit
an aktuelle Marktentwicklungen eingeschränkt ist. Ein weiterer Unterschied
zwischen beiden Industrien ergibt sich aus unterschiedlichen Konkurrenzverhältnissen. Kaffee kann lediglich in den Tropen und den Subtropen angebaut
werden, was zu Folge hat, dass er ausschließlich in Entwicklungsländern produziert wird. Wein hingegen erfordert gemäßigtes Klima, so dass Chile hauptsächlich mit Industrieländern in Konkurrenz steht. Dadurch hat Chile im Vergleich zu den Konkurrenten niedrige Produktionskosten, was im internationalen Handel ein Wettbewerbsvorteil ist. Costa Rica, als relativ weit entwickel-
tes Schwellenland hingegen, hat im Vergleich zur Konkurrenz hohe Produktionskosten, die teilweise einen Wettbewerbsnachteil darstellen und dazu führen, dass costaricanischer Kaffee z.b. durch billigeren brasilianischen Kaffee
substituiert wird. Aus den unterschiedlichen Konkurrenzverhältnissen ergibt
sich noch ein weiterer Unterschied. Die Produzenten in Costa Rica gelten im
Vergleich zur Konkurrenz als verlässliche Lieferanten. Gegenüber der chilenischen Verlässlichkeit hingegen besteht eher eine kritische Einstellung.
Problematisch für die chilenischen Weinbauern ist momentan auch ihr Ruf als
Produzent von qualitativ gutem Wein im unteren Qualitätssegment. Vor dem
Hintergrund des Trends hin zum Konsum höherwertiger Produkte stellt dieses
Image ein Hindernis dar. Costa Rica hingegen hat mit dem Ruf eines qualita-
tiv hochwertigen Produzenten mit hoher ökologischer Ausrichtung bessere
Voraussetzungen.

Abbildung 55 zeigt Gemeinsamkeiten und Unterschiede zwischen beiden
Branchen im Überblick:

	Weinindustrie Chile	Kaffeeindustrie Costa Rica
Produktion	Qualitativ hochwertiges Produkt	Qualitativ hochwertiges Produkt
	Hohe Hektarerträge	Hohe Hektarerträge
Image	Gutes Preis-Leistungsverhältnis im unteren Preissegment	Qualitativ hochwertiges Produkt mit ökologischer Ausrichtung
Hauptabsatzmärkte	USA/Europa	USA/Europa
Konkurrenten	Hauptsächlich Industrienationen	Entwicklungs- und Schwellenländer
Wettbewerbsposition	Vergleichsweise niedrige Produktionskosten	Vergleichsweise hohe Produktionskosten
Branchenstruktur	Kleinbäuerliche Produktion	Kleinbäuerliche Produktion
	Exportsektor konzentriert	Exportsektor konzentriert
Aktuelle Marktsituation	Konsolidierung	Konsolidierung
Besonderheiten	-	Regulierung der Branche

Abbildung 55: Vergleich der untersuchten Branchen

6.1.3 Unterschiede und Gemeinsamkeiten im Exportmarketing

Aus den oben beschriebenen Unterschieden und Gemeinsamkeiten beider Märkte und der speziellen Industrien folgen Unterschiede und Gemeinsamkeiten im Exportmarketing. Haupteinflussfaktor für den - auf den ersten Blick - großen Unterschied im Exportmarketing ist die Tatsache, dass Kaffee großteils als Rohstoff gehandelt wird und dass in diesem Teil des Marktes auf Nachfragerseite ein hoher Konzentrationsgrad herrscht. Deshalb wird in diesem großen Teilmarkt nur wenig Marketing betrieben. Da Wein hingegen hauptsächlich als Markenware gehandelt wird, wird dort insgesamt intensiveres Marketing betrieben. Der Vergleich der einzelnen Teilmärkte relativiert den Unterschied zwischen Kaffee- und Weinmarketing allerdings.

Wenn dem Exportmarketing von grünem Standardkaffee das Exportmarketing von Bulkwein gegenüber gestellt wird, unterscheidet sich dieses nur in Einzelaspekten voneinander. Bei beiden Teilmärkten handelt es sich um Rohstoffmärkte, die durch hohe Preisschwankungen, geringe Margen und Preissenkungstendenzen gekennzeichnet sind. Hauptentscheidungskriterium innerhalb einer Qualitätsklasse ist der Preis. Zusätzliche Informationen über Produzent und Produktionsweise sind irrelevant, weshalb kaum Marketingmöglichkeiten bestehen. Hauptaufgaben im Exportmarketing sind die Zusammenstellung der Produkte, das Versenden von Proben (worauf bei Kaffee häufig sogar verzichtet wird), Qualitätskontrollen (v.a. bei Kaffee) und die Preisgestaltung, in die Informationen aus der Marktforschung einfließen. Einige Exporteure definieren darüber hinaus für ihre Produkte Marken, um die Kundenbindung etwas zu steigern. Ein Unterschied zwischen beiden Teilmärkten ist, dass auf dem Kaffeemarkt wesentlich weniger Nachfrager existieren, die meisten Unternehmen also über einen festen Kundenstamm verfügen. Bei Bulkwein hingegen existieren mit Weingütern, Kellereien und Supermärkten viele Abnehmer, so dass sich die Exporteure intensiv um Abnehmer bemühen müssen. Um den Aufwand beim Bulkweinexport gering zu halten, werden auch häufig Broker eingesetzt, was die Aufgaben der Unternehmen im Exportmarketing nochmals verringert.

Ähnlich, aber doch etwas intensiver gestaltet sich das Marketing von grünem Spezialitätenkaffee, dem im Weinmarkt kein entsprechender Teilmarkt gegenüber steht. Wie bereits in Kapitel 5 erläutert, existieren im Spezialitätensegment wesentlich mehr Nachfrager als im Bereich von Standardkaffee. Dadurch kommt der Suche nach Importeuren eine bedeutendere Rolle zu. Darüber hinaus haben Produzent und Herstellungsprozess mehr Relevanz, weshalb die Kunden über neue Entwicklungen im Unternehmen informiert werden müssen. Auch die Markenpolitik ist wichtiger, da manche Spezialitätenröster auf die Marken des Exporteurs zurückgreifen. Außerdem sind auch die Versendung von Proben und die Qualitätskontrollen wichtiger als bei Standardkaffee. Weitere, zusätzliche Aufgaben sind das Schalten von Anzeigen, die Teilnahme an Wettbewerben und Qualitätsprogrammen und die Publikation der Ergebnisse.

Das dritte Segment des Kaffeemarktes, der geröstete Kaffee, hat mit dem Flaschenwein dann wieder eine Entsprechung im Weinmarkt. Für beide Produkte kann intensives Marketing betrieben werden. Im Vergleich zu den oben genannten Segmenten kommen hier vor allem die Instrumente der Kommunikations- und Distributionspolitik verstärkt zum Einsatz. Auch die Marktforschung hat höhere Bedeutung.

In der Marktforschung informieren sich die Exportmanager beider Teilmärkte über die allgemeine Marktentwicklung, die (Endverkaufs-) Preise und über die Aktivitäten der Konkurrenz. Darüber hinaus holen sie Informationen über neue Ländermärkte ein und suchen neue Importeure. Informationsquellen sind Statistiken, Marktstudien und Publikationen. Weiterhin sind Messen und persönliche Gespräche eine wichtige Informationsquelle.

Hauptaufgaben in der Distributionspolitik sind in beiden Teilmärkten die Auswahl der Ländermärkte, die Identifikation und Auswahl neuer Importeure und die Zusammenarbeit mit diesen. Bei Wein werden allerdings wesentlich mehr verschiedene Ländermärkte bearbeitet als bei Kaffee. Hauptabsatzmarkt für die meisten Kaffeeproduzenten sind die USA. Darüber hinaus liefern einige wenige in ausgewählte Länder in Europa und sehr selten nach Japan. Die chilenischen Weingüter hingegen arbeiten in einer Vielzahl von Ländern (bis zu 60) und dort oftmals noch mit verschiedenen Importeuren zusammen. Entsprechend unterscheidet sich die Distributionspolitik zwischen beiden Märkten. Während in der Kaffeebranche verschiedene Unternehmen vor allem in den USA eigene Importbüros gegründet haben, verfügt keines der chilenischen Weingüter über ein solches Büro. Lediglich einige wenige Güter haben Agenten in den USA oder Europa. Dafür nimmt im Weinexport die länderübergreifende Planung der Absatzdaten eine wichtigere Stellung ein.

In der Kommunikationspolitik halten sich Unterschiede und Gemeinsamkeiten der beiden Märkte die Waage. In beiden Märkten führen die Unternehmen Touristenbesuche durch, wobei diese im Kaffeesektor allerdings wesentlich größere Bedeutung haben. Darüber hinaus verbreiten die Unternehmen aktuelle Unternehmensinformationen, welche die Kunden im Verkaufsprozess einsetzen können, und gestalten Merchandising- und Promotionsmaterial. Sowohl im Export von Flaschenwein als auch bei geröstetem Kaffee wird eng mit den jeweiligen Importeuren zusammengearbeitet, wobei im Weinbereich die länderübergreifende Koordination der Aktivitäten noch größere Bedeutung hat, indem die Exportmanager die Importeure über erfolgreiche Aktivitäten in anderen Ländern informieren. Ein Unterschied zwischen beiden Branchen betrifft die Zusammenarbeit mit internationalen Publikationen. Die Weingüter nutzen diese intensiv, indem sie Anzeigen und Artikel veröffentlichen und Journalisten zu Verkostungen oder Besuchen des Weingutes einladen. Im Kaffeemarketing haben diese Publikationen wenig Bedeutung. Ein weiterer Unterschied ist, dass die Weingüter regelmäßig an Wettbewerben teilnehmen und die Importeure bei Events unterstützen.

Im Zentrum der Produktpolitik steht die Gestaltung der Produkte. Dem Marketing obliegt dabei hauptsächlich die Gestaltung des Produktäußeren. Beim Wein werden Flaschen, Korken, Kapseln und v.a. Etiketten entsprechend den Zielen der Markenpolitik und den Erfordernissen der Ländermärkte gestaltet. Beim Kaffee muss die Verpackung den Erfordernissen des Produktes angepasst und ansprechend gestaltet werden. Dabei fließen teilweise die in der Marktforschung erhobenen Konkurrenteninformationen in die Gestaltung mit ein. Darüber hinaus müssen beim Kaffee auch die zu den Ländermärkten passenden Mischungen zusammengestellt werden.

Im Rahmen der Preispolitik legen die Exportmanager sowohl beim gerösteten Kaffee als auch beim Flaschenwein, eventuell in Zusammenarbeit mit den Importeuren, die Preise fest und planen Sonderpreisaktionen. Wichtig sind hierbei die Informationen der Marktforschung zu den Endverkaufspreisen im jeweiligen Ländermarkt.

Insgesamt betrachtet bestehen im Exportmarketing zwischen den beiden Märkten also vielerlei Gemeinsamkeiten. Der Hauptunterschied ist, dass im Kaffeemarkt der Handel mit grünem Kaffee einen wesentlich größeren Anteil hat als der Bulkweinhandel im Weinmarkt. Deswegen wird im Weinmarkt insgesamt intensiveres Marketing betrieben. Dieser Unterschied wird sich in Zukunft etwas verringern, da im Kaffeemarkt ein Trend hin zum Konsum von Spezialitätenkaffee besteht. Allerdings wird dieser Markt immer ein Nischenmarkt bleiben, vor allem wegen der Marktmacht der großen Röster. Aufbauend auf diesen Überlegungen werden in den folgenden Abschnitten Unterschiede und Gemeinsamkeiten in der Internetnutzung und deren Auswirkungen heraus gearbeitet.

Abbildung 56 fasst den Vergleich des Exportmarketing in beiden Märkten zusammen:

	Exportmarketing Wein/Chile	Exportmarketing Kaffee/Costa Rica
Teilmärkte	Flaschenwein, Bulkwein	Rohkaffee, Spezialitätenkaffee, Röstkaffee
Marketingtätigkeit im Markt insgesamt	Hoch, da hauptsächlich Export von Markenprodukt	Gering, da hauptsächlich Export von Rohstoff
Exportmarketing im Rohstoffmarkt (Bulkwein, Rohkaffee)	Zusammenstellung der Produkte, Versenden von Proben, Marktforschung, Preisgestaltung, Suche nach Importeuren, Definition von Marken, Auswahl von Brokern	Zusammenstellung der Produkte, Versenden von Proben, Marktforschung (v.a. Preisentwicklung), Preisgestaltung, Suche nach Importeuren, Definition von Marken
Exportmarketing im Spezialitätensektor (Spezialitätenkaffee)	-	Suche nach Importeuren, Information der Importeure, Definition von Marken, Versendung von Proben, Qualitätskontrollen, Werbung, Teilnahme an Wettbewerben und Qualitätsprogrammen
Exportmarketing für verarbeitete Produkte (Flaschenwein, gerösteter Kaffee)	Marktforschung: Beobachtung von Marktentwicklung, Preisen, Aktivitäten der Konkurrenz, neue Ländermärkte/Importeure Distributionspolitik: Auswahl Ländermärkte, Suche nach Importeuren, Planung Absatzdaten Kommunikationspolitik: Besuch von Messen/Ausstellungen, Touristenbesuche, Information der Importeure, Gestaltung Merchandisingmaterial, länderübergreifende Koordination, Zusammenarbeit mit Publikationen, Teilnahme an Wettbewerben, Eventunterstützung Produktpolitik: Gestaltung des Produktäußeren Preispolitik: Festlegung Preise und Sonderpreisaktionen	Marktforschung: Beobachtung von Marktentwicklung, Preisen, Aktivitäten der Konkurrenz, neue Ländermärkte/Importeure Distributionspolitik: Auswahl Ländermärkte, Suche nach Importeuren, Betrieb eines Importbüros Kommunikationspolitik: Besuch von Messen/Ausstellungen, Touristenbesuche, Information der Importeure, Gestaltung Merchandisingmaterial Produktpolitik: Gestaltung des Produktäußeren, Zusammenstellung Blends Preispolitik: Festlegung Preise und Sonderpreisaktionen

Abbildung 56: Vergleich Exportmarketing der untersuchten Branchen

6.2 Vergleich von Internetnutzung und Auswirkungen

Nachdem im vorangegangenen Kapitel die Grundvoraussetzungen der beiden Untersuchungsmärkte miteinander verglichen wurden, sollen nun die Unterschiede und Gemeinsamkeiten in der Internetnutzung und deren Auswirkungen herausgearbeitet werden. Die Ergebnisse des Vergleichs werden an den unterschiedlichen Voraussetzungen in beiden Märkten gespiegelt und mit den

Ergebnissen anderer Studien ähnlicher Art verglichen, um am Ende Hypothesen zu den Auswirkungen des Interneteinsatzes im Exportmarketing in Unternehmen in Entwicklungs- und Schwellenländern abzuleiten.

6.2.1 Unterschiede in Internetnutzung und Auswirkungen

Bei einigen Internetanwendungen bestehen erhebliche Anwendungsunterschiede in den beiden Branchen. So kommen Online-Shops ausschließlich im Kaffeemarkt, Extranets beinahe ausschließlich im Weinmarkt zum Einsatz. Die Gründe für den unterschiedlichen Einsatz der Instrumente sollen im Folgenden herausgearbeitet und analysiert werden, um so Rückschlüsse auf Anwendungsvoraussetzungen in anderen Branchen zu ermöglichen.

6.2.1.1 Online-Shops zum Direktexport

Online-Shops zum Direktverkauf an Endkunden kommen nur im Kaffeeexport zum Einsatz. Im Weinexport bietet kein Unternehmen entsprechende Dienstleistungen an. Ein Grund dafür sind die hohen Transportkosten. Diese sind in Chile wesentlich höher, da es in größerer Distanz zu den Hauptkonsumentenländern liegt und abgefüllter Wein aufgrund der Art der Verpackung schwerer ist als Kaffee. Die Transportkosten erreichen somit bei den kleinen Bestellmengen von Endkunden schnell prohibitive Höhen, weshalb die Versendung des Weins von Chile aus wirtschaftlich nicht sinnvoll ist. Auch von der Möglichkeit, vor Ort ein Importbüro aufzubauen, welches die Versendung an den Endkunden in einem oder mehreren Ländern abwickelt, wird kein Gebrauch gemacht. Die Gründe dafür liegen in den hohen Kosten, den länderspezifischen Bestimmungen und Transportkosten, der Gefahr der Kannibalisierung der bestehenden Importeure und der Notwendigkeit zur eigenständigen Marktforschung und Werbung. Die Vermeidung dieser Probleme wäre wirtschaftlich nur durch den Betrieb eines Online-Shops in Zusammenarbeit mit den Importeuren möglich, wodurch der Shop jedoch auch wieder an Attraktivität für die Weingüter verliert.

Die Gründe für die Nicht-Nutzung von Online-Shops zeigen, dass für wirtschaftlichen B2C E-Commerce im Export bestimmte Voraussetzungen erfüllt sein müssen. Wichtig ist, dass die Transportkosten im Verhältnis zu den Kosten des Produktes nicht zu hoch sind.[479] Am besten geeignet sind virtuelle Produkte (z.B. Software), bei denen das Internet als logistisches System ver-

---

[479] Vgl. auch Brown, S. (2001), S. 2.

wendet werden kann.[480] Bei realen Produkten sind ein niedriges Versandgewicht und eine geringe Distanz zu den Konsumentenländern erforderlich.[481] Oder der Shop-Betreiber muss mit verlässlichen Transportunternehmen besondere Transportraten aushandeln, so wie es auch einige Kaffeeproduzenten in Costa Rica gemacht haben. Ist eine schnelle, kostengünstige Versendung vom Produktionsland aus nicht möglich, so ist es vorteilhaft, wenn das Unternehmen auf großen, einheitlichen und wenig regulierten Absatzmärkten tätig ist.[482] In diesem Fall kann vor Ort ein eigenes Importbüro aufgebaut oder ein lokaler Partner gesucht werden, die dann die Versendung der Waren übernehmen. Diese Strategie wird von verschiedensten Anbietern aus Entwicklungsländern verfolgt.[483] Hier wird auch eine Begrenzung des internationalen B2C E-Commerce deutlich. Entgegen der weit verbreiteten Annahme, ein Online-Shop sei per se weltweit ausgerichtet, zeigt sich, dass eine Zielmarktselektion notwendig ist, sobald physische Transaktionen notwendig sind. Mehrere Ländermärkte können meist nur mit einer Wasserfallstrategie erschlossen werden und bei der Gestaltung des Shops müssen rechtliche Rahmenbedingungen beachtet werden.[484]

Eine weitere Schlussfolgerung aus der chilenischen Fallstudie ist, dass mit einem Online-Shop bestehende Vertriebskanäle nicht kannibalisiert werden dürfen. Dies kann am besten gewährleistet werden, wenn noch keine Vertriebskanäle bestehen oder die bestehenden Absatzmittler in den Vertrieb integriert werden können. Voraussetzung für letzteres ist allerdings, dass ausreichend Online-Umsatz möglich ist, so dass sowohl Absatzmittler als auch Shop-Betreiber einen Anreiz zur Teilnahme haben und die Kosten des Online-Shops gedeckt sind.

Sind die oben genannten Rahmenbedingungen erfüllt, so kann die Einrichtung eines B2C-Shops eine sinnvolle Investition sein. Über das Internet können die Unternehmen ihre Waren bekannt machen, haben mehr Einfluss auf die Wertschöpfungskette, realisieren Zusatzumsatz und höhere Gewinnmargen.[485] Der Online-Shop bietet die Möglichkeit, an Endkunden zu liefern und Listungs-

---

[480] Vgl. Fritz, W. (2002), S. 141.

[481] Vgl. auch Dann, S./Dann, S. (2001), S. 388.

[482] Vgl. auch Quelch, J.A./Klein, L.R. (1996), S. 61; Kotler, P./Bliemel, F. (2001), S. 623.

[483] Vgl. Lake, S. (2000), S. 12.

[484] Vgl. Fritz, W. (2002), S. 141ff; Fässler, L. (2002), S. 192.

[485] Vgl. auch Goldstein, A./O`Connor, D. (2000), S. 15.

gebühren im Einzelhandel zu umgehen. Teilweise können traditionelle Absatzmittler übersprungen werden.[486] Trotz der Vielzahl der Nutzeffekte ist der Gesamtnutzen von Online-Shops jedoch eingeschränkt. In vielen Ländern macht Online-Shopping nach wie vor nur einen kleinen Teil des gesamten Einzelhandelsumsatzes aus, wodurch die maximal erreichbaren Umsätze beschränkt sind. Außerdem erfordert die Umsetzung von Online-Shops Know-How, z.b. bezüglich der rechtlichen Ausgestaltung, und zusätzliche Investitionen, die nicht alle Unternehmen in Entwicklungs- und Schwellenländern aufbringen können.[487]

Im unten stehenden Kasten werden die Hypothesen zum Einsatz von Online-Shops im internationalen Marketing noch einmal zusammengefasst:

Hypothesen zu Online-Shops:

⇒   *Ein vom Exportland aus betriebener Online-Shop ist nur dann wirtschaftlich sinnvoll, wenn die Transportkosten aufgrund von Distanz, Gewicht und Eigenschaften des Produktes im Verhältnis zum Preis des Produktes nicht zu hoch werden.*

⇒   *Der Aufbau eines eigenen Importbüros ist vor allem auf großen, einheitlichen und wenig regulierten Märkten sinnvoll.*

⇒   *Bei internationalen Online-Shops ist eine Zielmarktselektion notwendig.*

⇒   *Bei Einrichtung eines Online-Shops sollte eine Kannibalisierung bestehender Vertriebskanäle vermieden werden.*

6.2.1.2   Extranet zur Unterstützung der Kundenkommunikation

Extranets und Downloadbereiche kommen innerhalb der beiden Fallstudien fast ausschließlich in der Weinindustrie zum Einsatz. Dort werden sie zur Unterstützung der Kundenkommunikation eingesetzt und liefern den Unternehmen und den Importeuren eine Vielzahl von Nutzeffekten, unter anderem die Verbesserung der Kundenbeziehungen, bessere Marktbearbeitung durch die Importeure, Vermeidung von Fehlproduktionen, beschleunigte Kundenkommunikation und damit auch eine beschleunigte Marktbearbeitung.[488]

---

[486] Vgl. Fritz, W. (2002), S. 145.

[487] Vgl. Quelch, J.A./Klein, L.R. (1996), S. 61.

[488] Vgl. auch Wissmeier, U.K. (2002), S. 409; Dann, S./Dann, S. (2001), S. 378; Weber, S. (2000), S. 30.

In der Kaffeeindustrie hingegen wird von Extranets quasi kein Gebrauch gemacht. Im Rahmen der Fallstudie wurde deutlich, dass der Haupthinderungsgrund im mangelnden Bekanntheitsgrad der Anwendung liegt. Die Mehrzahl der befragten Exportmanager war mit Funktion und Anwendungsmöglichkeiten von Extranets nicht vertraut. Nach einer Erläuterung des Konzeptes zeigten die Exportmanager aber durchaus Interesse am Aufbau eines solchen Instrumentariums, das in allen drei Teilsegmenten des Kaffeemarktes eingesetzt werden könnte. In jedem Teilmarkt könnten die jeweils handelsrelevanten Informationen zur Verfügung gestellt und damit ähnliche Nutzeffekte wie in der Weinindustrie realisiert werden. Im Bereich von grünem Standardkaffee könnte ein Extranet beispielsweise zur Bestellabwicklung und zur Bereitstellung von Statistiken genutzt werden. Im Export von Spezialitätenkaffee und geröstetem Kaffee (B2B) könnten darüber hinaus Informationen über das Unternehmen und Unterlagen für die Erstellung von Werbematerialien zur Verfügung gestellt werden. Vor allem für die neuen Exporteure wären solche Funktionalitäten interessant, da sie auf diese Weise die Kapazität der Marktbearbeitung erhöhen und sich den Kunden als kompetente Handelspartner präsentieren könnten.

Auch andere Untersuchungen bestätigen diese Vermutung: Eine Untersuchung im Fruchtexport in Südafrika hat gezeigt, dass Extranets ein sehr flexibles Instrument sind, das große Nutzeffekte mit sich bringen kann.[489] Aufgrund der großen Flexibilität der innerhalb des Extranet zur Verfügung gestellten Anwendungen kann es in den verschiedensten Märkten nutzbringend eingesetzt werden. Damit stellen Extranets für verschiedenste Exportunternehmen in Entwicklungs- und Schwellenländern ein sehr gutes Instrumentarium des Internet-Marketing dar. Damit die Nutzeffekte diesen Unternehmen tatsächlich zugute kommen, bedarf es allerdings umfassender Schulung über die Möglichkeiten des Instrumentariums.

Hypothesen zu Extranets:

⇒ *Extranets können in den verschiedensten Marktstrukturen Nutzen stiften.*

⇒ *Mangelnde Kenntnis des Instruments Extranet verhindert dessen intensiveren Einsatz.*

---

[489] Vgl. Tregurtha, N./Vink, N. (2002), S. 4.

6.2.1.3   Internetauktion als Werbemittel und Handelsinstrument

Die Internetauktionen im Kaffeemarkt sind ein erfolgreiches Vermarktungsinstrument für grünen Spezialitätenkaffee. Die meisten Teilnehmer konnten mit ihren Kaffees Höchstpreise erzielen, ihren Kundenkreis ausweiten und zusätzlichen Umsatz generieren. Die Internetauktionen bieten die Möglichkeit, den Bekanntheitsgrad des Unternehmens und der Produkte erheblich zu steigern und sich so aus der Masse der Kaffeeproduzenten herauszuheben. Darüber hinaus erhöhen sie den Qualitätsanreiz für die Produzenten und verbessern das Image des jeweiligen Kaffeesektors, was letztendlich wieder den Produzenten zugute kommt.

Trotz der höheren Internetnutzung in der Weinindustrie wurden in dieser bisher keine Export-Internetauktionen durchgeführt. Der Hauptgrund dafür liegt in der unterschiedlichen Zusammensetzung der Märkte. Auf dem Kaffeemarkt macht der Handel mit Rohkaffee (Rohstoff) den Großteil des Handels aus, dem der Spezialitätenkaffee untergemischt wird. Die Auktionen dienen dem Zweck, auf die besondere Qualität des Kaffees aufmerksam zu machen, ihn aus der Masse der Standardkaffees hervorzuheben und einen entsprechenden Preisaufschlag zu realisieren. Wein hingegen wird hauptsächlich als Markenprodukt vertrieben, wozu andere Vermarktungswege genutzt werden. Das äquivalente Produkt zum Spezialitätenkaffee wäre qualitativ hochwertiger Bulkwein, der jedoch nur einen sehr kleinen Marktanteil hat und in dessen Vermarktung die Weingüter nicht investieren wollen. Ziel ist vielmehr, den gesamten Wein als Flaschenwein abzusetzen. Für Bulkwein ist, insbesondere auch von Nachfragerseite, eine entsprechende Werbung gar nicht erwünscht. Vor allem Weinproduzenten, die ihrem eigenen Wein Bulkwein zusetzen, wollen nicht, dass dies bekannt wird.

Bei Flaschenwein wäre eine solche Auktion aus verschiedenen Gründen nicht sinnvoll. Durch die Auktion würden die bestehenden Importeure kannibalisiert, was besonders bei Spitzenweinen problematisch wäre. Viele Importeure haben großes Interesse an Spitzenwein, da dieser einfach verkauft werden kann und ein gutes Werbemittel darstellt. Eine solche Auktion könnte also nur zur Erschließung neuer Märkte für den Produzenten sinnvoll eingesetzt werden. Da jedoch jedes Weingut bereits in anderen Märkten tätig ist, müssten für jedes teilnehmende Weingut Importeure aus bestimmten Ländern ausgeschlossen werden, wodurch der ursprüngliche Zweck einer Internetauktion in Frage gestellt wäre. Weiterhin haben die Weingüter kein Interesse daran, den

Wein an beliebige Importeure zu verkaufen, weil dann die Vermarktung im Sinne der Markenstrategie nicht sicher gestellt wäre.

Die Analyse zeigt also, dass Internetauktionen im Kaffeemarkt ein sinnvolles Instrument darstellen, für den Weinexport aber ungeeignet sind. Daran wird deutlich, dass Internetauktionen nur in bestimmten Märkten sinnvoll sind. Dazu gehören vor allem Rohstoffmärkte, bei denen die Käufer das Produkt noch weiter verarbeiten und das Marketing übernehmen, die ursprünglichen Produzenten also keinen Einfluss auf die weitere Vermarktung des Produktes haben (wollen). Außerdem sollte der Markt einen gewissen Umfang haben, so dass nicht per se hohe Markttransparenz herrscht, da in diesem Fall der Anreiz zur Teilnahme an Auktionen gering wäre. Damit sind viele Agrar- und Rohstoffmärkte, wie sie in den meisten Entwicklungs- und Schwellenländern angetroffen werden, für den Einsatz von Internetauktionen gut geeignet. Gerade in Agrarmärkten werden traditionell häufig Auktionen abgehalten, die Teilnehmer sind also an Auktionen gewöhnt. Das Internet ist hierbei ein kostengünstiges Kommunikationsmittel, das die Möglichkeit bietet, die Auktionen an der Quelle durchzuführen und den Teilnehmerkreis auszuweiten, da die Abnehmer von ihrem Schreibtisch aus auch zeitversetzt teilnehmen können.[490] Allerdings erfordern Internetauktionen die Versendung von Proben. Ist dies geschehen, so können die Internetauktionen den Rohstoffmarkt beeinflussen und dessen Preisstruktur verändern, und zwar nicht nur mit Spezialitätenauktionen. Die Erfahrungen im Teemarkt zeigen, dass auch für Standardprodukte Internetauktionen durchgeführt werden können. Die Nutzeffekte reduzieren sich in diesem Fall allerdings auf eine Senkung der Transaktionskosten und der Transaktionszeit. So konnte in Indien bei Internetauktionen der Zeitraum von Ernte bis Zahlung von acht auf vier Wochen verkürzt werden. Preiserhöhungen gegenüber normalen Auktionen wurden jedoch nicht realisiert. Und auch besondere Werbeeffekte, wie sie die Spezialitätenauktionen mit sich brachten, wurden nicht erzielt.[491] Dennoch ist es ein interessantes Vermarktungsinstrument. Die Internetauktionen in Asien und Afrika erfreuen sich derart großer Beliebtheit, dass sogar die Börse in London geschlossen wurde.[492] Diese Auktionen sind dann aber auch weniger ein Werbemittel als

---

[490] Vgl. UNCTAD (2003) S. 163; Goldstein, A./O`Connor, D. (2000), S. 17; Poon, S./Swatman, P.M.C. (1997a), S. 893; Gardon, O.W. (2000), S. 312.

[491] Vgl. UNCTAD (2003), S. 171.

[492] Vgl. Goldstein, A./O`Connor, D. (2000), S. 16.

vielmehr ein Handelsinstrument, das große Ähnlichkeit zu Marktplätzen aufweist. Sie unterscheiden sich von Marktplätzen durch ihre begrenzte Dauer und den Preisfindungsmechanismus.

Aus diesen Ausführungen wird deutlich, dass Internetauktionen vor allem in großen Rohstoffmärkten eine sinnvolle Internetanwendung darstellen. Sie können entweder im Spezialitätenbereich mit hohen Werbeeffekten oder im Standardbereich als Vermarktungsinstrument nutzbringend eingesetzt werden.

Hypothesen zu Internetauktionen:

⇒ *Internetauktionen sind vor allem für den Einsatz in Rohstoffmärkten geeignet.*

⇒ *Internetauktionen sind vor allem in großen Märkten mit vielen Anbietern und Nachfragern nutzbringend.*

⇒ *Internetauktionen können sowohl als Werbemittel als auch als Handelsinstrument eingesetzt werden.*

6.2.2 Gemeinsamkeiten in Internetnutzung und Auswirkungen

Nachdem im vorangegangenen Abschnitt die Unterschiede in den Internetanwendungen analysiert wurden, werden im folgenden die Anwendungen untersucht, die in beiden untersuchten Märkten mehr oder weniger gleichartig eingesetzt werden. Auch aus dieser Analyse werden Schlussfolgerungen für den Einsatz der Anwendungen in anderen Märkten hergeleitet.

6.2.2.1 Das Internet als Informationsquelle

Eines der Hauptanwendungsgebiete des Internet sowohl in den beiden Untersuchungsbranchen als auch in anderen Märkten ist die Marktforschung. Zwischen der Sekundärforschung und der Primärforschung bestehen allerdings teilweise erhebliche Unterschiede in der Nutzungsintensität. Während das Internet intensiv zur Beschaffung von Sekundärinformationen eingesetzt wird, führen nur wenige Unternehmen Primärforschung im Internet durch.

6.2.2.1.1 Starke Nutzung in der Sekundärforschung

In der Sekundärforschung kommt das Internet in beiden Untersuchungsbranchen weitestgehend einheitlich zum Einsatz. Die Unternehmen beschaffen sich Informationen über die Konkurrenz, die allgemeine Marktentwicklung, Entwicklungen in den Konkurrenz- und Absatzmärkten, Preise und potenzielle Klienten. Quellen sind die Webseiten von Konkurrenten und Klienten, nationalen und internationalen Informationsdiensten, die oftmals anhand von

Suchmaschinen identifiziert werden. Im Weinmarkt werden zusätzlich internationale Publikationen ausgewertet. Im Kaffeemarkt erfolgt zusätzlich die Abfrage der Börsenkurse.

Damit entsprechen die untersuchten Unternehmen in ihrem Nutzungsverhalten weitestgehend dem Verhalten anderer Unternehmen sowohl in Entwicklungs- als auch in Industrieländern. In den verschiedensten empirischen Untersuchungen hat sich gezeigt, dass die Sekundärforschung eines der Haupteinsatzgebiete des Internet ist. Die Mehrzahl der Unternehmen nutzt das Internet um Informationen über Kunden, Märkte, Produkte und Konkurrenten zu recherchieren.[493]

Die große Beliebtheit des Internet in der Marktforschung gründet sich auf die zahlreichen Nutzeffekte, welche die Unternehmen realisieren. In beiden Untersuchungsbranchen berichten die Unternehmen übereinstimmend, dass sie durch das Internet über eine bessere Informationsbasis verfügen. Teilweise stehen Informationen zur Verfügung, zu denen sie früher keine Zugangsmöglichkeit hatten. Dadurch haben die Exportmanager bessere Entscheidungsgrundlagen, was sich in einem beschleunigten Entscheidungsprozess niederschlägt. Sie können heute schneller und damit proaktiv auf aktuelle Marktentwicklungen reagieren, was im Kaffeemarkt sogar zu gesteigertem Umsatz führt. Die verbesserte Informationsbasis unterstützt weiterhin bei der Strategiefindung und ermöglicht die Ersparnis von Reise- oder Agentenkosten. Außerdem ermöglicht die Internetnutzung Zeitersparnis und eine effizientere Abwicklung der Marktforschung. Im Kaffeemarkt sind die Börsenkurse günstiger und schneller verfügbar.

Auch wenn in den vorliegenden empirischen Untersuchungen die Nutzeffekte nicht so detailliert dargestellt werden, stimmen die grundlegenden Auswirkungen mit den hier vorgestellten Ergebnissen überein. Wichtigster Nutzeffekt ist die Verbesserung der Informationsbasis. Darüber hinaus nennen viele Unternehmen Arbeitszeitersparnis, effizientere Abwicklung der Marktforschung und eine Erhöhung der Reaktionsgeschwindigkeit als weitere wichtige Nutzeffekte.[494] Daraus kann der Schluss gezogen werden, dass auch Unternehmen in anderen Branchen ähnliche weiterführende Nutzeffekte realisieren

---

[493] Vgl. Kurbel, K./Teuteberg, F. (1997), S. 9; Daly, R./Miller, R. (1998), S. 8; Mintz, S./Lawrence, T. (2002), S. 8; Tregurtha, N./Vink, N. (2002), S. 6.

[494] Vgl. Kurbel, K./Teuteberg, F. (1997), S. 19; Poon, S./Swatman, P.M.C. (1998), S. 302; Kuwayama, M. (2001), S. 37.

und das Internet in der Marktforschung allgemein ein wertvolles Instrument darstellt. Dies gilt vor allem im internationalen Kontext, in dem gesteigerter Informationsbedarf besteht. Das Internet ist gut geeignet, um Informationen über die verschiedensten Märkte einzuholen.[495] Im Kaffeemarkt wurde darüber hinaus deutlich, dass der Zugang zu Informationen den internationalen Markteintritt erleichtert. Daher liegt der Schluss nahe, dass der Einsatz des Internet in der Marktforschung Wettbewerbsvorteile mit sich bringt, bzw. Unternehmen, die keinen Zugang zu diesen Informationen haben, an Wettbewerbsfähigkeit verlieren. Aus diesem Grund sollten Unternehmen in Entwicklungs- und Schwellenländern bestmögliche Unterstützung bei der Nutzung des Internet in der Marktforschung erhalten.

Hypothesen zur Sekundärforschung:

⇒ *Das Internet ist vor allem im internationalen Kontext eine gute Quelle und ein beliebtes Instrument zur Beschaffung von Marktinformationen im Rahmen der Sekundärforschung.*

⇒ *Die im Internet verfügbaren Informationen erleichtern den Markteintritt und steigern die Wettbewerbsfähigkeit der Unternehmen, die das Internet zur Sekundärforschung einsetzen.*

6.2.2.1.2 Geringe Nutzung in der Primärforschung

Im Gegensatz zur Sekundärforschung wird das Internet in der Primärforschung kaum genutzt. In beiden Branchen machen nur sehr wenige Unternehmen von den Möglichkeiten des Internet Gebrauch. Zum Einsatz kommen lediglich Online-Befragungen zur Erfassung von Kundendaten oder der Kundenzufriedenheit, und Online-Beobachtungen im Sinne von Nutzerstatistiken. Und selbst die Unternehmen, die diese Instrumente einsetzen, nutzen die erhobenen Daten nur in geringem Umfang. Dementsprechend sind die realisierten Nutzeffekte gering. Im Weinmarkt wurden keinerlei Nutzeffekte genannt. Im Kaffeemarkt konnte anhand der Zufriedenheitsbefragungen die Kundenbindung verbessert werden. Mit den Nutzerstatistiken haben einige Online-Shops Schwierigkeiten bei der Benutzung der Webseiten ausgeräumt und realisieren nun weniger abgebrochene Bestellvorgänge.

Die Gründe für das geringe Nutzungsniveau sind in beiden Märkten ähnlich. Meist fehlt es den Unternehmen an Personal bzw. Zeit zur Entwicklung und Nutzung der Anwendungen in der Primärforschung. Mangelndes Vertrauen in

---

[495] Vgl. Fritz, W. (2002) 138; Quelch, J.A./Klein, L.R. (1996), S. 66ff.

den Sinn und mangelnde Kenntnis der verschiedenen Anwendungen sind weitere Gründe für das geringe Nutzungsniveau. Außerdem ist grundsätzlich festzustellen, dass die Unternehmen per se wenig Primärforschung durchführen.

Auch in anderen Untersuchungen zeigt sich ein ähnliches Bild. Wenn das Internet zur Primärforschung herangezogen wird, dann meist nur in sehr geringem Umfang.[496] Das Internet konnte in diesem Bereich bisher noch keine große Bedeutung erlangen. Der Hauptgrund liegt sicherlich darin, dass grundsätzlich wenige, v.a. wenig kleine Unternehmen Primärforschung betreiben und deswegen auch über geringes Know-How bezüglich der Internetanwendungen verfügen. Mit entsprechender Aufklärung könnten sicher mehr Unternehmen Nutzeffekte aus den Anwendungen ziehen, zumal vor allem bei Online-Shops die Beobachtung des Nutzerverhaltens sinnvoll ist. Auf Basis der Erhebungen können Hindernisse bei der Nutzung ausgeräumt werden.

Hypothesen zur Primärforschung:

⇒ *Die Gründe für die geringe Internetnutzung in der Primärforschung sind Zeitmangel, mangelnde Kenntnis der verschiedenen Instrumente sowie der allgemein geringe Einsatz der Primärforschung.*

6.2.2.2 Ablehnende Haltung gegenüber virtuellen Marktplätzen

Eine weitere Übereinstimmung bei beiden Fallstudien ergibt sich aus der ablehnenden Haltung gegenüber virtuellen Marktplätzen. In keinem der beiden Märkte konnten sich Marktplätze durchsetzen und viele der im Zuge des Internetbooms entstandenen Marktplätze sind in der Zwischenzeit in Konkurs gegangen und wieder aus dem Internet verschwunden. Auf keinem der existierenden Marktplätze findet in nennenswertem Volumen Handel statt.[497] Hauptursache für die geringe Nutzung liegt in einer ablehnenden Haltung der Marktteilnehmer. Diese beruht auf dem geringen Wissen der Marktteilnehmer über die Funktionsweise von Marktplätzen, Vorurteilen gegenüber Marktplätzen und schlechten Erfahrungen bei der Marktplatznutzung. Lediglich ein Weinexporteur hat gute Erfahrungen mit der Nutzung von Marktplätzen gemacht und steht deren Nutzung positiv gegenüber.

---

[496] Vgl. Beck, A.; Köppen, R. (1998), S. 12.

[497] Vgl. UNCTAD (2003), S. 164.

Einer der Hauptgründe für die grundsätzlich negative Einstellung besteht im Festhalten der Mehrzahl der Exportmanager an der gewohnten Abwicklung der Geschäfte durch persönliche Kontakte. Sie empfinden virtuelle Marktplätze als zu anonym, haben Sicherheitsbedenken und befürchten Informationsverlust, wenn auf persönliche Kontakte verzichtet wird. Außerdem sind Exportmanager beider Märkte der Ansicht, dass der Handel über Marktplätze nicht möglich ist, da das Produkt vor dem Kauf verkostet werden muss und nicht allein auf Grund von Beschreibungen gehandelt werden kann.

Im Weinbereich wird weiterhin bezweifelt, dass es möglich ist, über Marktplätze neue Importeure zu identifizieren. Außerdem sind die Exportmanager der Meinung, die abgewickelten Transaktionsmengen seien zu gering und die Importeure auf Marktplätzen hätten keinen Anreiz den Wein zu vertreiben. Außerdem befürchten die Exportmanager, sie würden die Kontrolle über den Vertriebsweg verlieren. Deswegen wird häufig die Vermutung geäußert, dass sich Marktplätze eher für den Vertrieb von rohstoffähnlichen Produkten eignen würden, da dort per se keine Kontrolle über den Vertriebsweg besteht.

Dies trifft jedoch auf den Kaffeemarkt nicht zu, was allerdings auch mit den Besonderheiten des Marktes zusammen hängt. Ein wichtiger Hinderungsgrund für den Einsatz von Marktplätzen ist die Übersichtlichkeit des Kaffeemarktes. Die langjährigen Beziehungen zwischen den Handelspartnern gewährleisten eine effiziente Abwicklung des Handels, wodurch die Möglichkeiten zur Effizienzsteigerung durch Marktplätze beschränkt sind.[498] Außerdem müssten die Röster beim Handel über Marktplätze wieder Lagerhaltung betreiben und Lieferrisiken in Kauf nehmen, was vor allem für kleinere Röster problematisch wäre. Ein weiteres Hindernis für die Nutzung von Marktplätzen ist, dass mit der Börse bereits ein effizientes Handelsinstrument zur Verfügung steht. Allein die Tatsache, dass es sich um ein rohstoffähnliches Produkt handelt, ist für eine intensive Nutzung von Marktplätzen also offensichtlich nicht ausreichend.

Die Beobachtungen in beiden Fallstudien legen die Vermutung nahe, dass Marktplätze erst dann ein sinnvolles Handelsinstrumentarium sind, wenn der Rohstoffmarkt eine gewisse Größe überschreitet. So ist das einzige Unternehmen, das gute Erfahrungen mit Marktplätzen gemacht hat, im Bulkweinhandel tätig, wo sich eine Vielzahl von Anbietern und Nachfragern gegenüber stehen und eine geringe Kundenbindung herrscht. Während die Exportmana-

---

[498] Vgl. UNCTAD (2003), S. 164.

ger von Flaschenwein einheitlich schlechte Erfahrungen, wie keine Nachfrage nach ihren Produkten, technische Schwierigkeiten und unseriöse Angebote/Anfragen, gemacht haben, ist es diesem Unternehmen gelungen, neue Klienten zu finden und neue Märkte zu erschließen. Dies legt die Vermutung nahe, die auch in verschieden Publikationen bestätigt wird, dass Marktplätze eher auf zergliederten Märkten sinnvoll sind, auf denen standardisierte Produkte gehandelt werden.[499] Allerdings muss auch beachtet werden, dass dieses Unternehmen gänzlich anders an die Nutzung der Marktplätze herangetreten ist. Das Unternehmen sieht in Marktplätzen einen zusätzlichen Absatzkanal, der ihnen hilft ihre Produkte zu verkaufen und der ebenso intensiver Betreuung bedarf wie die anderen Absatzkanäle. Dementsprechend haben sie Aufwand in die Gestaltung der Angebote und die Durchsicht der Anfragen investiert. Die Exportmanager von Flaschenwein hingegen haben mehrheitlich nur wenig oder keine Zeit investiert und erwartet, dass sich die Geschäfte mehr oder weniger von alleine ergeben.

Vor diesem Hintergrund sind auch einige andere Argumente gegen die Nutzung von Marktplätzen kritisch zu hinterfragen. So kann der Verlust von Informationen bei der Nutzung von Marktplätzen nicht unbedingt nachvollzogen werden, da viele Marktplätze ihren Mitgliedern umfangreiche, professionell recherchierte Informationen zur Verfügung stellen. Es müsste lediglich ein Umdenken hin zur Nutzung dieser Informationen stattfinden.[500] Auch bezüglich der Sicherheitsbedenken sind Zweifel angebracht. Die Mehrheit der Marktplätze legt gerade auf diesen Aspekt großen Wert, prüft neue Mitglieder und bietet Treuhandfunktionen[501] an. Außerdem könnten die Unternehmen Informationsmarktplätze nutzen, um Transaktionen anzubahnen.[502] Das Argument, die Waren müssten vor Kauf verkostet werden verliert an Relevanz, wenn bedacht wird, dass auch innerhalb von bestehenden Geschäftsbeziehungen und bei „normal" angebahnten Geschäften oftmals Proben versendet wer-

---

[499] Vgl. Quelch, J.A./Klein, L.R. (1997), S. 3; Wamser, C. (2001), S. 137; UNCTAD (2003), S. 162.

[500] Vgl. Preißner, A. (2001), S. 172.

[501] Bei einem Treuhänder zahlt der Empfänger den Rechnungsbetrag auf ein unabhängiges Konto ein. Der Lieferant wird über den Eingang der Zahlung unterrichtet und versendet die Ware. Wenn die Ware korrekt beim Empfänger angekommen ist, gibt dieser den Zahlungsbetrag frei und der Lieferant erhält die Zahlung vom Treuhänder.

[502] Vgl. Humphrey, J. (2002), S.17; UNCTAD (2003), S. 164.

den müssen. Die Erfahrung des Bulkweinhändlers zeigt weiterhin, dass es durchaus möglich ist, neue Importeure über Marktplätze zu identifizieren und dass mit diesen auch rentable Mengen abgewickelt werden können. Auch die Befürchtung, die Kontrolle über den Vertriebsweg zu verlieren und dass die Importeure keinen Anreiz haben könnten, den Wein zu verkaufen, kann nur bedingt nachvollzogen werden. So kann ein Marktplatz durchaus zur Identifikation eines neuen Importeurs genutzt werden, mit dem dann eine ebenso enge Beziehung aufgebaut werden kann wie mit jedem anderen Importeur. Außerdem könnten die Unternehmen zuerst ihre Zweit- und Drittmarken oder ihren Bulkwein auf dem Marktplatz anbieten, bei denen die Kontrolle über den Vertriebsweg eine geringere Bedeutung hat. Auch technische Schwierigkeiten sind bei verstärkter Nutzung höchstwahrscheinlich zu umgehen.

Im Gegensatz zum Wein lassen sich auf dem Rohkaffeemarkt die Argumente gegen die Marktplatznutzung nicht so leicht entkräften. Der hohe Konzentrationsgrad auf Nachfragerseite und die Existenz von großen internationalen Handelshäusern, die Lagerhaltung betreiben und Lieferrisiken abfedern, stehen einer intensiven Nutzung von Marktplätzen entgegen. Außerdem steht mit der Börse ein effizientes Handelsinstrumentarium zur Verfügung. Wenn sich allerdings die Entwicklung zu immer mehr Direktexporten fortsetzt, ist denkbar, dass auch hier Marktplätze an Bedeutung gewinnen, da die Anzahl der Marktteilnehmer steigt. Weiterhin ist denkbar, dass Marktplätze im Spezialitätensegment und eventuell bei geröstetem Kaffee in Zukunft häufiger genutzt werden, wobei es sich allerdings um sehr kleine Nischenmärkte handelt.

Diese Ergebnisse der beiden Fallstudien sind kein Einzelfall. Auch in anderen Märkten wurden ähnliche Beobachtungen gemacht. So kommen Marktplätze auch in der südafrikanischen Fruchtindustrie nur vereinzelt zum Einsatz. Die Mehrzahl der Exporteure nennt ähnliche Argumente gegen die Nutzung von Marktplätzen. Den Unternehmern mangelt es an Vertrauen und sie sind der Überzeugung, dass Marktplätze nicht zum Vertrieb ihrer Produkte geeignet seien und die Industriestruktur die Nutzung von Marktplätzen nicht zulasse. Trotz dieser Bedenken, ist es einigen wenigen Unternehmen gelungen, durch die Marktplätze ihr Geschäft auszudehnen.[503] Diese vereinzelten Erfahrungen und die hohe Beteiligung an Internetauktionen in anderen Märkten zeigen, dass viele der gegen die Nutzung von Marktplätzen genannten Argumente

---

[503] Vgl. Tregurtha, N./Vink, N. (2002), S. 7.

wenig fundiert sind.[504] Das legt die Überlegung nahe, dass mit einer gezielten Aufklärung über die potenziellen Nutzeffekte die Nutzung von Marktplätzen gesteigert werden könnte. Offensichtlich müssen viele der Exportmanager erst von den Nutzeffekten überzeugt werden, bevor sie sich an Marktplätzen beteiligen.[505] Im Rahmen solcher Einführungen sollte u.a. deutlich werden, dass auch Marktplätze eine gewisse Investition an Arbeitszeit erfordern. Gelingt es, dies zu vermitteln, können Marktplätze für mehr Exportunternehmen in Entwicklungs- und Schwellenländern, vor allem in zergliederten Rohstoffmärkten, ein effizientes Handelsinstrumentarium sein.

Hypothesen zu virtuellen Marktplätzen:

⇒ *Hauptgrund für die geringe Nutzung von virtuellen Marktplätzen ist die mangelnde Kenntnis der verfügbaren Funktionalitäten.*

⇒ *Virtuelle Marktplätze eignen sich vor allem für den Handel von standardisierten Produkten auf großen Märkten.*

⇒ *Die erfolgreiche Nutzung von Marktplätzen erfordert Aufwand.*

⇒ *Durch gezielte Aufklärung/Schulung kann die Nutzung von virtuellen Marktplätzen gesteigert und deren Nutzeffekte mehr Unternehmen zugänglich gemacht werden.*

6.2.2.3 E-Mail im Vertrieb

Ein in beiden Untersuchungsmärkten häufig eingesetztes Instrument, das vielerlei Nutzeffekte bietet, ist E-Mail. Alle Exportmanager der befragten Unternehmen geben ihre E-Mail-Adresse auf der Visitenkarte an und nutzen E-Mail zum Versand und Empfang von Informationen und zur Abwicklung von Abstimmungsprozessen. In der Nutzungsintensität bestehen allerdings Unterschiede zwischen beiden Märkten. Während in der Weinindustrie der Großteil der Kundenkommunikation per E-Mail abgewickelt wird, schwankt der Anteil der E-Mail Kommunikation in der Kaffeeindustrie zwischen 5% und 95%. Teilweise wird hier die Kommunikation via Telefon zur Erhaltung des persönlichen Kontaktes vorgezogen.

---

[504] Bei den Internetauktionen handelt es sich um eine Spezialform von Marktplätzen, die sich hauptsächlich bezüglich der Angebotsdauer und der Preisfindung unterscheiden. Vgl. Humphrey, J. (2002), S. 16; UNCTAD (2003), S. 162ff; Goldstein, A./O`Connor, D. (2000), S. 17.

[505] Vgl. UNCTAD (2003), S. 164.

Trotz des unterschiedlichen Nutzungsniveaus besteht bezüglich der realisierten Nutzeffekte weitestgehend Übereinstimmung in beiden Untersuchungsbranchen. In beiden Branchen wird durch E-Mail der Kommunikationsprozess einfacher und die Exportmanager sparen Zeit, die sie für anderweitige Tätigkeiten einsetzen können. Darüber hinaus trägt E-Mail zur Senkung der Kommunikationskosten bei. Neben der Einsparung von Telefonkosten sparen die Unternehmen auch in nicht unerheblichem Umfang Kurierkosten, da die Versendung von Unterlagen und Proben an die Importeure zumindest teilweise entfällt. In der Zusammenarbeit mit den Importeuren verbessern und beschleunigen sich die Abstimmungsprozesse. Es kommt zu weniger Missverständnissen und die Importeure sind besser informiert, wodurch sie effizienter am Markt tätig sein können. Ein Nutzeffekt der vor allem in der Weinindustrie zum Tragen kommt, beruht auf der Möglichkeit, auch im Ausland E-Mails abzufragen. Dadurch sind die Exportmanager immer optimal informiert. Außerdem erleichtert E-Mail die zeitversetzte Kommunikation mit Kunden im Ausland.

Neben E-Mail nutzen einige Exportmanager auch Messenger-Programme zur Kundenkommunikation, in Costa Rica sogar in Kombination mit Programmen zur Bildübertragung. Dadurch wird der Informationsaustausch mit den Kunden nochmals beschleunigt und es können Reisekosten zum Besuch der Kunden eingespart werden.

E-Mail ist also ein sehr effizientes Medium zur Kundenkommunikation. Deswegen wird es auch in anderen Branchen sowohl in Entwicklungs- als auch Industrieländern intensiv genutzt. Sogar in den unterentwickeltsten Ländern wie beispielsweise Tansania kommt E-Mail zum Einsatz.[506] In vielen Branchen, vor allem in Entwicklungsländern, ist E-Mail die wichtigste Internetanwendung.[507] Haupteinsatzgebiet ist die schriftliche Kommunikation mit Geschäftspartnern, wobei in manchen Fällen das Fax sogar vollständig ersetzt wird. Dennoch stehen einige Unternehmer E-Mails skeptisch gegenüber. Für sie sind E-Mails ein unpersönliches Kommunikationsinstrument, mit dem die Launen des Marktes nicht erfasst werden können und das auch nicht zu erheblichen Einsparungen bei den Kommunikationskosten führt, weil es die ande-

---

[506] Vgl. Lake, S. (2000), S. 11.

[507] Vgl. Poon, S./Swatman, P.M.C. (1997a), S. 887; Goldstein, A./O`Connor, D. (2000), S. 12; Singh, A.D. (1999), S. 10.

ren Kommunikationsinstrumente nicht vollständig ersetzt.[508] Der Großteil der Unternehmer sieht in E-Mail aber, vor allem im internationalen Austausch, ein günstiges Kommunikationsinstrument das asynchronen, multimedialen Informationsaustausch erlaubt und es ermöglicht, zeitliche und geografische Begrenzungen zu überschreiten.[509] Damit ist E-Mail für Unternehmen in Entwicklungsländern (und Industrieländern) sehr nützlich.[510]

Hypothese zu E-Mail:

⇒ *E-Mail ist ein vielgenutztes Instrument zur effizienten Abwicklung der Kundenkommunikation.*

6.2.2.4 Die Webseite für Werbung und Öffentlichkeitsarbeit

Webseiten kommen in beiden Untersuchungsbranchen zum Einsatz. Im Nutzungsniveau bestehen allerdings Unterschiede zwischen beiden Branchen. Während in Chile immerhin 70% der untersuchten Unternehmen über eine Webseite verfügen, sind es in Costa Rica gerade mal 43%. Auch in Ausgestaltung und Aktualität der Webseiten und damit auch in den realisierten Nutzeffekten unterscheiden sich die Branchen. In der Weinindustrie setzen viele Unternehmen die Webseite gezielt zur Präsentation des Unternehmens und seiner Produkte ein und bieten neben Unternehmens- und Produktinformationen auch noch zusätzliche Funktionalitäten wie z.B. aktuelle Nachrichten und Vertriebsangaben. In der Kaffeeindustrie hingegen verfügen die meisten Unternehmen aus Imagegründen über eine Webseite, Werbung und Öffentlichkeitsarbeit stehen erst an zweiter Stelle. Entsprechend enthalten wenige Webseiten über Unternehmens- und Produktpräsentationen hinausgehende Informationen. Gemeinsam ist allen Seiten lediglich die Ausrichtung auf den Exportmarkt, da die überwiegende Mehrheit der Webseiten englischsprachig ist. Auch bei der Aktualität der Webseiten sind die Unterschiede nicht so groß: Die Mehrheit der Weingüter verfügt über Webseiten, die schon seit längerem nicht mehr aktualisiert wurden. In der Kaffeeindustrie stehen wenige sehr gute, sowohl technisch als auch inhaltlich aktuelle Seiten einer Mehrzahl an veralteten Seiten gegenüber.

---

[508] Vgl. Poon, S./Swatman, P.M.C. (1998), S. 301; Tregurtha, N./Vink, N. (2002), S. 5.

[509] Vgl. Poon, S./Swatman, P.M.C. (1997a), S. 887; Poon, S./Swatman, P.M.C. (1997b), S. 470.

[510] Vgl. Daly, R./Miller, R. (1998), S. 7.

Der Vergleich der realisierten Nutzeffekte in beiden Branchen zeigt, dass sich ein höheres Nutzungsniveau positiv auf den Nutzen der Webseite auswirkt. Je ausführlicher und zielgerichteter die Webseite gestaltet ist, desto mehr Nutzeffekte lassen sich realisieren. Entsprechend fallen in der Weinindustrie wesentlich mehr Nutzeffekte an als in der Kaffeeindustrie, wobei bei der Bewertung auch die unterschiedlichen Ausgangsvoraussetzungen in beiden Märkten berücksichtigt werden müssen. In einem großen Teil des Kaffeemarktes wird per se wenig Exportmarketing betrieben, da sich die Beteiligten untereinander kennen. In diesem Fall können Webseiten nur wenig Nutzen stiften.

Für die neuen Exporteure im Kaffeesektor bieten die Webseiten allerdings eine interessante Möglichkeit zur Eigendarstellung und unterstützen sie in ihren Exportbemühungen. So ist es einigen Unternehmen vor allem aus dem Kaffeemarkt gelungen, über die Webseite ihren Kundenkreis zu erweitern. Darüber hinaus unterstützt die Webseite die Exportmanager bei ihrer Arbeit. Sie können bei Anfragen auf die Webseite verweisen und die eingesparte Zeit für anderweitige Tätigkeiten, wie z.B. die Bearbeitung von zusätzlichen Märkten einsetzen. Die Importeure können sich Informationen herunterladen und die Webseite ihren Kunden präsentieren und damit ihren eigenen Verkaufsprozess verbessern. Durch die Webseite ist ein einheitlicher Marktauftritt gewährleistet und die Unternehmen sparen Druck- und Versandkosten für Kataloge und Informationsmaterial. Eine gut gestaltete Webseite ist ein gutes Werbemittel, unterstützt bei der Positionierung der Marke und erzeugt ein positives Unternehmensimage.

Zu ähnlichen Ergebnissen kommen auch andere empirische Untersuchungen: Je nach Branche schwankt die Anzahl der Unternehmen, die über eine Webseite verfügen, wobei vor allem in Entwicklungsländern der Anteil der Unternehmen mit Webseite häufig unter 50% liegt. Dabei nutzt die Mehrzahl der Unternehmen die Webseite lediglich zur Vorstellung des Unternehmens und der angebotenen Produkte. Nur wenige Unternehmen schöpfen das Potenzial von Webseiten voll aus.[511] Entsprechend werden auch nicht viele Nutzeffekte berichtet. Die einzigen Nutzeffekte speziell von Webseiten (in vielen Studien werden die Nutzeffekte nicht nach Anwendungen unterschieden) sind die

---

[511] Vgl. Kurbel, K./Teuteberg, F. (1997), S. 9ff; Daly, R./Miller, R. (1998), S. 9; Mintz, S./Lawrence, T. (2002), S. 8; Moodley, S. (2001), S. 8; Beck, A.; Köppen, R. (1998), S. 8.

Ausweitung der Geschäftskontakte und Umsatzsteigerungen.[512] Dies unterstützt die Schlussfolgerung, dass Webseiten ein gutes Marketinginstrument darstellen, welches vor allem in internationalen, wenig konzentrierten Märkten nutzbringend eingesetzt werden kann. Allerdings wird auch deutlich, dass die Realisierung von Nutzeffekten auch Investitionen in Gestaltung und Aktualisierung der Seiten bedarf. Wenn nicht laufend Aktualisierungen vorgenommen werden, dann wird das Internet-Angebot schnell als veraltet wahrgenommen und die Nutzeffekte verringern sich.[513] Unternehmen, die lediglich aus Imagegründen eine Webseite erstellen, werden daher auch in Zukunft nicht viel Nutzen daraus ziehen.

Hypothesen zu Webseiten:

⇒ *Je innovativer und zielgerichteter eine Webseite auf die Erfordernisse eines Unternehmens abgestimmt ist, desto mehr Nutzeffekte realisiert das Unternehmen.*

⇒ *Webseiten sind vor allem in internationalen, wenig strukturierten Märkten ein gutes Instrument.*

6.2.2.5 Geringe Verwendung von Internetwerbung

Bei der Internetwerbung dreht sich das Verhältnis zwischen Kaffee- und Weinindustrie um. Im Gegensatz zu den sonstigen Internetanwendungen wird in der Kaffeeindustrie von den Internet-Werbemöglichkeiten häufiger Gebrauch gemacht als in der Weinindustrie, auch wenn das Nutzungsniveau insgesamt trotzdem noch niedrig ist. Der Grund dafür liegt in der Existenz von Online-Shops, in denen zumindest einige Intstrumente der Internetwerbung eingesetzt werden.

Bei der Auswahl der Instrumente besteht teilweise Übereinstimmung zwischen beiden Branchen. Zur Vermarktung werden die Webseiten bei Suchmaschinen eingeschrieben oder mit anderen Seiten verlinkt. In der Kaffeeindustrie werden darüber hinaus auch Anzeigen bei Suchmaschinen geschaltet und Partnerprogramme in Anspruch genommen. Banner kommen, abgesehen von den Partnerprogrammen, in beiden Industrien nur sehr selten zum Einsatz. Cross-Media-Werbung wird häufiger als die anderen Instrumente aber insgesamt doch selten eingesetzt. So informieren noch nicht einmal alle Exportmanager auf ihrer Visitenkarte über die URL ihrer Webseite. Auch von den

---

[512] Vgl. Tregurtha, N./Vink, N. (2002), S. 4; Suriadinata, Y.S.A. (2001), S. VI-17.

[513] Vgl. Wissmeier, U.K. (2002), S. 416.

Möglichkeiten, auf dem Produkt auf die Webseite aufmerksam zu machen, wird vor allem in der Weinindustrie noch wenig Gebrauch gemacht. Nur die Anbieter von Online-Kaffeeshops drucken die URL regelmäßig auf ihre Produktverpackung.

Die Gründe für den geringen Einsatz der Internetwerbeinstrumente unterscheiden sich teilweise zwischen beiden Industrien. In der Weinindustrie verfügen die Unternehmen nicht über ausreichend Personalkapazitäten oder wollen die Webseite noch nicht bewerben, da sie noch nicht ausgereift ist. Außerdem sehen viele Werbung als alleinige Aufgabe des Importeurs an oder sind der Meinung, dass Internetwerbung nicht zu hochwertigem Wein passt. In beiden Industrien bestehen außerdem Zweifel bezüglich der Effektivität der Maßnahmen. Viele Exportmanager sind unsicher bezüglich der Kosten und der Rentabilität der Maßnahmen. Betrachtet man die Erfahrungen der Unternehmen, die von den Möglichkeiten der Internetwerbung Gebrauch machen, so zeigt sich jedoch, dass die Bedenken nicht gerechtfertigt sind. Die Unternehmen sind mit den Ergebnissen der Internetwerbung zufrieden und das Verhältnis zwischen Aufwand und Nutzen ist positiv.

Neben den Instrumenten der Massenwerbung greifen einige Unternehmen auch auf die Möglichkeiten der Direktwerbung zurück. In beiden Industrien versenden ca. 20% der untersuchten Unternehmen Newsletter oder Werbe-E-Mails an ihre Kunden, wobei in der Kaffeeindustrie der Schwerpunkt auch wieder bei den Online-Shops liegt. In den E-Mails verbreiten die Unternehmen Neuigkeiten oder machen auf Sonderangebote in ihren Shops aufmerksam. Die Unternehmensnachrichten unterstützen den Kunden im Verkaufsprozess. Mit der Versendung der Sonderangebote per E-Mail sparen die Unternehmen Druck- und Versandkosten für normale Werbematerialien und erzielen höhere Antwortquoten. Außerdem ist es allen Unternehmen gelungen, durch die Direktwerbung die Nutzerzahlen auf der Webseite zu steigern.

Neben der Kommunikation mit bestehenden Kunden setzen einige wenige Unternehmen E-Mails auch zur Kontaktierung potenzieller Kunden ein. In der Weinindustrie versendet ein Unternehmen Massenmails an Importeure in neuen Zielmärkten und hat auf diese Art und Weise bereits einige Geschäfte abgeschlossen. In der Kaffeeindustrie macht ein Unternehmen aus dem Spezialitätensektor von den guten grafischen Vorstellungsmöglichkeiten in E-Mails Gebrauch und geht so auf potenzielle Kunden zu. Damit ist es gelungen, den Prozess bis zum ersten Geschäftsabschluss erheblich zu verkürzen. Beide Unternehmen haben Reisekosten eingespart und können heute mehr Kontakte bearbeiten als früher.

Auch hier decken sich die Erfahrungen der Untersuchung mit anderen Untersuchungen. Das Niveau der Internetwerbung ist auch in anderen Branchen gering; nur wenige Unternehmen bewerben ihre Webseite.[514] Dies ist problematisch, da Werbung für den Erfolg der anderen Internet-Marketing Maßnahmen wichtig ist.[515] Außerdem zeigen die Erfahrungen der Unternehmen in beiden Untersuchungsmärkten, dass Internetwerbung durchaus Nutzeffekte mit sich bringen kann. Sowohl die Maßnahmen der Massenwerbung als auch der Direktwerbung stiften teilweise sogar erheblichen Nutzen. Da ein Haupthinderungsgrund Bedenken bezüglich der Effizienz der eingesetzten Maßnahmen ist, liegt die Vermutung nahe, dass Aufklärung über die verschiedenen Werbemöglichkeiten und die damit verbundenen Nutzen und Kosten den Einsatz der Instrumente steigern könnte und die internationale Vermarktung auch von Unternehmen in Entwicklungs- und Schwellenländern unterstützen könnte. Allerdings macht Internetwerbung nur dann Sinn, wenn die Werbemaßnahmen in ein geschlossenes, zielgerichtetes Internet-Marketing Konzept eingebettet sind.

Hypothesen zur Internetwerbung:

⇒ *Mangelnde Kenntnis der verschiedenen Werbemöglichkeiten und der mit diesen verbundenen Nutzen und Kosten verhindert die intensivere Nutzung der Instrumente.*

⇒ *Der Einsatz von Internetwerbung kann die Nutzeffekte von Webseiten steigern.*

6.2.2.6 Keine Internetanwendungen in der Preis- und Produktpolitik

In keiner der beiden untersuchten Industrien spielen die Instrumente der Preis- oder Produktpolitik eine bedeutende Rolle. Einige Unternehmen, in der Kaffeeindustrie vor allem die Betreiber von Online-Shops, nutzen die Möglichkeiten zur verbesserten Produktdarstellung. Darüber hinaus legen die Shop-Betreiber Zahlungskonditionen und -möglichkeiten fest. Beide Aktivitäten werden jedoch nicht als gesonderte Internetanwendungen betrachtet, sondern sind integraler Bestandteil der Webseiten- bzw. Shopgestaltung, weshalb auch keine gesonderten Nutzeffekte genannt werden. Ähnlich verhält es sich mit der Verwendung von E-Mails zur Abstimmung der Produktgestaltung

---

[514] Vgl. z.B. Bennett, R. (1997), S. 8.

[515] Vgl. Wissmeier, U.K. (2002), S. 416; Goldstein, A./O`Connor, D. (2000), S. 16.

(z.B. Etiketten im Weinmarkt) mit den Importeuren. Auch dies wird weniger als eine eigenständige Internetanwendung sondern vielmehr als Bestandteil der Zusammenarbeit mit den Importeuren betrachtet.

Eine Internetanwendung, die der Preispolitik zugeordnet werden könnte, sind die in Abschnitt 6.2.1.3 beschriebenen Internetauktionen. Da bei diesen allerdings nicht der Preisfindungsmechanismus sondern Werbung und Handel im Vordergrund stehen, werden sie den Instrumenten der Kommunikations- bzw. Distributionspolitik zugeordnet. Damit haben die Instrumente der Preis- und Produktpolitik in beiden Untersuchungsbranchen eine untergeordnete Bedeutung. Diese Beobachtung steht in Übereinstimmung mit Veröffentlichungen zum Internet-Marketing und mit empirischen Untersuchungsergebnissen, in denen diese Anwendungen auch eine unbedeutende Rolle spielen bzw. Bestandteil anderer Internet-Marketing Instrumente sind.

Hypothese zu Internetanwendungen der Preis-und Produktpolitik:

⇒   *Die Instrumente der Preis- und Produktpolitik haben untergeordnete Bedeutung und sind oftmals integraler Bestandteil anderer Anwendungen.*

6.2.3 Hindernisse in der Internetnutzung

In obigen Ausführungen wurde mehrfach deutlich, dass die Internetnutzung in der Weinindustrie wesentlich höher ist als in der Kaffeeindustrie. Dementsprechend wurden von den Kaffeeexporteuren auch mehr Hindernisse bei der Internetnutzung genannt als von den Weinexporteuren. Während in der Weinindustrie viele Exportmanager keinerlei Hindernisse sahen, nannten zahlreiche Exportmanager von Kaffeeunternehmen Schwierigkeiten und Probleme bei der Internetnutzung.

Eines der Hauptprobleme für die costaricanischen Kaffeeexporteure stellt die unzureichende technische Infrastruktur da. Viele der befragten Unternehmen haben Schwierigkeiten beim Internetzugang, da sie außerhalb der Hauptstadt San José angesiedelt sind, wo kaum Breitbandkabel und nur eine begrenzte Anzahl an Telefonleitungen verfügbar sind. Neben der geringen Verfügbarkeit ist das bestehende System technisch nicht verlässlich, so dass die Unternehmen immer wieder in ihrer Arbeit behindert und bereits erzielte Erfolge zunichte gemacht werden. Dies schränkt die Möglichkeiten der Internetnutzung erheblich ein. In Chile berichteten wesentlich weniger Unternehmen von derartigen Schwierigkeiten. Die Mehrzahl der Unternehmen ist in Santiago angesiedelt ist, wo ausreichende Infrastruktur vorhanden ist. Dieser Unterschied zwischen den beiden Industrien macht deutlich, welche Bedeutung der technischen Infrastruktur zukommt. Auch wenn dies nicht der einzige Unterschied bei den Hindernissen ist, zeigt der Vergleich den Zusammenhang zwischen dem Zustand der technischen Infrastruktur und dem Nutzungsgrad des Internet deutlich. Diese Vermutung wird durch die Ergebnisse anderer Studien bestätigt. In mehreren Untersuchungen wurde deutlich, dass schlechte und unzuverlässige Infrastruktur ein erhebliches Hindernis bei der erfolgreichen Internetnutzung darstellt.[516] Dies betrifft vor allem Unternehmen in Entwicklungsländern und dort vor allem Unternehmen im ländlichen Bereich, wo die Telekommunikationsinfrastruktur oftmals unzureichend ist.[517] Es wird sogar vermutet, dass E-Mail für viele Unternehmen in ländlichen Gebieten wegen zu geringer Bandbreite lange Zeit die Hauptanwendung sein wird.[518] Neben der technischen Infrastruktur stellt in manchen Ländern die mangelnde physische Infrastruktur vor allem beim E-Commerce (Transportmöglichkeiten, Zoll) ein weiteres Hindernis dar, da die Waren so nicht schnell genug zum Kunden gelangen können.[519] Diese Probleme wurden in den beiden Fallstudien jedoch nicht beobachtet.

Ein weiteres Hindernis ist mangelndes Internet Know-How. In vielen Unternehmen stellt mangelndes Know-How, vor allem Unkenntnis bezüglich der verschiedenen Anwendungen, ein erhebliches Hindernis bei der Internetnutzung dar.[520] Dies wurde auch in den beiden Fallstudien deutlich, in Costa Rica in wesentlich stärkerem Umfang als in Chile. In der Weinindustrie gab es nur vereinzelt Exportmanager, die mit den Instrumenten nicht vertraut waren. In Costa Rica hingegen sind viele Exportmanager mit der Funktionsweise von virtuellen Marktplätzen, Extranets und Internetwerbung nicht vertraut, was zu Berührungsängsten und geringem Vertrauen in die Fähigkeiten der Instrumente führt. Die Exportmanager misstrauen dem Internet bzw. den im Internet tätigen Personen und bevorzugen die Abwicklung der Geschäfte auf Basis

---

[516] Vgl. Kurbel, K./Teuteberg, F. (1997), S. 27; Daly, R./Miller, R. (1998), S. 11; Tregurtha, N./Vink, N. (2002), S. 5f; Suriadinata, Y.S.A. (2001), S. VI-12.

[517] Vgl. Singh, A.D. (1999), S. 9.

[518] Vgl. Kuwayama, M. (2001), S. 42.

[519] Vgl. Lake, S. (2000), S. 16f; Kuwayama, M. (2001), S. 46.

[520] Vgl. Kuwayama, M. (2001), S. 42f; Moodley, S. (2001), S. 8.

persönlicher Beziehungen.[521] Weitere Hindernisse sind in beiden Branchen die Altersstruktur und eine allgemeine, kulturell bedingte Technikfeindlichkeit.

Darüber hinaus beklagen Unternehmer vieler Branchen, auch in Industrieländern, mangelnde Personalkapazitäten. Nur große Unternehmen können sich eigene Internetbeauftragte leisten.[522] In den kleineren Unternehmen übernehmen die Exportmanager zusätzlich die Aufgaben des Internet-Marketing, weshalb sie häufig nur nebenher erledigt werden. In der Kaffeeindustrie kommt zusätzlich noch das Problem hinzu, dass viele Unternehmen erst am Anfang der Exportarbeit stehen und andere Aufgaben dringender zu erledigen sind. Dem kann allerdings entgegen gehalten werden, dass die Instrumente des Internet-Marketing häufig Zeiteinsparungen ermöglichen, und dann mehr Zeit für andere, auch höherwertigere Tätigkeiten zur Verfügung steht.

Ein weiteres Problem, welches in Chile keine, in Costa Rica und anderen Ländern durchaus eine Rolle spielt, sind die Kosten des Internetzuganges. In einigen, vor allem kleineren Unternehmen verhindern hohe Zugangskosten die Internetnutzung.[523] Auch in Costa Rica gaben einige Unternehmen an, aufgrund des niedrigen Kaffeepreises nicht über die notwendigen finanziellen Ressourcen für ein intensives Internetengagement zu verfügen. Betrachtet man jedoch die Ergebnisse der Unternehmen, die das Internet intensiv einsetzen, so wird deutlich, dass es bei entsprechender Nutzung zu Umsatzsteigerungen führen kann. Auch die Einsparungen in den Kommunikationskosten (Telefon, Fax) sind teilweise erheblich und übersteigen die laufenden Internetkosten oft um ein Vielfaches, so dass die Mehrheit der Unternehmen die Wirtschaftlichkeit des Internet-Marketing positiv bewertete. In Anbetracht dieser Ergebnisse verliert das Argument der mangelnden finanziellen Ressourcen an Bedeutung. Es liegt vielmehr die Vermutung nahe, dass auch in diesem Fall mangelnde Kenntnis der Anwendungen und ihrer Nutzeffekte das primäre Hindernis darstellen.

---

[521] Vgl. auch Tregurtha, N./Vink, N. (2002), S. 2f; Bennett, R. (1997), S. 9; OECD (1998), S. 10.

[522] Vgl. Kurbel, K./Teuteberg, F. (1997), S. 26; Suriadinata, Y.S.A. (2001), S. VI-17, Kuwayama, M. (2001), S. 43.

[523] Vgl. Fritz, W. (2002), S. 147; Kuwayama, M. (2001), S. 42; Mintz, S./Lawrence, T. (2002), S. 6.

Insgesamt betrachtet wird also deutlich, dass viele der Hindernisse mit Schulungen/Aufklärung über die Möglichkeiten und Nutzeffekte des Internet-Marketing beseitigt oder zumindest verringert werden könnten und das Internet damit noch wesentlich mehr Unternehmen in Entwicklungs- und Schwellenländern in ihrer Exportarbeit unterstützen könnte.

Hypothesen zu Hindernissen bei der Internetnutzung:

⇒ *Schlechte technische Infrastruktur verhindert intensivere Internetnutzung.*

⇒ *Mangelndes Internet Know-How ist ein großes Hindernis für intensivere Internetnutzung.*

⇒ *Zeitmangel von Seiten der Exportmanager stellt ein weiteres Hindernis für intensivere Internetnutzung dar.*

---

7 Fazit und Ausblick

Die Ergebnisse der beiden Fallstudien, die Cross-Case-Analyse und der Vergleich mit den Ergebnissen anderer Untersuchungen haben gezeigt, dass die verschiedenen Instrumente des Internet-Marketing im Exportmarketing durchaus sinnvoll und nutzenbringend eingesetzt werden können. Allerdings kommen nicht alle zur Verfügung stehenden Instrumente zum Einsatz. Zu den beliebtesten und am weitest verbreiteten Anwendungen, vor allem in Entwicklungsländern, gehören E-Mail und Sekundärforschung.[524] Seltener kommen Webseiten, Online-Befragung und Online-Beobachtung, Extranets, Internetauktionen, Internetwerbung, Online-Shops und virtuelle Marktplätze zum Einsatz. Von den anderen in Kapitel 2 beschriebenen Anwendungen, wie beispielsweise Online-Messen oder Online-Sponsoring, und den Anwendungen der Preis- und Produktpolitik wird in beiden Untersuchungsmärkten kein Gebrauch gemacht. Hierbei handelt es sich meist um sehr spezielle Anwendungen mit engem Einsatzbereich, die auch bei Unternehmen in Industrieländern selten zum Einsatz kommen und die oft, wenn überhaupt, erst in einem fortgeschrittenen Stadium der Internetnutzung verwendet werden.

Das teilweise niedrige Nutzungsniveau einzelner Anwendungen hat seine Ursache unter anderem darin, dass nicht jedes Instrument für jede Branche bzw. für jeden Teilmarkt gleichermaßen geeignet ist. Der Vergleich der beiden Fallstudien hat vielmehr ergeben, dass bestimmte Anwendungen in einigen Branchen/Teilmärkten sinnvoller eingesetzt werden können als in anderen.[525] Virtuelle Marktplätze und Internetauktionen sind vor allem in Branchen/Teilmärkten mit geringem Konzentrationsgrad und standardisierten Produkten vielversprechend.[526] Auch Webseiten erbringen in weniger konzentrierten Märkten und bei Markenprodukten mehr Nutzeffekte, als in kleineren Märkten, in denen hauptsächlich standardisierte Produkte gehandelt werden. Online-Shops eignen sich am besten für den Vertrieb virtueller Produkte. Bei realen Sachgütern macht ein Online-Shop nur dann Sinn, wenn die Transportkosten im Vergleich zum Produktpreis gering sind oder es möglich und sinn-

---

[524] Vgl. beispielsweise auch Mintz, S./Lawrence, T. (2002), S. 7; Daly, R./Miller, R. (1998), S. 9; Moodley, S. (2001), S. 8.

[525] Vgl. auch Poon, S./Swatman, P.M.C. (1998), S. 303.

[526] Vgl. auch Kuwayama, M. (2001), S. 47.

voll ist, vor Ort eine physische Distribution aufzubauen. In diesem Fall ist eine Beschränkung auf bestimmte Ländermärkte notwendig.

Abbildung 57 fasst die Einsatzmöglichkeiten der Instrumente zusammen:

Internetanwendung	Geeignete Marktstruktur
Online-Shop	Virtuelle Produkte, bei realen Produkten: geringe Transportkosten oder große, einheitliche, wenig regulierte Märkte, so dass Vertriebsgesellschaft wirtschaftlich
Virtuelle Marktplätze, Internetauktionen	Märkte mit geringem Konzentrationsgrad und standardisierten Produkten
Webseiten	Märkte mit geringem Konzentrationsgrad und Markenprodukten

Abbildung 57: Einsatzmöglichkeiten der Internet-Marketing Instrumente

Bei den anderen Anwendungen konnten keine Einschränkungen in Bezug auf bestimmte Marktstrukturen identifiziert werden. Sie sind prinzipiell in allen Branchen einsetzbar. Allerdings sind manche Anwendungen vor allem in Kombination mit anderen Anwendungen sinnvoll. So ist der Einsatz von Internetwerbung, Online-Beobachtungen und Online-Befragungen insbesondere bei Online-Shops und Webseiten geeignet, wenn nicht sogar unerlässlich. Online-Werbung ohne eine Webseite ist hingegen kaum sinnvoll, da alleinstehende Werbemaßnahmen bei der Größe des Internets verpuffen.[527] Eine Anwendung, die in den verschiedensten Märkten in Zusammenhang mit der Einrichtung einer Webseite nutzbringend erscheint, sind Extranets. Diese können entsprechend der Erfordernisse der einzelnen Märkte ausgestaltet werden und somit in den verschiedensten Branchen/Teilmärkten Nutzen stiften.

Aus diesen Ausführungen folgt folgende Hypothese zur Nutzung der Instrumente des Internet-Marketing:

Hypothese zur Nutzung der Instrumente des Internet-Marketing:

⇒ *In den untersuchten Unternehmen kommen lediglich die bekannteren und verbreiteteren Instrumente des Internet-Marketing zum Einsatz. Manche der verwendeten Instrumente eignen sich besonders für den Einsatz in speziellen Marktstrukturen. Andere Instrumente machen nur bzw. verstärkt in Kombination mit anderen Instrumenten Sinn.*

---

[527] Vgl. Wissmeier, U.K. (2002), S. 402.

Mit den zum Einsatz kommenden Anwendungen realisieren die Unternehmen zahlreiche Nutzeffekte. An erster Stelle stehen kunden- und marktbezogene Effekte.[528] Die Unternehmen verbessern ihre Marktbearbeitung und steigern dadurch die Kundenzufriedenheit, verbessern ihr Image und erhöhen die Kundenbindung. Darüber hinaus konnten einige Unternehmen neue Kunden gewinnen und Umsatzsteigerungen realisieren.[529] Neben den marktbezogenen Effekten entstehen Kosten- und Rationalisierungseffekte. Mit den Internetanwendungen können die Unternehmen Arbeitsabläufe beschleunigen, effizienter abwickeln und die Kommunikationskosten verringern.[530]

Dabei sind die Auswirkungen besonders in der internationalen Marktbearbeitung groß. Internationale Markteintrittsbarrieren können abgesenkt werden, da das Internet einen schnelleren, billigeren und einfacheren Zugang zu den Weltmärkten ermöglicht. Mit dem Internet können räumliche und zeitliche Grenzen und konventionelle Stadien der Internationalisierung leichter überwunden werden.[531] Filialnetze und Vertriebsorganisationen stellen nicht mehr unbedingt eine Markteintrittsbarriere dar. So können beispielsweise die Kaffeeexporteure mit Hilfe von Online-Shops den Einzelhandel umgehen und die Bezahlung teurer Listungsgebühren vermeiden.[532] Manche Unternehmen konnten durch das Aushandeln billiger Transportraten sogar auf den Aufbau physischer Vertriebsstätten verzichten und auch die damit verbundenen Sach- und Personalkosten einsparen. Außerdem sind im internationalen Bereich die Ersparnisse bei den Kommunikationskosten besonders hoch. Ein weiterer Vorteil der Internetnutzung liegt in der Überwindung von Zeitzonenunterschieden und der vereinfachten Marktbearbeitung während Auslandsreisen.

Aufgrund der vielfältigen Nutzeffekte und der in beiden Branchen relativ geringen Kosten schätzt die Mehrzahl der Exportmanager die Wirtschaftlichkeit der Internetanwendungen positiv ein. Für sie übersteigt die Summe der Nutzeffekte die Summe der Kosten. Die Kosten bewegen sich in beiden Branchen

---

[528] Vgl. auch Kurbel, K./Teuteberg, F. (1997), S. 19.

[529] Vgl. beispielsweise Poon, S./Swatman, P.M.C. (1998), S. 302; Suriadinata, Y.S.A. (2001), S. VI-24; Dholakia, N.; Dholakia, R.R.; Zwick, D.; Laub, M. (2001), S. 71.

[530] Vgl. beispielsweise Tregurtha, N./Vink, N. (2002), S. 8; Kuwayama, M. (2001), S. 37.

[531] Vgl. Kurbel, K./Teuteberg, F. (1999), S. 126; Bennett, R. (1997), S. 4f; Fritz, W. (2002), S. 145.

[532] Vgl. Fritz, W. (2002), S.144; Bennett, R. (1997) S. 9ff.

in der gleichen Größenordnung und sind nur für wenige Unternehmen, die sich aufgrund der Marktsituation in einer wirtschaftlich schwierigen Lage befinden, prohibitiv hoch.[533] Damit ist das Internet ein wirtschaftliches Marketing-Instrument, mit dem die internationale Marktbearbeitung von großen aber auch von kleinen Unternehmen erfolgreicher und effektiver gestaltet werden kann.

Hypothese zu Auswirkungen und Wirtschaftlichkeit des Internet-Marketing:

⇒ *Das Internet ist ein wirtschaftliches Marketing-Instrument, mit dem die Unternehmen zahlreiche Nutzeffekte realisieren und die internationale Marktbearbeitung effektiver und erfolgreicher gestalten können.*

Einschränkend muss jedoch angemerkt werden, dass die Wirtschaftlichkeit der Internetanwendungen nur für die Unternehmen gegeben ist, die das Internet aktiv nutzen, da sich die Nutzeffekte bei intensiverer Nutzung verstärken bzw. viele Nutzeffekte erst bei einer stärkeren Internetnutzung anfallen.[534] Nur die Unternehmen, die dem Interneteinsatz gegenüber aufgeschlossen sind, über Internet Know-How verfügen, es konsequent und zielorientiert einsetzen und auch entsprechende zeitliche und finanzielle Investitionen tätigen, können die beschriebenen Nutzeffekte realisieren.

Außerdem ist die Höhe der Nutzeffekte auch von der Internetakzeptanz in der Branche und im Zielmarkt abhängig. Die Untersuchungen haben gezeigt, dass die Unternehmen, welche bereits Geschäftspartner im Internet haben, eher bereit waren, das Internet (intensiver) zu nutzen.[535] Bei Online-Shops sind die maximalen Umsätze durch die Internetverbreitung und -akzeptanz bei den Endkunden im Zielmarkt begrenzt und Extranets machen erst dann Sinn, wenn die Geschäftspartner die angebotenen Dienstleistungen nutzen.

Darüber hinaus muss einschränkend gesagt werden, dass das Internet in beiden Branchen nur teilweise zum Exporterfolg beitragen kann. Wichtigster Erfolgsfaktor im Export ist die Produktqualität. Nur Anbieter qualitativ hochwertiger Produkte bzw. von Produkten mit angemessenem Preis-

---

[533] Auch andere Untersuchungen zeigen, dass erfolgreiches Internet-Marketing mit geringen Kosten möglich ist. Vgl. Lake, S. (2000), S. 15; Kurbel, K./Teuteberg, F. (1997), S. 14f; Bennett, R. (1997), S. 2.

[534] Vgl. auch Kurbel, K./Teuteberg, F. (1997), S. 21; Poon, S./Swatman, P.M.C. (1997a), S. 882; Kurbel, K./Teuteberg, F. (1999), S. 130.

[535] Vgl. Poon, S./Swatman, P.M.C. (1997a), S. 890.

Leistungsverhältnis können sich auf dem Weltmarkt behaupten. Da das Internet keinen Einfluss auf die Produktqualität hat, sondern lediglich in der Vermarktung eingesetzt werden kann, ist der maximale Erfolgsbeitrag begrenzt.[536] Weiterhin kann das Internet-Marketing die traditionelle Marktbearbeitung lediglich ergänzen, jedoch nie vollständig ersetzen, wodurch der Erfolgsbeitrag weiter eingeschränkt ist.[537]

Daraus ergibt sich folgende Hypothese zur Bedeutung des Internet-Marketing:

Hypothese zur Bedeutung des Internet-Marketing:

⇒ *Internet-Marketing ist ein ergänzendes Handlungsfeld für das internationale Marketing, mit dem die internationale Marktbearbeitung vereinfacht und verbessert werden kann, das jedoch lediglich ergänzend zu den traditionellen Maßnahmen eingesetzt werden kann und dessen maximaler Erfolgsbeitrag begrenzt ist. Außerdem realisieren nur die Unternehmen Nutzeffekte, die das Internet aktiv und zielgerichtet einsetzen.*

Dennoch sollten bestehende Hindernisse in der Internetnutzung abgebaut werden. Ein Haupthindernis für eine verstärkte Internetnutzung ist die mangelnde Kenntnis der verschiedenen Internet-Anwendungen und der damit verbundenen Nutzeffekte. Diesem Problem kann mit Schulungen begegnet werden, in denen die verschiedenen Internet-Anwendungen, ihr Einsatzbereich, die Anwendungsvoraussetzungen und die damit verbundenen Nutzeffekte vorgestellt werden. Auf diese Weise können die Bedenken der Unternehmer ausgeräumt und eine größere Offenheit und Investitionsbereitschaft geschaffen werden. Darüber hinaus kommt der Beseitigung von infrastrukturellen Hindernissen große Bedeutung zu. Mit einer Verbesserung der Infrastruktur und der Bereitstellung schnellerer Zugangsmöglichkeiten kann die Internetnutzung für die Unternehmen erleichtert und entsprechendes Know-How aufgebaut werden.

---

[536] Vgl. auch Moodley, S. (2001), S. 9.

[537] Vgl. Hildebrandt, V.G. (2000), S. 83; Wissmeier, U.K. (2002), S. 402; Goldstein, A./O`Connor, D. (2000), S. 16.

> *Hypothese zu den Hindernissen der Internetnutzung:*
>
> ⇒ *Durch die Schulung der Unternehmensvertreter über die verschiedenen Internetanwendungen kann die Internetnutzung gesteigert werden. Außerdem ist die Verfügbarkeit funktionsfähiger und verlässlicher Telekommunikationsinfrastruktur grundlegende Voraussetzung für eine stärkere Internetnutzung.*

Die Ergebnisse der Untersuchung zeigen, dass insgesamt die Hauptforschungsfrage positiv beantwortet werden kann: Internet-Marketing hat positive Auswirkungen auf Exportunternehmen in Entwicklungs- und Schwellenländern. Durch das Internet-Marketing können die Unternehmen erhebliche markt- und kundenbezogene Nutzeffekte realisieren und sich Rationalisierungspotenziale eröffnen. Dadurch können sie Differenzierungs- und Kostenführerschaftsstrategien verfolgen und ihre Wettbewerbsfähigkeit steigern.[538] Gerade Unternehmen aus Entwicklungs- und Schwellenländern können mit Hilfe des Internet-Marketing bestehende Wettbewerbsnachteile (z.B. große Distanz, Zeitverschiebung) verringern oder beseitigen. Da die Nutzeffekte unabhängig von Größe und Standort des Unternehmens anfallen, gilt dies in besonderem Maß für die kleinen und mittleren Unternehmen, die in Entwicklungs- und Schwellenländern einen Großteil der Wirtschaftsleistung erbringen.[539] Dies legt die Vermutung nahe, dass der Einsatz des Internet-Marketing im Export auch positive Auswirkungen auf die Gesamtwirtschaft dieser Länder hat, und damit die in Abschnitt 1.1 vorgestellte Gruppe der Optimisten Recht behalten wird, welche die Meinung vertritt, das Internet könne zu einer aufholenden Entwicklung dieser Länder beitragen.[540]

Allerdings zeigt die Untersuchung auch, dass die Skeptiker ebenfalls in gewisser Weise Recht behalten. Auch wenn ein schneller und komfortabler Zugang zum Internet die Grundbedingung für erfolgreiches Internet-Marketing ist, müssen zusätzlich noch andere Voraussetzungen erfüllt sein. Zum Einen ist Know-How über die verschiedenen Internetanwendungen notwendig. Zum Anderen muss in den Unternehmen die notwendige Offenheit für den Technologieeinsatz vorhanden sein. Weiterhin muss Internet-Marketing mit gewissem Engagement betrieben werden. Nur wenn der Interneteinsatz planvoll,

---

[538] Vgl. Porter (2001), S. 70; Kurbel, K./Teuteberg, F. (1999), S. 122; Poon, S./Swatman, P.M.C. (1998), S. 302; Tregurtha, N./Vink, N. (2002), S. 12.

[539] Vgl. OECD (1998), S. 5; Bennett, R. (1997), S. 4.

[540] Vgl. Daly, R./Miller, R. (1998), S. 11.

konsequent und zielgerichtet erfolgt, können die Unternehmen einige der o-
ben beschriebenen Nutzeffekte realisieren.

Um tatsächlich eine verlässliche Aussage zur Auswirkung auf die wirtschaft-
liche Entwicklung von Entwicklungs- und Schwellenländern treffen zu können, ist allerdings die Durchführung weiterer Untersuchungen notwendig.
Aufgrund des gewählten Forschungszuganges anhand von Fallstudien können
die Untersuchungsergebnisse nur (eingeschränkt) auf ähnlich strukturierte
Branchen, wie z.b. andere Agrar- oder Rohstoffbranchen, übertragen werden.
Damit liefert die Untersuchung zwar für viele Branchen in Entwicklungs- und
Schwellenländern interessante Hinweise. Für eine Verallgemeinerung sollten
jedoch auch in anderen Branchen ähnliche Untersuchungen durchgeführt
werden. Der Fokus sollte dabei auf anderen Agrar- bzw. Rohstoffbranchen
liegen, da diese für Entwicklungs- und Schwellenländer eine hohe Bedeutung
haben. Mit diesen Untersuchungen sollten die hier präsentierten Hypothesen
verfeinert und damit deren Generalisierbarkeit erhöht werden. Vor allem im
Bereich der Hindernisse sollten verstärkt Unternehmen untersucht werden, die
das Internet bisher nicht nutzen, um so noch mehr Hinweise auf Hindernisse
zu erhalten und fördernde Maßnahmen besser gestalten zu können.

Weiterhin wäre es auch sinnvoll, ähnliche Untersuchungen in gänzlich anderen Branchen, z.B. im Dienstleistungssektor, durchzuführen. Ein interessanter
Untersuchungsbereich wäre das sogenannte „Business Process Outsourcing".
In den letzten Jahren lagern Unternehmen aus Industrieländern verstärkt Geschäftsabläufe, wie die Eingabe von Daten, an Unternehmen in Entwicklungsländern aus. Die Übermittlung der dafür notwendigen Informationen erfolgt
über das Internet.[541] Solche Entwicklungen stellen eine weitere Chance für
Unternehmen in Entwicklungsländern dar und sollten entsprechend untersucht werden. Außerdem sollten auch die Auswirkungen der anderen Teilbe-
reiche des E-Business, wie Beschaffung (E-Procurement) oder Unterstützung
der internen Abläufe, untersucht werden. Auch in diesen Bereichen können
die Unternehmen vom Interneteinsatz profitieren. Auf Basis des verfeinerten
Hypothesenkonstruktes sollten dann quantitative Untersuchungen durchgeführt werden, so dass die Repräsentativität der Ergebnisse gezeigt werden
kann.

---

[541] Vgl. UNCTAD (2003), S. 135ff.

Anhang

I. Interview-Leitfaden

Angaben zum Unternehmen:

Anzahl der Mitarbeiter:

Umsatz in 2001, davon Export:

Anteile der Geschäftsfelder:

Anbaufläche, Produktion:

Fragen zum Internet-Marketing im Unternehmen:

1. Nutzen Sie das Internet im Exportmarketing?

- Wenn ja, welche Ziele wollen Sie damit erreichen?
- Wenn nein, aus welchem Grund verzichten Sie auf die Internetnutzung?

2. In welchen Bereichen des Exportmarketing (Marktforschung, Distributions-, Kommunikations-, Preis- und Produktpolitik) setzen Sie das Internet ein?
Welche Anwendungen werden genutzt?

- Wie funktioniert die Nutzung genau?
  - o Wann kommen die einzelnen Anwendungen zum Einsatz?
  - o Wie häufig nutzen Sie die einzelnen Anwendungen?
    Wie oft wird z.B. die Webseite aktualisiert?
  - o Wie intensiv nutzen Sie die Anwendungen?
    Wie hoch ist die Akzeptanz bei ihren Kunden/Importeuren?
  - o Wie sind die Verantwortlichkeiten im Internet-Marketing?
    Wie viele und welche Mitarbeiter haben Zugang zum Internet?
  - o Wie funktioniert die technische Abwicklung?
    Gibt es eine IT-Abteilung bzw. einen IT-Verantwortlichen?
- Welche Strategie verfolgen Sie im Internet-Marketing?
- Sind für die Zukunft größere Änderungen in der Internetnutzung geplant?

3. Weshalb setzen Sie gerade diese Anwendungen ein?
Weshalb verzichten Sie auf den Einsatz der anderen Instrumente?

4. Welche Auswirkungen hat der Interneteinsatz in Ihrem Unternehmen?

* Kosten:

    o Welche laufenden Kosten entstehen durch die verschiedenen Anwendungen?

    o Welche einmaligen Kosten sind bei Start der Internetnutzung entstanden?

    o Nutzen Sie das Internet außer im Exportmarketing auch noch in anderen Bereichen? Wenn ja, wie hoch sind die Nutzungsanteile?

* Nutzen:

    o Welche Nutzeffekte bringen die einzelnen Anwendungen auf den verschiedenen Ebenen (Arbeitsplatz, Bereich, Unternehmen, Kooperation) mit sich?

    o Welche Prozesse im Unternehmen sind betroffen?

    o Wirken die Veränderungen auf andere Tätigkeiten im selben Prozess?

    o Gibt es indirekte Auswirkungen auf andere Prozesse? Verändern die Internetanwendungen den Informationsfluss?

    o Haben sich Veränderungen in der Aufbau- oder Ablauforganisation ergeben?

    o Hat das Internet kundenbezogenen oder wettbewerbsrelevante Auswirkungen?

    o Können alternativ höherwertigere Tätigkeiten ausgeführt werden?

    o Hatte der Interneteinsatz negative Auswirkungen im Unternehmen?

    o Können Sie die Nutzeffekte quantifizieren?

    o Können Sie die quantitativen Nutzeffekte anhand von Kostensätzen o.ä. monetarisieren?

* Wirtschaftlichkeit:

    o Wie schätzen Sie das Verhältnis von Nutzen und Kosten für die einzelnen Anwendungen ein?

    o Ist die Internetnutzung in ihrem Unternehmen wirtschaftlich? Übersteigt die Summe der Nutzeffekte die Summe der Kosten?

5. Welche Faktoren machen Ihre Internetnutzung erfolgreich?

- Welche internen und externen Faktoren sind wichtig/zwingend notwendig für eine erfolgreiche Nutzung des Internet im Export?

6. Gab/gibt es Hindernisse bei der Nutzung des Internet? Welche Schwierigkeiten waren zu bewältigen?

- Welche internen/externen Faktoren behindern eine (stärkere) Internetnutzung?

- Mussten zu Anfang der Internetnutzung Schwierigkeiten bewältigt werden?

- Wenn ja, wie wurden diese Schwierigkeiten bewältigt?

Fragen zur Bedeutung des Internet-Marketing:

7. Welches sind die wichtigsten Erfolgsfaktoren im internationalen Weinhandel?

- Welche Gewichtung haben die Erfolgsfaktoren untereinander?

- Welches ist der wichtigste?

- Welches der unwichtigste?

8. In welchen Bereichen kann das Internet unterstützend wirken?

- Auf welche der oben genannten Erfolgsfaktoren hat das Internet Einfluss?

- Ist Internet-Marketing ein eigenständiger Erfolgsfaktor?

- Welchen Erfolgsbeitrag kann das Internet-Marketing leisten?

- Wie groß kann der maximale Anteil des Internet-Marketing am Erfolg sein?

9. Gibt es Unterschiede je nachdem in welchem Geschäftsfeld man sich befindet?

- Hat das Internet-Marketing in den einzelnen Teilmärkten unterschiedliche Bedeutung?

10. Welche Rolle wird das Internet im internationalen Weinhandel in Zukunft spielen?

Ergänzende Frage:

11. Welches sind die erfolgreichsten Weinexportunternehmen in Chile?

- Welche Unternehmen haben den höchsten Gewinn/Export-Umsatz?

- Welche Unternehmen haben die qualitativ besten Produkte?

- Welche Unternehmen sind bekannt für gute Internetnutzung bzw. gutes Exportmarketing?

II. Kategorienschema zur Auswertung der Interviews

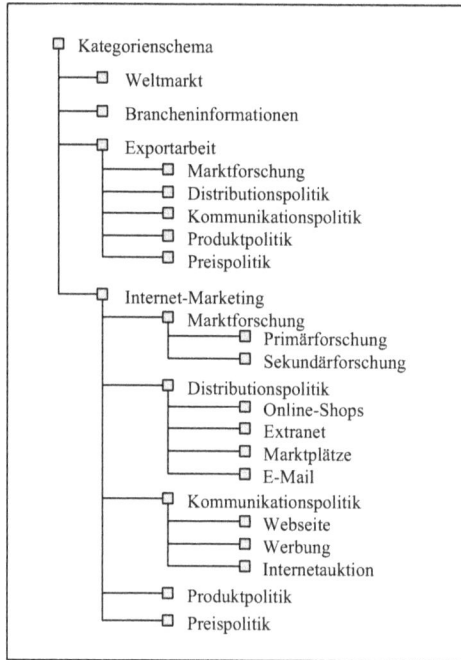

```
□ Kategorienschema
    □ Weltmarkt
    □ Brancheninformationen
    □ Exportarbeit
        □ Marktforschung
        □ Distributionspolitik
        □ Kommunikationspolitik
        □ Produktpolitik
        □ Preispolitik
    □ Internet-Marketing
        □ Marktforschung
            □ Primärforschung
            □ Sekundärforschung
        □ Distributionspolitik
            □ Online-Shops
            □ Extranet
            □ Marktplätze
            □ E-Mail
        □ Kommunikationspolitik
            □ Webseite
            □ Werbung
            □ Internetauktion
        □ Produktpolitik
        □ Preispolitik
```

Abbildung 58: Kategorienschema zur Auswertung der Interviews

III. Verzeichnis der Interviews – Weinexport Chile

No.	Datum	Unternehmen/Organisation	Interviewpartner	Funktion	Art des Interviews	Dauer (min.)
1	20.01.2002	Vinos de Chile	Ruth Baumann	Agentin Deutschland	persönlich	75
2	25.02.2002	Chile Wein Import	Heinz Wattler/ Johannes Wattler	Geschäftsführer	persönlich	100
3	25.02.2002	Pressebüro	Dr. Friedhelm Mühleib	Geschäftsführer	persönlich	95
4	24.03.2002	Ventisquero	Rafael Vargas Araya	Gerente Comercial	Messe	22
5	24.03.2002	Valle Frio	Sebastian Moreno Urzua	Präsident	Messe	40
6	24.03.2002	Cono Sur	Francois Le Chat	Export Manager Europa	Messe	15
7	24.03.2002	San Pedro	Danilo Buvinic	Marketingmanager	Messe	45
8	24.03.2002	Carta Vieja	Martin J. Clarkson	Export Manager Europa	Messe	30
9	24.03.2002	Vina Estampa	Miguel E. Correa	Exportdirektor	Messe	20
10	24.03.2002	El Principal	Jean Paul Valette	Geschäftsführer	Messe	7
11	25.03.2002	William Cole Wineyards	Pedro Grand M.	Vertriebsmanager	Messe	26
12	25.03.2002	Vina Cantera	Sergio M. Christian	Exportdirektor	Messe	18
13	25.03.2002	El Aromo	Jorge Krause	Export Manager	Messe	22
14	25.03.2002	Vina Donoso	Patricio Espinosa/ Rodrigo Vera C.	Key Account Manager/ Comercial Manager	Messe	20
15	25.03.2002	Concha y Toro	Paul Konar	Exportmanager	Messe	15
16	26.03.2002	Valdivieso	Winfried de Bernard	Exportmanager	Messe	27
17	26.03.2002	Canepa	Alex Fuentealba	Export Manager	Messe	14
18	26.03.2002	Santa Monica	Salvador Domenech	Exportdirektor	Messe	16
19	26.03.2002	Montgras	Patricio Middleton	Managing Director	Messe	16
20	25.03.2002	Global Wine and Spirits	Real Wolfe	Vizepräsident	Messe	42
21	11.10.2002	Ventisquero	Rafael Vargas Araya	Geschäftsführer	persönlich	65
22	14.10.2002	San Pedro	Danilo Buvinic	Export-Marketingmanager	persönlich	86
23	14.10.2002	San Pedro	Felipe Otten	Export Manager	persönlich	120
24	15.10.2002	San Pedro	Yanira Maldonado Gutierrez	Önologe	persönlich	55
25	17.10.2002	J.Bouchon	Carlos Lamoliatte	Exportmanager	persönlich	64
26	21.10.2002	Terraustral	Juan Oyarzun	Exportmanager	persönlich	45
27	21.10.2002	Terramater	Andres Goycoolea	Exportmanager	persönlich	58
28	21.10.2002	Millaman	Alfredo Perez Carmona	Exportmanager	persönlich	25
29	21.10.2002	Terramater	Jose Luis Jimenez	Exportmanager	persönlich	15
30	21.10.2002	Santa Monica	Salvador Domenech	Export Direktor	persönlich	60
31	22.10.2002	Odfjell Vineyards	José Masot	Exportmanager	persönlich	86
32	22.10.2002	Odfjell Vineyards	Pedro Ignacio Torres T.	Geschäftsführer	persönlich	38
33	23.10.2002	Chilevid	Alejandro Roach	Marketingmanager	persönlich	20
34	24.10.2002	St. Rita	Pedro Lacoste Morgado	Internetbeauftragter	persönlich	46
35	25.10.2002	Pauta Communicaciones	Valentina Miranda G.	Redakteurin	persönlich	34
36	28.10.2002	Chilevid	Rodrigo Alvarado Moore	Geschäftsführer	persönlich	47
37	28.10.2002	Vina Cantera	Sergio M. Christian	Exportdirektor	persönlich	37
38	29.10.2002	xpovin, Casa Marin	Maria Luz Marin	Geschäftsführer	persönlich	50
39	29.10.2002	Tarapaca	Francisco Ascui	Exportmanager	persönlich	35
40	29.10.2002	Tarapaca	Alberto Camacho L.	Marketingmanager	persönlich	37
41	29.10.2002	Tarapaca	Javier Iglesis B.	Exportmanager	persönlich	26
42	30.10.2002	Kendall-Jackson; Calina	Jaime Lamoliatte	Exportmanager	persönlich	46
43	30.10.2002	Casa Rivas	Mariano Salas Rivas	Direktor	persönlich	40
44	30.10.2002	Requincua	Alvaro Castro	Exportmanager	persönlich	46
45	04.11.2002	Via	Ricardo Israel	Exportmanager	persönlich	48
46	04.11.2002	San Pedro	Martin Durutti	Internetbeauftragter	persönlich	30
47	11.11.2002	Viu Manent	Hernan de la Cruz	Exportdirektor	persönlich	54
48	11.11.2002	Errazuriz	Gustavo Flores	Assistent Exportlogistik	persönlich	30
49	12.11.2002	St. Rita	Cristobal Duke	Exportmanager	persönlich	34
50	12.11.2002	Porta Winery	Jose Pedro Garnham P.	Exportmanager	persönlich	40
51	12.11.2002	William Fevre	Cyril Chaplot	Exportmanager	persönlich	33
52	13.11.2002	St. Ines	Dennis Murray	Leiter Marketing/Exporte	persönlich	61
53	14.11.2002	Valdivieso	Winfried de Bernhard	Exportmanager	persönlich	65
54	15.11.2002	Lapostolle	Eduardo Zapata	Leiter Verkauf	persönlich	20
55	19.11.2002	Prochile	Sergio Maureira Baeza	Produktmanager	persönlich	43
56	20.11.2002	Terranoble	Paula Martinez	Exportmanager	Telefon	35
57	21.11.2003	SAG	Victor Costa Barros	Beauftragter Weinindustrie	persönlich	37

Abbildung 59: Verzeichnis Interviews – Weinexport Chile

IV. Export Wein/Schaumwein chilenische Unternehmen 2001

Rang	Weingut	Chile: Export Wein und Schaumwein 2001		
		[Mio l]	[Mio USD FOB]	[USD/l]
1	Viña Concha y Toro	41,8	87,2	2,08
2	Viña San Pedro	34,7	62,4	1,80
3	Viña Santa Rita	9,7	32,0	3,29
4	Viña Sta. Carolina	10,6	24,7	2,32
5	Caliterra	6,3	21,2	3,38
6	Viña Sta. Emiliana	9,6	18,7	1,94
7	Champagne Valdivieso	7,0	17,2	2,44
8	Viña Undurraga	6,1	16,8	2,74
9	Viña Errázuriz	5,4	16,1	2,98
10	Viña Carmen	4,4	15,0	3,46
11	Viña Tarapacá ex Zavala	4,5	13,0	2,88
12	Viña Cono Sur S.A.	5,7	12,4	2,19
13	Viña Los Vascos	2,9	11,5	3,93
14	Vinos de Chile	6,1	11,3	1,85
15	Viña Santa Inés	10,7	10,2	0,95
16	Viña Montes	1,9	9,9	5,11
17	Viña La Rosa	4,3	9,7	2,28
18	Viña Carta Vieja	4,6	9,3	2,05
19	Agr. Canepa Ltda.	4,6	8,1	1,76
20	Vinos J. Cánepa	3,7	7,3	1,95
21	Casa Lapostolle	1,2	7,0	5,87
22	Agr. San José de Peralillo	2,8	6,6	2,36
23	Vitivinícola del Maipo S.A.	4,0	6,4	1,61
24	Alto de Casablanca SA	1,8	6,2	3,43
25	Viñedos y Bodegas Córpora	2,6	6,0	2,34
26	Viña Manquehue	2,6	5,5	2,11
27	Exp. Vieyza Ltda.	9,3	5,1	0,55
28	Vinos Santa Ema S.A.	1,7	4,9	2,89
29	Vinos M. Torres	1,5	4,9	3,24
30	Viña Cousiño Macul	1,2	4,8	3,91
31	Viña Morandé S.A.	2,4	4,7	1,98
32	Viñedos del Maule S.A.	7,9	4,4	0,56
33	Viña Maipo	2,6	4,3	1,68
34	Viñas Bisquertt Ltda.	1,2	4,3	3,66
35	Viña Almaviva S.A.	0,1	3,7	36,62
36	Chateau Los Boldos	1,4	3,7	2,61
37	Los Robles	2,2	3,2	1,49
38	Povin Exl. Ltda.	5,6	3,1	0,56
39	Fray León S.A.	2,6	3,1	1,17
40	Viña de la Rose S.A.	0,9	2,9	3,44
41	Baron Philippe de Rothschild	0,6	2,9	4,43
42	Bod. y Viñedos Bellavista	2,1	2,8	1,36
43	Viu y Cia Ltda.	0,8	2,8	3,43
44	Luis Felipe Edwards	0,8	2,8	3,44
45	Viña Casa Silva	0,7	2,6	3,79
46	Empresas Lourdes SA	5,9	2,6	0,43
47	Segu Olle y Cia Ltda.	1,6	2,4	1,56
48	Las Viñas de la Calina SA	0,7	2,2	2,94
49	Viña Echeverría Ltda.	0,6	2,2	3,60
50	Viña Francisco de Aguirre	2,6	2,1	0,81
	Sonstige	54,2	58,3	1,07
	Gesamt	**310,9**	**592,5**	**1,91**

Quelle: Viñas de Chile (2002a).

Abbildung 60: Export Wein und Schaumwein chilenische Unternehmen 2001

V. Weinproduktionsflächen nach Ländern

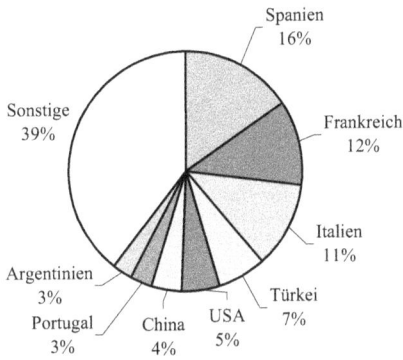

Quelle: O.I.V., vgl. Costa, V. (2002a), S. 4.

Abbildung 61: Weinproduktionsflächen nach Ländern

VI. Verzeichnis Interviews – Kaffeeexport Costa Rica

No.	Datum	Unternehmen/Organisation	Interviewpartner	Position	Art des Interviews	Dauer (min.)
1	19.05.2003	Melitta	Hr. Stoffeler	Leiter Einkauf	Telefon	65
2	20.05.2003	Neumann Kaffee Gruppe	Jens Sorgenfrei	Geschäftsführer	Telefon	55
3	21.05.2003	DIE	Andreas Stamm	Wissenschaftler	persönlich	65
4	26.05.2003	Aventura Café	Martin Roessner	Geschäftsführer	persönlich	120
5	27.05.2003	Neumann Kaffee Gruppe	Eduardo Kopper	Regionalmanager	persönlich	110
6	28.05.2003	Ceca S.A.	Manuel Morales	Geschäftsführer	persönlich	30
7	29.05.2003	The Coffee Source	Arnoldo Leiva	Geschäftsführer	persönlich	65
8	29.05.2003	IICA	Adriana Alpizar Marin	IT Verantwortliche	persönlich	15
9	30.05.2003	Coopronaranjo	Jose Vega Rodriguez	Leiter Export	persönlich	50
10	30.05.2003	Suscof	Henry Chacón	General Manager	persönlich	15
11	02.06.2003	Café Capris	Jürgen Plate	Geschäftsführer	persönlich	30
12	02.06.2003	Cia Continental	Jörn Henze	Händler	persönlich	120
13	02.06.2003	La Meseta	Rüdiger Freytag	Präsident	persönlich	35
14	03.06.2003	Asosiación de Cafés Finos	Mauricio Cercone	Direktor	persönlich	46
15	05.06.2003	Doka Estate	Rodrigo Vargas Ruiz	Präsident	persönlich	60
16	06.06.2003	Icafe	Juan Moya Fernandez	Präsident	persönlich	38
17	09.06.2003	Beneficiadora Santa Eduviges	Bernal Jimenez Salazar	Geschäftsführer	persönlich	24
18	09.06.2003	Doka Estate	Katherine Chaverri Acunja	Verantw. E-Commerce	persönlich	16
19	11.06.2003	Café Herbazú	Manuel Barrantes	Präsident	persönlich	30
20	12.06.2003	Orlich-Cafinter	Guido von Schroter	Sub-Director	persönlich	42
21	13.06.2003	Coopetarrazu	Juan Gamboa Zuniga	Geschäftsführer	persönlich	38
22	13.06.2003	Coopedota	Roberto Mata Naranjo	Geschäftsführer	persönlich	37
23	13.06.2003	Coopetarrazu	Martin Gutierrez G.	Marketingmanager	persönlich	15
24	16.06.2003	Hacienda Juan Vinas	Armando Gonzalez Jiménez	Geschäftsführer	persönlich	42
25	18.06.2003	Café Fino S.A.	Wilhelm Michel	Präsident	persönlich	73
26	18.06.2003	Libertad	Carlos Murillo Solano	Geschäftsführer	persönlich	50
27	20.06.2003	Sintercafé	Ligia Molina	Direktorin	persönlich	35
28	23.06.2003	Coocafé	Carlos Vargas Leitón	Geschäftsführer	persönlich	35
29	23.06.2003	Coopepalmares	Jose Angel Vásquez V.	Geschäftsführer	persönlich	38
30	24.06.2003	Técnico en Beneficiado	Juan Astúa Román	Geschäftsführer	persönlich	100
31	25.06.2003	Cafe Britt	Lucila Blanco M.	Marketingmanagerin	persönlich	51
32	26.06.2003	Deli Café	Carlos G. Lizano	Händler	persönlich	29

Abbildung 62: Verzeichnis Interviews – Kaffeeexport Costa Rica

VII. Struktur Kaffeesektor Costa Rica

Sektor	2000-2001	2001-2002
Kaffeebauern	72.613	70.523
Beneficios	97	93
Exporteure	51	56
Röster	33	34
Händler	47	49

Quelle: Icafé (2002), S. 15.

Abbildung 63: Struktur Kaffeesektor Costa Rica

VIII. Exportländer Kaffee Ø 1999-2002

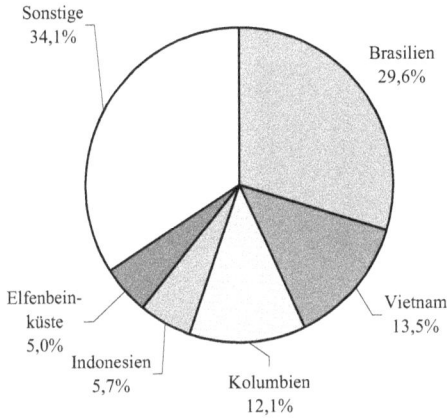

Quelle: Icafé (2002), S. 10.

Abbildung 64: Exportländer Kaffee Ø 1999-2002

IX. Verteilung Anbauflächen Costa Rica nach Höhenlage 2001

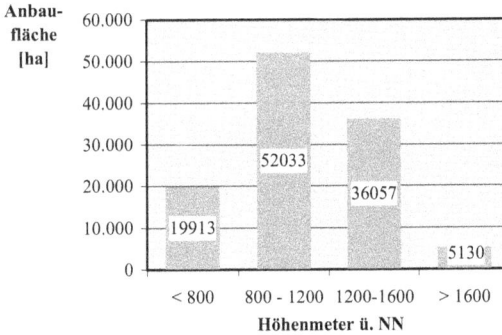

Quelle: Censo Cafetalero, vgl. Icafé (2002), S. 16.

Abbildung 65: Verteilung Anbauflächen Costa Rica nach Höhenlage 2001

Literaturverzeichnis

Aguayo, M. (2002a): Marceteando las medallas, in: VitiViniCCultura, Vol. 1, No. 4, Julio-Agosto 2002, S. 83-90.

Aguayo, M. (2002b): Espejito, Espejito..? Seremos los mejorcitos?, in: Viti-ViniCCultura, Vol. 1, No. 6, Noviembre-Diciembre 2002, S. 63-72.

Alpar, P. (1998): Kommerzielle Nutzung des Internet, 2. Aufl., Berlin.

Asociación de Cafe Finos de Costa Rica (2003a): Resultados Subasta "Cosecha de Oro" 2003, in: Asociación de Cafe Finos de Costa Rica [Hrsg.], interne Statistiken.

Asociación de Cafe Finos de Costa Rica (2003b): Cuadro Comparativo Subasta "Cosecha de Oro" 2002-2003, in: Asociacion de Cafe Finos de Costa Rica [Hrsg.], interne Statistiken.

Asociación de Cafe Finos de Costa Rica (2003c): Lista de los Cafés Seleccionados para la subasta, in: Asociacion de Cafe Finos de Costa Rica [Hrsg.], interne Statistiken.

Atteslander, P. (2000): Methoden der empirischen Sozialforschung, 9. Aufl., Berlin.

Bachem, C./Fölsch, F./Goldhammer, K. (2002): Online-Werbeformen, in: Schögel, M.; Tomczak, T.; Belz, C. [Hrsg.], Roadmap to E-Business, St. Gallen, S. 652-667.

Backhaus, K.; Büschken, J.; Voeth, M. (2003): Internationales Marketing, 5. Aufl., Stuttgart.

Barua, A./Whinston, A. (2001): Measuring the Internet Economy, University of Texas, Austin, Cisco Systems, gefunden in: www.internetindicators.com, am: 23.01.2001.

Beck, A./Köppen, R. (1998): Internet in kleinen und mittleren Unternehmen, Karlsruhe.

Bennett, R. (1997): Export maketing and the Internet Experiencs of Web Site Use and Perceptions of Export Barriers among UK Businesses, in: International Marketing Review, vol. 14, issue 5, S. 324-344.

Berekoven, L.; Eckert, W.; Ellenrieder, P. (1999): Marktforschung, 8. Aufl., Wiesbaden.

Berlecon Research (1999): Virtuelle Vermittler: Business-to-Business-Marktplätze im Internet, Berlin.

Berndt, R.; Fantapié Altobelli, C.; Sander, M. (1999): Internationales Marketing-Management, Berlin.

Biberschick, D./Weise, G. (1991): Neuer Bewertungsansatz bei der Auswahl von CIM-Systemen, in: io Management Zeitschrift, Vol. 60, Nr. 5, S. 67-73.

Bliemel, F./Fassot, G. (2002): Produktpolitik im Electronic Business, in: Weiber R. [Hrsg.], Handbuch Electronic Business, 2. Aufl., Wiesbaden, S. 673-688.

Bond-Mendel, G.N./Simintiras, A. (1995): Locating Information Gaps in the Personal Selling of Wine, in: International Journal of Wine Marketing, Vol. 7, No. 3/4, S. 13-40.

Bortz, J./Döring, N. (1995): Forschungsmethoden und Evaluation, 2. Aufl., Berlin.

Brown, S. (2000a): E-Commerce: Marketing Tool or Revenue Producer?, in: Tea and Coffee Trade Journal, Vol. 172, No. 6, gefunden in: www.teaandcoffee.net/0600/special.htm, am: 30.01.2002.

Brown, S. (2000b): Internet Injects Traditional Marketing, in: Tea and Coffee Trade Journal, Vol. 172, No. 4, gefunden in: www.teaandcoffee.net/0400/special.htm, am: 30.01.2002.

Brown, S. (2000c): Commodity Exchanges, in: Tea and Coffee Trade Journal, Vol. 172, No. 10, gefunden in: www.teaandcoffee.net/1000/special.htm, am: 30.01.2002.

Brown, S. (2000d): Selling Coffee over the Internet, in: Tea and Coffee Trade Journal, Vol. 172, No. 2, gefunden in: www.teaandcoffee.net/0200/coffee.htm, am: 30.01.2002.

Brown, S. (2001): Coffee Transport in the New Millenium, in: Tea and Coffee Trade Journal, Vol. 174, No. 2, gefunden in: www.teaandcoffee.net/0201/coffee.htm, am: 30.01.2002.

Bruhn, M. (1995): Sponsoring, in: Tietz, B./Köhler, R./Zentes, J. [Hrsg.], Handwörterbuch des Marketing, 2. Aufl., Stuttgart, Sp. 2342.

Capris (2002): Volcafé Costa Rica – Company Presentation, San José.

Clarke, O. (2001): Clarke`s großer Weinführer, München.

Clement, M.; Peters, K.; Preis, F.J.(1999): Entwicklung interaktiver Medien und Dienste, in: Albers, S.; Clement, P.; Peters, K. [Hrsg.], Marketing mit interaktiven Medien, 2. Aufl., Frankfurt, S.49-64.

Coffee Research Institute (2001): New York Coffee Exchange Overview, gefunden in: http://www.coffeeresearch.org/market/coffeemarket.htm, am: 27.11.2001.

Coggan, M. (2000): Business to Business Web Sites for the Wine Industry, in: Vineyard and Winery Management, Vol. 26, No. 6, gefunden in: http://www.vwm-online.com/Magazine/Archive/2000/Archive2000.htm, am: 16.01.2002.

Conrady, R. (2002): Einflüsse des Online-Marketing auf die Produktpolitik, in: Conrady, R. [Hrsg.], Online-Marketing-Instrumente: Angebot, Kommunikation, Distribution, Praxisbeispiele; S. 17-34, Neuwied.

Costa, V. (2002a): La Vitivinicultura Mundial y la Situación Chilena en 2002, Gobierno de Chile, Servicio Agricola y Ganadero (SAG), Santiago de Chile.

Costa, V. (2002b): Panorama de la Vitivinicultura Chilena en 2002, Gobierno de Chile, Servicio Agricola y Ganadero, Santiago de Chile.

Daly, R./Miller, R. (1998): Corporations` Use of the Internet in Developing Countries, in: The World Bank [Hrsg.], IFC Discussion Paper No. 35.

Dann, S./Dann, S. (2001): Strategic Internet Marketing, Milton.

Dempsey, C. (2000): Business E-Commerce Dot-Coms set Sites on Wine Industry, in: Wine Business Monthly, Vol. VII, No. 5, gefunden in: http://winebusiness.com/html/MonthlyArticle.cfm?AId=492&issueId=25886, am: 30.01.2002

Deutscher Kaffee-Verband (1997): Kaffee-Bibliothek, gefunden in: http://www.kaffeeverband.de/148.htm, am: 08.01.2002.

Deutscher Kaffee-Verband (2002): Kaffeebericht 2001, gefunden in: http://www.kaffeeverband.de/pdf/jb01.pdf, am: 23.05.2002.

Deutscher Kaffeeverband (1990): Kaffee - Produkt der Entwicklungsländer, Welthandelsgut und Genußmittel, Hamburg.

Deutsches Weininstitut (2002): Statistik - Deutscher Wein 2002/2003, Mainz.

Dholakia, N.; Dholakia, R.R.; Zwick, D.; Laub, M. (2001): Electronic Commerce und die Transformation des Marketing, in: Fritz, W. [Hrsg.], Internet Marketing, 2. Aufl., Stuttgart, S. 61-95.

Donoso, J.M. (2002): Temporada comercial 2002 vinos a granel, in: VitiViniCCultura, Vol. 1, No. 4, Julio-Agosto 2002, S. 91-92.

Dresbach, S. (1999): Epistemologische Überlegungen zu Modellen in der Wirtschaftsinformatik, in: Becker, J. et al [Hrsg.], Wirtschaftsinformatik und Wissenschaftstheorie, Wiesbaden, S. 71-94.

Duhan, D.F. et al (1999): Origin Information and Retail Sales of Wine, in: International Journal of Wine Marketing, Vol. 11, No. 3, S. 44-57.

ECLAC (2003): Statistical Yearbook for Latin America and the Caribbean 2002, Mexico.

Eisenhardt, K. (1989): Building Theories from Case Study Research, in: Academy of Management Review, Vol. 14, No. 4, S. 533-550.

Ergenzinger, R./Thommen, J-P. (2001), Marketing, Zürich.

Fantapié Altobelli, C./Sander, M. (2001): Internet-Branding: Marketing und Markenführung im Internet, Stuttgart.

Fässler, L. (2002): Rechtliche Rahmenbedinungen des E-Commerce, in: Schögel, M.; Tomczak, T.; Belz, C. [Hrsg.], Roadmap to E-Business, St. Gallen, S. 190-208.

Flitter, R./Kaplinsky, R. (2001): Who Gains From Product Rents as the Coffee Market Becomes More Differentiated? A Value Chain Analysis, in: IDS Bulletin Paper, gefunden in: http://www.ids.ac.uk/IDS/global/pdfs/productrents.pdf, am: 12.01.2002.

Flores, M. et al (2002): El Impacto de la caída de los precios del café, CEPAL Mexico, gefunden in: http://www.revistainterforum.com/pdf/042302cepalCafe.pdf, am: 23.01.2003.

Franson, P. (2000): Chilean Wineries rush to adress new demand, in: Vineyard & Winery Management, Vol. 26, No. 4, gefunden in: http://www.vwm-online.com// Magazine/Archive/2000/Vol26_No4/Chile.htm, am: 26.09.2002.

Freichel, S. (1992): Organisation von Logistikservice-Netzwerken: Theoretische Konzeption und empirische Fallstudien, Berlin.

Fritz, W. (2001a): Internet Marketing und Electronic Commerce, 2. Aufl., Wiesbaden.

Fritz, W. (2001b): Internet-Marketing: Eine Einführung, in: Fritz, W. [Hrsg.], Internet-Marketing, 2. Aufl., Stuttgart, S. 1-19.

Fritz, W. (2002): Markteintrittsstrategien im Electronic Business, in: Schögel, M.; Tomczak, T.; Belz, C. [Hrsg.], Roadmap to E-Business, St. Gallen, S. 136-151.

Fritz, W./von der Oelsnitz, D. (2001): Marketing, 3. Aufl., Stuttgart.

Gabler (1998): Wirtschafts-Lexikon, 12. Aufl., Wiesbaden.

Galliers, R.D. (1990): Choosing Appropriate Information Systems Research Approaches: A Revised Taxonomy, in: Nissen, H.E.; Klein, H.K.; Hirschheim, R. [Hrsg.], Information Systems Research: Contemporary Approaches & Emergent Traditions; Proceedings of the IFIP TC 8/WG 8.2, Copenhagen, S. 327-346.

Gardon, O.W. (2000): Electronic Commerce: Grundlagen und Technologien des elektronischen Geschäftsverkehrs, Marburg.

Gassmann, O. (1999): Praxisnähe mit Fallstudienforschung, in: Wissenschaftsmanagement, 5. Jhrg., Nr. 3, Mai/Juni, S.11-16.

Gaßner, P. (1994): Die Wirtschaftlichkeit von Elektronischem Datenaustausch (EDI), München.

Gebauer, J./Ginsberg, M. (2001): The Vines They Are E-Changin`- Or Are They? The California Wine Industry Enters the Digital Age, Working Paper 01-WP-1037, Fisher CITM, Berkeley, CA.

Gerdes, H.J. (1992): Wirtschaftlichkeit von PPS-Systemen, in: CIM Management, 4/92, S. 49-52.

Gideon, R. (1999): The Disappearing Wine Drinker, in: The Economist, December 18th 1999.

Gideon, R. (1999): Wine Survey: The Globe in a Glass, in: The Economist, December 18th 1999.

Goldstein, A./O`Connor, D. (2000): E-Commerce for Development: Prospects and Policy Issues, Technical Papers No. 164, OECD Development Centre.

Hall, J.; Shaw, M.; Doole, I. (1995): Cross-cultural Analysis of wine consumption motivations, in: International Journal of Wine Marketing, Vol.7, No.3/4, S. 83-92.

Heinzmann, P. (2002): Internet - Die Kommunikationsplattform des 21. Jahrhunderts, in: Weiber R. [Hrsg.], Handbuch Electronic Business, 2. Aufl., Wiesbaden, S. 41-78.

Helmke, S./Übel, M. (2002): Verkaufsmöglichkeiten im Internet, in: Conrady, R. [Hrsg.], Online-Marketing-Instrumente, Neuwied, S. 207-221.

Hemmer, H.R. (2002): Wirtschaftsprobleme der Entwicklungsländer, München.

Hermanns, A./Gampenrieder, A. (2002): Wesen und Eigenschaften des E-Commerce, in: Schögel, M.; Tomczak, T.; Belz, C. [Hrsg.], Roadmap to E-Business, St. Gallen, S. 70-91.

Herrmann, C./Sulzmaier, S. (2001): Digital Marketing - Neue Regeln dank Internet, in: Herrmann, C.; Sulzmaier, S. [Hrsg.], E-Marketing, Frankfurt, S.38-58.

Hermanns, A./Sauter, F. (1999): Electronic Commerce - Grundlagen, Potentiale, Marktteilnehmer und Transaktionen, in: Hermanns, A.; Sauter, F. [Hrsg.], Management-Handbuch Electronic Commerce, München, S. 13-29.

Hildebrandt, V.G. (2000): Kundenbindung und Electronic Commerce – Electronic Customer-Relationship-Management, in: Wamser, C. [Hrsg.], E-lectronic Commerce: Grundlagen und Perspektiven, München, S. 71-95.

Homburg, C./Krohmer, H. (2003): Marketingmanagement, Wiesbaden.

Horváth, P. (1988): Grundprobleme der Wirtschftlichkeitsanalyse beim Einsatz neuer Informations- und Produktionstechnologien, in: Peter Horváth [Hrsg.], Wirtschaftlichkeit neuer Produktions- und Informationstechnologien, Stuttgart, S. 1-14.

Humphrey, J. (2002): Business-to-business E-Commerce and Access to Global Markets: Exclusive or Inclusive Outcomes?, Institute of Development Studies, gefunden in: http://www.gapresearch.org/production/jhb2bgvcfinal.pdf, am: 30.09.2002.

Icafé (2002): Informe sobre la Actividad Cafetalera de Costa Rica, Icafé, San José.

ICO et al (2000): The Gourmet Coffee Projekt: Adding Value to Green Coffee (2 volumes), London, Genf, Amsterdam.

ICO (2003): Trade Statistics: Imports of Importing Members in 60 Kilo Bags; Imports of Non-Member Countries in 60 Kilo Bags; Re-Exports of Importing Members; Re-Exports of Non-Member Countries, gefunden in: http://www.ico.org/frameset/traset.htm, am: 30.3.2002.

ICO (2004): ICO Indicator Prices (monthly averages), Composite Indicator Price, gefunden in: http://www.ico.org/frameset/priset.htm, am: 12.01.2004.

IDC (2003): IDC finds that Broadband Adoption will Drive Internet Traffic Growth. Press Release 27 February, gefunden in: www.idc.com, am: 30.03.2003.

ITU (1999): Challenges to the Network: Internet for Development, 2. Aufl., Genf, gefunden in: http://www.itu.int/ITU-D/ict/publications/inet/1999/index.html, am: 05.03.2004.

ITU (2001): Internet indicators: Hosts, Users and Number of PCs: 2000, gefunden in: http://www.itu.int/ITU-D/ict/statistics/at_glance/Internet00.pdf, am: 15.03.2004.

ITU (2003a): World Telecommunication Development Report - Access Indicators for the Information Society, gefunden in: http://www.itu.int/ITU-D/ict/publications/wtdr_03/index.html, am: 15.03.2004.

ITU (2003b): Internet indicators: Hosts, Users and Number of PCs: 2002, gefunden in: http://www.itu.int/ITU-D/ict/statistics/at_glance/Internet02.pdf, am: 15.03.2004.

Kollmann,T. (1999): Elektronische Marktplätze - Die Notwendigkeit eines bilateralen One to One-Marketingansatzes, in: Bliemel, F.; Fassot, G.; Theobald, A. [Hrsg.], Electronic Commerce, 2. Aufl., Wiesbaden, S. 211-232.

Kotler, P./Bliemel, F. (2001): Marketing-Management: Analyse, Planung und Verwirklichung, 10. Aufl., Stuttgart.

Kromrey, H. (1998): Empirische Sozialforschung, 8. Aufl., Opladen.

Kurbel, K./Teuteberg, F. (1997): Betriebliche Internet-Nutzung in der Bundesrepublik Deutschland, Arbeitsbericht, Frankfurt/Oder.

Kurbel, K./Teuteberg, F. (1999): Umsatzsteigerung durch Internetengagement?, in: Scheer, A.-W.; Nüttgens, M. [Hrsg.], Electronic Business Engineering, 4. Internationale Tagung Wirtschaftsinformatik 1999, Heidelberg, S. 113-134.

Kurnia, S./Swatman, P.M.C. (1998): Pre-EDI Cost-Benefit Analysis: A Case Study in an Insurance Company, in: The Second Collaborative Electronic Commerce Technology and Research, S. 48-64, Sidney.

Kuß, A. (2003): Marketing-Einführung, 2. Aufl., Wiesbaden.

Kuwayama, M. (2001): E-Commerce and export promotion policies for Small- and Medium Sized Enterprises: East Asian and Latin American Experiences, CEPAL, Santiago de Chile.

Lake (2000): E-Commerce and LDCs - Challenges for Enterprises and Governments, UNCTAD E-Commerce and LDCs Round Table, gefunden in: r0.unctad.org/ecommerce/event_docs/kathmandu_background.pdf, am: 15.12.2001.

Lamnek, S. (1989): Qualitative Sozialforschung - Band 2, Methoden und Techniken, München.

Leahy, R.G. (2000): B2B Wine and E-Commerce, in: Vineyard and Winery Management, Vol. 26, No. 4, gefunden in: http://www.vwm-online.com/Magazine/Archive/2000/ Vol26_No4/B2B.htm, am: 30.01.2002.

Linß, H. (1995): Analyse der Nutzeffekte von verschiedenen Integrationsformen der Informationsverarbeitung -Vorgehensmodell und empirische Ergebnisse, Göttingen.

Manninger, M. (2001): Electronic Commerce - die Technik, Heidelberg.

Mathäß, J. (1997): Weine aus Chile, Köln.

Mayring, P. (1999): Einführung in die qualitative Sozialforschung, 4. Aufl., Weinheim.

McConnell Interntational (2001): Ready? Net.Go!, gefunden in: http://www.mcconnellinternational.com/ereadiness/ereadinessreport2.htm, am: 15.03.2002.

Medina, S. (2002a): Sin Vueltas Atrás, in: VitiViniCCultura, Vol. 1, No. 3, Mayo-Junio 2002, S. 59-67.

Medina, S. (2002b): El Valor de la Palabra Empenada, in: VitiViniCCultura, Vol. 1, No. 4, Julio-Agosto 2002, S. 65-70.

Meffert, H. (2000): Marketing, 9. Aufl., Wiesbaden.

Meffert, H./Böing, C. (2001): Erfolgsfaktoren und Eintrittsvoraussetzungen im Business-to-Consumer E-Commerce - ausgewählte Ergebnisse einer empirischen Analyse, in: Fritz, W. [Hrsg.], Internet-Marketing, 2. Aufl., Stuttgart, S. 453-477.

Mintz, S./Lawrence, T. (2002): The Internet as a Tool for Small and Medium Enterprise Development in Ukraine, gefunden in: http://www.bizpro.org.ua/clients/bizpro/ bpuaen.nsf/0/516023B2CBC9CE32C2256B79004A75A2?opendocume nt, am: 14.01.2004.

Miranda, V. (2002): Precio de la Uva: Productores en la Cuerda Floja, in: VitiViniCCultura, Vol. 1, No. 1, S. 26-30.

Miremont, V. (2000): South America Bulk Wine - Will Producers find a Solution for Excess Production?, in: Wine Business Monthly, Vol. VII, No. 7, gefunden in: www.winebusiness.com, am: 30.01.2002.

Moodley, S. (2001): The Impact of E-commerce on Small Exporting Firms in the South African Wooden Furniture Manufacturing Sector, in: Journal of Information Technoloy Impact, Vol. 2, No. 3, preprint, 2001, gefunden in: http://cbdd.wsu.edu/networks/africa_dot_edu/Images/PDF/moodley.pdf , am: 25.08.2002.

Müller, R.A.E./Stricker, S. (2000): The German Wine Industry: Ripe for E-Commerce?, Paper Presented at the AIC Wine Workshop October 25, 2000.

N.N. (1998): Chile, in: von Baratta, M. [Hrsg.], Der Fischer Weltalmanach, Frankfurt am Main, Sp. 129-130.

N.N. (1998): Costa Rica, in: von Baratta, M. [Hrsg.], Der Fischer Weltalmanach, Frankfurt am Main, Sp. 148.

N.N. (2001): Cápsulas y Etiquetas: Bien Vestido, Bien Recibido, in: Vendimia, Vol. 4, No. 18, Marzo-Abril 2001, S. 24-27.

N.N. (2002b): La Unión Europea en las Exportaciones de Vinos Chilenos, in: VitiViniCCultura, Vol. 1, No. 4, Julio-Agosto 2002, S. 93-96.

N.N. (2002a): Evolución de la Superficie de Vinas Chilenas, in: VitiViniC-Cultura, Vol. 1, No. 5, Septiembre-Octubre 2002, S. 94-96.

Nagel, K. (1988): Nutzen der Informationsverarbeitung, München.

Niemeier, J. (1988): Konzepte der Wirtschaftlichkeitsrechnung bei integrierten Informationssystemen, in: Peter Horváth [Hrsg.], Wirtschaftlichkeit neuer Produktions- und Informationstechnologien, Stuttgart, S. 15-35.

Niemeier, J./Lenhart, H. (1990): Informations-Controlling, in: Fortschrittliche Betriebsführung und Industrial Engineering, 1990, Nr. 3, S. 108-114.

Nieschlag, R./Dichtl, E./Hörschgen, H. (2002): Marketing, 19. Aufl., Berlin.

OECD (1998): SMEs and Electronic Commerce, Paper for the OECD Ministerial Conference on Electronic Commerce, Ottawa 7-9 October, 1998.

Paré, D. (2001): Does This Site Deliver? B2B E-Commerce Services for Developing Countries, Draft, The London School of Economics & Political Science, gefunden in: www.gapresearch.org/production/DanArticleFIN.pdf, am: 15.07.2002.

Penn, J./Christy, R. (1994): Marketing by Smaller Wine Producers and the Penetrations of New Distribution Channels, in: International Journal of Wine Marketing, Vol. 6, No. 3/4, S. 20-31.

Perlitz, M. (2000): Internationales Management, 4. Aufl., Stuttgart.

Picot, A./Reichwald, R. (1987): Bürokommunikation - Leitsätze für den Anwender, München.

Ponte, S. (2001a): The 'Latte Revolution'? Winners and Losers in the Restructuring of the Global Coffee Marketing Chain, CDR Working Paper 01.3, Centre for Development Research, Copenhagen, gefunden in: www.cdr.dk/working_papers/wp-01-3.pdf, am: 23.01.2002.

Ponte, S. (2001b): Coffee Markets in East Africa: Local Responses to Global Challenges or Global Responses to Local Challenges?, CDR Working Paper 01.5, Centre for Development Research, Copenhagen, gefunden in: www.cdr.dk/working_papers/wp-01-5.pdf, am: 23.01.2002.

Poon, S./Swatman, P.M.C. (1997a): Emerging Issues on Small Business Use of the Internet: 23 Australian Case Studies, in: Proceedings of "ECIS`97" - 5th European Conference on Information Systems, Cork, Ireland, June 19-21, S. 882-895.

Poon, S./Swatman, P.M.C. (1997b): Determinants of Small Business Internet Usage: A Multi-method Investigation of Perceived Benefits, in: Proceedings of "Bled`97 - 10th International Conference on Electronic Commerce, Bled, Slovenia, June 9-11,1997, S. 465-483.

Poon, S./Swatman, P.M.C. (1998): A Longitudinal Study of Expectations in Small Business Internet Commerce, in: Proceedings of "Bled`98", the 11th Bled International Conference on Electronic Commerce, S. 295-209.

Porter, M.E./Millar, V.E. (1985): How information gives you a competitive advantage, in: Harvard Business Review, No. 4, July-August 1985, S. 149-160.

Porter, M.E./Millar, V.E. (1986): Wettbewerbsvorteil durch Information, in: Harvard Manager, No. 1 (1986), S. 26-35.

Porter, M.E.: Strategy and the Internet, in: Harvard Business Review, March 2001, S. 63-78.

Preißner, A. (2001): Marketing im E-Business, Wien.

Press, L. et al (2000): A Case Study of Electronic Commerce in Nepal, gefunden in: http://som.csudh.edu/cis/lpress/articles/nepalcase.htm, am: 25.03.2001.

Quelch, J.A./Klein, L.R. (1996): The Internet and International Marketing, in: Sloan Management Review, Spring 1996, S. 60-75.

Quelch, J.A./Klein, L. R. (1997): Business-to-Business Market Making on the Internet, in: International Marketing Review, Vol. 14, Issue 5, S. 345-361.

Quester, J.S. (1996): Product Involvement in Consumer Wine Purchases: Its Demographic Determinants and Influende on Choice Attributes, in: International Journal of Wine Marketing, Vol. 8, No. 3/4, 1996, S. 37-56.

Rengelshausen, O. (2000): Online-Marketing in deutschen Unternehmen: Einsatz-Akzeptanz-Wirkungen, Wiesbaden.

Retter, G. (1996): Ein prozeßorientiertes Wirtschaftlichkeitsanalyseverfahren zur Bewertung von Informationssystemen anhand strategischer Wirkungen, Aachen.

Riedel, H. (1989): Die Systemwirtschaftlichkeitsrechnung: Verfahren und Instrumente zur monetären Bewertung von Investitionen im Rahmen einer Strategie des Computer Integrated Manufacturing, Göttingen.

Riesco, J.M. (2002): Ferias y Concursos de Vinos: Valiosas Vitrinas comerciales, in: VitiViniCCultura, Vol. 1, Nr. 1, Januar-März 2002, S. 42-46.

Ronchi, L. (2002): The impact of fair trade on producers and their organisations, a Case Study with Coocafé in Costa Rica, PRUS Working Paper No. 11, June 2002.

Servicio Agricola y Ganadero (2002): Panorama de la Vitivinicultura Chilena en 2002, Santiago de Chile.

Samiee, S. (1998): Exporting and the Internet: A Conceptual Perspective, in: International Marketing Review, Vol. 15, No. 5, S. 413-426.

Sassone, P.G. (1986): Cost-Benefit Analysis of Information Systems. A Survey of Methodologies, Technical Paper Georgia Institute of Technology, gefunden in: http://portal.acm.org/citation.cfm?id=45424&dl=ACM&coll=GUIDE am: 12.12.2002.

Sassone, P.G./Schwarz, P.A. (1986): Cost-Justifying, in: Datamation, Vol. 32, No. 4, S. 83-88, gefunden in: https://portal.acm.org/poplogin.cfm?dl=ACM&coll=GUIDE&comp_id=COMPONENT030&want_href=citation%2Ecfm%3Fid%3D12267&CFID=21535634&CFTOKEN=44117095, am 12.12.2002.

Schäfer, G./Wolfram, G. (1986): Die FAOR-Kosten-Nutzenanalyse in der praktischen Anwendung, in: Krallmann, H. [Hrsg.], Planung, Einsatz und Wirtschaftlichkeitsnachweis von Büroinformationssystemen, Berlin, S. 237-253.

Schäfer, G./Wolfram, G. (1987): Kosten-/Nutzenbewertung von Bürosystemen - die praktische Verwendbarkeit von Ergebnissen, in: Hoyer, R.; Kölzer, G [Hrsg.], Wirtschaftlichkeitsrechnung im Bürobereich, Berlin, S. 35-65.

Schneidewind, U. (2000): Nachhaltige Informationsgesellschaft - eine institutionelle Annäherung, in: Schneidewind, U.; Truscheit, A.; Steingräber, G. [Hrsg.], Nachhaltige Informationsgesellschaft, Marburg, S. 15-35.

Scholer, M. (2000): The World´s First Internet Coffee Auction a Success - Some "Lessons Learned", in: International Trade Forum, Issue 3/2000, S. 25-27.

Schulz, H. (1991): Wirtschaftlichkeit von CIM-Investitionen, in: io Management Zeitschrift, Vol. 60, Nr. 5, S. 71-73.

Schumann, M. (1992a): Betriebliche Nutzeffekte und Strategiebeiträge der großintegrierten Informationsverarbeitung, Berlin.

Schumann, M. (1992b): Wirtschaftlichkeitsrechnung für DV-Systeme, in: Huch, B., Behme W., Schimmelpfennig K. [Hrsg.], EDV-gestützte Controlling-Praxis, Frankfurt; S. 161-178.

Schumann, M./Linß, H. (1993): Wirtschaftlichkeitsbeurteilung von DV-Projekten, in: Preßmar, D. [Hrsg.], Informationsmanagement, Wiesbaden, S. 69-92.

Schumann, M./Mertens, P. (1990a): Nutzeffekte von CIM-Komponenten und Integrationskonzepten - Systematisierung von Bewertungsansätzen (Teil 2), in: CIM-Management, Nr. 4, 1990, S. 63-68.

Schumann, M./Mertens, P. (1990b): Nutzeffekte von CIM-Komponenten und Integrationskonzepten (Teil 3)- Darstellung ausgewählter Ansätze, in: CIM Management, Nr. 5, 1990, S. 59-64.

Servicio Agricola y Ganadero/Instituto Nacional de Estadisticas (2000): Catastro Vitícola Nacional, Santiago de Chile.

Shipside, S. (2002): E-Marketing, Oxford.

Silberer, G. (1989): Marketing und Kultur am Beispiel des Product Placement, in: Specht, G.; Silberer, G.; Engelhardt, W. [Hrsg.], Marketing-Schnittstellen. Herausforderungen für das Management, Stuttgart, S. 265-285.

Singh, A.D. (1999): Electronic Commerce: Issues for the south, T.R.A.D.E. Working Paper, The South Centre, gefunden in: http://www.southcentre.org/publications/ ecommerce/toc.htm, am: 24.07.2001.

Spawton, T. (1990a): Of Wine and Live Asses: An Introduction to the Economy and State of Wine Marketing, in: International Journal of Winemarketing, Vol. 2, No. 2, S. 6-48.

Spawton, T. (1990b): Development in the Global Alcoholic Drinks Industry and its Implications for the Future of Wine Marketing, in: International Journal of Wine Marketing, Vol. 2, No. 1, S. 47-54.

Spindler, S. (2000): Brazil Internet Auction: The Grand Experiment, in: Tea and Coffee Trade Journal, Vol. 172, No. 2, February 2000, gefunden in: http://www.teaandcoffee.net/0200/special.htm, am: 30.01.2002.

Stamm, A. (1999): Kaffeewirtschaft in Zentralamerika, in: Geographische Rundschau, Bd. 51, H. 7-8, S. 399-407.

Stamm, A. et al (2002): Arbeits- und Lebensbedingungen in der großbetrieblichen Kaffeeproduktion von Mittelamerika, Working Paper No. 4/2002, Deutsches Institut für Entwicklungspolitik.

Stickel, E. (1992): Eine Erweiterung des hedonistischen Verfahrens zur Ermittlung der Wirtschaftlichkeit des Einsatzes von Informationstechnik, in: Zeitschrift für Betriebswirtschaft, 62. Jahrgang, S. 743-758.

Stolpmann, M. (2001): Online-Marketingmix, 2. Aufl., Bonn.

Stricker, S./Bernert, A. (2001): German wineries in the web - A survey of web sites of Mosel-Saar-Ruwer and Pfalz wineries, in: Schiefer, G.; Helbig, R.; Rickert, U. [Hrsg.], E-Commerce and Electronic Markets in Agribusiness and Supply Chains, Bonn 2001, S. 171-178.

Stricker, S./Müller, R.A.E./Sumner, D.A. (2001): Wine on the Web - Rapid Appraisal of Web Sites by Wineries and Wine Merchants from Australia, California and Germany, in: Schiefer, G.; Helbig R.; Rickert, U. [Hrsg.], E-Commerce and Electronic Markets in Agribusiness and Supply Chains, Bonn 2001, S. 179-189.

Strothmann, K.H. (1995): Messen und Ausstellungen, in: Tietz, B./Köhler, R./Zentes, J. [Hrsg.], Handwörterbuch des Marketing, 2. Aufl., Stuttgart, Sp. 1886-1896.

Suriadinata, Y.S.A. (2001): Survey on uses of information & communications technology by Indonesian SME exporters, gefunden in: http://www.dec.org/pdf_docs/ PNACM822.pdf, am: 17.06.2002.

Talbot, J.M. (2002): Information, Finance and the new International Inequality: The Case of Coffee, in: Journal of World-Systems Research,

VIII, 2, Spring 2002, Special Issue on Global Inequality - Part II, S. 214-250.

Terliska, C. (2002): Vino Chileno: Razones del Exito en el Mercado Mundial y su Proyección Futura, Valdivia.

Thach, L./Eaton, C. (2001): E-Commerce Adoption in the Wine Industry, in: Wine Business Monthly, Vol. VIII, No. 5, gefunden in: http://winebusiness.com/html/Monthly Article.cfm?AId=36223&issueId=36195, am: 30.01.2002.

The Economist (1999a): Terroir and Technology, December 18th 1999.

The Economist (1999b): The Brands Thing, December 18th 1999.

Tölke, J. (1998): Wirkungsanalyse einer Liberalisierung nationaler Agrarmarkt- und Wirtschaftspolitik am Beispiel des Kaffeesektors in Costa Rica, Münster.

Tregurtha, N./Vink, N. (2002): B2B E-Commerce and the South African Horticultural Export Industry: Current Status and Future Directions, gefunden in: http://www.gapresearch.org/production/SAhortiecommerce.pdf, am: 15.01.2003.

Tustin, M. (2002): The Marketing Decade, in: Wine Business Monthly, Vol. 9, No. 4, gefunden in: http://winebusiness.com/html/MonthlyArticle.cfm?AId=53988& issueId=53965, am: 27.06.2002.

UNCTAD (2001a): Selected Examples of E-Enterprises in LDCs, gefunden in: http://www.ethiopiaknowledge.org/Final%20Papers/Selected%20exam ples%20of%20E-Commerce,%20UNCTAD.PDF, am: 16.03.2002.

UNCTAD (2001b): E-Commerce and Development Report 2001, Genf.

UNCTAD (2002): E-Commerce and Development Report 2002, Genf.

UNCTAD (2003): E-Commerce and Development Report 2003, Genf.

UNDP (2001): Human Development Report - Making New Technologies Work for Human Development, gefunden in: http://www.undp.org/hdr2001/, am: 05.03.2002.

van Dijk, J.B. et al (1998): The World Coffee Market, Rabobank International, Utrecht.

Varganis, P. et al (2003): Dealing with the Coffee Crisis in Central America: Impacts and Strategies, World Bank Policy Working Paper 2993, March 2003, Washington D.C.

Vergara, S. (2001): El Mercado Vitivinícola mundial y el flujo de inversión extranjera a Chile, Serie desarollo productivo, No. 102, CEPAL, Santiago de Chile.

Vinas de Chile (2002a): Exportaciones de Vinos y Champagne Enero-Diciembre 2001, Estadisticas, Santiago de Chile.

Vinas de Chile (2002b): Exportaciones de Vino Embotellado Enero-Diciembre 2001, Estadisticas, Santiago de Chile.

Wamser, C. (2001): Strategisches Electronic Commerce: Wettbewerbsvorteile auf elektronischen Märkten, München.

Weber, S. (2000): Electronic-Commerce im B2B Bereich, Möglichkeiten, Grenzen, Beispiele, in: Drees, N. [Hrsg.], Erfurter Hefte zum angewandten Marketing, Heft 8, S.22-40.

Werner, A. (2003): Marketing-Instrument Internet: Strategie, Werkzeuge, Umsetzung, 3. Aufl., Heidelberg.

Wissmeier, U.K. (2002): Internationales Online-Marketing, in: Conrady, R. [Hrsg.], Online-Marketing-Instrumente, Neuwied, S. 401-418.

Wörner, G. (1997): Wirtschaftlichkeitsanalyse elektronischer Bankvertriebswege, Regensburg.

Yin, R.K. (1981): The Case Study Crisis: Some Answers, in: Administrative Science Quarterly, Vol. 26, March 1981, S. 58-65.

Yin, R.K. (1994): Case Study Research, 2. Aufl., Thousand Oaks.

Zangemeister, C. (1976): Nutzwertanalyse in der Systemtechnik, 4. Aufl., Berlin.

Zentes, J. (2001): Grundbegriffe des Marketing, 5. Aufl., Stuttgart.